U0574634

当代河南教育发展报告

A REPORT ON THE DEVELOPMENT OF
THE CONTEMPORARY HENAN'S EDUCATION

胡大白 / 主编　　王建庄 / 执行主编

当代河南高等教育发展报告

A REPORT ON
THE DEVELOPMENT OF THE CONTEMPORARY HENAN'S
HIGHER EDUCATION

杨保成 / 著

社会科学文献出版社
SOCIAL SCIENCES ACADEMIC PRESS (CHINA)

作者简介

杨保成 教授，美国康涅狄格大学化学专业博士，弗吉尼亚大学工商管理硕士。黄河科技学院副院长，河南省学术技术带头人，郑州市第十二届、第十三届、第十四届政协常务委员，兼任欧美同学会 2005 委员会理事、中国教育信息协会副理事长、中国高等教育协会院校研究分会常务理事、中国与全球化智库常务理事、美国特许金融分析师协会香港分会会员等。先后获评河南省教育厅高校科技创新人才、河南青年五四奖章标兵、河南省民办教育优秀校长、郑州市政府特殊津贴专家、郑州市第六届政府督学、郑州市地方突出贡献人才等，入选教育部"新世纪优秀人才支持计划"等。在 *Adv. Mater.*，*ACS Nano*，*Adv. Funct. Mater.*，*J. Am. Chem. Soc.*，*Small* 等国外知名期刊发表学术论文 100 余篇。完成国家自然科学基金、省部级以上课题十余项，获发明专利 4 项；获得包括河南省科技进步奖在内的地厅级以上奖励 20 余项。

总　序

　　中华人民共和国成立 70 年来，河南教育实现了跨越式发展。一是教育优先发展的战略地位得到确立：省委省政府把教育放在经济和社会发展的基础性、先导性、全局性的位置，逐步确立了教育事业优先发展的战略地位。二是发生了"三个转变"：其一，在体制上由适应计划经济到适应市场经济转变；其二，在发展方式上由注重规模扩张到注重科学发展转变；其三，在人才培养模式上由知识本位到注重提高综合素质转变。三是实现了"六个跨越"：其一，义务教育实现了由"人民教育人民办"向"人民教育政府办"的跨越；其二，职业教育实现了由薄弱徘徊到快速发展的跨越；其三，高等教育实现了由精英教育向大众化教育的跨越，正在迈过普及化的门槛；其四，实现了由文盲、半文盲的大省向教育大省的跨越；其五，教育结构实现了由单一普通教育到现代国民教育的跨越；其六，实现了办学主体由单一政府办学到多元化办学的跨越，民办教育和中外合作办学快速发展，正在成为教育改革发展的重要力量。

　　河南教育经过 70 年的发展，实现了规模扩张。1949 年，全省各级各类学校在校生 144.46 万人，仅占全省总人口 4174 万人的 3.46%。到 2019 年，全省各级各类学校在校生达到 2677.10 万人，比 1949 年增加 2532.64 万人，是 1949 年的 18.53 倍，占全省总人口 10952 万人的 24.44%。学前教育毛入学率达到 89.50%，九年义务教育巩固率达到 95.45%，高中阶段毛入学率达到 91.62%，高等教育毛入学率达到 49.28%。

　　河南教育 70 年取得的成就离不开党的正确领导。从新中国成立到 1956 年，河南省各级政府和广大教育工作者在中国共产党的领导下，完成了对旧教育的根本改造，并在此基础上，实现了从新民主主义教育向社会主义教育的过渡。1957年党和国家教育方针的提出，为教育的发展确立了方向。"文化大革命"结束后，特别是党的十一届三中全会后，省委省政府"科教兴豫"的战略方针为教育的发展开辟了广阔的前景，增添了巨大的活力。2018年9月，习近平总书记在全国教育大会上强调指出，教育是国之大计、党之大计，教育的根本任务是立德树人，工作目标是凝聚人心、完善人格、开发人力、培育人才、造福人民。自全国教育大会召开以来，全省上下把思想和行动统一到习近平总书记关于教育的重要论述上来，围绕立德树人这一根本任务，强化举措、补齐短板、提升质量，加快推进教育现代化，建设教育强省，办好人民满意的教育，为中部崛起、中原更加出彩提供强大支撑。

70年来的社会稳定和经济繁荣提供了教育的发展动力。社会长期的安定团结有利于教育工作的开展，发展经济需要掌握先进技术的高级科技人才，而且需要大批有一定文化科学知识的熟练劳动力。同时，经济的发展也为教育的发展提供了经费保障和发展的动力。读书改变生活、教育改变命运一度成为较为流行的一种价值观，极大地刺激了教育的发展。

科学技术的发展也推动着河南教育的进步。随着以核子、电子技术为代表的新的科学技术的应用，社会生产力迅速发展。机械化、电子化、智能化设备逐步在相关产业活动中普及，不仅发达的高科技产业渴求人才，社会需要的各类经济、管理、法律等相关人才也亟须提高水平和增加供给。这不仅促进高等教育有了较大的发展，而且高等教育的内容也随着新科技的发展和需要进行了大幅度的变革。

不可回避的是，70年来的教育发展和改革并不是一帆风顺的。对短期利益的追求，导致基础教育教师流失率、学生辍学率上升。同时，教育的大发展也带来了数量和质量的矛盾。教育质量下降、教育不能适应社会经济发展的需要给很多人带来了困惑。优质高等教育资源匮乏，河南考生承受着其他省市考生不能承受的高考之重。教育向何处去，新的出路在哪里，如何评估大众化、普及化后的各级各类教育，如何找到普及与提高的平衡点，各级各类教育应如何适应科技革命的发展和挑战，远距离教育、数字化教育、终身教育、合作教育该如何开展，这些都是我们应该思考的问题。

70年的教育发展和改革为我们提供了极其丰富的经验和教训，在中华人民共和国成立 70 周年之际，总结这个时代的教育，把握教育发展的本质特征和规律，实在是当务之急。这也是我们出版《当代河南教育发展报告》的旨趣所在。

《当代河南教育发展报告》立足于当代河南的教育发展，高等教育、基础教育、学前教育、民办教育、职业教育等几个方面独立设卷，单独成册，分别对河南教育 70 年的发展进行了回溯性研究，对其中的成就、经验和教训进行了客观的总结。对与教育发展整体相关的管理体制、投资体制、教研管理等部分专设一册，既可以与其他几卷相互补充，又对相关部分做了系统和重点的论述。参与研创的人员历时三年，长期在河南省档案馆、各市区（县）档案馆和河南省图书馆以及有关高校图书馆认真查找资料，用翔实的数据和丰富的第一手资料来反映河南教育发展的轨迹。

河南教育事业虽然取得了令人瞩目的成就，但与人民群众日益增长的对优质教育的需求还有一定距离。优质高等教育资源的紧缺和希望接受优质高等教育资源考生过多的矛盾、人民群众对优质教育的需要和不平衡不充分的发展之间的矛盾依然存在。本书在全面介绍河南教育发展成就的前提下，也对当前河南教育发展存在的短板进行了初步剖析。

社会科学文献出版社出于对教育事业的热忱和支持，组织力量承担了这套丛书的出版工作，诚为一件很有远见、很有意义的工作。

由于时间仓促，加之作者水平有限，本书肯定存在不少有待提高之处，期待方家指正。

胡大白

2019 年 9 月 28 日

目　录

第一章　当代河南高等教育简述

1949 年初，解放大军挺进江南，解放区迅速扩大，全国解放在即。为适应革命形势发展的需要，1949 年 5 月，河南省人民政府决定由吴芝圃主席兼任河南大学校长，省教育厅厅长张柏园兼任校党委书记、副校长，嵇文甫教授任副校长。并派员到苏州，将解放前夕在国民党挟持下南迁的原河南大学的文、理、工、农、医、法 6 个学院 1200 余名师生接回开封。1949 年 9 月，中国人民政治协商会议通过的《共同纲领》规定，"人民政府应有计划有步骤地改革旧的教育制度、教育内容和教学方法"。根据这个方针，河南省政府接管了河南大学，在广大教师中开展了思想改造运动，大力贯彻执行向工农开门的办学方针。

1949 年 10 月 1 日，中华人民共和国成立，我国社会性质发生了根本变化，由半封建主义半资本主义向新民主主义过渡。根据《中国人民政治协商会议共同纲领》规定了新民主主义教育方针，即"民族的、科学的、大众的文化教育"。1949 年 12 月，第一次全国教育工作会议明确了对旧教育体制的改造方针，"以老解放区新教育经验为基础，吸收旧教育有用经验，借助苏联经验，建设新民主主义教育"，揭开了中国历史的新纪元和中国教育的新篇章。河南教育的历史也由此翻开了崭新的一页。

1949 年 4 月苏州解放后，华东人民政府接收了焦作工学院，同时奉华北高等教育委员会命令迁回焦作路矿学堂原址办学，9 月 18 日正式复课。1951 年焦作工学院从河南调出，并入外省同类院校。1950 年 10 月，河南大学设文教、理工、行政、医、农 5 个学院 12 个学系。此时的河南大学既重视提高学术水平，又继承了老解放区革命大学重视思想政治教育的优良传统，是一所崭新的高等学府，为后来河南省高等教育事业的发展奠定了坚实的基础。

从新中国成立到 1956 年，河南省各级政府和广大教育工作者在中国共产党的领导下，在全省范围内实现了从半殖民地半封建的教育向新民主主义教育的转变，完成了对旧教育的根本改造，并在此基础上，实现了从新民主主义教育向社会主义教育的过渡，为探索社会主义教育发展道路进行了多种尝试，取得了巨大成就，积累了丰富经验。

生产资料公有制的社会主义改造基本完成之后，教育工作者开始探索适合中国国情和河南省情的发展道路。从 1957 年到 1966 年 5 月，是全国开始社会主义初步建设的 10 年。此间，河南同全国一样，进行了适应社会主义建设需要的教育改革实践，在探索中付出了不小的代价，也取得了一些成功经验，经历了"整风反右"、教育革命和教育事业调整的曲折发展过程。

毛主席领导和发动"文化大革命"的本意是防止在中国出现资本主义复辟，但是他对教育领域的阶级斗争形势做出了错误的分析。因此，中国史无前例的无产阶级"文化大革命"运动，是一场由领导者错误发动，被林彪、江青两个反革命集团利用，把错误推向极端，给党、国家和人民带来深重灾难的内乱。河南教育在长达 10 年的"文化大革命"期间，各方面都遭到极为严重的破坏，正常的教学秩序被彻底打乱，许多教师、干部受到不同程度的批判斗争，有的甚至被迫害致死，校舍、教学仪器设备及图书资料也损失惨重。

这场由文化领域发端的"大革命"对教育、科学、文化的破坏尤其严重，影响极为深远。很多知识分子受到迫害，学校停课，文化园地荒芜，许多科研机构被撤销，在一个时期内造成了"文化断层"、"科技断层"和"人才断层"。"文化大革命"造成全民族空前的思想混乱，党的建设和社会风气受到严重破坏。不过，要在探索中不出一点偏差，那是把探索理想化了，而这种理想化的探索在现实生活中是不存在的。

自"文化大革命"结束的 1976 年 10 月至 1985 年 5 月全国教育工作会议通过《中共中央关于教育体制改革的决定》，河南教育事业大致经历了三个发展阶段：深入揭批"四人帮"破坏教育事业的罪行，开展教育战线的拨乱反正；教育事业的全面调整、整顿、恢复和发展；确立教育的战略地位，开展教育改革，促进教育的快速发展。这一时期，河南教育战线的各级领导和全体师生认真贯彻中共中央的有关决定，深入细致地开展工作，使河南教育事业从百废待兴到全面发展，为国民经济的全面发展和社会的全面进步作出了贡献。

1978 年，改革开放，古老的中原大地发生了沧桑巨变。

《中共中央关于教育体制改革的决定》明确提出了"教育必须为社会主义建设服务，社会主义建设必须依靠教育"的方针，新中国教育事业从此步入全面改革和发展的新阶段。在此之前，河南教育在新时期的恢复和发展中，也伴随着改革，但与此后改革的广度与深度相比是有区别的。

为使领导机构适应教育改革和发展形势的需要，经过几个月的酝酿、筹备，1986 年 4 月 1 日，在原河南省教育厅的基础上成立了河南省教育委员会。作为省政府的一个综合部门，省教育委员会比原来的教育厅在职责范围和权力上有所扩大。它的基本职责是在省政府的领导下，统管全省各级各类教育事业，部署和指导全省的教育体制改革。省教委及各地市教委的相继成立，标志着省教育管理工作进入了一个新的阶段，为教育改革和发展提供了重要的组织保证。

河南省委省政府从本省实际出发，提出"科技兴豫，教育为本"的战略指导思想，坚持把发展教育事业作为振兴河南的基础，逐步把教育摆到经济、社会发展的突出位置，增加教育投资，积极改善办学条件。在省委省政府的带领下，各级党委和政府把教育工作提到了重要的议事日程，出现了从上到下重视教育、党政一把手亲自抓教育的新局面；通过制定一些具体的落实方案和实施办法，使教育逐步成为与各地经济和社会发展并驾齐驱、协调发展的事业。以教育投入为例，整个"七五"期间，省级财政计划安排教育事业费 53.8 亿元，实际共投入 61 亿元，比"六五"期间增长 60.1%，占同期财政支出总额的 15.7%，年均增长率达到 12.02%，高于财政收入增长率 2 个百分点。

1993 年 2 月 13 日，中共中央、国务院发布《中国教育改革和发展纲要》（以下简称《纲要》），明确了到 20 世纪末我国教育改革和发展的目标、战略和指导方针。河南教育事业的改革和发展从此进入了贯彻、实施《纲要》，全面深化教育改革，促进教育事业加速发展的新阶段。经过一年多时间的调查研究和认真准备，1994 年 10 月 17 日，河南省委省政府《关于〈中国教育改革和发展纲要〉的实施意见》正式出台（以下简称《〈纲要〉实施意见》），明确到 20 世纪末河南教育改革和发展的总体思路和目标是："基本普及九年义务教育和基本扫除青壮年文盲，大力发展职业教育和成人教育，积极推进高等教育的改革和发展；全民受教育水平有明显提高，城乡劳动者的职前、职后教育有较大发展，多类专门人才的拥有量基本满足现代化建设的需要，逐步形成适应我省市场经济和社会发展需要、面向 21 世纪的社会主义教育体系的基本框架。"河南各级教育部门和广大教育工作者振奋精神，团结奋斗，经过 7 年的努力，较好地完成了《〈纲要〉实施意见》所提出的总体目标和各项具体任务。

1999 年 1 月 13 日，国务院批转教育部《面向 21 世纪教育振兴行动计划》，描绘出了"把生机勃勃的中国教育带入 21 世纪"的宏伟蓝图。河南省委省政府按照中央的统一部署，从河南省的实际情况出发，抓住有利时机大力振兴教育事业，出台了一系列有力措施，使新时期的河南教育跨上了一个新的台阶，写下了河南教育史上精彩的篇章。

党的十八大以来，经过全省上下共同努力，河南省教育事业取得了显著成绩。一是教育系统党的建设得到新加强，党领导教育工作的体制机制不断完善，学校特别是高校意识形态工作不断加强，党管办学方向、管改革发展、管干部、管人才的要求得到有效落实。推进习近平新时代中国特色社会主义思想进教材、进课堂、进头脑，学校思想政治理论课在改进中加强，广大师生思想政治素质持续提升。举办全省思政课教师技能大赛，营造了讲好思政课的浓厚氛围，习近平总书记给予了肯定。22 个高校基层党组织被评为首批全国党建工作"标杆院系"和"样板支部"，民办高校、中外合作办学机构党组织覆盖进一步扩大。二是教育发展水平迈上新台阶。郑州大学、河南大学进入国家"双一流"建设高校规划，地方本科高校转型发展走在全国前列，2018 年高等教育毛入学率为 45.6%，新增博士学位授权点 38 个，增幅居全国第 2 位。三是教育改革取得新进展。一批引领性改革举措取得突破，教育"放管服"改革和"管办评"分离深入实施，职称评审权全部下放到高校，以绩效为导向的省属本科高校、职业院校财政经费核拨机制不断完善，考试招生制度改革稳步推进。四是教育服务发展能力有了新提升。教育扶贫照亮了贫困学子求学路，贫困地区办学条件显著改善，贫困家庭学生实现应助尽助；累计培养高校毕业生近 300 万人、各类技工 500 多万人，高校获国家科学技术奖 37 项，占全省的 31%，国家自然基金和社科基金项目占全省的 90% 以上。总体看，经过这些年的持续奋斗，学校思想政治建设实现了由"宽、松、软"到全面加强的转变，高等教育实现了由大众化到迈向普及化的转变，教育事业对经济社会发展的促进作用不断增强。

2018 年 9 月召开的全国教育大会，具有重要的里程碑意义，习近平总书记发表的重要讲话，就关系我国教育现代化的重大问题进行了深刻阐述，强调教育是国之大计、党之大计，指出教育的根本任务是立德树人，工作目标是凝聚人心、完善人格、开发人力、培育人才、造福人民。2019 年 3 月，习近平总书记主持召开学校思想政治理论课教师座谈会，指出办好思政课，最根本的是要全面贯彻党的教育方针，解决好培养什么人、怎样培养人、为谁培养人这个根本问题。2019 年 4 月，习近平总书记在中央政治局第 14 次集体学习时强调，加强对五四运动和五四精神的研究，激励广大青年为民族复兴不懈奋斗。

2019 年 6 月 17 日，河南省委省政府发布的《关于以"一带一路"建设为统领加快构建内陆开放高地的意见》指出，加强创新人才开放合作，持续实施高层次人才国际化培养项目、国际人才合作项目。加强各类引智平台建设，实施名校英才入豫计划，扎实开展海外名校英才回归、海外智力中原行等活动。吸引一批战略性科技创新领军人才、高水平创新团队来豫发展，按照不同层次，分别给予相应资金和政策支持。加强创新平台开放合作。加快引进国内外知名高校和特色学科，办好河南大学迈阿密学院等中外合作办学机构。加大高校研究院、人才培养基地、技术研究中心等新型研发机构引进力度，赋予新型研发机构人员聘用、经费使用、职称评审、运行管理等方面自主权。建设省级实验室、技术创新中心等重大公共创新平台。建立与国家级研发机构合作机制，高标准建设生物育种创新中心等国家级高端研发平台。建立完善省科研设施与仪器共享服务平台，推动资源开放共享。积极参与海外孔子学院、中国文化中心建设，稳步推进境外办学。加强技术创新开放合作。推进中德（许昌）产业园等国际合作产业园建设，谋划设立中德智能技术产业研究院。积极争取国家重点研发计划国际合作项目。持续办好高校院所河南科技成果博览会，促进海内外高校、科研院所参与技术攻关。

自全国教育大会召开以来，全省上下把思想和行动统一到习近平总书记关于教育的重要论述上来，围绕立德树人这一根本任务，顺应发展所需、回应人民所盼，强化举措、补齐短板、提升质量，加快推进教育现代化，建设教育强省，办好人民满意的教育，为中部崛起、中原更加出彩提供强大支撑。

第二章 1949～1966年的河南高等教育

第一节 从薄弱基础到初具规模
(1949年10月～1956年12月)

一 当代河南教育的创立

无产阶级夺取政权后,如何对待旧教育、旧学校,如何建设适合自己国情的新教育,是一个十分重大的理论问题和实践问题。新中国成立后,为使国民党统治区的教育回到人民手中,根据中央有关指示,河南省对为数不多的旧教育进行了创造性的接管、接收、接办,逐步加以改造,为建立社会主义新教育、创立当代河南高等教育奠定了基础。

新中国成立后,河南省各级人民政府接管了原国民政府遗留下来的旧学校,包括国立河南大学、省立各中等学校和县立中小学校,有步骤地对旧学校进行了改造。废除了反动的课程和教材,开设了新民主主义的课程,加强马克思主义教育,为各级各类学校走上社会主义办学道路奠定了基础。

在办学目的、培养目标上,1950年《人民教育》创刊号发表《当前教育建设的方针》一文,提出教育"为生产建设服务",1956年又提出"向科学进军"。教育为新中国经济文化建设培养了各方面的人才。

在课程设置上,废除了国民党时代的党义课、三民主义课、公民课,设立了马克思列宁主义之社会发展史、革命史、时事政策等政治课程,语文、历史教材变动较大,自然科学基础课变动很小。

1949年3月1日,中共河南省委在开封正式成立,李雪峰任书记。5月

10 日，根据中原临时人民政府第二次政府委员会议 5 月 8 日决定，河南省人民政府在开封成立，吴芝圃任主席，这标志着全省经济和社会发展进入新时期。省政府下辖开封、郑州两市及陕州、洛阳、郑州、陈留、商丘、淮阳、潢川、确山、许昌、南阳 10 个专区。

1949 年 5 月 28 日，省政府令河南省教育厅重建河南大学，省政府主席吴芝圃兼任河南大学校长，张柏园为副校长，嵇文甫为副校长兼文史学院院长，王毅斋为秘书长，刘介愚为教务长。

河南省人民政府于 1949 年 7 月接管原国立河南大学（以苏州河大师生迁回开封为标志）后，中原大学校长潘梓年教授亲自为河南大学教授班讲授马克思主义哲学，李先念、肖华等军政领导也来到河南大学作时事政策报告。

1949 年 8 月 1 日，华北人民政府通令成立平原省，8 月 20 日，平原省正式成立，省会驻新乡市。1949 年，中华人民共和国成立后，开封市仍为河南省省会。由于开封交通不便等原因，1954 年 10 月，河南省会由开封市西迁至铁路枢纽城市——郑州市（1951 年经政务院批准）。1954 年 10 月 30 日，省级领导机关全部迁到郑州办公，从此郑州成为河南省政治、经济、文化中心。

1952 年 8 月 5 日，河南省人民政府提请中南军政委，正式将省会迁址事宜提交决策层。这份言简意赅的报告阐明了迁址的缘由：鉴于河南省会在开封市，位置偏于全省东部，指导全省工作多方不便；郑州市则为中原交通枢纽，为全省经济中心，将来发展前景尤大，如省会迁往该市，则对全省工作指导及上下联系均甚便利，对该市发展也大有裨益……为此省人民政府第十三次会议暨省协商委员会常驻委员会第十次联席会议一致通过，决定将省会迁往郑州市，并成立省直建筑委员会，在省政府领导下，驻郑州统一进行修建与筹备工作，争取明年即行迁移……

1952 年 8 月 18 日，中南军政委发知照"同意河南省会决定于开封市迁郑州市"。9 月 19 日，省政府接到了中央人民政府政务院"同意河南省省会迁址"的复函。

"省会为什么要迁郑？一句话，便于河南全省的工作。郑州地理位置适中，交通方便，除南阳不临铁路外，其他均在铁路沿线……"1954 年 11 月

1 日，省委第二副书记赵文甫在各部委党组、直属党委及郑州市委负责干部会议上的这席讲话，明确传达了省会应处于交通枢纽的信息。

从省政府报请，到中央核准，只用了短短一个多月的时间，河南省省会迁址的大事就这样被确定下来。紧接着，搬家前的大量准备工作紧锣密鼓地展开了。

按照计划，省会迁址拟定 1953 年完成。为此，1953 年 5 月 20 日，中央人民政府内务部还给省政府发函，询问"现在是否已开始迁移，预计何时迁移完毕等"。之所以未能如期进行，是因"三反"时停了一段时间。

1954 年一开春，省会搬迁就成为省委省政府的头等大事。

1954 年 2 月 14 日晚 7 时，省委第一书记潘复生主持召开省委办公会，专题讨论迁郑后的建筑问题；同年 5 月 18 日，省委决定成立迁移委员会；8 月 8 日，省委同意组织部关于机关迁郑的安排，初步确定省直各单位搬迁的时间表，当年 7 月以前迁郑的已有省邮电局等 3 个单位，8 月有省银行等 3 个单位，省委、人事厅、公安厅、政法委、农林厅、财政厅、计委、军区、河南日报社、广播电台等 35 个单位在 10 月 15 日至 25 日搬迁，文委等 9 个单位拟于 1955 年上半年迁郑。此外，干部调整本着"从工作出发，适当照顾夫妇关系，有计划、有步骤地分期分批"的原则。

1954 年 9 月 23 日，省委会决定省直机关分 4 批迁移，同时确定中共郑州地委及专区一级机关由荥阳县迁往开封市，办公地址选在省政府大院。到当年 10 月底，包括省委、省政府、省军区等省直和部队机关的近 7000 名人员全部迁往郑州。

截至 1954 年 10 月底，河南省委、省政府、省军区以及各厅局、省级群众团体由开封顺利迁至郑州。省会从开封迁到郑州对河南的高等教育格局产生了深远的影响。

吴芝圃（1906~1967），河南杞县人。1924 年与中州大学（今河南大学）进步学生张梅蜂、马沛毅等发起成立了研究马克思主义的团体——河南社会科学研究会。1926 年参加广州中央农民运动讲习所学习，以后历任中共杞县县委书记、豫西特委书记、河南省委组织部部长、新四军四师政治部主任、抗大四分校副校长、中原临时人民政府副主席、河南省人民政府主席。1949 年 5 月至 1950 年 10 月兼任河南大学校长。任河大校长期间，坚持理论联系实际的新民主主义办学方针，把政治理论教学和专业课教学密切结合起来。他作风民主，平易近人，工作再忙也能深入师生中去，和师生交朋友。他要求师生以马列主义武装头脑，确立辩证唯物主义和历史唯物主义的世界观和人生观，精通专业知识，学会建设新中国的本领；努力学习新民主主义的办学方针，掌握党的各项政策法令，具有高尚的道德品质，不畏艰险，以苦为乐，全心全意为人民服务。他富有魄力，工作雷厉风行，为把河南大学改造为一所新型的人民大学作出了较大贡献。1950年10月以后，他辞去校长职务，相继担任河南省省长、中共中央委员、河南省委第一书记、中南局书记处书记等职。

潘梓年（1893～1972），江苏宜兴人。上海大学毕业，历任上海艺术大学讲师、副教授，华南大学教务长、教授，新华日报社社长。1948年8月任中原大学副校长，同年12月任校长，并以河南大学为校址办好中原大学。他多次在河南大学大礼堂向师生做报告，宣传党的新民主主义办学方针。他说，河南大学是一所历史悠久的名校，中原大学是中原解放区人民革命大学，也是河南大学发展史上的一个重要阶段。在党的领导下，师生员工应在解放大西南的战争中经受考验，为支持全国的完全、彻底解放作出贡献。从1949年5月起，他兼任中南军政委员会文委副主任、中南教育部部长。1953年，他调离中原大学，转任中国科学院学部委员、中科院哲学研究所所长。

对旧有学校的接管、接收和接办，使国民政府统治下的教育回到人民手中，为新中国河南教育事业的恢复和发展创造了有利条件。

二 新民主主义教育的蓬勃发展

（一）贯彻新民主主义的教育方针和政策

1. 人民教育事业的兴起

中国共产党历来重视发展人民教育事业。早在新中国成立前夕，中原临时人民政府就制定了一系列教育政策。

1949年3月，中原临时人民政府提出，加强新老干部培养改造，提高政治理论水平；大量吸收训练职工与农民积极分子参加工作，各级干部学校大批轮训进步知识分子；整顿、改造中学，恢复、提高小学，并有重点地结合中心任务，宣传教育广大群众。为此，中原临时人民政府把发展和改进短期训练工作，更有效地培训干部，作为当时教育工作的重点，训练职工、农民中的积极分子，轮训新参加工作的干部，大量改造知识分子，以培养多种干部和师资。当时，在各主要城市建立职工学校、工人夜校、补习班等，逐步创造出系列制度化的职工教育。同时，在加强学校的组织领导、统一编制、筹措教育经费等方面做了大量艰巨而有效的工作。

1949 年 4 月，中原临时人民政府在开封市召开教育会议，总结中原解放区的教育工作经验，要求加强职工教育，开展以城市为重点的教育工作，在全区统一教育制度，统一课本和教材。5 月 10 日，河南省人民政府教育厅在开封成立，河南大学副校长张柏园兼任厅长。

1949 年 9 月 30 日，中国人民政治协商会议第一次全体会议通过了《中国人民政治协商会议共同纲领》，规定"人民政府的文化教育工作，应以提高人民文化水平，培养国家建设人才，肃清封建的、买办的、法西斯主义的思想，发展为人民服务的思想为主要任务"，"人民政府应有计划有步骤地改革旧的教育制度、教育内容和教育方法"。10 月 1 日，中华人民共和国成立，我国教育事业获得了新生，河南教育事业也进入了一个新的历史时期。

新中国成立之初，由于战争刚刚结束，财政经济比较困难，学校教育的基础不够巩固，社会教育远远赶不上实际需要，旧知识分子失业现象仍大量存在。当时，省人民政府根据河南省实际情况，明确提出了教育工作的基本方针，即适当地开展社会教育，同时抓紧干部教育，并着重继续整顿与改造学校教育，以提高巩固现有基础，并确定了 1950 年河南省教育工作的具体方针和任务。根据理论与实际相一致的原则，整顿改造中小学教育，改革旧的领导方法和教育内容。在领导上，着重贯彻教导合一的精神，重视教师的政治理论学习和教学业务研究，提高师资水平；在教育方针上，以文化课学习为主，通过文化课程进行思想政治教育，并注重新道德的教育，以培养为人民服务的思想作风。师范教育、职业教育的整顿改造，基本原则与中等学校相同。在巩固原有师范、职业学校的前提下，注重充实和提高。在师资培养和干部教育上，建立正规的短期培训制度，采取在职轮训并吸收部分旧知识分子参加的方针。社会教育的基本方针是以城市为基点，创造经验，逐渐向农村开展，以适应城市工人及广大翻身市民各劳动阶层的需求。加强教育行政机构建设，适当增加干部。

全省各级各类学校从 1950 年末开始，结合抗美援朝、土地改革和镇压反革命的斗争，进行了爱国主义和无产阶级国际主义教育，肃清封建的、法西斯主义的思想，组织高等学校和中等师范学校师生参加土地改革运动。同时开展了马列主义学习运动，全省大中小学教师分别进行了思想改造。

2. 坚持"学校向工农开门"的方针，提高工农干部和工农群众的文化水平

新中国是以工人阶级为领导，以工农联盟为基础的人民民主专政的国家，其中工农占绝大多数，他们是国家的基础和基本力量，是国家的主体，而当时又最缺乏文化。因此，国家必须首先用主要力量给工农以教育。1949 年 12 月，第一次全国教育工作会议召开。会议指出："我们的教育也应该以工农为主体，应该特别着重于工农大众的文化教育、政治教育和技术教育。"会议提出"为工农服务、为生产建设服务"的中心方针。1950 年 9 月，第一次全国工农教育会议召开。11 月，政务院批准的《关于第一次全国工农教育会议的报告》指出，"工农教育是巩固和发展人民民主专政，建立强大的国防和强大的经济力量的必要条件；没有工农文化教育的普及和提高，也没有文化建设的高潮"。

为提高广大工农干部和工农群众的文化水平，使他们及其子女有受教育的机会，1950 年，河南省人民政府强调学校教育为工农服务，学校向工农开门的方针。采取积极措施，开展识字运动，把工农业余学校纳入正规学校系统，由政府教育部门统一领导，保障了工农干部和工农群众接受教育的机会。1950 年 12 月，建立了河南省工农业余教育委员会。各地、市、县、乡也相继建立了工农业余教育委员会。全省各地不仅普遍建立了切合工农群众需要的各种业余学习组织，如冬学、民校、职工业余学校等，而且创办了以逐步提高工农干部文化，培养国家工业建设骨干为目的的工农正规学校，如工农速成中学、工农速成初等学校、干部文化学校等。

全省各级各类学校普遍贯彻了"向工农开门"的方针。新中国成立初期的几年间，各级各类学校先后采取照顾录取、优先录取、设置公费生和

免费生、优先享受人民助学金等办法，有计划地吸收工农子弟入学，保证了学校学生中工农成分的增加。1956 年，全省中学生的工农成分已达 73.63%，师范学生中的工农成分已达 70%，高等学校学生中的工农成分已达 35.3%。

3. 加强学校思想政治工作，初步建立思想政治教育体制

河南省高等学校的思想政治工作，既进行日常的思想政治教育，贯穿于整个教育教学过程中，又结合历次政治运动，进行马列主义、毛泽东思想的宣传教育。高校政治课教学工作，继承革命根据地的优良传统，贯彻理论与实际相统一的原则，使学校教育与社会政治生活联系起来，在各级党组织的领导下，建立了各级具体的思想政治工作制度。各高校组织师生员工学习《中国革命与中国共产党》《新民主主义论》《社会发展史》以及马克思主义哲学、政治经济学等马列主义课程，对师生进行革命的思想政治工作，组织师生参加土地改革、抗美援朝、"三反"、"五反"及思想改造等一系列社会政治活动。把学校教育与社会斗争结合起来，使他们逐步树立为人民服务的世界观。河南大学 1951 届毕业生经过思想政治教育，发扬爱国主义精神，纷纷向党表示服从祖国分配。全体毕业生于 1951 年 5 月 29 日联合向毛主席呈送了无条件服从祖国分配的"保证书"。6 月 25 日，政务院人事部致函河南大学全体毕业生，表扬他们的爱国主义精神。6 月 26 日，毛主席又嘱团中央代为复函，勖勉河南大学应届毕业生服从祖国需要的高尚精神。1953 年全省高校教学改革以后，正式开设了"新民主主义论""马列主义基础""政治经济学""辩证唯物主义与历史唯物主义"四门马列主义理论课程。

1956 年，中共第八次代表大会指出，当前国内的主要矛盾已经不是无产阶级与资产阶级的矛盾，而是日益增长的广大人民群众对物质和文化的需要与落后的社会生产力之间的矛盾，提出工作重点应该转移到全面建设社会主义的轨道上来。因而，学校思想政治工作也必须实行历史性转变，即转移到全面建设社会主义的轨道上来。可惜，当时没有真正实现这一转变。

河南省各级各类学校逐步建立起在党委领导下的思想政治工作制度。此间的学校思想政治教育，虽然也产生过一些问题，如政治运动占用时间

过多，冲击正常的教学活动，以及有些政治运动曾发生过一些不适当的做法等，但总的来看，取得很大成绩，这是主流，学生的政治素质是好的。1956 年 12 月，河南省委决定在各高等学校建立党委。党政部门管理高等学校的职能机构也随之建立。新中国成立初期逐步形成在党委领导下的学校思想政治工作制度，是当代河南教育的一大特点，是一项行之有效的制度，对于保证教育事业的顺利健康发展具有重要意义。

4. 逐步建立健全高等学校的领导管理体制

1949 年，河南大学重新扩建后，建立了校务委员会。1952 年，中南局教育部批复河南大学医学院独立，由中央卫生部领导；农学院独立，由中南教育部与中南农林部共同领导。1953 年，省人民政府根据政务院通知，决定河南农学院、河南医学院属人民政府管理，责成省文化教育委员会负责管理工作。学校领导体制实行在党委领导下的校长分工负责制。

5. 加强管理，探索提高教育质量

1951 年 6 月 30 日，《中南区高等学校 1951 年度统一招生简章》规定了参加统一招生的高校及所设系科（共 29 校）。河南大学农学院：农学系、林学系、病虫害系、畜牧兽医系、畜牧兽医专修科；医学院：医本科、医学专修科；校部直属系科：国文系、财经系（分会计、合作、统计三组）、教育系、史地系、数理系、化学系、水利系、会计专修科、统计专修科。

除在武昌、长沙、南昌、开封、广州、桂林 6 处招考一年级新生外，河南大学另在西安、太原、济南、徐州等处招生。

焦作工学院参加华北高校 1950 年联合招生。

1951 年 10 月 19 日，中共河南省委宣传部报中南局宣传部《关于学校教育工作中混乱现象检查报告》：

经初步检查，全省各地混乱现象程度大致相同，主要表现是：1. 占用校舍是较为突出的问题，城市尤重，致影响到学校班次的扩大。机关和部队在初住时是为有期借用，期满后借故不腾，如开封市豫中中学被河南省军区政治部、公安二分所、开封市干训班三个机关占用着大部分的校舍。学生改大礼堂为宿舍，像样子的厕所亦改为教员的寝室。军区开运动会时通过文教局向市立八小借用大礼堂后，还要借教室，因校方困难未允许，被军区干部斥责。该校还被市税局占去房子四十余间，其他如农村因开会占用校舍……的情况亦是不少。

2. 社会活动参加过多，亦是较严重普遍的问题，扰了学生的正常学习，亦会妨碍学生的身体的健康，如省博物馆办"从猿到人"展览会，调省立艺术学校美术班学生48人，……以后土产交流、伟大祖国、公安等展览会亦被调去工作，每次人数四五十不等，时间三四十天，同时还不断地被调出去演剧、打腰鼓等。开师附小的体育教员被市运动会调去服务两个月，耽误136小时。……

3. 多头领导：由于各部门对学校的关系不够明确，故常常直接给学校下命令。有时在一天内，一个学校会接到几个部门的工作布置，再加上校方不会和不愿意去领导这些工作，致使无所适从，感到麻烦。如开封十五小在同一天内，接到工会布置劳保法，妇联布置婚姻法，青年团、中苏友好协会及民主青年联合会布置"九三"等学会的指示。……

4. 随便抽用师生。临时调帮忙工作三五天，一周两周，一月或两个月；或动员离校参加工作事件，在各地很多。如军区运动会，抽调开封市所有各中等学校之体育教员，工作一个多月，同时并抽调个别小学体育教员协助工作。二区公安局调北仓女中学生宣传婚姻法，开学后还不让学生回学校，并说学校的事他们负责，还要再留学生工作一个月。……

5. 教员薪金问题：县以上好，区以下执行在个别地区有些混乱，如不按规定数和按时发给，……影响教员情绪与教学的进行。

形成以上混乱现象的原因，主要由于机关部队干部，由于过去军事时期的单纯军事观点和狭隘的主人翁思想，对学校教育工作重视不够，尤其对教会学校，存有歧视的情绪，于是在该问题上存有本位主义，利用观点，要学校服从自己。其次是有些问题在干部思想中不明确，如各部门对学校的关系、混乱的界限等，致乱抽乱用，直接指示，形成混乱。

如何纠正：

从两方面着手：即克服机关干部单从自己工作范围出发的本位主

义，利用观点，重视学校工作，同时亦要防止部分教员中，将必要的社会活动列为混乱现象，而重蹈不问政治斗争办学的倾向，明确树立以正教为主，社会活动为辅，学用一致，理论与实践相结合的教育思想，具体搞法计划是：

1. 首先从思想上划清什么是混乱的界限：……军事时期（如四八、四九年上半年）一切服从军事，不能称为混乱。军事时期已过，未经交涉或不按交涉执行强行占住则为混乱。必要的社会活动应该参加，如参加土改，组织欢迎歌送志愿军、劳模代表，……

2. 省直及文教厅，准备再发一具体指示，明确规定揭发的范围界限，以防在检查中夸大情况、产生另外的倾向。十月二十日省文教厅召开文化行政会议，准备将此项工作再具体研究与部署。省宣最近准备召集文教部门、教育工会、青年团工委及其他有关部门会商共同检查并研究纠正的办法。

1952年4月1日，中南军政委员会教育部潘梓年与吴芝圃发函：

河南大学农学院全体学生及该院农学系全体学生呈邓副主席函，反映学校领导存在严重的官僚主义作风及不重视业务学习，造成业务上的损失和同学们情绪的动荡。问题相当严重。

领导不重视业务学习；教学上的无领导无计划；行政与教学脱节；领导执行政务院改造知识分子政策的错误；领导上不关心同学的生活，忽视同学健康直接影响了学习等。

1952年9月5日，政务院发布教育部1952年工作计划要点。

1953年2月27日，省政府秘书室、教育厅发布《五三年工作安排（初步意见）》：

上半年

元月份

1. 以开封市为重点展开公开教学评议，取得经验，以便指导全省。

2. 召开群众团体座谈会，征求意见，以便改变学校教育水平。

3. 召开人事工作会议，研究和制订全年教育干部培养、提拔和配备计划。

4. 作好五二年工作总结。

二月份

1. 制订五三年工作计划要点。

2. 制订小学整顿计划。

3. 制订初师调整计划。

4. 制订中学整顿计划。

5. 制订业务教育计划。

6. 确定全省各种系统重点学校，以便吸取经验，领导全省工作。

7. 召开豫北中等学校校长座谈会，了解情况，布置工作。

三月份

1. 讨论各种计划、方案等。如整顿小学、调整师范、整顿中学、整顿业余教育，开展公开教学方案等。

2. 召开专市文教科局长会议，研究和布置五三年工作。

3. 召开重点中等学校校长会议，布置公开教学与评议，及研究重点学校的工作与任务。

4. 召开高中教导主任会议，研究如何保证暑期毕业学生合乎规格。

5. 制订重点中小学的标准。

6. 召开部分中等学校教务主任会议，研究学校总务工作及经费开支标准。

7. 组织中学工作组。

8. 进行学校政治思想教育准备工作。

9. 召开民族教育会议，研究扶植少数民族教育建设问题。

四月份

1. 召开技术教育工作会议，研究加强领导，改进教学和总结调整工作。

2. 召开星期日进修学校座谈会，总结教师进修工作。

3. 先后召开教学专业会议及各种教学座谈会。

4. 召开中等学校政治思想教育会议，研究加强和改进学校中的政治思想教育问题。

5. 研究克服学校混乱现象，加强学校工作计划性。

6. 研究一次贯彻科局长会议。

7. 总结小学工作队重点整顿小学的经验，以便指导全省。

五月份

1. 召开工农教育会议，总结及布置工作。

2. 召开初等教育会议，总结重点整顿经验，布置小学整顿工作，及研究小学教师思想改造问题。

3. 作好中等学校未参加思想改造的教师准备工作。

4. 教学专业会议。

六月份

总结中学工作队领导工作，以便改进全省中等教育工作。

下半年

1. 集中中等学校未参加思想改造的教员进行思想改造。

2. 全省有计划的进行整顿小学，推行五年一贯制。

3. 全省开展教师系统的学习马列主义与毛主席思想、苏联先进经验、各科业务及业余文化进修。

4. 调整、整顿高、初级中学及师范学校。

5. 召开中等教育会议，总结布置全省推行公开教学与评议。

6. 作好各种经验总结工作：公开教学评议与总结，教师系统进修总结，整顿小学总结，业余进修学校总结，系统重点学校总结，民族教育总结，中小学二部制总结。

7. 召开第五届教育行政会议。

8. 总结全年教育工作。

1953 年 3 月 21 日，时任省教育厅厅长张柏园在各专市文教局长会议上的总结发言：

学校教育中存在着混乱现象，特别是小学教育更为严重，因此，学校教育必须加以整顿，特别是小学教育。对厅里提出的调整方针都表示同意和拥护。

教育工作……必须强调集中统一，在集中统一领导下，建设我们的教育；同时认识到我们的教育必须加强政治思想领导。

教育建设在目前还是配合建设，迎接建设，为即将到来的文化教育高潮准备条件。……但一讨论招生问题，却又有些人一再反映招生少，强调学生失学问题严重。小学虽然是国民教育，但不是一蹴而就，还不能人人都入中学、大学，所以我们要教育我们的青年们爱劳动、爱生产，能升学则升学，不能升学就要安心生产。小学毕业回家生产是光荣的，不是可耻的。我们自己也要树立有计划的按比例发展的观点……

1953 年 1~9 月教育工作综合报告：

三年多以来，我省教育事业在数量上已有很大发展。目前全省共有中等学校学生 195815 人，小学生 482 万多人，以之与 50 年相比，技术学校发展 4 倍，中学发展 3.15 倍，师范发展 3 倍，小学发展 3.2 倍……三年多以来，我省共培养出高中毕业生 3699 人，技术学校毕业生 2722 人，师范及短师毕业生 37232 人，初中毕业生 48412 人，小学毕业生 412170 人，在一定程度上适应了国家建设与人民文化的需要。

……我省教育事业直至今日，不仅由于校舍差、设备差，学校基础不能很好巩固，而且由于领导差、教师差，在贯彻政策上不断发生偏差，致使学校不断产生问题，并在过去一个时期不断发生自杀死伤等严重事件。

1953 年教育工作计划要点（草稿）指出：

以 52 年下学期与 49 年相比，按学生发展数字计算，中学为 3.6 倍，师范学校为 14.7 倍（包括培养乡小教师的短师班及培训班共 304 班），技术学校为 2.6 倍。小学生已发展到 4722982 人，约为 49 年的

3.3 倍。另设立工农初等补习学校 5 所，农民已有 4098000 人参加了冬学，其中有 1781871 人转入常年学校。职工业余学校已发展到 51151 人，干部业余文化补习学校已发展到 17433 人。

1955 年 11 月 8 日，教育厅第三季度工作小结与第四季度工作计划要点指出：

> 高等学校招生，严格招生条件，贯彻了"保证质量，照顾数量"的方针，我省 5 个院校共招收 1440 名，招生任务顺利完成。
> ……
> 初中补录 76804 人，高级中等学校（包括军校，招干所录取 3772 人）录取 24556 人。录取比例：初中为 26.45%，高中为 39.3%。一般新生都达到合格水平，基本保证质量，并超额完成了任务。

1956 年 5 月，成立文教部。

1956 年 9 月 22 日，河南省委宣传部任命嵇文甫为郑州大学校长。

1956 年 11 月，发布关于地直机关贯彻执行中央和省委关于知识分子问题指示的报告。

1956 年 11 月 9 日，河南省人民委员会发布《关于确定我省高等师范院校名称的通知》：原在开封的河南师范学院改名为开封师范学院，原在新乡的河南师范学院二院改名为新乡师范学院，原在开封的河南师范专科学校改名为开封师范专科学校，当年在郑州新设的师范专科学校称郑州师范专科学校。

（二）学习苏联经验，实施教育教学改革

1. 学习苏联教育经验

新中国成立之初，面临着帝国主义的包围和封锁。在长期的革命斗争中，虽然积累了丰富的新民主主义的革命经验，但尚缺乏社会主义教育建设的经验。为加快国家社会主义教育的建设步伐，中共中央提出，要学习苏联的先进经验。1949 年 12 月，第一次全国教育工作会议明确指出，"建

设新教育要以老解放区新教育经验为基础，吸收旧教育某些有用的经验，特别要借助苏联教育建设的经验"。

改革旧教育要借鉴的三方面经验，主要强调了借鉴苏联的教育经验，并要求以苏联初等、中等和高等教育为模式，全面改造中国的旧教育，建立新型正规的教育制度。这一时期，河南省学习苏联教育经验经历了两个阶段。一是1950年至1952年，这一阶段主要是借鉴苏联教育理论和教育经验，进行旧教育的改造和确立建设新教育的指导思想、教育理论基础。二是1952年下半年至1956年，这一阶段以改革教育内容为中心，全面学习苏联教育制度、教学内容和方法，建立中国社会主义教育和教学制度，提出学习苏联先进经验与中国国情相结合的原则，力图探索符合中国实际的社会主义教育的发展途径。

新中国成立伊始，结合院系调整，河南省各高校开展了学习苏联高等教育经验，以改革教学内容为核心的教学改革。

根据中央有关指示，1952年河南大学开始逐步改革旧河南大学培养"通才"的模式，将多科综合性的河南大学改变为文理两科高等师范院校性质。通过调整，由一所河南大学，调整、发展为几所高等院校，并加强了高师教育建设。至1956年，全省7所高校共设置了32个专业，其中理科3个、农科6个、医科1个、师范22个。

全面学习苏联高等学校的教育制度、教学计划、教学大纲、教材和教学方法。河南师院各系科专业，结合师范教育的特点，贯彻实施了以苏联高师为模式的高师语文、历史、教育、数学、物理、化学、俄语等8个专业的教学计划，改进各系科的课程设置。"一五"期间，全省各高校借鉴苏联经验，取消了学分制，改行苏联高校的学年制。学校按统一教学计划进行教学。在教学过程中，按照理论联系实际的原则，建立了课堂讨论、助教辅导、实验和生产实习、课程设计、毕业设计等一系列教学制度。在教育教学管理上，各高校实行了党委、党总支领导下的校长和系主任负责制，各系建立了教研室和教学小组，建立了教学与科研相结合的体制。

新中国成立初期，河南省学习苏联高等教育的经验，总的看来，由于当时强调教育理论的指导和理论与实践相结合的原则，在重视培养人才的计划性和适应国家建设需要上，比旧教育有了很大进步，在重视基础理论教育、实践教学与实践性环节，重视教学与科研相结合，培养学生的科研能力，建立教学组织，发挥教师集体的作用，加强教学管理，稳定教学秩序等方面起了重要作用。但是，由于苏联高等教育的某些缺陷，以及在学习苏联经验过程中的某些教条主义影响，在移植苏联高等学校教育制度、教学内容和教学方法上也存在一些问题。

总之，新中国成立初期，河南省学习、借鉴苏联教育的理论与实践，对于改革旧教育，克服旧教育的无政府状态，肃清半封建半殖民地教育思想的影响和改革不合理的教育制度，建立新型的社会主义教育基础，坚持教育的社会主义方向，建立社会主义的教育体系，使教育教学工作更加符合教育规律，使教育质量和学术水平逐步提高，无疑起了积极的重要作用。各地在学习苏联教育经验的过程中，把马列主义理论教育列入正式课程，并注重理论联系实际的原则，在某些方面推动了教育与生产劳动相结合。这些都有利于教育的社会主义方向。

在学习苏联教育经验的过程中，一方面，为建立中国的社会主义教育发展道路积累了可贵的经验；另一方面，也有工作和思想方法上的深刻教训，如在学习过程中，思想方法上存在一定的片面性，有些方面也发生了生搬硬套，结合中国国情、省情不够的问题。

2. 实施教育教学改革

教学是学校教育的中心环节。为贯彻党的教育方针，提高教学质量，新中国成立之初，河南省就十分重视教学改革。《共同纲领》规定，"人民政府应有计划有步骤地改革旧的教育制度、教育内容和教学方法"。1950年，河南省教育工作计划提出，"整顿改造旧的领导方法和教育内容"。在20世纪50年代前期和中期，全省各级各类学校相继开展了多种形式的教学改革，推动了教育教学质量的提高。

在建立新型的社会主义高等教育中，教学改革一直是关键的基本的内容。

1950年，在河南大学恢复创办时期，学校对办学方向、教育方针、教学内容方法等都做了明确规定，并取得了一定成绩，这是进行教育教学改革的开始。为了更好地进行教学改革，1950年，河南大学开展了对《实践论》的学习，强调把学习内容运用于改革实际，一边学习，一边实践。

1951 年，学校成立教学工作研究会，并派出教师到中国人民大学参观学习。之后，学校结合教育部指示，着手进行了一系列教学改革。以培养一定的专门人才为出发点，设置一定的基础课程，加强专业课程。注意教学目的，根据教学大纲编写教材，进行讲授。加强政治理论教学，注意在各学科中进行思想教育。加强教研室（组）的教学研究工作。以教师讲授为主，注意系统讲授规律知识，减轻学生负担，改善学生健康状况。1953 年，根据教育部指示，河南师院提出办高等师范要"面向中学"、在教学改革中以教材研究、科学研究、政治理论学习为基础，以公开教学、集体分析评议为手段，重视青年教师的培养和教师水平的提高，使教学工作前进了一步。由于以教学为中心的指导思想明确，学校生机勃勃。1954 年，中南区高等师范院校历史专业在河南师院召开教学座谈会，河南师院院长、中国科学院学部委员嵇文甫主持会议。河南师院历史系在会上介绍了他们的建系工作，执行部颁教学计划、教学方法、教育实习、教研室工作等方面的经验。1954 年至 1955 年，全省各高校继续进行以教学内容为主，兼及教学形式和教学方法的教学改革。1955 年下半年，河南师院根据部颁教学计划要求过高过重，学生学习效果不佳，并有 30% 左右的学生健康状况下降的情况，明确提出"精简教材，联系实际，宁肯少些，但要好些"的口号。此后，学生学习负担有所减轻，学习质量有所提高。由于各高校坚持了理论联系实际的原则，认真贯彻了"全面发展、因材施教"的改革方针，从多方面进行了教学改革，学生的专业学习比较扎实，专长和爱好得到一定程度的发展，体质也有所增强，在德、智、体诸方面都有新的进步，从而提高了高等教育的教学质量。

（三）教师队伍建设与知识分子思想改造

1. 兴办师范院校，多种形式培训师资

新中国成立初期，随着社会主义建设事业的顺利前进，根据经济社会发展和教育事业的客观需要，河南省积极采取措施，通过建立各级师范院校，开办短期轮训班、短师班、专修班、星期日进修学校等多种形式，不断扩充教师队伍，提高教师政治业务文化水平，逐步建立起一支适应河南省教育发展的人民教师队伍。全省学校教职员由 1949 年的 50962 人，发展

到 1956 年的 167674 人。

1949 年，为使中等师范学校得以迅速恢复，建立正常的教学秩序，河南省人民政府迅即派出党员干部管理学校，取消国民党时期的训育制度，开设马列主义政治课程，在广大教师中广泛进行反帝爱国的思想教育。1950年，省文教厅提出，师范学校要培养学生具有科学的唯物主义世界观与全心全意为人民教育事业服务的专业精神，小学教师的特有品质（关心儿童，通晓儿童发展规律，引导其走向正常全面的发展）；培养教学所必需的业务能力与科学文化知识、健康的身体，具有国民公德新的品质，艰苦朴素、实事求是的作风。

为提高在职教师的政治业务水平，树立为人民服务的观点和专业精神，1950 年，省教育厅制定、颁发了各级学校在职教师轮训办法，规定中等学校教师轮训由省教育厅抽调，河南大学负责；高、完小教师轮训，由专（市）教育科（局）抽调，由专署干校或师范学校办理，或与该专短师班合并办理；初小教师则利用寒暑假举办讲习会，进行短期学习，县教育科负责办理，轮训的基本方针是通过理论政策学习，结合实际业务，达到改造思想、提高业务水平的目的。通过轮训，全省中小学教师的政治业务水平都有较大提高。

根据第一次全国初等教育与师范教育会议精神，1951 年，全省中等师范学校明确了办学的方针、任务。根据新民主主义教育方针，以理论联系实际的方法，培养学生具有马列主义和毛泽东思想的初步基础，中等文化水平的教育专业知识、技能和全心全意为人民教育事业服务的思想。其后，省教育厅提出，在师资培训上，坚持在职轮训、短师班和师范学校三种形式相结合的办法。根据在职教师轮训办法，1951 年，全省继续举办在职轮训班，共轮训中等师范学校在职教师（包括行政干部）550 名。高、完小在职教师（包括行政领导干部）及区文教助理员，专区、市各轮训 200 名。各专区（市）继续分别举办高级、初级短师班，各专区、市、县还设立了高级、初级师范学校。为了有计划、有步骤地培养轮训，提高中等学校师资水平，省文教厅还举办了中等教育师资专修班。为提高广大乡村小学教师的政治业务和文化水平，省文教厅提出开办小学教师星期日进修学校。星期日进修学校分高、初两种班级，以提高学员文化为主，结合政治业务学习，修业年限为 3 年。星期日进修学校的开办，对于提高广大农村小学教师的政治觉悟和文化业务水平起到了重要的推动作用。

高等教育的师资队伍有很大发展。新中国成立伊始，河南省就十分重视高校师资队伍建设。1949 年 5 月，河南省委省政府决定重建河南大学，派员到苏州把河南大学的文、理、法、农、医、工 6 个学院 400 余名教职工（其中专任教师 250 人，包括教授 41 人、副教授 20 人、讲师 48 人）接回开封。按照国家对原有学校教师全部实行"包下来"的指示，继续留任，学校又积极从外地聘请和通过省政府选调一批教师，增加学校教学人员，壮大了师资队伍。1950 年初，学校派员赴上海聘请教授 10 人，其中 6 人为医学教授。1950 年 3 月，河南大学教授发展为 63 人、副教授 22 人。1953 年，河南师范学院（由河南大学改办）学有成就的教授学者，如著名哲学家嵇文甫，长于诸子学说及船山思想研究，是著名的哲学史家；赵纪彬教授，精于马列主义哲学和中国思想史，为中国思想史专家；孙海波教授，长于甲骨文、金石文字、目录学；孙作云教授，长于先秦文学和史学；于安澜教授，长于文字音韵；王毅斋教授，长于政治经济学方面的研究。理科教师如数学系教授黄敦慈、杜孟模、李新田，物理系教授程锡年，化学系教授杨清堂、李燕亭等，为后来河南高等教育事业的发展在人力上奠定了雄厚的基础。河南师范专科学校的教师，也是当时河南高校教师队伍中的一支重要力量，其前身是开封高中和开封师范。开封高中历经河南大学堂、河南高等学堂、河南第一中学等历史时期，为河南省造就了大批人才；开封师范历经河南优级师范、河南高等师范学堂、河南第一师范、开封师范等历史阶段，为河南培养了大批师资。1951 年，省政府将两校合并，建立河南师范专科学校，这所学校不仅有较好的房舍和图书设备，而且有一支较强的教师队伍。建校时，又从杞县大同中学、淮阳中学等校调入一批优秀中学教师。这部分教师后随学校并入开封师范学院。1956 年，郑州大学建立。根据高教部有关规定，保证新建时期师资需要，除从河南部分高校调入师资外，又从山东大学、东北人民大学、北京大学、复旦大学、武汉大学和四川大学调来大批优秀教职工，计 454 人，其中有著名物理学家霍秉权教授等。新中国成立初期的几年间，河南省自己培养选留的优秀大学毕业生和研究生，也陆续补充了高校师资队伍。经过几年的努力，全省高校教职工由 1949 年的 1027 人，发展到 1956 年的 2821 人，其中专任教师由 204 人发展到 1070 人。广大教师通过学习马列主义、毛泽东思想，学习苏联教育经验，参加各种政治活动，思想和政治觉悟普遍提高。通过教学科研实践以及培养进修，业务水平有了显著提高。经过努力，基本上形成了一支适应高教事业发展的师资队伍。

2. 提高教师的经济待遇和社会地位

新中国成立后，在河南省委省政府领导下，随着国民经济的恢复和社会主义经济建设的发展，逐步改革和调整了全省教职工的工资制度和标准，改善了教职工生活，提高了教师的社会地位和政治地位，促进了社会主义教育事业的健康发展。

党和政府十分重视和关心教职工生活，认真贯彻执行一系列有关教职工福利待遇的规定。为适当解决教职工及其家属的生活困难等问题，1954 年，根据有关规定，河南省实行教职工福利费制度，主要用于解决家属困难等。从 1952 年 7 月起，全省各级各类学校教职工实行公费医疗待遇。根据 1955 年国务院命令，全省各级教育工会共建立互助会 1918 个，积累了 28.6 万元的基金。综合福利金的使用，帮助教职工解决了生育、疾病、婚丧、灾荒、过节、换季及意外事故等生活困难和具体临时性需要。同时，积极发展城市托儿所，初步解决了女教师的孩子拖累问题。全省各级学校还设置了 1000 个小型图书馆和流动图书箱，在基层建立了俱乐部（室），体育活动也日益开展，活跃了教职工精神生活，增进了身体健康。

3. 对知识分子实行争取、团结、教育、改造的政策

新中国成立初期，党和政府重视争取和团结知识分子，加强对知识分子的政治思想教育与改造。全省教育工作者积极学习马列主义、毛泽东思想，采用平时在职学习与假期集中训练相结合的方式，配合各个时期的社会改革，进行各种政治学习，有组织地参加社会实践活动，使广大教育工作者的政治思想发生了根本性变化，初步树立了社会主义思想，为河南教育的接收、恢复、改造和发展作出了重要贡献。新中国成立初期的教师思想改造运动，为当代河南教育事业的健康发展奠定了思想基础。

绝大多数教师是爱国的，很多人倾向或同情革命，他们渴望进步，从新中国成立起，人民政府就积极引导他们参加政治时事学习，组织他们参

加土地改革、抗美援朝、镇压反革命等政治运动，启发他们进行批评与自我批评，逐步提高思想觉悟，树立革命的人生观和世界观。

为争取和吸收知识分子，适应即将到来的文化教育高潮，帮助文教工作者渡过困难，根据政务院有关指示，1950 年，河南省人民政府通令救济失业知识分子。本着以工代服的精神，一方面进行救济，一方面予以短期训练，使其从事职工业余教育及农村冬学工作。全省各地还举办了一些短训班、补习班，吸收失学青年和失学知识分子参加学习。1949～1952 年，河南省共吸收失业知识分子 5 万多人参加教育工作。

1956 年 1 月，中共中央召开知识分子问题会议，周恩来总理做了《关于知识分子问题的报告》。4 月，河南省文教行政会议召开，省委、省人民委员会要求全面正确贯彻执行党对知识分子问题的指示，大力做好教育系统的知识分子工作，逐步解决知识分子在工作、生活、学习上存在的各种问题。广大教师欢欣鼓舞，努力学习，积极提高教学质量，为全省教育事业作出了重要贡献。

三　高等教育事业的迅速发展

这一时期，河南高等教育事业得到迅猛发展，并在探索中初步建立起社会主义教育体制。

（一）高等教育院系调整

新中国成立之初，新政权面对的是满目疮痍的烂摊子，政治腐败、经济落后、教育水平低下等都是当时真实的社会状况。教育方法、教育手段传统、陈旧，教育内容不合时宜，教育设施与教育设备简陋，教育规模小等一系列问题使教育的发展受到严重的制约。高等教育也不例外。

资料显示，1949 年全国高等院校只有 205 所（台湾地区未在统计之内）。按学校性质划分，其中综合大学 49 所，工业院校 28 所，农业院校 18 所，医药院校 22 所，师范院校 12 所，语文院校 11 所，财经院校 11 所，政法院校 7 所，体育院校 2 所，艺术院校 18 所，其他院校 27 所。而按地域分布划分，其中华北地区 29 所，华东地区 73 所，中南地区 35 所，东北地区 17 所，西北地区 9 所，西南地区 42 所。在这些高校中，位于沿海地区的有

118 所，内陆地区的有 87 所。这些数据充分说明了旧中国高等院校分布不平衡的状况，也反映了地区之间经济、政治、社会文化发展的不均衡性。

从学校办学规模上看，旧中国的高等学院办学规模都比较小。据 1947 年的统计资料显示，这一年高等学校总数为 207 所，而人数不超过 300 人的学校就有 82 所，高达 39.6%，301~500 人的学校有 30 所，501~1000 人的有 44 所，1001~2000 人的有 35 所，2001~3000 人的有 10 所，3001~4000 人的有 3 所，4001~5000 人的有 2 所，超过 5000 人的学校仅有 1 所。[①]

从本、专科办学层次上看，1949 年在校人数为 116504 人，其中本科生人数为 93917 人，占 80.61%；专科生人数为 22587 人，占 19.39%。而从各科种类结构上看，在校学生数 116504 人中，工科学生数为 30320 人，占 26.02%；农科学生数为 9820 人，占 8.43%；林科学生数为 541 人，占 0.46%；医药学生数为 15234 人，占 13.08%；师范学生数为 12039 人，占 10.33%；文科学生数为 11829 人，占 10.15%；理科学生数为 6984 人，占 6.00%；财经学生数为 19362 人，占 16.62%；政法学生数为 7338 人，占 6.34%；体育学生数为 282 人，占 0.24%；艺术学生数为 2755 人，占 2.36%。[②]

从以上数据可知，旧中国遗留下来的高等教育分布不均衡、规模小、系科庞杂、系科设立比例不当。工科院系所占比重较小，仅占 25% 左右，这远远不能满足新中国成立初期国家恢复经济与建设对大量专业人才的需求。为了能够尽快恢复国家经济与国家建设，对这些高校进行合理的整顿成为迫在眉睫的要事。

中国学习苏联高等教育经验，有计划地进行全国范围的高等学校首次院系调整，是从 1952 年下半年开始的。在此之前，1951 年 11 月，中央教育部召开的全国工学院院长会议，提出了工学院的调整方案。河南大学首次院系调整就是在这个大的背景下展开的。

1. 院系调整的设计

院系调整一般指的是新中国成立后到 1957 年这一段时间里，由中央人

① 余立主编《中国高等教育史》（下册），华东师范大学出版社，1994，第 3 页。
② 马文静：《河南大学院系调整研究（1952~1956）》，硕士学位论文，河南大学，2015。

民政府领导的在全国高等学校范围内进行的校与校之间、院系（科）与院系（科）之间的合并与重组及新建院校和停办等一系列的高校大学体制的改革。它是在"三反"、"五反"、知识分子思想改造及肃反运动的基础上，在政府的周密计划之下通过行政手段，自上而下实行的一次教育改革运动。新中国建立后，旧有高等教育体系处于混乱状况，为了尽快恢复国民经济，满足国家各项经济建设对人才的需求，中央教育部结合当前教育现状，对各大行政区提出了院系调整的要求和任务，并以华北、东北、华东、中南等各大行政区为重点，结合各大行政区教育现状，制订具体实施方案，最后再用行政手段使相关政策落实到各有关院校和系科，甚至落实到具体的小组和人员，层层下达，层层落实，限时限地予以完成。

院系调整工作从 1950 年开始酝酿，1949~1951 年基本上是对个别地方的局部微调，1952 年全面展开，1953 年基本完成。但 1953 年的调整完成得并不是特别完美，于是 1954~1957 年又进行了一些修补和调整。1952 年以前主要是针对教会学校的接管、私立学校的改造进行的，1952~1953 年的调整则是以暴风骤雨的形式对全国各高等院校进行大刀阔斧的重组，1954~1957 年的调整则主要是针对前面改革中的不足，对其进行微调，实现沿海和内地高校在战略性上的平衡。这时期对全国高校的调整一般有以下几种形式。

一是建立新型大学。如 1949 年 12 月 16 日，政务院召开了第十一次政务会议，会议决定成立中国人民大学，目的就是为了适应国家建设的需要，"接受苏联先进的建设经验，聘请苏联教授，有计划、有步骤地培养新国家的各种建设干部"。

二是对私立大学进行接收和改造，将其改为公立或者直接调并到公立院校。如将华东区东吴大学的文理系科、江南大学的数理系以及苏南的文教学院合并，成立苏南师范学院，将中南区的中山大学、岭南大学等学校全面调整为一所综合性大学——中山大学，主要由中山大学、岭南大学、广东法商学院、华南联合大学及其他院校有关文、理、法、经济的各院系合并组合而成。

三是对各院校相近或者相似的院系进行重组合并或成立新院校。对相近或者相似专业进行重组与合并，主要是为了充分聚集人力和物力，发挥现有师资力量，充分利用有效的教学设施与教学设备，进而加强该专业（这主要是针对国家急需的各种建设人才的工科专业）的实力。例如，将湖南大学、广西大学、南昌大学及武汉大学工学院的土木系有关公路、铁路、工业及民用建筑部分，四川大学工学院土木系的铁路建筑部分，华南工学院的土木系有关铁路、桥梁部分和云南大学工学院铁道系工程组进行重组与合并，建立了中南土木建筑学院（校址设在长沙）。①

四是将规模小、师资设备较差的学校进行合并重组。如将上海法政学院、新中国学院、新中国法商学院、光夏商业专科学校、诚明文学院、上海法学院法学系合并重组为上海学院。

五是将原来是专科性质的学校提升为单科院校，如将上海水产专科学校提升为上海水产学院。

2. 院系调整工作的开展

1949 年 10 月 1 日，中华人民共和国中央人民政府宣布成立，向全世界宣告了一个新的社会主义国家的诞生。社会主义性质是我国的国家性质，是社会存在，它决定着我国的经济、政治形态，表现在教育方面，就是要建立科学的、民族的、大众的文化教育。《中国人民政治协商会议共同纲领》中对文化教育政策的定义是："中华人民共和国的文化教育为新民主主义的，即民族的、科学的、大众的文化教育。人民政府的文化教育工作，应以提高人民文化水平，培养国家建设人才，肃清封建的、买办的、法西斯主义的思想，发展为人民服务的思想为主要任务。"

1950 年 6 月第一次全国高等教育会议召开，会议着重讨论了改造高等教育的方针和新中国高等教育建设的方向，并指出，"新中国的高等教育应该以理论联系实际的方法，培养具有高度文化水平的、掌握现代科学和技术成就的、全心全意为人民服务的、高级的国家建设人才；准备和开始吸收工农干部和工农青年进高等学校，以培养工农出身的新型知识分子"。时任教育部部长马叙伦在会议上对当前高等教育的基本情况进行了一个总的概括，指出，所有目前的这些高校尚未完全发展成为正规的高等学校，"自从中华人民共和国诞生，中央人民政府成立以后，原来老解放区的高等学

---

① 《建国初期全国高等院校调整文献选载（1951~1953 年）》，《党的文献》2002 年第 6 期。

校已在逐渐走向正规化。新解放区的高等学校也都初步实行了学校行政的改革和课程改革，特别是进行了革命的政治教育，在全体教师和同学的积极努力下，作出了良好的成绩，奠定了今后继续改进的基础"。此外，马部长还强调，"我们要在统一的方针下，按照必要和可能，初步地调整全国公私立高等学校和某些系科，以便能更好地配合国家建设的需要"。

马部长的这次讲话，可以说是开了有计划进行院系调整的先声。

中央教育部 1952 年 7 月提出"以培养工业建设人才和师资为重点，发展专门学院，整顿和加强综合性大学"的方针，但在实际执行中只强调了整顿和成立专门学院，首先以华北、华东、东北为重点全面进行高等学校院系调整，至 1952 年底全国已有 3/4 的高等学校进行了院系调整。河南大学根据这一方针，农学院独立设置为河南农学院（今河南农业大学），医学院独立设置为河南医学院（1984 年改称河南医科大学，2000 年郑州大学、河南医科大学、郑州工业大学三校合并）。

1953 年，中央教育部又进一步明确全国高等院校院系调整以中南区为重点进行，中南区又以河南大学为重点进行，华北、华东、东北三区进行专业调整，西北、西南两区进行局部的院系调整和专业调整。于是，河南大学这次作为中南区院系调整的重点进行了如下调整：河南大学水利系调往武汉大学水利系，财经系调往武汉中原大学财经学院，畜牧兽医系调往江西农学院，植物病虫害系调往武汉华中农学院，行政学院单独设校成立河南省政法管理干部学校；文教学院所设中文、历史、地理、数理、化学、教育六系和俄语专修科改为师范性质，继续由中国科学院学部委员、河南省人民政府副主席嵇文甫教授担任校长。

从 1953 年 1 月到 1953 年 7 月，河南大学校名并未改变。当时，为了明确学校新的任务，解决师生对高等师范教育的认识问题，校党分组、校行政组织全校师生员工学习中南区高等教育讨论会的传达报告，提出以"学习苏联、面向中学、集体教学"作为教学改革工作的具体方针，并在改革实践中强调解决六个问题。一是集体教学与个人负责问题，明确集体教学必须建立在个人负责与集体互助结合的基础上。二是学习苏联与结合中国实际问题，明确学习苏联经验必须从中国的实际出发，不能生搬硬套。三是理论联系实际与面向中学问题，要求明确面向中学是高等师范院校联系实际的重要内容。四是知识教育与思想教育的结合问题，要求寓思想教育于知识教育之中，使二者融为一体。五是教师领导责任与教学民主问题，要求教师在教学过程中起领导作用，全面负责，但必须发扬教学民主，做到教学相长，以正确地、充分地发挥教师的作用。六是加强培养青年教师与发挥潜在的教学力量问题，要求在努力培养青年教师的同时，注意充分发挥所有教师的教学潜能，以更好地进行教学改革，提高教学质量。

学校党政领导还针对师生员工中普遍存在的对院系调整很不理解，甚至有强烈抵触情绪的思想状况，进行耐心细致的正面教育。引导师生员工认识到，河南大学作为河南乃至中南六省区高等教育的母体，为新中国高等教育的发展作出了独特的贡献，不仅以其院系为基础孕育了不少新的院校和系科，而且为社会输送了一大批各类专门人才。当然，一所经过40年逐步壮大起来的综合大学——河南大学在院系调整中整体实力是被削弱了，财经、水利、畜牧兽医、植物病虫害等学科专业还被调往武汉、江西，客观上使河南省高等教育长期缺少这些专业门类，在一定程度上制约了河南经济的发展。

3. 首次院系调整的深刻教训

反思这次院系调整，特别是结合河南省、河南大学的实际进行分析，这次调整过分强调教育的阶级性，主要以政府和社会制度作为院系调整的标准，将旧高等教育的合理成分斥为资产阶级的东西加以抛弃，把与欧美有渊源关系的大学统统看作资产阶级的文化教育机构加以否定，这种过分突出教育政治性的做法，不利于借鉴资本主义发达国家高等教育的有益经验。例如，由于当时主流观点下的错误决策，河南大学轻率地把社会系、政治系当作资产阶级货色加以取消，直到20世纪60年代才恢复设置政教系，大大影响了这些专业人才的培养，造成了人才的断层。更值得认真反思的是，当时社会上的主流观点错误地认为，旧中国按多学科综合构建起来的大学模式完全不适合新中国建设的需要，只有按苏联模式彻底改建高等教育结构才是"最佳的选择"。于是，河南大学、浙江大学、南京大学、山东大学、东吴大学等，几乎所有的综合大学都在这种主流观点的指导下，把文、理、法、工、农、医统统拆散，并分别将其调整归并为单科性的学院。在这次调整中，绝大多数综合大学仅保留文、理两个学科，校名未变；

河南大学也保留了文、理两个学科，并轻率地改变了学校的名称。结果，绝大多数综合大学名存实亡，河南大学更是如此，学科结构不合理，出现了理工分割，理、工、农、医等科类与人文社会科学分家，培养的人才知识面很窄、适应性差、缺乏后劲等重大缺陷，直接导致了其后 20 多年中国高等教育的不断调整。河南大学改为师范性质后，也必然走上了一条不断调整学科专业结构的路子，客观上使学校发展受到严重的制约，应该说这是河南高等教育事业发展不快、长期滞后的一个重要原因。

（二）有计划按比例发展

随着生产资料公有制的确立，计划经济开始实行，为适应经济社会发展的需要，河南省教育事业也开始走上有计划按比例发展的轨道。

1950~1952 年是我国国民经济恢复时期。河南省各级人民政府遵照第一次全国教育工作会议精神，以老解放区教育经验为基础，吸收旧教育有用经验，学习苏联经验，肃清封建的、买办的、法西斯主义思想，发展为人民服务的思想，培养国家建设人才；坚持为工农服务，各级学校为工农开门的方针，创办工农速成中学、工农速成初等学校。1952 年，河南省采取短期速成与长期培养相结合的方式，大量举办短期师资训练班，迅速有效地为中小学培养师资，经过恢复、整顿和发展，在国民经济恢复时期，取得了一定成就。1952 年与 1949 年相比，高等学校学生增长 219.53%，教师增长 120.59%，远远超过了国民党统治时期河南教育的发展速度。

1953~1957 年是第一个五年计划时期。1954 年，根据党在过渡时期的总路线、总任务和第一个五年计划的基本任务，全省教育工作依据国家建设需要，对高等学校调整了系科专业，对中等专业学校协同有关部门进行了整顿和发展，对高中也适当发展，同时，积极办好高、中等师范教育。1955 年，根据教育部"以提高质量为重点，有计划有重点地稳步发展"的指示，河南省确定，普通教育在提高教育质量，贯彻全面发展方针的同时，实施生产技术教育，扫除文盲，克服农村文化落后状态。1956 年，由于全省农村社会主义合作化运动的发展和手工业、资本主义工商业的社会主义改造提前实现，教育事业落后于经济建设。由于发展速度过快，超过了可能条件，因此，1957 年中央提出"适当收缩，保证重点"。河南省提出，高等和中等师范，高中、工农业余教育可适当发展。

第一个五年计划结束时，河南省高等学校在校学生达到 9618 人，较 1952 年增长 274.39%；教师达到 1290 人，较 1952 年增长 186.67%；每万人口中的大学生人数为 19 人，较 1952 年增加 1.28 人。参加业余学习的人数达 524 万人，较 1952 年增长 258.9%。新中国成立初期的 1949 年至 1956 年，河南省教育事业基本上适应了全省经济社会发展的需要，有计划按比例发展。

第二节 调整巩固（1957 年 1 月～ 1966 年 5 月）

一 社会主义教育方针的确立

教育方针是党和政府在一定历史时期，为实现一定任务而确定的教育总的指导方向和工作指针。新中国成立初期，党制定的新民主主义的教育方针，使教育在全国范围内走上为人民服务的正确道路。在开始社会主义初步建设的新形势下，制定社会主义的教育方针意义十分重大。1957 年 2 月，毛主席在最高国务会议上作了《关于正确处理人民内部矛盾的问题》的讲话，提出了"我们的教育方针应该使受教育者在德育、智育、体育几方面都得到发展，成为有社会主义觉悟的有文化的劳动者"。这条教育方针对学校教育的发展方向和培养目标，有着深远的指导作用，是毛主席对马克思主义教育学说的一大贡献。

1958 年 9 月 19 日，中共中央、国务院发出《关于教育工作的指示》，明确系统地提出党和国家的教育工作方针，即"党的教育工作方针，是教育为无产阶级政治服务，教育与生产劳动相结合；为了实现这个方针，教育工作必须由党来领导"。河南教育在上述教育方针的指导下，教育革命全面兴起，勤工俭学遍地开花，积累了许多经验。但是，由于"左"倾错误思想的影响，片面突出为政治服务，过分强调生产劳动，社会上不断开展的运动冲击教育、教学工作，致使教学质量在"大跃进"期间明显下降，付出了沉重的代价。

二 教育事业的调整改革与发展

（一）"调整、巩固、充实、提高"的方针

1. 教育事业的调整

1958年以来教育事业的"大跃进"，明显地超越了国民经济负担能力，严重地违背了教育事业本身的发展规律。为了改变教育事业和国民经济发展水平不相适应的严重困难局面，1960年11月，中共中央和毛主席决定对教育事业进行"调整、巩固、充实、提高"，特别是对高等学校、中等专业学校和半工半读农业中学进行大规模调整。1961年7月，教育部召开全国高等学校和中等学位调整工作会议，讨论了缩短战线、压缩规模、合理布局、提高质量等问题。

河南省从1961年起在省委精简领导小组的统一安排下，通过定（定发展规模）、缩（缩小发展规模）、并（与他校合并）、停（停办）四种主要方式，对高等学校、中等专业学校、半工半读农业中学进行大规模压缩调整。当年，全省高等学校由1960年前的67所调整为33所，中等专业学校由380所调整为128所，半工半读农业中学由1640所调整为161所。1962年继续压缩调整，全省只保留郑州大学、开封师范学院、新乡师范学院、河南医学院、河南农学院、河南中医学院、郑州工学院、郑州粮食学院、洛阳农机学院、焦作矿业学院、豫北医学专科学校和百泉农业专科学校共12所高等学校，在校学生数由29877人减少为21600人；中等专业学校保留43所，在校学生数由130200人减少为22000人；半工半读农业中学保留14所，在校学生数由19100人减少为1300人；普通中学由1803所调整为1277所，在校学生数由633500人减少为382300人。

河南教育事业这次大调整，体现了"缩短战线、集中力量、保证重点"的原则，使教育事业在当时国民经济十分困难的情况下重新走上了有计划稳步发展的轨道。调整中大量撤销1958年以来新设立的条件差的高等学校和中等专业学校，有效地解决了国家对教育事业包得过多的困难；大量撤销半工半读农业中学，明显减轻了各地人民群众特别是农民群众的经济负担，对保证人民群众度过困难时期有很大好处；各市、地、县精简的教职

工和裁并学校的财产中，不少优秀教师和仪器、设备、图书被充实到各级各类保留的学校中，提高了保留学校的教育质量，改善了保留学校的教学条件。如将河南艺术学院、体育学院、开封师专并入开封师范学院，加强了开封师院的师资力量，并健全了系科设置。这些均是大调整的主流，应予充分肯定。但是，在大调整的过程中，由于缺乏经验，也存在一些问题。例如，全省高等师范专科学校一所不留，全部撤销，造成初中师资长期无补充来源；省属工科专科学校一律裁并，一些设备较好、初具规模的工学院也被迫下马，直接影响了河南省国民经济的健康发展；半工半读农业中学停办过多，使中小学毕业生升学和就业问题随着国民经济的逐步好转而日益尖锐；某些市、县精简教职工的方式比较简单，工作粗暴，也伤害了被精简人员的感情，造成一些知识分子实际生活上的困难，留下了后遗症。

2. 贯彻执行大学工作条例

1961年9月，在教育事业大调整的同时，中共中央颁发《教育部直属高等学校暂行工作条例》（简称"高教60条"），科学地总结了新中国成立以来，特别是1958年以来中国高等教育曲折发展的经验教训，制定了符合当时中国国情的各项具体政策。"高教60条"指出：高等学校必须以教学为主，努力提高教学质量，科学研究、生产劳动、社会活动应当安排适当，正确执行知识分子政策，团结一切可以团结的知识分子，为社会主义高等教育服务，贯彻"百花齐放，百家争鸣"的方针，提高科学研究的学术水平，实行校党委领导下的校务委员会负责制，充分发挥校长、校务委员和各级行政组织的作用，做好总务后勤工作，保证教学和生活的正常进行，改进党的领导作风，加强学校思想政治工作。

河南省各大专院校以"高教60条"为指针，努力纠正过去的偏差，特别是纠正教育"大跃进"中的"左"倾错误，使教学科研事业沿着正确的方向前进。各大专院校注意发挥教师在教学中的主导作用，下大力气培养又红又专的教师队伍，正确贯彻党的知识分子政策，对历次政治运动中的遗留问题进行认真的甄别复议，充分调动广大师生员工的积极性。在实施"高教60条"的过程中，各大专院校普遍为1957年被错划为"右派分子"的大多数教师、干部、学生摘掉了帽子，给在"反潘、杨、王"和"拔白旗"、"反右倾"等运动中被错误批斗的教职工平了反，并妥善安排这些同志的工作，信任和支持他们，从而使广大知识分子心情舒畅。

河南省各大专院校在教学方面贯彻执行工作条例，使高等教育出现了新气象。一是正确处理教学、生产劳动、科学研究三者之间的关系。开封师范学院于 1961 年 11 月结合学校实际情况，制定出《开封师范学院试行教育部直属高等学校暂行工作条例的方案》，执行全学年 52 周，其中劳动 4 周，寒、暑假 9 周，教学 39 周（周学时 42 节，每日 7 节）的学年整体安排；严格按照部颁教学计划要求，加强基本理论、基本知识、基本技术训练，保证学生自学时间和教师从事科学研究的时间，使学校教学工作较快地步入了正常的发展轨道。二是提高教师水平，发挥教师在教学中的主导作用。郑州大学自 1962 年新学期始，保证每位教师有 5/6 的业务时间从事教学和科学研究工作，组织教师上第一线教课，让青年教师做好老教师的助手，开展"传、帮、带""一帮一"活动，明显提高了各学科的教学水平。三是制定和执行过渡性教学计划，减少学生参加生产劳动的时间，对高年级学生在"大跃进"期间缺学的课程进行补课。新乡师范学院一、二年级学生严格执行部颁教学计划，对三、四年级学生按照部颁教学计划精神执行过渡性教学计划，使高年级学生在一学年内补齐了以往劳动过多而缺学的课程内容。四是因材施教，对优秀学生适当增加学习内容，并对他们加强专业指导，加速培养拔尖人才。河南农学院吴绍骙教授在农学本科专业教学中注意对优秀学生的辅导，让尖子生和他培养的两名研究生一起质疑解难，攻克玉米遗传育种尖端科技，效果十分显著。五是在师生关系上，各大专院校在教学中既发挥教师的主导作用，又发挥学生的主体作用，提倡尊师爱生，教书育人。上述这些做法明显提高了河南省高等院校的教学质量和科研水平。新乡师范学院数学系老教授黄敦慈十分感慨地说："大专院校工作条例 60 条我条条都拥护，我举双手赞成！"这句话反映出当时河南省大专院校高级知识分子对高等教育事业健康发展充满信心。

（二）试行两种教育制度

1958 年 5 月，时任中共中央副主席刘少奇在中央政治局扩大会议上提出，我们国家应该有两种主要的教育制度和劳动制度同时并行，一种是现在的全日制学校制度，一种是半工半读学校制度。9 月，中共中央、国务院

《关于教育工作的指示》提出，"用大量发展业余文化技术学校和半农半读学校来普及教育"。1958年河南省共创办千余所半工半读式的新型学校——农业中学及城市职业中学，初步形成了与全日制中学相辅相成的两种教育制度。但在国民经济遇到严重困难的20世纪60年代初期，河南省绝大多数农业中学、职业中学被迫下马。为此，1963年以后，随着国民经济的好转，全省中小学毕业生升学和就业问题十分突出。在毛主席提出改革教育制度以后，1964年，时任国家主席刘少奇再次提出了实行两种教育制度的主张，以妥善解决中小学毕业生升学和就业的突出问题。教育部于1964年先后召开了全国农村半工半读教育会议和全国城市半工半读教育会议。同年7月，中共中央批转教育部关于半农半读教育会议的报告。河南省各级教育行政部门认真执行刘少奇指示，再次在全省范围内大力恢复和试办农业中学、职业中学。同年11月，河南省成立半工半读教育委员会，下设半工半读教育局，领导全省农业中学和职业中学教育。当年，河南省各地、市农业中学和职业中学由132所增长为831所，在校生达60200人，比1963年增长90.1%。1965年，全省农业中学、职业中学达5115所，在校生达450800人，比1964年增加6倍。

半工半读教育制度是有着强大生命力的新生事物，不仅对中等教育发展有重要意义，而且可以促进高等教育事业的发展。1965年9月4日，河南省人民委员会批准郑州大学政治系一、二年级，开封师范学院政治教育系一、二年级，河南农学院农学系一年级开始试行半工半读教育制度，将两种制度的试验推广到省属大专院校，以探索高等教育改革的新途径。开封师范学院政治教育系一、二年级师生150余人当即愉快地去嵩县陆浑，在那里认真举办半工半读教学班试验。他们在学好专业课的同时，与当地贫下中农同吃同住同劳动，参与当地的经济建设。通过将近10个月的亲身实践，他们真切地感受到两种教育制度的推行，有利于加速提高全民族的文化教育水平，有利于缩小城乡差别、工农差别、脑力劳动和体力劳动的差别，有利于加速培养有社会主义觉悟的有文化的劳动者，为以后改革教育体制、发展职业技术教育积累了有益的经验。但是，由于"文化大革命"的爆发，这项很有意义的试验被迫中止。

（三）教学改革

1. 改革教学，加强德育工作

20 世纪 60 年代初、中期，河南省各级各类教育事业在"调整、巩固、充实、提高"八字方针指引下，认真贯彻执行大、中、小学工作条例，稳定教学秩序和教师队伍，改革教学，提高教育质量，发展是健康的，各级各类学校教育都取得了很大成绩。

1963 年，河南省高等院校在贯彻执行"高教 60 条"的过程中普遍进行了教学改革。在改革中首先重点抓了教材教法研究，组织教师研究如何使用国家高教部部颁教材，着重讨论如何突出重点、讲清难点、做好取舍以及补充新内容等问题，始终紧紧围绕提高教学质量这一中心任务进行。1962 年，教育部部颁教学计划是"高教 60 条"在教学工作中的具体化。因此，在教材教法研究中广大教师集思广益，取长补短，青年教师虚心向老教师学习，老教师热心帮助青年教师过好"教学关"胜任教学工作。其次，十分注意对学生的培养工作，各大专院校在教学中都增加了政治思想教育，注意结合教学内容，宣传党的路线、方针和政策，寓德育于智育之中，努力培养德、智、体全面发展的社会主义革命和建设事业的合格接班人。

2. 减轻学生负担，提高教学质量

1965 年 7 月 3 日，毛主席《对"北京师范学院一个班学生生活过度紧张、健康状况下降"材料的批示》指出："学生负担太重，影响健康，学了也无用。建议从一切活动总量中，砍掉三分之一。邀请学生代表讨论几次，决定实行。"再次就减轻学生负担发表谈话，深刻指出了大专院校教育中存在的问题。为了贯彻执行毛主席上述精神，河南省各大专院校纷纷召开教师和学生代表座谈会，讨论改进教学工作，减轻学生学习负担，使学生身心两方面都得到健康发展，并交流和总结经验，积极采取改进措施。例如，河南医学院医疗专业教师按照部颁教材性质，突出重点，解决难点，用较少的时间讲清主要内容，对学生的实习、实验作业精批细改，耐心指导；学生在教师和医师的亲自辅导下，通过必要的临床实践，加深对医学理论的认识。该校这种精讲多练的教学方法明显减轻了学生听课和作业的沉重负担，受到师生的普遍欢迎。

焦作矿业学院通过对机电专业 1963 年级 14 班 32 名学生政治思想、学习负担和教学质量等方面的调查研究，提出 8 条改进意见并在全院推广：（1）认真学习毛主席关于减轻学生负担的谈话精神；（2）各科教学贯彻少而精原则；（3）采用启发式教学法，因材施教；（4）积极改进考试方法；（5）教师布置作业要有全局观念；（6）把课内外学习时间严格控制在每周 50 学时以内；（7）加强班级政治工作；（8）切实改进工作作风和工作方法，使学生活动总量由原来的每周 75 学时减少为每周 50 学时。

郑州大学、开封师范学院从 1965 年开始，文科期中、期末考试均实行开卷，学生答卷时可查阅书籍、笔记或各种词典。教师在命题时紧扣教学大纲，侧重理解，主要考查学生分析问题和解决问题的实际能力。新乡师范学院期终考试时，26 门课程进行开卷考试试验，试行四种办法：（1）事先出题，由学生做准备，包括查阅资料，进行实验和交换意见，3 天内交卷；（2）出 2~3 倍预习试题，考试时教师出预习题范围内的试题，当堂交卷；（3）当堂出题，允许学生在课堂上查阅资料，但不准互相交换意见，半天交卷；（4）实验分量较多的课程，对其理论部分当堂出题，允许学生查阅资料，各自独立完成，对其实验操作部分在实验室内考试，从而改变了学生终日死记硬背的不良习惯。总之，高等院校这一时期围绕"减轻学生负担，提高教学质量"进行了一系列的改革试验，成绩是主要的，一些经验至今仍对教学改革有着借鉴意义。

（四）加强学校政治思想教育

1956 年，随着对生产资料私有制的社会主义改造基本完成，中国确立了社会主义制度。为探索中国自己的社会主义建设道路，中国共产党举行了第八次全国代表大会。大会一致通过的"政治报告"宣布"几千年的封建剥削制度已经基本结束……我国无产阶级与资产阶级的矛盾已经基本上解决"。明确指出，"党的工作重点不再是阶级斗争了"。党和国家工作重点从革命转向建设是中共八大会议一致通过的正确决定。

1962 年 3 月 27 日，周恩来在二届人大三次会议上指出：我国的知识分子，"毫无疑问，他们是属于劳动人民的知识分子，我们应该信任他们、关心他们，使他们更好地为社会主义服务。如果还把他们看作是资产阶级知识分子，显然是不对的"。

　　经过两年调整，国民经济开始走出困难的谷底，国内形势逐步好转。但是，阶级斗争问题上的"左"倾错误也进一步发展，党内意见分歧加大，中国又发生了新的曲折。不久提出"千万不要忘记阶级斗争""无产阶级同资产阶级的矛盾、社会主义道路同资本主义道路的矛盾是我国社会的主要矛盾"，出现了阶级斗争扩大化，"左"倾错误进一步严重发展。

　　毛主席在 1964 年 2 月 13 日教育工作座谈会上批评教育工作，指出：学生负担太重，影响健康，学了也无用。强调阶级斗争是学校的一门主课，应当让学生到农村去搞"四清"，到工厂去搞"五反"。

　　根据毛主席 1964 年春节座谈会讲话精神，河南省各级各类学校调整了教学计划，精简课程，减轻学生负担。1964 年 4 月，针对当时存在的单纯追求升学率、学生学业负担过重问题，省教育厅发出《关于减轻学生负担、提高教学质量的通知》，对学生每天学习时间、教学内容、布置作业和考试次数、科目都做出具体规定。1964 年，河南省继续坚持以教学为主的方针，改进教学方法，强调提高教学质量。同时，贯彻执行中共八届十中全会"千万不要忘记阶级斗争"的指示要求，提出学校"培养什么人的问题，是关系到反修、防修，保证党和国家永不变色的重大问题"。各级学校都在教学中增加政治思想教育、阶级和阶级斗争教育，结合教学内容，宣传党的方针政策。一些学校，特别是一部分高等院校组织师生参加社会主义教育工作队，到工厂去、到农村去，实行三同（同吃、同住、同劳动），培养工农感情和艰苦奋斗的作风，培养无产阶级革命事业的接班人。同时，根据政策，学校坚持"面向工农开门"的方针，1965 年，贫农、下中农，工人家庭出身的新生，在河南省高等院校中占新生总数的 80% 以上。这是 1953 年以来工农家庭出身的子女上大学比例最高的年份。

　　1966 年，河南省大、中、小学校都进一步密切结合阶级斗争的形势，强调在教学中突出政治、防止"和平演变"的教育，抓紧抓好培养无产阶级革命事业接班人的工作。就怎样培养无产阶级接班人的问题，毛主席于 5 月 7 日指示（即"五七指示"）："学生以学为主，兼学别样，即不但学文，也要学工、学农、学军，也要批判资产阶级。"接着又指出："学制要缩短，教育要革命，资产阶级知识分子统治我们学校的现象，再也不能继续下去了。"《人民日报》发表题为《全国都应该成为毛主席思想的大学校》社论。河南省大、中、小学校在教学计划中普遍增加学生的学工、学农时间，有的学校还增加了学习军事的内容。1966 年，全省学校的政治课，初中一年级开设《做革命接班人》，初中二年级开设《社会发展史》，初中三年级开设《中国社会主义革命和建设》；高中一、二、三年级均开设《毛主席著作选读》乙种本。要求尽快铲除资本主义、修正主义的社会基础和思想基础，更快地缩小工农之间、城乡之间、脑力劳动与体力劳动之间的三大差别，培养出有高度政治觉悟的、全面发展的亿万共产主义新人。

贯彻"五七指示"，加紧意识形态领域里的阶级斗争，整个教育战线以阶级斗争为纲的"左"倾错误进一步发展。

（五）高等教育事业在调整改革中稳步发展

在社会主义改造基本完成以后，中国确立了社会主义制度，并提出转入全面的社会主义经济建设，直到"无产阶级文化大革命"运动开始，河南教育事业历经反右派斗争、1958 年"教育革命"和 1961～1965 年教育事业调整充实等阶段，教育事业大起大落，曲折发展。

成人高等教育得到发展。开封师范学院函授部于 1955 年开始招收学员。继之，新乡师范学院、河南农学院、焦作矿业学院和一些中等师范学校函授部也相继招生。成人高等教育包括职工大学、职工业余大学、夜大学，到 1966 年 7 月共毕业学生 2 万余人，高等学校举办大学本、专科函授教育毕业学员 2 万余人。1966 年，全省共有成人高等学校 34 所。

1957～1966 年的河南高等教育，经历了教育革命的大发展和调整充实诸阶段。到 1965 年，全省普通高等院校有 12 所，在校生 14038 人。1949～1965 年，河南省普通高等院校共培养 39528 名毕业生，其中绝大部分已经成为河南省政治、经济、文化、教育等事业的骨干力量。

河南省教育事业虽然曾受到"左"的政治运动的冲击，有过失误，但是，整个教育革命都是在党的领导下进行的。1961～1965 年，河南贯彻中央关于调整充实的方针，贯彻执行《条例》，按照教育规律办教育，教育质量明显提高，教育事业呈现出较好的发展局面。

1957 年，嵇文甫在《一年来河南教育大跃进的情况和进一步贯彻执行教育方针中的几个问题》中指出：

　　一年多来教育事业的大跃进，大大提高了广大师生的政治思想觉悟，初步克服了学校教育与生产劳动脱离的现象，也开始改变了我省教育落后面貌。现在全省托儿所和幼儿园共收托儿童近 600 万人；小学学生已达 653.8 万人，比去年增加 32.53%；中等学校学生已达 81.9 万人，比去年增加了 48.7%；高等学校学生已达 21458 人（包括预科 2247 人），比去年增加 123.1%；今年共扫盲 530 万人，为解放八年来扫盲总数的两倍多；各种红专学校学员现有 850 万人，这是过去从来没有的现象。根据上述数字计算，在全省人口中，每一万人内平均有入园幼儿 536 人，小学生 1329 人，中等学校学生 166 人，高等学校学生 4.4 人，红专学校学员 1727 人。总计全省约有近三分之一的人在各级各类学校里学习。

1958 年 2 月档案指出：

　　1956~1957 年，我省学校教育出现了两件可喜的新事物，就是 1956 年我省创办了"戴帽"中学，"戴帽"初中有 506 校，"戴帽"高中有 106 校，"戴帽"后学校即增加了两倍；去年民办中学发展了 15.6 万人，有 1200 校，民办小学发展了 24 万人，这样学校的设置分散了，便利了劳动人民子弟入学。

　　1958 年，根据省委、省人委党组大办高等教育的指示，中共河南省建筑工程厅党组成立建筑工程专科学校筹备委员会，中共河南省文化局党分组确定艺术学院筹委会，中共河南纺织管理局党组筹备河南纺织工学院，中共河南省水利厅党分组成立河南省水利学院，河南省煤炭工业局筹备郑州煤田地质专科学校，中共河南省教育厅党分组批准建立郑州电力学院、焦作矿业学院，新建河南体育学院。

　　1958 年 6 月 6 日，《教育部临时党组关于高等学校下放问题的报告》：

根据中央指示的原则，经与中央有关业务部门研究，并经中央召开的全国教育工作会议原则通过，拟对现有227所高等学校，按学校性质、任务和毕业生分配范围的不同，将领导关系作如下的改变：

教育部（包括原高等教育部和教育部）直接领导的53所高等学校，除了留下中国人民大学、北京大学、清华大学等6所仍由教育部直接领导，以便直接吸取经验指导全国以外，对其余的47所中的41所下放归省、市、自治区领导，6所交中央有关业务部门领导。

1958年7月16日，省委文教部《关于当前学校教育亟待解决的几个问题的报告》指出：

此次张柏园、王锡章等同志到下边去开教育会议，了解了在学校教育上存在几个亟待解决的问题，现特报告于后：

一、有的地方准备把小学和初中下放到农业社。这样的做法对学校教育是不利的，而且陆定一同志在中央会议上也讲过两次，指出这种做法不对。像这样重大问题的改变，应先经过试验。

二、有的地方准备取消公立学校学生的助学金。勤工俭学和助学金都是国家的政策，不能因为学校实行勤工俭学就取消助学金。……

三、有的地方因为办地方工业，准备把高中毕业生和高中在校学生抽出去参加地方工业。今年高中毕业生很紧张，首先应该满足中央一级大学招生需要，其次是本省需要，所以各地不能抽调高中在校及毕业生参加工作，可待大学招收之后，再由省内商量解决。

四、有些地方办了大学，在现有高中上戴帽子，把现有高中取消了，这样削弱了现有高中，影响今后为高等学校培养新生。

五、有的地方规定小学民办、中学公办，这种做法是不符合中央精神的。中央规定无论中小学以及大学教育都要两条腿走路，不能一条腿走路，只有这样才能把教育的路子拓宽。

以上几个问题，请省委能迅速通知各地，引起注意。

1958年7月28日，中共河南省教育厅党分组《关于接管郑州大学问题的报告》指出：

中央教育部 7 月 20 日来电报（电报原号 67）称："中共河南省委、省人委、河南省教育厅并转我部直属高等院校：高等学校下放名单中央业已同意，不日即可下达，我部下放给你省的学校计有郑州大学一校，请教育厅即代我部办理移交，交接事项及手续请省委及省人委决定，希争取在七月底前交接完毕。"省委将原报抄转我厅办理。现特报请人委党组指定接管单位，并指示接管事宜，以便及早完成交接事项。

1958 年 7 月 29 日，中共河南省人民委员会党组《关于接管郑州大学的请示》：

省委：

中央教育部 7 月 20 日通知将郑州大学下放我省管理，并要求 7 月底前交接完毕。关于接管单位及交接事项，教育厅党分组报请核示，以便办理交接工作。我们意见：郑州大学下放后，应由教育厅负责接管；所有领导关系以及财务、人事等各项交接事宜应由教育厅迅速与各有关部门及郑州大学协商拟定具体交接办法报省委核定后进行交接。

1958 年 8 月 22 日，河南省人民委员会发函欢迎粮食部在郑州筹建粮食学院。

1958 年 9 月 19 日，《中共中央、国务院关于教育工作的指示》（载 1958 年 9 月 20 日《人民日报》）：

全国解放九年来，我国教育工作在党的领导之下取得了巨大的成绩。这些成绩是：从帝国主义者手里收回了教育主权；妥善的接收了全国学校；取消了国民党反动派对学校的法西斯管理制度、对学生的法西斯教育和特务统治；建立起社会主义的教育制度；基本上肃清了隐藏在教育界的反革命分子和其他坏分子；在学校中开设了马克思列宁主义的课程；在教师和学生中进行了思想改造；进行了院系调整和教学改革；进行了反对资产阶级右派的斗争；高等学校、中等学校和小学的在校学生都增加几倍；扫盲运动和业余的文化技术教育有了很大的发展；在学校中开始普遍的实行了勤工俭学；在教育工作者的队伍中建立了党的组织；为社会主义建设培养了大量的干部。

办学的形式应该是多样化的，即国家办学与厂矿、企业、农业合作社办学并举，普通教育和职业教育并举，成人教育与儿童教育并举，全日制学校与半工半读、业余学校并举，学校教育与自学（包括函授学校、广播学校）并举，免费的教育与不免费的教育并举。这就是说，全国将有三类主要的学校：第一类是全日制的学校，第二类是半工半读的学校，第三类是各种形式的业余学习的学校。全国应在三年到五年的时间内，基本上完成扫除文盲，普及小学教育，农村合作社社社有中学和使学龄前儿童大多数都能入托儿所和幼儿园的任务。应当大力发展中等教育和高等教育，争取在十五年左右的时间内，基本上做到使全国青年和成年，凡是有条件的和自愿的，都可以受到高等教育。我们将以十五年左右的时间普及高等教育，然后再以十五年左右的时间来从事提高的工作。

1958 年 10 月 4 日，教育厅《关于新建高等学校变更校名问题的报告》：

河南安阳棉花专科学校改名为河南安阳棉花学院；
开封水利专科学校改名为黄河水利专科学校；
郑州煤田地质专科学校改名为河南矿业学院；
河南妇产专科学校改名为河南医学专科学校；
河南严乐中医骨科医院改名为河南正骨学院。

1958 年 11 月 17 日，省委文教部《调整原有高等学校和省新建大专院校的具体意见》指出：

一、要求中央帮助我省建立一所专科性工业大学，或在一所现有大专院校基础上改造为专科性工业大学。

二、郑州大学与第一技工学校合并发展为理工性质的大学。……

三、新乡师院合并新乡技工学校、工农学校，改建为新乡工业大学……

四、开封师专与开封师范合并改为开封师范大学……

五、郑州师专合并郑州第一高中、教育行政干校、新乡师院生物系（郑州师专意见还要合并开封师专地理科）改为郑州师院……

六、河南农学院的林学系独立为林学院，迁鸡公山。农学院其余部分合并郑州农业机械、畜牧兽医学校……

七、河南医学院增设小儿系、卫生系。

八、洛阳工学院合并于洛阳拖拉机厂，发展为以机械制造为重点的多科性工业大学。

九、郑州冶金工业学校改为冶金专科学校……

十、河南电力学院结合即将兴建的河南电机制造厂和电工局所属工厂发展为以动力和电机制造、电气器材制造为主的工业学院。

十一、河南机械制造专科学校合并于郑州机械厂，扩建为河南机械制造学院……

十二、河南纺织机械工业学院与郑州纺织机械厂合并……

十三、河南矿业学院（原河南煤田地质专科学校）与郑州地质学院合并或调整扩建为包括地质、矿业各专业的综合性矿业学院。

十四、焦作矿业学院与焦作煤矿合并，成为以煤炭为主的矿业学院。

十五、河南建筑工程学院（原河南建筑工程专科）与河南建筑工程研究所合并……

十六、河南水利专科学校与河南水利研究所合并，扩建为河南水利学院……

十七、河南纺织学院结合有关纺织厂设棉纺、棉织、印染及人造纤维四个专业。

十八、洛阳设冶金学院一所……

十九、安阳、许昌各设钢铁学院一所。

二十、在郑州工业学校基础上建立轻工业学院……

二十一、在郑州工业经济学校基础上建立化工、石油学院，在开封化工厂设立化工学院……

二十二、在郑州邮电学校基础上建立河南邮电学院……

二十三、在交通干校基础上建立河南交通学院……

二十四、扩建现有郑州铁道学院，除完成铁道部计划外，并为地方培养铁道运输人才。

1958年12月3日，省委文教部《关于省一级领导同志到大专院校担任政治教授的请示》：

郑州大学、开封师院、新乡师院、河南医学院、河南农学院、河南农学院开封师专、郑州师专等七个院校先后请示，要求省委负责同志到大专院校任政治教授，讲授政治课。

……省委副部长以上和有关厅局、党委的主要负责干部28人到原有七个大专院校任政治教授，讲授内容由各院直接与领导同志洽商确定。

到郑州大学讲课的有吴芝圃（省委第一书记）、戴苏理（省委秘书长）、张柏园（省委文教部长）、王黎之（郑州市委书记）。

1959年5月24日，国务院发布《中共中央、国务院关于整顿1958年前新建的全日制和半日制高等学校的通知》。通知指出：

一、1958年我国高等教育有了很大的发展，各省、市、自治区（包括专署和县、市）和中央各部门共新建全日制和半日制的高等学校700多所。其中一部分学校是符合高等学校的标准，可以巩固下来的；但是，也有一部分学校，学生的程度、设备和教学计划等，不符合高等学校的标准。为了巩固既得成绩，和便于合理的安排今后高等教育的发展计划，有必要对去年新建的高等学校进行一次调整、整顿和巩固的工作。

一、整顿的原则

1. 凡是招收的学生是高中毕业生或具有同等学力的教学计划及所开课程符合高等学校的水平，修业年限在二年以上，并有一定的专职教师，能正常的进行教学工作的学校，是高等学校。其中，全日制学校，修业年限为四年或五年的称大学（文、理为主的综合性大学）或学院（如工学院、师范学院）；修业年限为二年或三年的称专科学校；修业年限不满二年的班级称专修班或干部训练班。半日制学校，亦按照实际情况分别确定称呼。

……

3. 凡是招收的学生是初中毕业或高小毕业程度，教学计划及所开课程是中等学校水平的，不宜称高等学校，应按其性质及程度，分别称为高级中学、中等专业学校、初级中学、初级技术学校或干部训练班。

1959 年 5 月 26 日，中共河南省教育厅党分组发布《关于我省 1958 年新建高校整顿的意见》：

定布局、定专业、定学制、定规模和今年招生任务、定经费、定领导。

经过整顿后不能保留高等学校名义的，应分别改为中初等普通学校，或专业学校。没有独立建校可能的，在条件可能，各方面同意的条件下，可以并校或将学生转学。

1959 年 6 月 9 日，《关于我省 1958 年新建高等学校整顿意见的请示》指出：

整顿的初步方案：1958 年新建高等学校 63 所，经过整顿保留为高等学校的 34 所（其中工科 10 所，农科 8 所，医科 8 所，师范 6 所，体育、艺术各 1 所。学院 8 所，专科 25 所），改为中等专业学校的 21 所，改为初级技术学校或训练班的 8 所。

鸠山大学可仍保留大学名称不变，但不属于高等学校范围。

各地一般要求"高、大、长、多"，即要求学校名义高，希望办高等学校，不愿改为低一级的学校，希望办学院，不愿办专科，要求规模、修业年限长，系科专业设置多，而具体考虑客观条件不够。

1959 年 8 月 13 日，省高等教育局向教育部报送《河南省 1958 年新建高等学校整顿工作的报告》提到，在整顿中对各个学校要求做到"六定"：定布局、定学制、定专业、定规模、定经费、定领导。

经过整顿，1958 年新建的 63 所学校，保留为高等学校的 35 所，学生共 4713 人，占原有学校数的 54.7%，学生数的 73%。改为中等专业学校的 19 所。改为初级技术学校或训练班的 9 所。

1959 年 9 月 25 日，河南教育展览馆解说词：

解放前我省只有大学一所，学生不过 804 人，从解放到 1957 年高等学校发展到 7 所，在校生达 8395 人。经过 1958 年大跃进，现在全省已有高等学校 42 所，在校学生 20821 人。现在在校学生比 1949 年增长 29 倍，比 1957 年增长 120%。

中等学校解放前全省只有百余所，在校学生只有四万多人。到 1957 年发展到 2200 多所，在校生达 55 万多人。1958 年人民公社办的农业中学大量发展，到 1959 年增长到 5 万 7 千多所，学生增长到 94 万多人。现在在校生比 1957 年增长 370%。

解放前全省小学学生不过 100 多万，到 1957 年，小学生已增长到 490 多万人。在 1958 年全党全民办学的热潮中，短短几个月的时间，全省就基本普及了小学。现在全省小学生达到 680 多万人。现在在校学生是解放前的 3.4 倍。

幼儿园在解放前几乎没有，全省入园儿童不过千人，到 1957 年发展到 2 万 8 千多人。在人民公社运动中，幼儿园飞跃发展，现在全省在园幼儿有 220 多万人，比 1949 年增长了 1900 多倍。

……

十年来我省各级各类学校为社会主义建设培养了大批人才。其中

高等学校毕业生 9200 余人，中等学校毕业生 53 万多人，小学毕业生
260 余万人。拿开封师院来说，十年来共毕业 5110 人，为解放前河南
大学十多年（1933~1946 年）毕业人数 1496 人的 3.4 倍。

1960 年 2 月 16 日，国务院全体会议第 96 次会议通过《国务院关于高
等学校教师职务名称及其确定与提升办法的暂行规定》（议字 29 号）：

> 高等学校教师职务名称定为：教授，副教授，讲师，助教四级。
> 高等学校的教师调离高等学校到其他系统工作以后，其原有的教
> 师职务名称即随之取消。

1960 年 2 月 28 日，河南省教育计划工作初步总结（草稿）：

> 现在全省已有高等学校 42 所，学生 21413 人，较 1958 年增长
> 39.3%；中等专业学校 71 所，学生 40109 人，较 1958 年增长 45.8%；
> 中等师范学校 90 所，学生 28228 人，较 1958 年增长 30.3%；中学 3873
> 所，学生 859490 人，较 1958 年增长 13.6%；小学 40209 所，学生
> 7263870 人，较 1958 年增长 10.7%；幼儿园 78698 所，入园幼儿
> 2944778 人，较 1958 年增长 10.1%；各级各类业余学校入学人数已达
> 1300 多万人。已经提前三年完成或接近完成了我省各项教育事业的第
> 二个五年计划。
> 现在已经做到专专有大学，县县有高中，社社有初中，队队有小
> 学，生产队有幼儿园，广大城乡已经初步的形成了学校教育网，……
> 学龄儿童入学率已达 90% 以上，进一步普及了小学教育。青壮年中有
> 50% 以上已经摆脱了文盲状态，红专学校遍地开花，"万人教、全民
> 学"的扫盲和业余教育运动正在一浪高过一浪的向前发展。教育事业
> 大发展的同时，又全面安排了学校的教学、劳动和学生生活，创立了
> 适合于全面贯彻党的教育方针的新的教育秩序，教育质量得到了逐步
> 的提高。……
> 仅 1958 年一年，高等学校就增加了 35 所，为解放八年来新增加学

校的近五倍多，在校学生数也增加了 5751 人，为解放后八年发展总数的 65%；小学发展了 162 万人，为第一个五年计划期间小学发展总数的 2.7 倍；扫除文盲 260 万人，等于八年来扫除文盲的总和。

发展教育事业，师资是先行。……为了适应教育事业大普及、大提高对师资的需要，必须实行全党全民为师范，采取长期培养与短期速成相结合的办法，大力发展师范教育。

1960 年 4 月 25 日，河南省教育厅、河南省高等教育局《关于从今年高中二年级学生中动员一部分学生报考高等学校的通知》：

我省高等学校今年暑期计划招收高中毕业程度的学生 13000 人，中央所属高等学校计划在我省招生 4300 人，共招 17300 人。而我省今年应届高中毕业生仅为 14756 人，其中因政治、健康条件不合格或因其他原因不能升学的按 10% 估算将为 1475 人，把这部分学生扣除后，仅余 13281 人，缺少 4019 人。加上军事部门和留苏预备生的招生任务（名额未定）以及在文化程度方面略加必要的选择，缺额则将更大。为了保证今年高等学校招生任务的完成，除积极动员一部分在职干部、工人和公社社员（约 2000 人——编者注）报考高等学校外，经请示省委同意，从今年高中二年级学生中动员 4000 名报考高等学校。

闯过今年这一关，明年高中毕业生有 40 万以上就可以比较宽裕了。

高中毕业生减员现象严重，主要先被机关或公社拉去参加工作。

1960 年 5 月 20 日，河南省高等学校招生委员会成立，省人委副省长嵇文甫担任主任委员。

1960 年 5 月 24 日，河南省人民委员会批准一批高等学校：郑州邮电专科学校、郑州交通专科学校、郑州地质专科学校、郑州师范专科学校、安阳冶金专科学校、南阳医学专科学校、信阳医学专科学校、许昌医学专科学校，并将郑州体育专科学校改为郑州体育学院，将郑州艺术专科学校改为郑州艺术学院。

1960 年 5 月 28 日，教育部同意纺织工业部建立郑州纺织机械学院。

1960 年 7 月 26 日，河南省人民委员会《关于转发教育厅、高教局〈关于增加各类重点学校的意见〉的通知》：

> 重点高等学校原有郑州大学、开封师范学院两所，新增河南农学院、河南医学院、新乡师范学院、郑州师范学院、郑州电力学院、河南化工学院、洛阳农业机械学院、洛阳医学院、焦作矿业学院 9 所，共 11 所。
>
> 重点中学原有开封市第一高中、开封市第一女子高中、商丘市高中、新乡市第一中学、安阳市第一中学、洛阳市第一高中、许昌市高中、信阳市第一高中、郑州市第一中学、南阳市第一高中 10 所，新增 21 所，共 31 所。

1960 年河南省教育厅直属单位有郑州大学、开封师院、新乡师院、郑州师院、教师进修学院及教育科学规划所、省实验小学、实验二小、实验幼儿园等。

1960 年，全国 64 所重点高等学校，河南没有一所。河南省 42 所高校中，综合性大学 1 所，工业院校 12 所，农业院校 9 所，医药院校 9 所，师范院校 9 所，体艺院校各 1 所。

1961 年 4 月 7 日，河南省文委党组发布《关于调整高等学校的初步意见》：

> 我省现有高等学校 65 所，其中属于中央各部办的 8 所，本省办的 57 所。在本省办的 57 所学校中，1958 年以前的老校 6 所，1958 年建立的 32 所，1960 年建立的 19 所。从学校性质划分，57 所学校中包括：综合大学 1 所，工科 19 所，农科 12 所，医科 11 所，师范 10 所，财经、体育、艺术和理科各 1 所。根据调整、巩固、充实、提高的方针，最近我们与各有关部门进行了商讨。商讨研究结果：
>
> 对于本省所办的 57 所，各部门同意继续办的 26 校，占学校总数的 45.6%；各部门同意撤销合并的 12 校，占学校总数的 21.1%；各部门意见尚不一致需要进一步研究的 19 校，占学校总数的 33.3%。

对中央各部所办的 8 所，我们建议保留 5 校，改为中等专业学校 2 校，改为业余学校 1 校。

调整的具体意见如下：

（一）各部门同意保留的 26 校，计综合大学 1 所，工科学校 6 所，农科学校 5 所，医科学校 4 所，师范学校 7 所，财经、体育、艺术院校各 1 所。

具体学校为：郑州大学、郑州电子学院、焦作矿业学院（中专部并入郑州煤矿工业学院中专部）、郑州机械制造专科学校、郑州地矿专科学校、郑州建筑专科学校、郑州水利专科学校、河南农学院、百泉农业专科学校（中专部与安阳农干校合并）、中牟农业专科学校、南阳农业专科学校、洛阳林业专科学校（林业厅意见将河南农学院林业系与洛阳林业合并为林学院）、河南医学院、洛阳医学院、河南中医学院、汲县医学专科学校、开封师范学院、新乡师范学院、郑州师范学院、新乡师范专科学校、开封师范专科学校、洛阳师范专科学校、许昌师范专科学校、河南财经学院、郑州体育学院、郑州艺术学院等。

（二）各部门同意合并撤销的 12 校，计工科学校 7 所，农科学校 2 所，医科学校 1 所，师范学校 2 所。

具体学校为：河南化工学院（并入新乡师院，改为化工系）、郑州煤炭工学院（仍办中专，原有本科并入焦作矿业学院）、郑州邮电专科学校（仍办中专，专科学生继续培养毕业）、鹤壁工业专科学校、信阳工业专科学校、许昌工业专科学校、平顶山矿务局煤矿专科学校（改为职工业余学校）、安阳棉花专科学校（并入百泉农业专科学校设棉花专业）、许昌农业专科学校（改为中专，专科学生入百泉农专）、信阳医学专科学校、郑州师范专科学校、信阳师范专科学校（改为教师进修学校）等。

（三）各部门意见不一致的 19 校，计工科学校 6 所，农科学校 5 所，医科学校 6 所，师范学校 1 所，理科学校 1 所。

……

（四）在中央各部所属的 8 所学校中，郑州粮食学院、洛阳农业机械学院、郑州铁道学院、郑州铁路医学专科学校、黄河水利学院等 5

校，继续办高等学校。郑州纺织机械学院、郑州有色冶金学院改为中等专业学校。洛阳拖拉机学院改为职工业余学校。

（五）招收初中毕业生的五年制专科学校14所（中央有关部门办的2所），除鸠山大学改为鸠山工学外，其余13所均不再保留高等学校名称。这13所学校为：洛阳建筑材料专科学校（建筑工程部办）、河南技工教育师范学院（劳动部办）、河南机电专科学校、新乡专区工业专科学校、林县人民大学、滑县大学、偃师县农业大学、登封大学、巩县大学、商丘农业大学、邓县大学、汝南大学、安阳医学专科学校等。

1961年7月17日，中共郑州市委文教部在《对当前教育系统精简工作中存在问题的几点意见》中提出"调整压缩人员支援农业生产"。

1961年7月17日，教育部副部长蒋南翔在《关于高等学校工作条例草案的说明》中指出：

> 高等教育解放以来可以分为三个阶段：
>
> 第一个阶段由49年～51年，这一阶段主要是接收原有的高等学校。……我们不仅只是包下来，同时我们也作了些改造的准备工作，准备有步骤的进行改造，这是正确而稳当的。
>
> 第二个阶段从52年开始以学习苏联为中心，进行了院系调整。……学习苏联以后使我国的高等教育不仅在数量上而且在质量上有了飞跃的进步，对我国的高等教育起了促进的作用，虽然在学习上有机械搬用的地方，但总的好处很大……
>
> 第三个阶段：58年我们提出教育为无产阶级的政治服务，教育与生产劳动相结合的方针，我们的教育又向前进了一步。

1961年8月23日，召开会议研究郑州大学的调整和建设河南工学院问题。

1961年12月17日，《关于中央各部门直属高等学校进一步调整方案（草案）的说明》：

中央各部门原有高等学校 269 所，在 7 月间第一次调整会议时经过协商确定保留 142 所，是否保留进一步研究才能确定的 16 所。初步方案如下：1. 保留学校由各部门要求保留的 148 所减少为 139 所，共减少 9 所。2. 学校发展规模由各部门提出的 43.3 万人压缩为 38.3 万人，压缩后的数字为 1969 年全国在校学生数 95 万人的 40.3%，较 1960 年的 36% 提高 4.3%。我省涉及农机部属洛阳农业机械学院、粮食部属郑州粮食学院。

……

为了切实贯彻执行"调制、巩固、充实、提高"的方针和适应压缩城市人口的要求，经过讨论认为全国重点高等学校的发展规模需进一步压缩。

河南 37 所高等学校调整方案：

停办：郑州铁道学院、郑州有色冶金学院、郑州电力学院、新乡化工学院、郑州水利专科学校、郑州铁路医学专科学校、郑州师院。

郑州师院和河南科技专科学校并入郑州大学。

郑州电力学院、新乡化工学院、郑州水利专科学校并入河南工学院。

1961 年 12 月 17 日，教育部《关于全国重点高等学校发展规模、专业设置进一步调整方案（草案）的说明》：

庐山会议以后，为了切实贯彻执行"调整、巩固、充实、提高"的方针和适应压缩城市人口的要求，认为全国重点高等学校的发展规模需要进一步压缩。

调整后，61 所全国重点高等学校发展总规模本科学生总共 25.9 万人。按今后五年、七年、十年高等教育事业规划的初步设想（1967 年全国在校学生为 86 万~90 万人，1969 年为 92 万~98 万人，1972 年为 110 万~115 万人），全国重点高等学校学生占全国在校学生总数的比例分别为 30%、28% 和 24% 左右是比较适当的。

表 2-1 1961 年 12 月 18 日全国高等学校调整前后校数对照

单位：所

		现有学校数	调整后保留数
合计	中央	5	2
	省区市	18	15
	专市县	13	13
	计	36	30
本科	中央	4	2
	省区市	15	11
	专市县	0	0
	计	19	13
专科	中央	1	0
	省区市	3	4
	专市县	13	13
	计	17	17

资料来源：根据河南省档案馆 1961 年馆藏教育相关档案整理而成。

1962 年 8 月 30 日，教育部函告所属高等学校除确定需要调整的专业才进行调整以外，其余调整根据尚不充分的专业原则暂不调整。

当时，在学校调整中财产处理的混乱情况比较严重，致使有不少学校的财产受到很大损失，有教工"浑水摸鱼"盗窃国家资财。

1962 年 9 月 7 日，国务院《关于河南省高等学校调整方案的批复》（国教改字 272 号）：

教育部转报你省教育厅 1962 年 8 月 17 日"关于高等学校、中等专业学校调整方案和教职工精减方案的报告"收悉。除中等专业学校调整方案由教育部另行批复外，现对高等学校调整方案批复如下：

同意你省保留高等学校 11 所（其中中央部门直属学校 3 所），计有：郑州大学、洛阳农业机械学院（1958 年建——编者注）、郑州粮食学院（1960 年建——编者注）、焦作矿业学院、河南农学院、百泉农业专科学校、河南医学院、河南中医学院、汲县医学专科学校（1962 年改名为豫北医专——编者注）、新乡师范学院、开封师范学院。

《1958～1962年教育工作规划（草案）》指出：

1957年我省高等学校学生比1952年增长了274.4%，中学和中等专业学校学生比1952年增长了220.8%，小学生比1952年增长了13.8%。

小学教育去春（1958年——编者注）已经普及；学前教育、中等教育和高等教育也有极大发展。现在，全省入园幼儿2658335人，比1957年增长918.9%；小学在校学生6538592人，比1957年增长37.5%；普通中学和各种职业中学学生757063人，比1957年增长47.6%；师范学校学生21666人，比1957年增长11.4%；中等专业学校学生39141人，比1957年增长99.5%。各人民公社相当普遍地建立了包括从幼儿、小学教育、中学教育到成人业余教育的教育体系，各专市已开始建立了包括工、农、医、师的高等教育体系的雏形。

具体规划是：

一、高等教育：五年（1958～1962年）内共招生16.66万人，发展14万人，至1962年在校学生达到15万人，为1957年的15倍以上。

二、中等专业教育：五年（1958～1962年）内共招生29.6万人，发展23.3万人，至1962年在校学生达到24万人，为1957年的33倍。

三、中等师范教育：五年（1958～1962年）内共招生12.4万人，发展6.5万人，至1962年在校学生达到8.5万人，为1957年的3.4倍。

四、中学教育：五年（1958～1962年）内共招生263.9万人，发展145万人，至1962年在校学生达到190.8万人，为1957年的4.2倍；高中共招生56.2万人，发展42.7万人，至1962年在校学生达到48万人，为1957年的9.1倍。

五、小学教育：五年（1958～1962年）内共招生3689.6万人，发展540万人，至1962年在校学生达到1023.8万人，为1957年的2.1倍。

六、幼儿教育：五年（1958～1962年）内共发展494.1万人，到

1962年在园儿童达到497万人，为1957年的1735.3倍。儿童入园率达到90%以上。

……

上述规划的实现，至1962年，在全省人口每万人中，有幼儿入园者944人，小学生1945人（包括超龄生），初中生363人，高中生91人，中等专业学校学生58人，大学生29人；在每万人中，有高级学校（不包括业余教育）学生3430人。

根据上述规划，至1962年我省……幼儿教育普遍发展，绝大部分幼儿都能入园受着社会教育；小学教育在1958年基本普及的基础上，随着逐年扩大适龄儿童入学率，至1960年全省适龄的男女儿童都全部进入小学学习；基本普及了初中教育，高中教育也有很大发展，使初中毕业都能升入高级中等学校学习。……至1962年将在我省建立起完整的高等教育体系，初步形成高等教育体系：省内有一批健全的骨干院校，每个专区都具有相当规模的工、农、医、师高等院校，部分县市也建立高等院校，较大规模的人民公社、工厂矿山也都开始举办自己的半自制的高等院校，为第三个五年计划期间普及高等教育开了良好的道路。

表2-2 1957年河南省高等学校分类情况

单位：所，人

	校数	学生数	专任教员	兼任教员
总计	7	9618	1290	9
综合性大学	1	895	159	—
农学院	1	709	158	—
医学院	1	872	162	4
师范学院	2	5233	544	5
师范专科	2	1909	267	—

资料来源：1957年《河南省统计年报》。

表 2-3　1956~1957 学年河南省高等学校分类情况及各高等学校本专科学生数

单位：人

	在校学生数	上学年毕业学生数
总计	8040	1504
本	5884	282
专	2156	1222
	在校学生数	上学年毕业学生数
郑州大学	727	
本	727	
专		
	在校学生数	上学年毕业学生数
农学院	618	67
本	618	67
专		
	在校学生数	上学年毕业学生数
医学院	730	60
本	730	46
专		14
	在校学生数	上学年毕业学生数
师范院（专）	5965	1377
本	3809	169
专	2156	1208

资料来源：1957 年《河南省统计年报》。

表 2-4　1958~1960 年全国及河南省每 1 万人口中入全日制、
半日制高等学校的学生数

单位：人

	全国人口数 （万人）	学年初在校学生数			每一万人口中 高等学校学生数		
		1958	1959	1960 预计	1958	1959	1960 预计
总计	65866.9	659627	809741	920465	10.0	12.3	14.0
河南	4969.9	18816	21413		3.8	4.3	

注：1958 年河南人口全国第 3，每 1 万人口中高等学校学生数 1958 年全国倒数第 4，1959 年全国倒数第 2。

资料来源：根据河南省档案馆 1958~1964 年馆藏教育相关档案整理而成。

表 2-5 1958 年我国与主要社会主义国家苏联及主要

资本主义国家美国学生与人口的比较

国家	小学		中学		中等专业学校		高等学校	
	学生数（万人）	与人口比例（每百人中的学生数）	学生数（万人）	与人口比例（每千人中的学生数）	学生数（万人）	与人口比例（每万人中的学生数）	学生数（万人）	与人口比例（每万人中的学生数）
中国	8640	12.9	1052.8	15.7	147.0	21.9	66.0	10
苏联	2400	12.0	813.5	40.7	201.1	100.6	215.0	107
美国	3067	17.7	842.4	48.8	59.1	34.2	325.9	188

资料来源：根据河南省档案馆 1958~1964 年馆藏教育相关档案整理而成。

表 2-6 1957 河南省教育事业基本情况

类别	校数（个）	班数（个）	学生数（人）	招生数（人）	毕业生数（人）	专任教员（人）	兼任教员（人）	1957 年/1956 年			
								学生数	招生数	毕业生数	专任教员数
高等学校	7	—	9618	2574	853	1290	9	119.63	55.17	57.56	120.56
中等学校	2278	10269	550690	293891	88620	20704	1185	158.72	178.06	143.32	156.45
中等专业学校	31	462	18915	2572	2869	1747	50	107.22	231.69	144.67	128.27
中等师范学校	35	450	19455	5965	3233	1004	1	111.24	59.69	80.89	116.11
普通中学	2212	9357	512320	285354	82518	17953	1134	164.2	198.22	149.98	163.12
小学	30689	114039	4933708	1565167	1056832	123668		100.87	93.85	107.93	—
幼儿园	570	1050	28640	—	—	1420		44.58	—	—	—
业余文化教育	—		5239784	—	503808	—		118.83		216.37	—

资料来源：1957 年《河南省统计年报》。

表 2-7　1960 年河南省各级学校基本情况

单位：所，人

	学校数	学生数	1960 年招生数	预计 1961 年毕业生数	教师数
高等学校	64	29877	14147	4895	3677
五年制专科	14	4938	4090	—	298
中学	3347	866267	363323	202747	26921
其中：公办	1426	586793	251734	145242	25224
高中	256	92409	41407	18986	4360
其中：公办	222	88626	38412	18746	4283
初中	3091	773858	321826	183761	22561
其中：公办	1204	498167	213322	126496	20941
小学	36862	7120586	1964034	623949	198935
其中：公办	24738	5149901	1101555	564712	141755

资料来源：根据河南省档案馆 1958~1964 年馆藏教育相关档案整理而成。

表 2-8　1961 年河南省高校基本情况

单位：所，人

	学校数	实际毕业生数	其中本科毕业生数	其中专科毕业生数
全省总计	36	4186	1882	2304
中央办	5	30	—	30
省办	18	2363	1882	481
专市办	13	1793		1793
保持上课	23	3646	1882	1764

资料来源：根据河南省档案馆 1958~1964 年馆藏教育相关档案整理而成。

表 2-9　1962~1963 年河南省高等学校学生和专任教师情况

单位：人

1962 年毕业生数	1962 年实际入学一年级新生数	本学年初在校学生数（本 17821/专 3766）	1963 年预计毕业生数	专任教师
4286	2647	21587	6359	3435

资料来源：根据河南省档案馆 1958~1964 年馆藏教育相关档案整理而成。

表 2-10　1964~1965 学年初高等学校学生和专任教师情况

单位：人

	1964 年预计 毕业生数			1964 年实际入学 一年级新生数			本学年初 在校生数			1965 年预计 毕业生数			专任教 师数
	计	本	专	计	本	专	计	本	专	计	本	专	
全省 合计	6682	5458	1224	3558	3194	364	14597	13581	1016	4245	3900	345	3134
中央办	1319	1152	167	1180	1180	—	4380	4297	83	975	892	83	946
地方办	5363	4306	1057	2378	2014	364	10217	9284	933	3270	3008	262	2188

资料来源：根据河南省档案馆 1958~1964 年馆藏教育相关档案整理而成。

1963 年 7 月 30 日，郑州大学工科分设出来，成立郑州工学院，交化工部管理。

1966 年 3 月 1 日，河南省计划委员会发布河南省文教事业计划。

从整体上看，新中国成立以来的河南教育工作，虽然有失误，但与所取得的成就相比，只占次要地位。17 年教育工作突出的成绩可概括为，第一，把半封建半殖民地的教育制度改变为社会主义的教育制度。这是河南教育发展史上最重要、最深刻、最根本性的变革。这一变革是以革命根据地教育为基础，学习苏联教育经验，汲取旧教育中一切有用的经验，经过艰苦学习和不断探索才得以完成的。第二，经过试验和探索，河南教育开始走上比较平稳的发展道路，并且取得了初步成效。在总结新中国教育发展和改革经验教训的基础上，有了一套比较适合国情的社会主义教育方针政策、制度和各级各类教育的具体规章管理办法。第三，教育事业有了较大发展，初步形成了比较完整的教育体制。第四，培养了大批思想道德和文化科学素质较好的劳动后备军和又红又专的人才。他们经历了探索建设社会主义的艰难曲折，但仍坚持知识分子与工农群众相结合的道路，热爱祖国和社会主义事业，他们中的大多数人在各条战线上发挥了骨干作用。

这一时期教育工作的问题，第一，教育没有摆到应有的位置，教育的战略地位没能确立。第二，对知识分子特别是对教师的基本估计过低。第三，以阶级斗争为纲，政治运动频繁，劳动过多，冲击了正常的教学秩序，在学校数量和规模发展上一度有盲目追求高指标的错误。以上问题，在三个条例贯彻以后得到一定程度的扭转，但由于总的指导思想即"左"的倾向没能转变，所以没有得到彻底解决。

第三章 河南高等教育的重建体系时期
(1976 年 10 月~1999 年)

第一节 教育战线的拨乱反正

一 揭发批判林彪、"四人帮"破坏教育的罪行

1977 年 7 月，中共中央决定恢复邓小平同志的中共中央副主席职务，并主管科学、教育工作。8 月 8 日，邓小平主持座谈会，提出对新中国成立后的教育工作要重新估计。9 月 19 日，邓小平就教育战线的拨乱反正问题发表重要谈话，明确批示教育部主要负责同志，教育战线要进行拨乱反正。10 月 5 日，中共中央召开政治局会议，讨论高等学校的招生工作和教育部撰写的大批判文章，开始在教育战线系统地清除"四人帮"的流毒和影响，正本清源。

1977 年，高等院校工宣队自 1968 年进驻高校以来，在党的一元化领导下，在领导学校斗、批、改和开展教育革命中，充分发挥了政治作用，做出了很大成绩。根据邓小平指示精神，结合河南省高教实际，年底前要撤出。

1977 年 10 月 25 日，河南省委科学和教育会议提出："拨乱反正，采取有力措施，加强党对高等院校的领导。"

1977 年 12 月 17 日，教育部、财政部发出《关于普通高等学校、中等专业学校和技工学校学生实行人民助学金制度的通知》。

1978 年 9 月，河南省召开教育工作会议，揭发批判林彪、"四人帮"破

坏教育的罪行。

河南省在新中国成立后一个时期受"左"的错误影响较为严重，"文化大革命"中是林彪、"四人帮"推行极"左"路线的重灾区，教育战线受害尤为严重。全国拨乱反正工作开展后，河南省广大教育工作者和学校师生积极投入这一工作中去。

河南省教育战线的揭批查活动与全省的揭批查活动紧密配合，大致经历了两个阶段：第一个阶段是群众性揭批查活动的全面展开，第二个阶段是重点批判"四人帮"炮制的"两个估计"。

（一）群众性揭批查活动的全面展开

1977 年 7 月，河南省革命委员会教育局大批判组率先在《河南日报》发表《彻底清算"四人帮"破坏教育革命的罪行》的批判文章。文章将"四人帮"破坏教育事业的主要罪行归纳为以下几个方面。

一是破坏教育为无产阶级政治服务、教育与生产劳动相结合的教育方针。在教师和学生中煽动资产阶级派性，搞分裂，垒山头，为其篡党夺权服务。在"四人帮"极"左"路线干扰下，很多学校忽视教育规律，混淆"主学"与"兼学"的关系，片面强调学工学农就是学习，粪筐铁锹就是教育，使教育与生产劳动相结合的方针遭到歪曲。

二是破坏德智体全面发展的教育方针。用资产阶级思想腐蚀青年，煽动学生要"头上长角""身上长刺"，要敢于"反潮流""矛头向上"，走"无产阶级专政下继续革命的道路"，并且处心积虑地树立了一个"白卷英雄"张铁生，搞得教师不敢教、学生不敢学。"四人帮"对学校体育的破坏也十分严重。体育被放在了可有可无的位置，学校的课间操以及各种课外文体活动也大都被取消，影响了广大青少年的身心健康。

三是破坏党的知识分子政策和师生关系。"四人帮"利用《一个小学生的来信和日记摘抄》大做文章，把教师当成教育革命的对象。利用"侯王建议"，把大批教师遣散回家；利用马振抚公社中学事件，制造师生对立，把人民教师打成"臭老九"，造成人民教师政治、经济地位低下，积极性发挥不出来，严重阻碍了教育事业的发展。

四是反对党对教育事业的领导。"四人帮"到处抓"孔老二"，层层揪

"走资派"，冲击学校党委，"踢开党委闹革命"。由于失去党的领导，很多学校的工作无法进行，基本上处于瘫痪或半瘫痪状态。

省革委会教育局大批判组文章的发表，在全省师生中引起强烈反响，带动了全省教育战线揭批查"四人帮"活动的全面展开。从高等学校到中小学，从省革委会教育局到各地（市）、县、公社教育机关，从城市到乡村，或个人撰写文章，或召开座谈会、揭发批判会，用不同形式、从不同侧面批判"四人帮"的种种反动谬论，肃清极"左"思潮造成的各种危害。这一时期，各级各类学校按照中央有关文件精神，在现行教材中清除"四人帮"的言论、文章，删除"四人帮"及其同伙的形象。凡有"四人帮"反动观点并贯穿教材始终的，停止使用，重新编写；反映在部分章节的，予以删除或修改。

河南教育战线的拨乱反正工作得到邓小平同志的有力支持。1978 年 7 月 15 日，教育部传达邓副主席 7 月 4 日重要批示。起因于河南省一个大学的党员来信，反映该校对贯彻全教会议精神有阻力。邓副主席批示："请河南省委了解和处理。不放手发动群众，不揭批、不整顿领导班子，任何单位都不可能搞好。"

中共河南省委对此极为重视，主要领导深入调查，派工作组协助郑州大学迅速贯彻落实邓小平的指示，充实加强了学校领导班子，同时全省各地、市、县党委和教育部门发出通知，要求切实对所属学校揭批"四人帮"的斗争和贯彻全国教育工作会议精神的情况进行一次检查，并采取有效措施，尽快解决问题，努力搞好工作。在这期间，在清除极"左"思潮，深入批判种种反动谬论的基础上，较好地解决了长期困扰教育战线的一些重大是非问题。随着揭批查的深入开展，"四人帮"炮制的"两个估计"成了广大知识分子思想解放的主要障碍。因此，对新中国成立 17 年来的教育工作给予正确评价，对知识分子（包括广大教育工作者）的世界观给予正确评价，成了当时教育领域拨乱反正的当务之急。

（二）批判"两个估计"

河南教育战线进行拨乱反正，重要的任务是批判"两个估计"，推倒强加于教育战线和知识分子的不实之词。1977 年 5 月 24 日，邓小平同志针对

"四人帮"诋毁、打击知识分子的问题指出："一定要在党内造成一种空气：尊重知识，尊重人才。要反对不尊重知识分子的错误思想。"① 他告诫人们要重视落实知识分子政策。1977 年 8 月 8 日，邓小平同志在全国科学和教育工作座谈会上发表了重要讲话，指出："对全国教育战线 17 年的工作怎样估计？我看主导方面是红线。应当肯定，17 年中，绝大多数知识分子，不管是科学工作者还是教育工作者，在毛主席思想的光辉照耀下，在党的正确领导下，辛勤劳动，努力工作，取得了很大成绩。特别是教育工作者，他们的劳动更辛苦。现在差不多各条战线上的骨干力量，大都是建国以后我们自己培养的，特别是前十几年培养出来的，如果对前 17 年不作这样的估计，就无法解释我们所取得的一切成就了。"② "世界观的重要表现是为谁服务，我国知识分子绝大多数是自觉自愿地为社会主义服务的，反对社会主义的是极少数，对社会主义不那么热心的也是小部分。"③ 1977 年 9 月 19 日，邓小平同志又对教育部的领导提出，"两个估计"不符合实际，对《纪要》要进行批判。邓小平同志的讲话，极大地鼓舞了广大教育工作者，对教育战线拨乱反正工作的深入开展起到了巨大的推动作用。1977 年 11 月，《人民日报》发表教育部大批判组的文章《教育战线的一场大论战——批判"四人帮"炮制的"两个估计"》，在河南广大教师和干部中产生强烈反响，大家纷纷结合本地区、本校实际，开展对"两个估计"的批判。开封师范学院（现名河南大学）在学报上发表重要批判文章，用新中国成立后 17 年学院在党的正确路线、方针、政策指引下所发生变化、取得巨大成就的事实，批驳了"四人帮"诬蔑教育战线 17 年是黑线专政的反动谬论；用 17 年来学院教师在政治思想上得到提高、教学科研上作出贡献的事实，说明知识分子不但不是专政对象，反而是社会主义革命的动力，是党和国家进行建设的依靠力量。

1977 年 11 月 3 日，中共河南省委召开河南省科学、教育工作会议，这是粉碎"四人帮"以后河南省召开的第一次教育工作会议。会议提出要集中批判"四人帮"的"两个估计"。11 月 26 日，省委又召开省会宣教战线

---

① 《邓小平文选》第二卷，人民出版社，1994，第 41 页。
② 《邓小平文选》第二卷，人民出版社，1994，第 49 页。
③ 《邓小平文选》第二卷，人民出版社，1994，第 49 页。

干部师生员工万人大会，号召全省各级党组织立即行动起来，放手发动群众，砸碎"两个估计"的精神枷锁，彻底肃清其流毒和影响。各地、市、县党委主要负责同志对批判"两个估计"高度重视，亲自参加，带头写文章。郑州、洛阳、新乡三地市召开学校领导干部座谈会，平顶山、商丘、周口、南阳、开封等地市召开教育战线干部和师生动员大会，开展对"两个估计"的揭发、批判。在河南教育战线颇有影响的党政领导干部、老专家、老教授也纷纷发表文章，以自己的亲身经历和新中国成立后教育工作取得的巨大成就，以大批知识分子在全省各条战线上作出重大贡献的事实，说明"两个估计"不符合事实，必须彻底推翻。

1979 年 3 月，中共中央批转教育部党组的报告，决定撤销 1971 年批转的《全国教育工作会议纪要》，彻底推倒了"两个估计"给教育战线广大知识分子的重压。

批判"两个估计"是教育界以至全社会的一次思想解放运动。它的意义不仅是彻底推翻了"四人帮"炮制的"两个估计"，更重要的是标志着全党在邓小平同志及党中央的领导下，开始从根本上纠正长期以来教育领域的极"左"路线，调动了广大教育工作者的积极性，激发了他们的工作热情，为全面落实党的知识分子政策奠定了基础。

二　平反冤假错案

在平反冤假错案中，河南省首先给祸及全国的"马振抚公社中学事件"平了反。发生在唐河县的"马振抚公社中学事件"，是"四人帮"借题发挥，攻击周恩来总理对教育的正确指导，为"右倾回潮"而制造的震惊全国的事件。"四人帮"被粉碎后，如何正确处理"马振抚公社中学事件"，成为河南广大教育工作者一个最为关心的问题。中共河南省委、南阳地委、唐河县委组成联合调查组，对整个事件重新进行详细认真的调查，进一步查清了"马振抚公社中学事件"的真相。省委认为，"马振抚公社中学事件"是"四人帮"推行反革命的路线、兜售"两个估计"、攻击周恩来总理、迫害广大知识分子、为实现其篡党夺权的野心而蓄意制造的一个大冤案。河南省委根据广大干部群众和教师的强烈愿望，做出重新处理"马振抚公社中学事件"的决定。1977 年 7 月，省革委教育局大批判文章首次揭露"四人帮"利用"马振抚公社中学事件"制造师生对立、破坏教育的罪行。11 月 30 日,中共南阳地委召开有 3 万多人参加的群众大会,愤怒控诉"四人帮"制造"马振抚公社中学事件"的罪行,为受害干部、教师平反。12 月 5 日,中共唐河县委召开万人大会,为在"马振抚公社中学事件"中受迫害的干部、教师平反,把"四人帮"所有诬陷不实之词统统推倒。被判刑的马振抚公社中学负责人和班主任经平反后,重新回到工作岗位。

1979 年 3 月,中共中央批转教育部党组的报告,撤销了 1974 年中共中央 5 号文件转发的《关于河南省唐河县马振抚公社中学情况简报》。至此,"马振抚公社中学事件"重新得到正确处理。"马振抚公社中学事件"的平反昭雪,揭开了河南省教育战线平反冤假错案工作的序幕。1978 年 12 月,河南省委书记胡立教在全省教育工作会议上的讲话中指出,当前主要的工作是要抓好学校干部和教师的冤案、假案、错案的平反昭雪和解决历史遗留问题。"文化大革命"时期被诬为牛鬼蛇神遣送回家的教师,"清队"中被错误处理的教师,应作为冤假错案平反昭雪。从 1977 年到 1982 年,在中共河南省委的领导和支持下,各级各类学校对"文化大革命"以及历次政治运动中形成的冤假错案,逐一进行复查纠正。经过专案组调查核实,凡是属于冤假错案的,都公开进行平反昭雪,为被迫害者恢复名誉,消除影响;本人档案中保存的不实材料,都予以认真清理并销毁;被抄走的财物,积极查找退还;冻结的存款、扣发的工资,退还本人;被强占的私人房屋,也给予退还。

高等学校平反的案件主要有:1978 年,开封师范学院党委在充分发动群众深入调查研究的基础上,为"黑党委"、"走资派与反动学术权威联合专政"、"中央'七二五'表态"、"为'二月逆流'翻案"、"清理阶级队伍"、"杀妖风"、"批林批孔"、"反击右倾翻案风"和"各种现行反革命"9 大冤案平反,为 554 名同志恢复名誉;1978 年 5 月,新乡师范学院为胡杰案件平反,为 340 人恢复名誉;1978 年 10 月,河南医学院为 145 名同志平反;1978 年 12 月,郑州大学召开大会,宣布省委为郑州大学原党委书记、代理校长王培育,副校长李林、郭晓棠等同志的冤案进行平反;1979 年 7 月,原河南省政协副主席、教育界著名人士王毅斋平反大会在郑州举行;同年 8 月,原中国科学院学部委员、河南省副省长、郑州大学校长姬文甫平反昭雪骨灰安放仪式及原河南省副省长、著名学者杜孟模平反昭雪大会在郑州同时举行，时任全国人大常委会副委员长史良、国务院副总理方毅，以及国务院、全国政协、中共中央组织部、统战部、宣传部等单位送了花圈。

在 1957 年的反"右"斗争中，河南的扩大化错误特别严重，划"右派"人数最多，居全国第一，反"右"持续时间最长，其中教育战线尤为突出，其人数占全省"右派"总人数的 70%。按照 1978 年 4 月 5 日中共中央批准中央统战部、公安部关于全部摘掉"右派"分子帽子的请示报告，以及 9 月 17 日中共中央批发的实施方案，中共河南省委召开有关会议，研究做出如下规定：凡不应划为"右派"而被错划了的，应实事求是地予以改正；经批准予以改正后，恢复政治名誉，由改正单位分配适当工作，恢复原来的工资待遇；原是共产党员，没有发现新的重大问题的，应予恢复党籍；原是共青团员的，应予撤销开除团籍的处分。随后，全省各市地、各部门都成立了改正"右派"工作办公室，进行了大量细致的工作。1979 年 1 月，河南省委又召开了省直各部、委、局、办以及大专院校有关负责人会议，研究布置做好"右派"分子的改正工作。对全省 61806 名"右派"分子全部摘帽，其中大部分是教育、科研领域的知识分子。"右派"分子的摘帽工作，在解决了重大历史遗留问题的同时，又解放了大批人才。

经过大量艰苦细致的工作，到 1982 年底，全省教育战线平反冤假错案工作基本结束，广大受到迫害株连的教职员工得到了解脱，调动了为教育事业贡献力量的积极性。

三　端正思想路线，开展真理标准的讨论

从 1978 年 5 月开始，在全国范围开展的真理标准问题的讨论，促使中国继五四运动、延安整风运动之后的第三次思想解放运动蓬蓬勃勃地开展起来，成为伟大历史转折的思想先导。河南省真理标准问题的讨论从 1978 年 5 月开始，到 1980 年 2 月结束，其时间之长、参加人数之多、范围之广，都超过了新中国成立以来任何一次理论问题的讨论。这场讨论完成了河南思想路线的拨乱反正，使全省人民的思想统一到了党的十一届三中全会重新确立的解放思想、实事求是的思想路线上来。在长期的革命斗争中，毛

主席曾是正确路线的代表，毛主席思想是我们事业的指导思想，但是，毛主席晚年犯了错误，其言论又被"四人帮"等人歪曲和篡改。1976 年 10 月粉碎"四人帮"以后，当时主持中共中央工作的华国锋继续坚持"左"的立场，提出了"两个凡是"的错误方针，即"凡是毛主席作出的决策，我们都坚决维护；凡是毛主席的指示，我们都始终不渝地遵循"，从而为"文化大革命"的错误理论、口号以及冤假错案的批判和纠正设置了层层禁区。河南这个长期以来受"左"倾思想危害严重的重灾区，在"两个凡是"错误观点的影响下，党内外群众出现了新的思想混乱。

邓小平最早旗帜鲜明地反对"两个凡是"的错误方针。1977 年 4 月 14日，他在写给中央的信中，针对"两个凡是"的观点，提出必须准确、完整地掌握毛主席思想体系。同年 5 月，他明确提出"两个凡是"是错误的。1978 年 5 月 11 日，《光明日报》发表特约评论员文章《实践是检验真理的唯一标准》。这篇文章重申了实践是检验真理的唯一标准这个马克思主义认识论的基本原理，从根本上否定了"两个凡是"。5 月 12 日，《河南日报》予以转载，引起了河南省思想理论界和广大党员干部的广泛注意，并逐渐开展讨论。《实践是检验真理的唯一标准》在河南省教育战线的干部和教师中产生积极反响。省委和教育行政部门因势利导，有计划地组织教育工作者开展"真理标准问题"的讨论。各级党政领导同志带头参加，联系实际深入学习马克思主义理论，准确、完整地理解毛泽东思想。这对明确和贯彻"解放思想，实事求是"的思想路线，进一步打破"两个凡是"的思想禁区，起到了很大的推动作用。高等学校师生和中小学校广大教师把"真理标准问题"的讨论看作一次重要的思想解放运动。通过讨论，主要解决了三个问题：一是划清了真假高举毛泽东思想旗帜的界限，明确了只有以实践来检验真理，才能完整准确地理解和掌握毛泽东思想；二是通过总结新中国成立 30 年教育战线上的经验教训，对许多重大问题的是非初步划清了界限；三是解放了思想，发扬了民主，调动了广大教师和干部的积极性。围绕"实践是检验真理的唯一标准"这一科学命题展开的大讨论，其意义在教育战线表现在以下几个方面。

第一，这场讨论重新确立了实事求是的思想路线，奠定了解放思想的理论基础。打倒"四人帮"后，拨乱反正、解放思想的任务摆在了河南省各级领导和广大教师面前。要解放思想，最根本的一条就是要坚持实事求是的思想路线。关于真理标准的讨论，实质上是一场关于思想路线问题的争论。通过这场讨论，全省各级领导和广大教师解决了思想路线问题，唯心主义、形而上学的思想路线遭到了彻底批判。

第二，这场讨论打破了过去盛行的个人崇拜和教条主义的精神枷锁，深化了人们对实践标准权威的认识，扫除了解放思想的理论障碍。"两个凡是"的教条主义错误之所以在河南有广阔市场，主要原因在于河南多年来"左"倾思想几度泛滥，各级领导和广大教师成了个人迷信和教条主义的俘虏。通过这场讨论，人们在思想上取得了共识，马克思主义、毛泽东思想和党的路线、方针、政策都要重新接受新的实践检验，在实践面前不存在任何不能检验的理论禁区。

第三，这场讨论消除了思想理论界长期的沉闷空气，使理论队伍的精神面貌发生了重大变化，带来了理论研究的繁荣局面。过去由于"左"的影响和教条主义的束缚，使理论一度成了为现有政策作论证的单纯工具。有的理论工作者或根据政治风向写假、大、空的文章，或远离实际搞经院式的烦琐论证。真理标准的讨论，极大地激发了教育界理论工作者的研究热情。解放思想，开动脑筋，研究新情况，解决新问题逐渐蔚成风尚。

第四，这场讨论冲破了林彪、"四人帮"十年来设置的种种障碍和禁区，对各条战线实际工作的拨乱反正、党的工作重点转移和社会主义现代化建设都产生了巨大的作用。把真理标准的讨论深入到实际工作中去，是河南各级领导和广大教师的迫切要求。通过理论联系实际的学习、讨论，坚持实践是检验真理的唯一标准，全省教育战线顺利地为林彪、"四人帮"制造的大批冤、错、假案进行了平反昭雪，落实了党的干部政策，调整充实了各级领导班子，促进了安定团结政治局面的形成，不失时机地实现了工作重点的转移。同时，全省教育战线、各类学校都根据实践标准，认真总结了新中国成立以来的经验教训，坚定不移地贯彻党的十一届三中全会以来的路线、方针、政策，使教育工作转到正确的轨道上来，加快了社会主义现代化建设的步伐。这一切都为此后建设中国特色社会主义奠定了坚实的基础。

河南省教育战线在端正思想路线的基础上，勇于解放思想，冲破禁区，开始运用唯物史观和教育科学理论，根据新中国成立以来的教育实践探索本省教育事业的发展规律，认真研究、吸取成功的经验和失败的教训。河南省革命委员会教育局对于社会主义教育事业的发展从总体上总结出 6 条基本经验。第一，必须坚持教育的社会主义方向，坚持教育为社会主义革命和社会主义建设服务。第二，要全面理解和正确贯彻党的教育方针，使受教育者在德、智、体、美、劳诸方面都得到积极主动的发展。第三，正确贯彻党的知识分子政策，建立一支合格的、稳定的教师队伍。第四，在国家确保教育投入稳定增长的同时，要发挥人民群众办学的积极性。第五，依靠改革逐步完善社会主义的教育制度。第六，要坚持和加强党对教育事业的领导。这些教育发展规律的总结虽是初步的，但已是教育科学理论的恢复和发展的良好开端。

四 建立教学新秩序

在进行拨乱反正工作的同时，河南教育事业停滞、倒退的混乱局面很快得到扭转，过去行之有效的教学秩序、管理体制、办学模式、学籍管理、考试制度等逐一得到恢复，高等学校恢复了全国统一招生考试，青少年学生的思想政治工作也普遍受到重视，教育、教学领域的拨乱反正工作取得了明显的成效。

（一）恢复高考，建立高等学校正常的教学秩序

邓小平同志主管教育工作不久就果断提出："要下决心恢复从高中毕业生中直接招考学生，不要再群众推荐。"[1] 随后国务院批转了教育部高等学校招生工作意见。招生办法是自愿报名，统一考试，地市初选，学校录取，省、市、自治区批准。1977 年 10 月，《河南日报》以《高考制度的改革，完全表达了我们的心愿》为题，向全省公开了高校招生考试的消息，在河南省各行各业和千家万户产生了很大的震动。广大科学教育工作者、青少年学生、广大职工干部和工农兵群众，对这项改革措施拍手称赞，坚决拥护。

---

[1] 《邓小平文选》第二卷，人民出版社，1994，第 55 页。

1979年，中共河南省委批准成立河南省高等学校招生委员会，主任：张树德，副主任：王培育、王燕生、王锡璋、何竹康。招生委员会下设招生办公室，负责组织人员命题、报名、考试、评卷、政治审查、录取等一系列工作。这次招生考试规定，凡是工人、农民、上山下乡和回乡知识青年、复员军人和干部报名考试者，年龄放宽到30周岁，这就为因"文化大革命"而被耽误的有志求学青年提供了一次难得的机会。1977年，河南省高校和中专的招生录取工作至1978年2月结束。根据德智体全面衡量、择优录取的原则，全省录取高校新生8000余名，中专新生1.4万余名。

"文化大革命"中，高等教育受到严重冲击，河南大部分高校被迫搬迁到了农村，领导下放劳动，校舍被占，教学设备、仪器受到严重破坏。粉碎"四人帮"特别是党的十一届三中全会以后，教育部和河南省对被关、停、迁、并的学校做了重新调整，使全省高校规模在短期内得到恢复，迁往农村的学校陆续搬回原址办学，学校领导班子逐步建立，师生的情绪得到稳定。

粉碎"四人帮"以后，河南高等院校在开展揭批查活动的同时，集中精力，致力于整顿混乱的教学秩序。1978年12月召开的全省教育工作会议，要求各高校认真贯彻执行邓小平同志关于教育工作的指示和全国教育工作会议精神，把学校工作重点转移到努力提高全省人民的科学文化水平、培养建设人才、更好地为社会主义现代化建设服务上来。遵照省教育工作会议的精神，针对"文化大革命"中高校教学质量严重下滑的情况，各高校将整顿的重点放在恢复提高教学质量上。开封师范学院（现河南大学）为保证基础课教学质量，制定了10项具体可行的措施。其中包括严格保证基础课教学时间，选派业务水平高的教师讲授基础课，取消分段教学，一门课程由一位教师担任主讲，按照教学大纲开展各种教学形式的活动，加强教材教法研究等。河南农学院（现河南农业大学）制定新的教学计划，加强教学管理，实行教学立法；加强教材建设，改革教学方法，使教学质量有了明显的提高。信阳师范学院对基础课教学实行"四定"（定课程、定主讲教师、定教材、定要求），把富有经验的中年教师充实到基础课教学第一线。河南医学院（现郑州大学东校区）为保证教学第一线的师资力量，严格任课教师审批制度，确保让业务水平高、教学经验丰富、教学效果好的教师担任主讲。

为确保教学质量的提高，省教育厅非常重视教学质量的检查工作。1980年，省教育厅组织郑州大学、新乡师范学院（现为河南师范大学）等10所院校的领导参加了河南师范大学（现河南大学）的教学检查工作。检查的依据是部颁教学计划和教学大纲。除在校内进行检查外，各高校还派出检查组到全省各地用人单位收集情况，利用反馈信息，改进教学。教学质量检查使领导掌握和了解了教学第一线的实际情况，便于制定针对性的措施，提高教育教学质量。

1979年河南省高校招生计划10433人，高中70万人，初中180万人，小学220万人。

（二）做好学生的思想政治工作和体育卫生工作

在1978年全国教育工作会议上，邓小平同志语重心长地讲道："我们希望从事教育工作的同志，各个有关部门的同志，整个社会的家家户户，都来关心青少年思想政治的进步，把被'四人帮'破坏了的优良革命传统恢复和发扬起来。"① 中共河南省委对加强学生的思想政治工作做了部署。1980年4月，省教育厅印发了关于加强中小学思想政治教育工作的意见，全面安排了中小学的政治思想教育工作。1981年9月，省委文教部和教育厅召开了全省学校思想政治工作会议，对如何加强并改善学校思想政治工作的领导，改进思想政治工作的方法等问题，进行了认真研究，采取了有力措施。重点是对学生进行坚持四项基本原则教育，加强和改进马列主义理论课和思想政治课教学，加强集体主义和共产主义教育，加强劳动教育。

各级学校认真贯彻上级指示，把加强思想政治教育作为整顿学校秩序的一项基本任务来抓，开展了丰富多彩的教育活动。教育部门同共青团配合，在青少年中开展争做"四有"（有理想、有道德、有文化、有纪律）人才活动，集中进行思想、纪律教育。各地普遍在中小学生中开展"三热爱"（热爱党、热爱社会主义、热爱人民）活动，培养青少年的爱国主义精神。思想政治工作的加强，使青少年的精神面貌发生了显著变化。1979年8月19日，商丘县黄堂小学少先队员王继秀、陈秀化，为保护集体财产，同歹

① 《邓小平文选》第二卷，人民出版社，1994，第105～106页。

徒英勇搏斗，王继秀献出了宝贵的生命。团省委、省教育厅授予二人"刘文学式的少年英雄"称号。

高等学校的思想政治工作也普遍得到加强。学校迅速充实思想政治工作队伍，改进政治理论课教学，开展各种教育活动，寓思想政治工作于各科教学中。这一时期高等学校思想政治工作的主要内容是：对学生进行坚持四项基本原则教育，抵制和清除资产阶级的精神污染；进行马克思列宁主义基本理论教育、共产主义思想品德教育，遵守社会公德与组织纪律教育。针对"四人帮"散布的无政府主义、极端个人主义思潮，坚持把坚定正确的政治方向放在第一位，加强革命理想教育和共产主义道德教育。

体育卫生工作是中小学教育的重要一环。粉碎"四人帮"以后，很多学校注重抓智育而放松了体育卫生工作。1979 年，河南省教育厅对部分学校高招体检情况进行调查，发现高中毕业生中有 38.9% 的学生因身体健康状况限制了所报的专业，0.65% 的人完全不合格。这说明，不重视学生的身体健康，就培养不出合格人才。

1979 年 9 月，省教育厅设立了体育卫生处。之后，各地教育行政部门也陆续配备了体育卫生专职干部，加强对体育卫生工作的领导和管理，采取的措施主要有以下一些方面。

充实体育教师队伍。据 1981 年统计，全省应配备中小学体育教师 54000 余人，实有 40000 人（包括兼职和民办），缺额 14000 人。省教育厅采取高等学校扩大体育招生名额、部分中等师范学校举办体育班等形式，使学校体育教师队伍得到充实。省教育厅还专门举办了中小学校校医培训班，加强学校卫生保健队伍建设。

中等学校招生加试体育，建立学生健康卡片。1981 年 3 月，省教育厅要求重点中学招生加试体育。规定在初选的范围内，体育不合格者不予录取。同年 9 月，省教育厅又通知各级学校要建立中小学学生体质健康卡片。通过健康卡片制度，掌握每个学生的健康状况，有针对性地防治疾病。

开展多种形式的体育活动。1981 年，河南省教育厅决定在郑州市、郾城县的 8 所中小学试点推行新的《国家体育锻炼标准》，而实际同年全省有近 50 万名中小学生参加了新的《国家体育锻炼标准》达标活动，其中 12 万多人达标，占参加学生总数的 25% 左右。学校普遍恢复并坚持了"两操"

（广播操、眼保健操）、两活动（早晨活动、下午课后活动）制度。有些学校还定期举行体育运动会，将体育成绩作为评先评优的一个条件，这些措施都有力地促进了学校体育工作，增强了学生体质。

经过几年努力，体育卫生工作取得了可喜成绩。1982 年，省教育厅、省体委以教育部《中小学体育工作暂行规定（试行草案）》和《中小学卫生工作暂行规定（草案）》为标准，检查验收了 62 所重点中小学，有 3 所学校优秀，51 所学校合格，8 所学校不合格，合格率达 87%。

第二节　教育事业的调整、整顿与发展

拨乱反正期间，河南省教育战线贯彻"调整、改革、整顿、提高"的方针，各级各类教育事业得到较快的恢复。为了尽快把教育、科技搞上去，1977 年 10 月，省委召开解决教育和科学问题的重要会议。1978 年 6 月，省委召开常委会听取教育方面的汇报，决定在加强领导、落实政策、经费、师资等方面为学校解决困难。同年 12 月，省委召开全省教育工作会议，省委主要领导段君毅、胡立教、刘杰等到会接见了全体代表。会议认真学习了党的十一届三中全会公报，同时也研究了如何迅速改变全省教育工作的落后面貌，跟上全党工作重点转移到现代化建设上来的新形势。党的十二大把教育列为经济发展战略重点之一，教育事业的重要地位和作用逐步成为人们的共识。为贯彻十二大精神，强化教育的战略重点意识，加速教育事业的发展，省委省政府召开全省教育工作会议，作出《关于加强和改革教育工作的决定》，要求全省各级党政领导要充分认识教育在现代化建设中的战略地位和作用，坚决克服轻视教育的错误倾向。强调各级党委和学校必须以对国家和民族未来负责的高度责任感，认识加强教育工作和加快教育改革的重要性、紧迫性，要像抓经济建设那样抓教育，切实把教育放在战略重点位置上，下大力气，采取果断措施，尽快把教育工作搞上去，使教育能够与经济建设协调发展。

1978 年 12 月 17 日，胡立教在全省教育工作会议上发表讲话，他指出：

1974 年，"四人帮"炮制的朝农经验出笼后，刘建勋、张耀东急不

可待，指令我省所有高等院校"学朝农迈大步"，全部实行"社来社去""厂来厂去""哪来哪去"，把高等学校破坏得不成样子。毕业的学生国家不能分配，急需的教师和科技人员得不到补充。

省委认为，河南的高等教育特别落后，与加速实现四个现代化的要求很不适应。这种状况必须迅速改变。1979年应把加强高等教育放在我省教育建设的首要位置，争取在三五年内，赶上全国先进水平。中等专业教育地区迅速恢复和发展。同时，要大力提高中小学的教育质量，大力开展工农业余教育，尽快扫除青壮年中的文盲，努力提高全省人民的科学文化水平。

1978年12月18日《河南教育》发表赵文甫的文章《河南省教育工作会议开幕词（草稿）》，文章指出：

> 我省是受林彪、"四人帮"破坏的重灾区，教育人的灾难更为沉重。"文化大革命"一开始，刘建勋等人就炮制了"王培育事件"大冤案，把郑大打成了黑党委，以后他们又支持党言川等坏人到处打砸抢，破坏了教学秩序，破坏了社会主义法制。把全省高等学校师生员工几乎全部赶了下去，同时一刀砍掉了100多所中专，造成了河南教育的大倒退。他们借马振抚事件，在教育战线大搞白色恐怖。……我们要采取切实有效的措施，把高等教育搞上去；所谓改变教育的落后面貌，主要就是要使我省的高等学校有一个大发展、大提高。关于中小学，要大抓教育质量的提高；……

1978年12月29日，王锡璋在河南教育工作会议上做了《努力做好教育工作为社会主义现代化服务》的报告，报告指出：

> 首先，应该肯定"文化大革命"前的17年，在我省教育工作中毛主席的无产阶级革命路线是占主导地位的，成绩是主要的。解放初期，我们根据毛主席改革旧教育制度和恢复发展人民教育事业的指示精神，大力推广解放区教育经验，改造旧的学校，发展高等和普通教

育，开展扫盲和业余教育，取得了显著成绩，积累了一定经验。1958年，在"大跃进"的形势下，我省教育事业有很大发展，但也出现了浮夸风等缺点。1962年以后，我们试行了高等学校和中小学工作条例，建立了一批重点学校，为提高教育质量采取了一系列措施。现在看来，当时的一些措施，是卓有成效的。从1949年到1956年，我省各级各类学校在校学生的人数增长了4.5倍；这一时期，大学和中专、中师培养出了16万多毕业生，他们现在大都成了各条战线上的骨干力量。……

文化大革命以来，由于林彪、"四人帮"和刘建勋一伙的干扰破坏，我省教育事业遭受了沉重灾难，出现了十年倒退；中等专业学校大部分被砍，濒于毁灭的边缘；普通中小学七零八落、残破不堪。更为严重的是，林彪、"四人帮"以极左的面貌出现，歪曲和篡改毛主席的教育思想和教育方针，煽动无政府主义，大搞愚民政策，在人们思想上造成了极大混乱，搞得教师不敢教、学生不能学，教育质量严重下降，危害了一代青少年的成长，败坏了社会主义的革命风尚，这种损失是难以估量的。

粉碎"四人帮"以后，我省教育战线的同志联合河南实际，批判了林彪、"四人帮"破坏教育事业，迫害知识分子的滔天罪行，批判了反革命的"两个估计"和臭名昭著的"马振抚事件"，冲破了禁区，砸碎了沉重的精神枷锁。在揭批斗争中，我们进行了高招制度的改革，初步整顿了学校领导班子，恢复和新建了一批中等专业学校和高等学校，确定了一批重点中小学。与此同时，各地学校还采取措施，加强了教学工作和后勤工作，积极改善教学条件和师生的生活条件。林彪、"四人帮"造成的"内伤"和"外伤"逐步得到了医治。广大干部和教师的社会主义积极性日益高涨，教学秩序和学校各项工作都有了明显的好转。

两年来，我们虽然做了不少工作，取得了一定成绩，但是，由于林彪、"四人帮"和刘建勋一伙对教育事业的破坏特别严重，粉碎"四人帮"以后，刘建勋等人又长期捂盖子，压群众，阻挠教育上种种问题的解决，致使我省教育至今仍处于落后状态，与兄弟省市相比，在许多方面都还有很大差距。我省高等学校不但数量少，而且质量差，全国 87 所重点大学中，没有我省一所。全国平均每万人中有高等学校在校学生 6.8 人，我省只有 3.6 人，在全国是倒数第一。中专在校学生在全国人口中的比例，我们也是最少的。普通中小学，我省学生人数虽不算少，但很多学校都是集体办的，民办教师成为教学的主力。我省中小学教师共 82 万多人，民办教师就有 57 万，占 70%（全国平均为 51%），人数之多，比例之大，在全国均居第一。民办教师过多，严重地影响教师队伍的稳定和教育质量的提高，也增加了农民的负担，是我省教育上的突出问题之一。

……对这个问题（指我省教育上的落后状况——编者注），我们要有足够的认识，要下最大的决心，加快步伐把教育搞上去，迅速赶上全国平均水平。……

表 3-1　1979 年度河南各级各类学校统计

		校数（所）	毕业生数（人）	招生数（人）	在校生数（人）	教职工数（人）	其中专任教师数（人）	兼任教师数（人）
高等学校		24	4079	10669	30322	14579	6142	13
其中	综合大学	1	200	830	2457	1412	528	
	理工科院校	5	1136	1822	5388	4127	1586	2
	农林院校	4	582	1349	3693	1897	776	8
	医药院校	5	1086	1662	4775	2561	1023	
	师范院校	8	1075	4685	13491	4104	2094	3
	财经院校	1	—	321	518	478	135	
中等专业学校		107	978	24006	56030	11568	4712	308
其中	中等技术学校	78	978	11536	27026	7969	2791	287
	中等师范学校	29		12470	29004	3599	1921	21
初中		25790	204.86 万	215.50 万	504.04 万	—	249187	—
高中		2940	52.44 万	48.55 万	106.42 万	—	50878	—
小学		34983	179.69 万	249.91 万	1147.88 万	455249	436632	—
幼儿园		5655	—	—	472826	21865	16196	—

资料来源：根据河南省档案馆 1979 年馆藏教育相关资料整理而成。

一 普通高等教育快速发展

1979 年 9 月 1 日，河南省委发出的《关于广泛深入开展真理标准问题讨论的通知》强调，要加强马克思主义基本理论的学习，讨论要密切联系实际。

"文化大革命"以后，河南高等教育获得了较快发展。1978 年 12 月，经国务院批准，河南省增设郑州畜牧兽医专科学校、豫西农业专科学校、洛阳医学专科学校、开封医学专科学校、信阳师范学院、安阳师范专科学校、南阳师范专科学校、许昌师范专科学校、洛阳师范专科学校等普通高等学校。同年郑州粮食学院恢复并开始招生。1979 年，轻工业部在郑州创办的郑州轻工业学院开始招生。当年，航空工业部将郑州航空工业学校改建为郑州航空工业专科学校。1980 年 5 月，经国务院批准，在原中专的基础上，建立了郑州纺织机电专科学校。1980 年 8 月，中共河南省委召开教育座谈会，研究贯彻中共中央书记处关于教育工作的指示精神，省委书记张树德做重要讲话。会议决定在全省采取多种办学形式，发挥各行各业各个部门的办学积极性，尽可能增加一些教育经费，加速发展高等教育。在省委的重视与支持下，经省人民政府批准，郑州大学等院校同郑州、开封、洛阳、安阳、新乡、焦作等市合作，试办大学分校和大专班，此后改办为 6 所短期职业大学。这种高等职业教育具有自己的特色，目的在于为现代化建设培养应用型、管理型、技术型、工艺型的专门人才。

1979 年，河南省 24 所高等学校毕业的 4079 人，全部是专科生。当年招收本科生数为 5919 人，专科生数为 4750 人，本科多于专科。在校生 30322 人，专科生为 12401 人，占 40.90%，从这一年开始，河南高等学校本科层次的招生数和在校生数均超过了专科层次。招生数是可比指标，但在校生数需要再计算，因为本科在校生学制多为四年，而专科在校生多为三年，但就整个体量上看，本科规模超过了专科。

1981 年，开始筹建河南财经学院。1982 年，分别在商丘、周口师范大专班的基础上建起了商丘师范专科学校和周口师范专科学校。至 1985 年底，全省普通高等学校发展到 43 所，在校学生猛增到 6.85 万人，比 1978 年在校生 2.73 万人增长 1.5 倍，成为全省高等教育事业发展最快的一个历史时期。

二　研究生教育的建立和发展

河南省的研究生教育起源于 20 世纪 60 年代。当时仅有河南农学院吴绍骙教授培养了遗传育种专业研究生 2 名。粉碎"四人帮"以后，河南省研究生教育步入了正轨并获得了较大发展，形成了一定规模。

1979 年 10 月 27 日，河南省录取研究生 72 名，其中河南中医学院 5 人，河南医学院 20 人，郑州工学院 2 人，河南师范大学 33 人，郑州大学 8 人，焦作矿业学院 1 人，省化工研究所 3 人。

1985 年，全省省属及部属 13 所高等学校，11 个科研机构面向全国招收研究生 666 名，在校研究生发展到 1013 人，比 1978 年增加了 9 倍多。为加强研究生工作的管理，1983 年 3 月，省教育厅制定《研究生各级管理机构与人员的职责（试行）》，在领导管理、招生、培养、学籍管理、思想政治工作等方面对研究生教育做了若干规定。这一文件的制定，是河南省研究生教育及管理工作日臻完善的重要标志。按照上级的有关规定，各高校普遍制定了研究生工作条例、学位授予条例、学籍管理办法等规章制度和培养方案，研究生培养工作走上了制度化、规范化的发展轨道。

各高校十分重视研究生导师的培养，逐渐形成了一支较强的研究生指导教师队伍。1981 年和 1984 年两次经国务院学位委员会批准，全省高等学校有 43 个专业获得硕士学位授予权，2 个专业获博士学位授予权。河南大学（原河南师范大学，1984 年 5 月恢复河南大学校名）、郑州大学、河南师范大学（原新乡师范学院，1985 年更名为河南师范大学）、河南农业大学（原河南农学院，1985 年更名为河南农业大学）、河南中医学院等均有一批在国内外颇具影响的专家教授成为研究生指导教师。1982 年 2 月，省教育厅批准河南医科大学、河南中医学院、河南大学、郑州大学、河南农业大学、河南师范大学 6 所学校成立学位评定委员会，负责各校的研究生学位授予工作。1981～1985 年全省共毕业研究生 510 名。鉴于高校教师的急需，这些毕业研究生绝大多数被充实到高校师资中，逐步成为高校教学科研的骨干力量。

为使研究生教育适应社会多方面的需要，从 1983 年开始，河南进行了招收有实践经验的大学生和扩大培养在职研究生的尝试。规定报考研究生的年龄可放宽到 37 岁，以便动员更多的在职人员报考研究生。在职研究生实践经验比较丰富，在学习中能够理论联系实际，针对性强；参加工作后工作能力和适应能力强，较受用人单位的欢迎。1985 年，河南又招收委托代培研究生 46 名，既满足了新建单位和边远落后地区的急需，又为高校开辟了经费来源渠道。1985 年，还在部分高等学校重点学科试行了推荐本科应届优秀毕业生免试就读研究生的工作，当年全省招生单位共接推荐免试生 21 名。

第三节　实施"三个面向"，开展教育改革

党的十二大确立了教育的战略地位，邓小平同志的"三个面向"拉开了教育全面改革与发展的序幕。河南教育工作会议做出了《关于加强和改革教育工作的决定》。为深化教育改革，提高教育质量，全面加强教师队伍建设，从政治、生活等方面提高教师待遇。

1982 年 9 月 18 日，邓小平同志对全党全国发出指示，"战略重点，一是农业，二是能源和交通，三是教育和科学。搞好教育和科学工作，我看这是关键。没有人才不行，没有知识不行，'文化大革命'的一个大错误是耽误了十年人才的培养，现在要抓紧发展教育事业"。[①] 1982 年 9 月，中国共产党第十二次全国代表大会十分强调要把教育放在重要的战略地位，指出："一定要牢牢抓住农业、能源和交通、教育和科学这几个根本环节，把它们作为经济发展的战略重点。"将教育列为国民经济发展重点，符合现代经济发展规律，符合教育发展规律，对推动全国教育事业的发展，进而促进国民经济的发展产生了重要的作用。

十一届三中全会以后，在河南省委省政府的正确领导下，河南省教育事业取得了巨大成绩。具体来说，一是完成了拨乱反正的艰巨任务，比较彻底地纠正了长期困扰教育事业发展的"左"倾路线。二是在此基础上，贯彻"调整、改革、整顿、提高"的方针，各级各类教育事业得到较快恢复。但是，由于河南的经济基础差、底子薄、人口多，加上长期受"左"

---

① 《邓小平文选》第 3 卷，人民出版社，1993，第 9 页。

倾思想的束缚和影响，特别是十年动乱的严重破坏，教育的发展远远不能适应经济建设发展的需要。主要表现在：小学教育尚未普及，文盲、半文盲在全省人口中占有相当比重；职业技术教育和成人教育发展缓慢；高等教育规模小，专业结构不合理，教育经费不足，办学条件差，教育质量偏低。这种状况如不迅速改变，势必影响全省经济和社会发展。

为了贯彻落实党的十二大关于教育是经济发展战略重点的决定，强化教育的战略重点意识，改变教育落后面貌，加速教育事业的发展，河南省委省政府于 1983 年 8 月在郑州召开了全省教育工作会议，制定了《关于加强和改革教育工作的决定》。其主要内容，一是充分认识教育在现代化建设中的战略地位和作用，坚决改变轻视教育的错误倾向。各级党委和学校必须以对国家和民族的未来着想的高度责任感，认识加强和改革教育工作的重要性和紧迫性，像抓经济建设重点项目那样抓教育，切实把教育提到战略重点位置上，下大力气采取果断措施，尽快把教育工作搞上去，使教育工作能够与经济建设协调发展。

二是努力普及小学教育，搞好现代化建设的人才奠基工程。河南是一个经济文化比较落后的农业大省，普及小学教育的重点在农村，农村小学要合理布局，办学形式、学制和教学内容要进行必要的改革，使之适应农村的实际需要。要因地制宜，注意发展只开设语文、数学、思想品德等主要课程的简易小学或教学班组。对普及程度显著的地区、学校和个人，应予以表彰奖励；对完不成普及任务的，应予以批评，直至追究领导者的责任。

三是加快中等教育结构改革，有计划地发展职业技术教育。在农村，要坚决而有步骤地把一批普通高中改为农业高中或其他职业高中，并创造条件开办一些农业职业中学。在城市，也要改一部分学校为职业技术高中。同时提倡各行各业、各业务部门、社会团体根据需要参与举办各类职业技术学校或职业技术班。

四是多层次、多规格和多种形式、有计划地加速发展高等教育。高等学校要积极创造条件，挖掘潜力，在保证质量的前提下扩大招生。根据国家需要与学校实际条件，调整专业结构，增加短线专业。要集中必要的人力、物力、财力加强重点专业的建设，逐步增加专科比重，改革高等学校的招生和毕业生分配制度，打开人才通向农村的路子。各级党委和政府要积极支持有关部门、厂矿、企事业单位办好广播电视大学、函授大学、夜大学、职工大学、管理干部学院和教师进修学院等。

五是办好职工和农民文化技术教育。力争在第六个五年计划期间，基本完成青壮年职工的文化补课任务。农村社队要加强扫盲教育队伍建设，有效地开展扫盲工作，1987 年要有 50 个县基本扫除青壮年文盲，1987 年前，全省要有 1/3 的县（市郊区）举办农民技术学校。

六是加强师资队伍建设，提高教师队伍水平。这是发展教育事业和提高教育质量的关键。各级党委和政府要高度重视师范院校、教育学院和教师进修院校的建设，省、地、市、县教育行政部门要制订切实可行的师资培训计划，采取多种形式，有计划地轮调教师，争取在 1985 年中小学教师要有半数以上达到应该具备的文化、业务水平。为保证师资质量，今后学校新增教师必须严格把关。大、中、小学教师和各级教育事业编制人员的管理、调配以及高、中等师范院校毕业生的分配，统由县以上教育行政部门负责。师范院校毕业生应当分配到中小学任教，其他部门不得截留。

七是全面贯彻党的教育方针，提高教育质量。各级教育行政部门和学校要进一步端正办学指导思想，坚决纠正忽视德育、轻视体育、片面追求升学率的倾向。采取有效措施，切实减轻学生负担，禁止利用考试搞评比，不得以升学率高低奖惩学校和教师。

八是认真落实党的知识分子政策，树立尊师爱校的社会风尚。克服轻视知识、歧视教师的错误观念，进一步检查落实党的知识分子政策，做到政治上充分信任，工作上放手使用，生活上关心爱护，权益上坚决保护，在全社会形成尊师爱校的良好风尚。

九是通过多种渠道，增加教育投资，解决教育经费不足的问题。坚持"两条腿走路"的方针，调动各方面的力量，从各个渠道逐步增加教育投资的比重。教育经费每年递增的比例要略高于当年的财政收入增长率，至少不得低于当年的财政收入增长率。地、市、县应从地方机动财力中拿出一部分用于教育事业。各部门、厂矿、企事业单位、农村社队及各社会团体都应重视智力投资。鼓励爱国人士和广大农民在自愿基础上集资办学。

十是加强党对教育工作的领导。各级党委和政府主要领导同志要亲自过问教育工作并明确专人负责，切切实实解决教育上亟须解决的问题。今后，要把教育工作是否做得有成效列为评定各级党委和政府全部工作的重要内容。各级党委和政府应把各部门和各种社会力量组织起来，明确分工，共同为加强和改革河南教育事业而努力。

河南省委省政府《关于加强和改革教育工作的决定》（以下简称《决定》），第一次明确了教育在河南经济发展中的战略重点地位，对推动河南教育和经济的发展、改变科技文化落后的面貌具有重大意义，对强化各级领导的重教意识起到了重要作用。在此之后，全省教育改革和发展的步子大大加快。各地党委和政府增强了抓好教育工作的责任感。全省 17 个地（市）或县（区）普遍召开了会议，贯彻《决定》精神，就改善党对教育工作的领导、发动全社会关心支持教育、加快教育事业发展等问题做出相应的决定。在落实党的知识分子政策方面，各地都认真研究并做出了具体安排。同时，全省广大城乡掀起了集资办学的热潮，弥补了教育经费的严重不足，加强了中小学的校舍建设，推动了教育事业的发展。

1983 年 10 月 1 日，邓小平同志为北京景山学校题词"教育要面向现代化，面向世界，面向未来"[①]，全国主要报刊很快都刊载了邓小平同志的题词。题词是针对整个教育工作讲的。它讲的是教育与社会主义全局的关系，是影响教育工作全局的战略思想。它要求人们在研究和决定教育的具体工作时，要有战略眼光，要着眼于战略全局。"三个面向"要求教育从现代化建设的需要出发，不断改革教育与现代化建设不相适应的教育体制、思想、内容、方法，纠正教育脱离经济和现代化建设的倾向，不断为现代化建设培养更多合格人才；"三个面向"要求教育的改革与发展不仅着眼于国内，更要放眼世界，要学习和借鉴世界先进知识和技术，要赶超世界先进水平；"三个面向"要求教育要面向 21 世纪的经济、科技和社会发展，具有超前眼光与意识，为实现 21 世纪中叶达到世界中等发达国家水平而贡献力量。1984 年 7 月，中国教育学会以"三个面向与教育改革"为题召开了学会成立以来的第一次学术研讨会，王震等党和国家领导同志亲临讲话并接见了与会代表，张承先等领导同志在会上分别做了专题报告。邓小平同志的这

---

① 《邓小平文选》第 3 卷，人民出版社，1993，第 35 页。

一思想很快得到了广泛传播，并成为教育工作的重要指导方针。

河南省的广大教育工作者在邓小平同志发出"三个面向"的指示后，展开了热烈的学习讨论，深刻领会"三个面向"的精神实质，明确教育工作的指导方针。

1984 年 10 月，《河南教育》杂志发表社论《加快教育改革步伐，适应"三个面向"需要》，提出为落实"三个面向"，首先要在办学指导思想上来一个大的转变，从传统的、狭隘的观念中解脱出来，使教育工作更好地为社会主义物质文明和精神文明建设服务。其次要采取各种有效措施，加快教育改革的步伐，有计划、有步骤、有领导地改革一切不适应"三个面向"要求的规章制度，从政策上调动社会各方面力量的办学积极性，理顺教育体制，把学校管理工作提高到一个新水平。

为落实"三个面向"，郑州市专门召开了普通教育改革工作会议，以邓小平同志"三个面向"为指导，联系实际研究确定了今后三年普通教育改革的重点：改革管理体制，扩大学校自主权；改革中等教育结构，大力发展职业技术教育；积极开展教学改革，努力实现教学工作的科学化；认真研究新时期学生的思想特点，努力加强和改进思想政治教育工作。邓小平同志提出"三个面向"以后，省教育厅决定在部分中学开设电子计算机选修课试验，并最终在全省中小学推广和普及计算机教育。

第四节　推进高等教育体制改革，增强办学活力

高等学校担负着培养高级专门人才和发展科学技术文化的重大任务。《中共中央关于教育体制改革的决定》（以下简称《决定》）确定国家高等教育发展的战略目标是：到 20 世纪末建成科类齐全、层次和比例合理的体系，总规模达到与全国经济实力相当的水平，能为自主地进行科学技术开发和解决社会主义现代化建设中的重大理论问题和实际问题作出较大贡献。高等教育体制改革的关键是，要改变政府对高等学校统得过多、管得过死的管理体制，在国家统一的教育方针和计划指导下，扩大高等学校的办学自主权，加强高等学校同生产、科研和其他社会各方面的联系，使高等学校具有主动适应经济和社会发展需要的积极性和能力。河南省认真贯彻执

行《决定》所确定的基本精神，积极推进高等教育体制改革，在稳定中求发展，向改革要效益，努力提高教育质量和办学水平，多出人才，出好人才，使高等教育成为经济和社会发展的重要推动力量。

在 20 世纪的最后 8 年和 21 世纪初，河南省积极调整高等教育布局，优化结构，深化教育教学改革，取得了显著成绩。到 2001 年底，全省普通高等学校发展到 64 所，其中普通本科院校 21 所，专科学校 43 所，校均规模达 5767 人；普通高校和一些研究机构在学研究生达 4656 人；普通高校在校学生 36.91 万人，专任教师 2.46 万人，生师比为 18∶1。全省 18~22 周岁人口的高等教育毛入学率达 12%。郑州大学正式被列入国家"211 工程"建设项目，重点学科、重点实验室建设取得重大进展，高等教育的结构布局进一步优化，高等学校的办学质量和效益也有明显提高，成为在经济社会发展中举足轻重的力量。

一　扩大高等教育规模，提高办学效益

河南高等教育的总体规模和校均规模在相当长的时间内相对于中、东部其他省份来讲比较小，办学水平相对较低，这是河南教育中的一个薄弱环节，并且一直是制约地方经济社会发展和人口整体素质提高的一个重要因素。"九五"期间，河南抓住国家高等教育政策调整、积极发展高等教育的机遇，使郑州大学"211 工程"建设项目在国家发展计划委员会正式立项，成为国家重点建设的百所高校之一；其他高校也都努力扩大办学和招生规模，努力提高办学质量和效益，使整个河南高等教育得到长足的发展进步。

（一）省、部共建在豫高校

河南省原有的高校布局和管理体制，是由 20 世纪 50 年代初全国高校院系调整时按大区和行业划分发展而来的。后因发展地方经济的需要，又举办了一些地方高校，其中相当一部分与中央部委所属院校性质雷同。

随着部门管理职能的转变，部门办学的管理体制也在逐步改变。《纲要》进一步确立了中央和地方分级管理、分级负责的教育管理体制，即在中央大政方针和宏观规划指导下，地方举办的高等教育，领导和管理的责

任、权力都交给地方；中央部委所属高校，除个别重点院校仍由中央直接领导和管理外，大部分实行部委和省两级管理、以省级统筹为主的管理体制，重点是推动省、部共建高等教育。

1998 年 7 月，国务院办公厅转发教育部等《关于调整撤并部门所属学校管理体制实施意见的通知》，决定郑州粮食学院、郑州工业大学、洛阳工学院、郑州工业高等专科学校、焦作工学院、郑州纺织工学院、郑州轻工业学院、洛阳工业高等专科学校 8 所部门所属普通高校实行中央与地方共建、以地方管理为主的体制；这些学校的国有资产由地方代管，人员编制、领导工资等均由地方政府负责，学校教育事业费由财政部按照 1998 年调整预算数扣除一次性专项后再上浮 15% 作为划转地方的经费指标，公疗费和房改经费（专项）用于补助建立住房公积金，由财政部按 1998 年预算执行，从 1999 年起划转到地方并由地方财政部门核拨；学校主要在本地区招生，一部分行业特性较强的需要保护的专业或专业点可以跨省招生。另外，郑州磨料磨具职工大学、郑州煤田地质学院、郑州矿务局职工大学、平顶山煤矿职工大学、焦作煤矿职工医学院、郑州煤炭管理干部学院、长城铝业公司职工工学院、洛阳有色金属职工医学院 8 所部门所属成人高校划归地方管理。

为做好省、部共建高校工作，1998 年 8 月，河南省成立了由时任副省长陈全国为组长，省财政厅、计委、人事厅、劳动厅、教委、监察厅、审计厅、煤炭厅、冶金厅等有关部门负责同志为成员的河南省高校管理体制改革和调整领导小组，强化领导，周密布置，明确责任，做好协调工作，使这项工作得以顺利进行。其中，实行中央与省共建、以省为主管理体制的学校，由省教委负责日常管理，8 所划归地方的成人高校由有关厅局或企业管理。河南省还决定，对共建调整学校，中央划拨的经费如数拨付，省里出台的经费政策一视同仁，保证经费只增不减；学校行政规格、领导职数、教工待遇不变，内部机构和干部职数保持相对稳定；学校统一纳入全省教育改革发展规划，统筹考虑学校的学科、师资队伍建设等问题；学校的招生和毕业生就业工作纳入省计划，执行河南省的政策规定；学校的专业设置、教学管理、科研外事等与省内同类学校一样看待。由于领导重视，措施得力，保证了这些学校的平稳过渡。

（二）　积极扩大招生规模

1999 年召开了改革开放以来第三次全国与全省教育工作会议以后，河南省扩大高等学校招生的决策开始实施，省有关部门通过对高校容量进行调研，及时提出挖掘潜力、调整结构、深化改革、扩大资源、恢复招收走读生、缓解学校压力等措施，并按照"量力而行、尽力而为、扩大规模、持续发展、遵循办学规律、避免大起大落"的原则，迅速编制、下达扩招计划，并采取切实可行的措施对考生进行宣传，保证了扩招工作的顺利进行。当年，全省高校招生 9.1 万人，比 1998 年增加 56%，高于全国 47.4% 的平均水平，录取率由 1998 年的 28% 提高到 40%。2000 年继续扩招，招生 13.7 万人，增幅为 51%，高招录取率提高到 51%，接近全国 52% 的平均水平。2001 年招生 14.01 万人（到校报到学生数），高招录取率提高到 58%，首次达到并略微超过全国 57% 的平均水平。

连续三年的高校扩招，全省高校在校学生数达到 36.91 万人，增量、增速是改革开放以后最大、最快的几年，不仅缓解了升学压力，适应了社会尤其是广大考生越来越旺盛的接受高等教育的需求，也拉动了教育相关产业的发展，刺激了教育消费，缓解了教育经费的不足，同时也推动了高校后勤服务社会化等多项改革，促进了高校办学条件的改善，有利于高校充分挖掘办学潜力，提高办学效益。

（三）　高校布局调整及重点学校、重点学科、重点实验室建设

1. 高等学校布局调整与重点学校建设

优化高等教育布局，改变条块分割、封闭办学的局面，加强重点学校建设，是高等教育改革和发展的趋势，也是提高办学效益的重要措施。河南省在做出重点建设郑州大学、大力支持其进入国家"211 工程"决策的同时，积极促进省属院校、部属院校、市地所属高校以及高校与企业之间多种形式的联合办学，使高等学校各展其长，优势互补；通过校校联合共建博士点、硕士点，或与科研单位联合共建博士点、硕士点，促使其在师资、图书资料、仪器设备和校舍等方面实现资源共享；努力推进高等职业学校、师专、教育学院、电大等高校的合并工作。

　　自新中国成立初期全国高校院系调整后，河南省一直没有国家重点大学，本省高等教育的发展缺乏强有力的"龙头"。1993年，为改变这一被动局面，河南省抓住国家高等教育"211工程"启动的良机，做出了重点加强郑州大学，争取其首批进入国家"211工程"的决策。时任省长马忠臣、省教委主任除玉坤、郑大校长车得基于1993年2月赴国家教委汇报，争取国家主管部门的支持与指导；为加强省内的统筹协调，省委省政府成立了"211工程"领导小组。1994年，省教委向国家教委报送《关于河南省开展"211工程"项目主管部门预审工作的申请报告》，同时，积极促进郑州大学和郑州工学院、郑州工业高等专科学校联合办学，为使郑大进入"211工程"积极创造条件。1995年，按要求制订了《郑州大学"211工程"建设规划方案》并付诸实施，多方创造条件，为郑大通过"211工程"主管部门预审做好准备。1996年11月3~5日，经国家教委批准，河南省政府组织11名专家对郑大进行了预审。专家组经过3天的认真评议，一致建议通过，时任副省长张世英代表省政府宣布：郑州大学通过了预审。1997年7月20~22日，省政府召集专家组对郑大"211工程"建设项目进行了立项论证，通过《郑州大学"211工程"建设项目可行性报告》，9月9日正式批准立项。至此，郑大"211工程"进入了立项建设实施阶段。为加强组织实施工作，省教委决定设立领导小组办公室，负责日常工作，重点是督促资金到位、定期检查、组织协调，确保工程建设按期完成。1998年度，2500万元的建设经费全部到位并投入使用，重点学科、重点实验室等各项建设进展顺利，并在12月调整、修改了《郑州大学"211工程"可行性研究报告》，呈报国家发展计划委员会和教育部，于12月28日通过立项审核。1999年6月，国家计委正式批准郑州大学"211工程"立项，其有机化学及应用物理、材料物理、计算机及自动化技术、高分子材料、激光技术5个学科，被列入国家500个重点建设学科行列。这表明，郑州大学正式进入国家重点建设的百所大学行列，也表明河南争取全国重点大学的工作取得重大进展。

　　1996年，河南农业大学、河南财经学院、郑州轻工业学院、华北水利水电学院、河南财税高等专科学校5院校在自愿的基础上，根据互惠互利的原则，经充分协商，实行合作办学。

1999 年上半年，全国高等学校设置评议委员会专家组对河南省 8 所学校进行了考察评议，三门峡职业技术学院、郑州铁路职业技术学院、中原职业技术学院 3 所专科层次院校获准设立。下半年，河南省政府向教育部申报洛阳师专、南阳师专、商丘师专、安阳师专、民办黄河科技学院 5 所专科院校升格为本科院校，2000 年获得教育部批准。通过申办工作，新组建院校土地增加 1 倍，校舍、仪器、图书增加 1/3，也使本省普通院校本、专科比例趋于合理。

实行高校强强联合、重组，创建全省高等教育的龙头学校，形成重要的科学研究和教育中心，是跨世纪河南发展高等教育的重大战略举措。2000 年，郑州大学、郑州工业大学、河南医科大学合并组建为新的郑州大学，河南大学、开封医专、开封师专合并组建为新的河南大学。合并后，两校在办学规模、专业结构、师资队伍、办学条件等方面都有新的进展和提高。新的郑州大学有 116 个本科专业，88 个硕士点，9 个博士点，5 个博士后流动站，1 个国家理科基础科学研究和教学人才培养基地，2 个国家级科研中心，5 个国家"211 工程"重点建设学科，33 个省级重点学科，8 个省级重点实验室和工程研究中心；全校教职工 5923 人，其中专任教师 2201 人，专任教师中有院士 4 人，博士生导师 63 人，教授 255 人，副教授 675 人，其中具有博士学位的 272 人，具有硕士学位的 1167 人。新的河南大学有 9 大学科门类 21 个院系，3 个教学部，有 53 个本科专业，50 个硕士点，3 个博士点，13 个省级重点学科，1 个省重点开放实验室，45 个研究所（室）；全校教职工 2584 人，其中专任教师 1127 人，专任教师中有院士 3 人，研究生导师 402 人，教授 147 人，副教授 378 人，国家有突出贡献中青年专家 2 人，享受政府特殊津贴专家 32 人，国家"百千万人才工程"入选者 4 人，河南省优秀专家 31 人，省杰出青年基金获得者 9 人，省"创新人才培养工程"入选者 4 人，省跨世纪优秀学术和技术带头人 32 人，其中具有博士学位的 163 人，具有硕士学位的 388 人，从而为争取使新的郑州大学早日进入全国重点高校行列，使河南大学进入全国先进高校行列，创造了条件。

2. 重点学科建设

"八五"期间，河南高校的重点学科建设取得了一定的成绩，积累了宝贵的经验，在此基础上，1994 年，河南省确定郑州大学的基础数学、有机化学、历史学、无机化学、凝聚态物理、计算机软件、刑法学、科学社会主义，河南大学的中国现代文学、人文地理学、英语语言文学、经济学、高分子化学与物理，河南师范大学的理论物理、物理化学、有机化学，河南医科大学的病理学、人体解剖学，河南农业大学的作物栽培与耕作、作物遗传育种，河南中医学院的中医儿科学等 30 个学科为河南省高等学校 1994~1996 年省级重点学科。为加强这些学科的建设，省里重点资助建设经费 400 万元；同时，采用动态目标责任制，实行优胜劣汰，各学科点确定年度目标，做到年初有"预算"，年终有"决算"，调动了各学科点的积极性，提高了管理水平和整体实力，发挥了重点学科建设资金的投资效益。1995 年，又开展了部属院校省级重点学科的评审工作，经组织专家评议，有 14 个学科被确定为河南省重点学科，它们分别是：郑州工学院的有机化学、结构工程、铸造、机电一体化、模具及橡塑制品成型技术，洛阳工学院的机械学、铸造、金属材料及热处理、农业机械设计制造，郑州粮食学院的粮食工程、油脂与植物蛋白工程，焦作工学院的瓦斯地质、痕迹学，华北水利水电学院的水工结构工程。把部属院校学科建设纳入全省高校学科建设之中，对改善全省高校的学科结构，提高整体学科水平起到了重要作用。

1997 年，河南省又组织对 1997~1999 年省级重点学科点的评审，确定了各有关高校的 63 个学科为省级重点学科点。根据《河南省高等学校 1997~1999 年省级重点学科点建设管理实施办法》，省教委与重点学科点所在学校签订了学科点建设目标任务书，对学科点的教学、科研和管理提出明确的要求。1999 年 3 月，省教委组织对郑州工业大学、洛阳工学院、华北水利水电学院、郑州粮食学院和焦作工学院 5 所高校的 20 个重点学科点 1997~1999 年度的建设情况进行检查评估。经过两年的建设，各重点学科点较好地完成了目标任务书提出的阶段性建设任务，基本达到了建设要求。各重点学科点所在学校领导重视，措施得力，落实到位，发挥优势，紧紧围绕服务于河南省经济建设和社会发展实际，在科技成果的转化、推广方面做出了许多关键性的工作；各重点学科点还利用新专业目录调整的机会，在新教学计划的制订、教学内容的更新、教学手段的改革方面力度较大，取得了良好的成效；各学科点注意搞好梯队建设，使梯队成员的职称、学历、年龄结构基本趋于合理，取得博士学位的教师比例增长很快，一批具有高学历和高级专业技术职称，在学术上崭露头角的中青年学科带头人担当了重任。

1999 年，郑州大学"211 工程"建设立项获得国家计委批准，其有机化学及应用、材料物理、计算机及自动化技术、高分子材料、激光技术 5 个学科被列入国家 500 个重点建设学科行列之后，其激光技术学科通过国家"长江学者奖励计划"专家委员会审定，被批准设置特聘教授岗位，实现了河南省高校国家特聘教授岗位"零"的突破，标志着河南省高等教育高层次人才的培养引进及学科建设进入了一个新的阶段。2000 年，在各高校论证申报的基础上，省教育厅请部分"两院院士"和国务院学位委员会学科评议组成员组成评审工作组，经对 14 所本科学校的 61 个学科进行认真论证评审，最后确定郑州大学、河南大学、洛阳工学院、河南农业大学、河南师范大学、焦作工学院、华北水利水电学院 7 所高校的 16 个学科为河南省高校首批设立特聘教授岗位学科。省教育厅还于 9 月制发了《关于公布河南省高校首批设立特聘教授岗位学科的通知》，并通过《人民日报》（海外版）、《光明日报》以及互联网向海内外发布招聘信息，延揽一流学者。

3. 重点实验室建设

河南省的重点实验室建设从 1993 年 5 月开始筹划，1994 年 7 月由省计委正式批复立项。首批建设的 5 个省级重点实验室中有 3 个在高校，分别是河南师范大学的生物工程实验室、郑州大学的激光应用实验室和河南医科大学的肿瘤病理实验室。1997 年，河南省同农业部共同在河南农业大学组建了河南省农村再生能源重点实验室，使本省高校的省级重点实验室达到 4 个。省级重点实验室建设启动以后，得到省委省政府的高度重视和有关部门的大力支持，各承建学校也高度负责，在人力、物力、财力方面提供了比较有力的支持和保证。各重点实验室相继成立了具有较高权威性的实验室学术委员会，如生物工程实验室聘请了国内知名的院士、博士生导师进入学术委员会；各实验室的领导班子也合理配备，一批学有专长并具有领导才能的中青年学者走上了领导岗位，其中不少是海外留学归来的博士和博士后；各实验室的研究组、室配置恰当，专职队伍精干，富有生气。学术委员会和领导班子配合一致，保证了各重点实验室的顺利建设。

重点实验室从开始筹建，就坚持"开放、流动、联合、竞争"的原则，积极热情地向国内外开放，高度重视同国内外同行进行学术交流，多次邀请国内外著名专家、学者前来讲学，组织专家出国考察访问，开展联合研究、定期交换学术资料、互派访问学者等学术交流活动；结合各自的专业和人才优势，积极承担多项国家级和省部级课题，开展基础与应用研究领域的科研工作，增强了高校的综合科技实力。河南省生物工程重点实验室充分发挥其在生物工程研究应用方面的窗口作用，先后接待了中科院、北京大学以及美、英、德、新加坡等国的同行学者参观考察，并进行学术交流。河南省肿瘤病理学重点实验室以食管癌研究为中心进行了多方面的研究，用先进的实验设备装备了分子病理、细胞生物学、形态定量、临床病理与基因诊断4个实验室，承担了国家和省级十余项重点科研课题，取得了显著的科研成果，其中由张云汉教授主持的国家"八五"科技攻关项目——食管癌高危人群筛查方法和检测技术的研究，获"中国十大科技成就奖"和"国家八五科技攻关重大科技成果奖"。河南省激光应用技术重点实验室完成了多项省级科研项目及国家人事部博士后基金项目、国家教委留学人员基金项目，与国外研究机构联合开发了具有世界先进水平的 CCD 光电监控系统。河南省农村再生能源重点实验室承担了国家经贸委重点攻关项目"生物质秸秆术工程化研究"，开辟了农村工业化用能的新途径。各重点实验室现代化实验手段的完善，为吸引和培养高科技人才创造了条件，许多从国外学成归来的学者陆续到重点实验室从事研究工作。

1998 年 3 月，河南省决定用 3 年时间，投资 5000 万元，有关学校配套 5000 万元，建设若干个河南省高等学校重点学科开放实验室，培养一批有一定学术影响力的学科带头人，并制定了有关重点学科实验室建设的指导思想、建设目标、申请文件等框架性文件。同年 12 月，省教委审核批准在郑州大学、河南大学、河南农业大学、河南医科大学、河南师范大学和郑州工业大学 6 所高校建立 7 个重点学科开放实验室，拟定《河南省高等学校重点学科开放实验室管理办法》，成立河南省高等学校重点学科开放实验室专家咨询小组，以加强民主化、科学化决策和管理，确保投资效益和建设目标的实现。当年，对每个重点学科实验室核拨 200 万元的年度基础经费，其余将根据实验室的运行绩效作为奖励经费核拨。到 1999 年底，全省已累计投资 4200 万元用于重点学科开放实验室建设。2000 年 3 月，省教委组织专家对重点学科开放实验室建设阶段性工作进行检查评估，各实验室根据反馈意见制定了相应的整改意见及阶段性工作计划，及时将信息以简报形式相互交流，省教委还组织了部分专家咨询组成员和实验室主任赴外省考察学习。

（四）优化高等学校层次结构和专业结构

随着现代化进程的加快和产业结构的不断调整，河南高等教育也主动适应市场经济和社会发展需要，进一步优化教育结构的资源配置，拓宽服务方向，努力培养本省急需的复合型和应用型人才，提高办学质量和效益。

1. 高等学校层次结构调整

高等学校层次结构调整的主要脉络，主要是按需发展高等职业教育，适当发展本科教育，积极发展研究生教育。

积极探索发展高等职业教育的新路子。1997 年，经国家教委同意，河南省开始在郑州牧专的养禽工艺等 3 个专业和村政管理等 2 个高职试验班进行高等职业教育试点。作为地方性职业大学的焦作大学、开封大学、洛阳大学、中州大学也都开始试办高等职业教育专业，在当年招收的新生中试行新的培养方案。1998 年，经教育部批准，郑州牧专在饲料工艺与动物营养、制冷与空调、食品加工与检验 3 个专业开设五年制高职专科实验班。

1999 年教育部在全国 15 个省进行试点，开始按新的管理模式和运行机制举办高等职业教育。河南省作为试点省份之一，确定在中州大学等 26 所高校开展试点，根据高等职业教育的特点，考虑本省经济建设的需要，以应用技术性专业为主，使学生毕业后能具有较多的就业机会，相当一部分专业学生毕业后也可以从事个体经营。为了让考生及家长了解高等职业教育的新政策，全省加大宣传力度，召开新闻发布会，并在《河南日报》《大河报》等新闻媒体广泛宣传新高职的有关政策，提高了考生报考的积极性。当年河南省高职录取完成计划的 79.8%，在全国居领先地位。

积极发展研究生教育。河南省研究生教育的发展，与全国其他省份特别是中东部教育发达省份相比，存在着相当大的差距。1993 年，河南省高校硕士点只有 127 个（含部属院校 36 个），博士点只有 4 个，博士生导师仅 9 人。为提高学位与研究生教育的整体水平，逐步缩小与全国先进省份的差距，河南省精心组织全省新增博士点、硕士点的申报工作，及时通报信息，交流情况，各高校也积极行动，精心筹划，扎扎实实做好新增学位点的筹备和申报工作。1996年，经国务院学位委员会评议，河南省高校新增博士点2个，硕士点34个。

1998年5月，经河南省政府批准，河南省学位委员会成立，办公室设在省教委，于8月21日举行了挂牌仪式。12月8日，河南省学位委员会第一次全体会议在郑州召开，时任省教委主任、省学位委员会副主任王日新主持会议，时任副省长、省学位委员会主任陈全国做重要讲话。国务院学位办有关领导应邀出席了会议。会议讨论修订了《河南省学位委员会工作办法》。当年河南全省高校新增硕士单位3个，新增硕士点40个，新增博士单位3个，新增博士点7个，开设博士后流动站2个，全省博士生、硕士生招生总量达到700余人。河南医科大学被国家批准为临床医学专业硕士学位试点单位，河南师范大学被批准为教育硕士专业学位试点单位，郑州大学被批准为法律硕士专业学位试点单位；河南师范大学数学、物理、化学3个学科教学方向被批准招收教育硕士专业学位研究生。2000年，国务院学位办给河南省下放40个一级学科的自评权，这是河南省第一次具有硕士点的自评权。河南省学位委员会请省内外有关专家组织了6个学科评议组，对省内22个硕士学位授权单位在37个一级学科范围内申报增设的171个硕士点进行评审，通过了57个学科点并上报国务院学位办备案。同时，向国务院学位办申报5个一级学科点、39个博士点和38个硕士点，经国务院学位办批准新增博士点2个，硕士点27个。当年全省高校共新增博士点和硕士点86个。这样，经过几年的发展，与"八五"相比，"九五"末河南高校博士学位点发展到15个；硕士学位点增加到281个，覆盖国家专业目录中80多个学科中的64个；在学研究生由1307人发展到3229人。研究生教育的快速发展，使河南省高等教育的层次结构得到明显改观。

1997年，郑州大学、河南大学、河南师范大学、河南医科大学、河南中医学院、解放军测绘学院、解放军信息工程学院7所高校获准开展在职人员以同等学力申请硕士学位工作。根据国务院学位委员会对举办研究生课程进修班登记备案及其他工作的安排，河南省制定了《关于举办研究生课程进修班管理办法》和《关于异地举办研究生课程进修班审批暂行办法》，批准省属5所高校的38个专业于1997年度举办研究生课程进修班，同意清华大学等10所省外高校在河南举办企业管理等14个专业的研究生课程进修班。1998年，郑州工业大学、河南农业大学、焦作工学院获得同等学力人员申请硕士学位授予权，至此，全省已有11所高校有权开展同等学力人员申请硕士学位工作。经省教委批准，郑州大学等院校的36个专业举办研究生课程进修班，北京大学等23所省外高校在河南举办企业管理等30个专业的研究生课程进修班。

为加强对研究生课程进修班的管理，省教委采取了几项措施：一是要求各高校按照规定严格管理；二是控制各专业招生人数，文科类不得超过80人，理工类不得超过50人；三是严格入学资格审查和入学考试；四是严格教学管理，保证授课时数和授课质量；五是加强学籍管理，建立学员档案。

2. 专业结构调整

"九五"期间，河南省高校专业结构调整的基本思路主要是，优化文理专业，调整提高师范专业，适当发展农林、医药专业，大力发展经济建设急需的工科、财经、外贸等专业。1993年4、5月，河南省教委先后在信阳、郑州召开普通高校师范类和非师范类专业设置规划会，初步确定"八五""九五"期间全省师范院校新增专业60个，理、工、农、医及综合类院校新增专业83个，其中工科、财经类专业56个。同时，对全省各类高校的专业设置、服务方向、专业名称等进行了认真研究和探讨，在此基础上制定了《河南省普通高校专业设置管理暂行办法》，确定"按需设置，量力而行，注重效益"的原则，明确了专业设置的基本条件和审批权限；依照国家教委颁布的《普通高校本科专业目录》，对全省普通高校现设本科专业名称进行整理。

根据国家教委的要求，河南省成立了由高校专家和省计划、人事、教育部门人员组成的"河南省普通高校专业设置评议委员会"，作为省教委的咨询审议机构。建立专业检查和教学质量评估制度，对一部分办学条件好、教育质量有保证的新设或调整专业，适当予以奖励；对个别管理混乱、教育质量无法保证的专业，视不同情况，给予暂停招生、限期整顿、撤销专业等处理。同时，继续引导老专业在拓宽专业口径、改革教学内容和教学方法，增强适应能力等方面下功夫，在充分考虑需要与可能的前提下，积极增加与本省经济和社会发展联系密切的工科、财经类专业。

1997年，按照国家教委统一部署，省属普通高校全部实施招生并轨改革，取消调节性招生计划。省高校专业设置评审委员会对18所学校的45个过去以调节性计划招生的备案专业进行重新审核评议，同意郑州大学等18所学校的21个专业予以保留（其中工科5个），并纳入国家正式招生计划，取消24个条件差或重复设置的备案专业，进一步优化了全省高校的专业结构。

为适应建立社会主义市场经济体制和加快改革开放的需要，改变高等学校长期存在的专业划分过细、范围过窄的状况，1998年，教育部修订了新的本科专业目录。按照教育部的要求，河南省依照专业目录对全省普通高等学校的本科专业进行整理，将专业数目由329个调减到268个，同时对专科专业名称进行了规范，在1999年招生时启用新的本、专科专业名称。1999年高校招生规模扩展较大，特别是本科院校实行新专业目录后，个别专业年招生量过大，省教委认真贯彻落实教育部关于专业设置的有关文件精神，根据本省经济和社会发展的实际需求，充分考虑专业办学条件、提高规模效益和加强专业点人数总量的控制，经组织专家评议，同意26所学校增设专业54个，使高校专业布局更趋于合理。

（五）大力培养引进高层次人才

"九五"期间，河南高校教师队伍整体水平进一步提高，特别是高层次人才培养引进工作取得较大进展，专任教师中硕士学位比例提高到22.3%，引进院士7名，设立50个特聘教授岗位，面向国内外选聘高水平的专家学者到河南任教。另外，还选择了一批中青年教师进行重点培养，以尽快形成合理的学术梯队。郑州大学不断加大引进和稳定高层次人才力度，大幅度提高引进人才的安家费和科研启动费标准以及校内部分高层次人才的生活、工作津贴标准，注意加强与高层次人才的情感交流，先后5次在各种报刊上刊登招聘人才广告。物理学家、中科院院士霍裕平受聘到郑州大学工作，主要负责"凝聚态物理"的研究；天津大学教授、中科院院士姚建铨受聘为郑州大学兼职教授，并出任学校河南省激光应用技术重点实验室主任。河南大学采取培养与引进并举的措施，启动"跨世纪优秀学术群体培养计划"，积极鼓励广大青年教师报考定向或委托培养博士、硕士研究生，并吸引我国著名的摩擦学专家党鸿辛院士到学校工作，提高了学校教师队伍的整体实力。河南师范大学积极实施"筑巢引凤"工程，创造良好的教学、科研和生活条件，吸引中科院盐湖研究所研究员、博士生导师、院士、著名化学家高世扬来校工作，与化学与环境科学学院联合开展教学、科研工作，培养博士与硕士研究生。焦作工学院制定完善《关于引进和稳定人才的优惠政策》，加大引进人才宣传力度，组织专人到北京、上海、武汉、西安等地招聘高层次人才，先后在《光明日报》和人事部国家人才网上发布引进和稳定人才优惠政策及需求信息，并积极兑现返校和引进的高层次人才的优惠待遇；对在教学、科研、管理等方面做出突出业绩的集体和个人进行奖励。

1999 年 6 月，省教委制定下发《河南省高校创新人才培养工程实施办法（试行）》，目标是经过 3～5 年的时间，争取一批省级重点学科和发展潜力大、优势明显的学科，进入国家重点建设学科行列，既使本省高校拥有一批国内一流、国际先进水平的学科，又培养出新一代的全国一流的专家教授，为国家的知识创新和技术创新作出重大贡献。当年，全省有 16 所高校的年龄在 45 岁以下的 54 名教师申报，涵盖理、工、农、医、法、文学、经济学 7 个学科门类 28 个一级学科 43 个二级学科。经聘请国内一流的专家教授组成评审组，借鉴院士评审办法，最后确定了河南大学的王天泽等 13 人为"创新人才工程"培养对象。2000 年，在各高校选拔推荐的基础上，经过严格评审，又确定了郑州大学的刘宏民等 11 位青年学者为"创新人才工程"培养对象。

二　扩大高等学校办学自主权

河南省委省政府认真分析本省高等教育发展所面临的问题，在中央《决定》发布后不久，明确提出加快河南高等教育发展的根本动力在于深化改革，应逐步建立和完善国家统筹规划和宏观管理、学校面向社会自主办学的高等教育体制。

扩大高等学校的办学自主权，主要是扩大高等学校自主办学、人事管理、财务管理权限，并进行相应的领导管理体制改革。高等学校在保证完成国家下达的人才培养和科研任务的前提下，可以接受部门、地方或集体单位的委托，代培本、专科生和研究生，也可以同有关部门联合办学。对于超编人员，可以在本省范围内合理流动。根据工作需要，可以聘用校外人员担任教学、科研工作。可以试行教职员工聘用制。包干使用学校经费，节约不上交。创收较多的学校，可以对教职工定期浮动工资或岗位津贴。

省教委认真贯彻中央《决定》和省委省政府的决策精神，强调对高等教育宏观要管住，微观要搞活，服务要加强，实行科学化管理，切实扩大高等学校的自主权限，使高等学校逐步建立起与社会主义经济建设密切结合的有效机制。省里对高等教育的管理，主要是加强宏观管理，工作重点应放在决策、立法、咨询、信息、计划、人才预测、监督和办学条件、教育教学质量的评估上。高等学校作为独立的办学实体，在教学、科研、人事、经费投入的使用等方面，应当具有充分的自主管理权。高等学校内部实行党政职责分工，增加行政领导的职权，实行系科主任负责制。在人事管理方面，实行"三定"（定任务、定编制、定人员），建立定期考核和相应的奖惩制度，以调动学校领导和教职员工的积极性。

1988 年，省教委在深入调查研究的基础上，就进一步落实和扩大高等学校办学自主权进行专题研究，进一步扩大高校在财务、人事、招生、毕业生分配以及专业设置等方面的自主权。全省各高校也以人事、分配制度为主要内容深化改革。人事制度改革主要是健全定编和聘任制度，分配制度改革主要是实行国家工资与校内津贴相结合，校内津贴同个人职责和工作业绩挂钩。郑州牧业工程高等专科学校推进校内综合改革，优化结构，转换机制，提高效益，办出特色，建立了主动适应本省经济建设和社会需要的办学机制。该校调整专业结构和服务方向，拓宽服务口径，利用指导性招生计划，面向非全民所有制单位，走出了一条地方、单位和个人协作办学的新路子；健全和完善党委领导下的校长负责制，健全学校咨询、决策、审议执行、监督及反馈系统，合理精简、调整、合并机构，实行目标管理；改革人事制度，实行全员聘任制，并建立科学实用的考核制度；改革校内分配制度，实行工资总额包干基础上的浮动工资制；改革后勤管理、医疗、住房制度，并对校办产业实行实际经营目标责任制。通过改革，理顺了校内管理机制，也改善了教职工待遇，极大地调动了教职工的积极性，提高了办学效益。他们的成功做法，受到了省政府领导的表扬，带动了全省各高校的改革。

三　加强对高等教育的宏观管理

由于教育战略地位的逐步落实，以及经济、社会发展对高级专业技术人才的旺盛需求，"六五"期间，河南省的高等教育，无论学校数量、招生人数，还是在校学生总数，年平均增长速度都比较高。1986 年，全省普通高等学校发展到 47 所，比 1980 年增长了将近一倍，在校生达到 7.49 万人，高于本省历史上的任何时期，也高于全国平均水平。成人高等学校发展到 68 所，在校生人数达到 7.99 万人。发展速度过快，也造成了一些不容回避的问题，特别是学校数量和招生人数猛增，造成了一些学校在师资、校舍、图书、设备和学生生活条件等方面的紧张状况，严重影响了教育教学质量，甚至成了产生不安定因素的一个重要原因。同时，办学规模小，全省高校平均每校规模只有 1500 人，低于国家规定标准；到 1992 年，仍有 16 所普通高校规模不足 1000 人；省直部门办的管理干部学院、干校过多，重复投资、重复建设使有限的经费大部分成了人头费。另外，高等教育为经济建设服务的方针还没有完全落实，专业结构不同程度地脱离经济建设的实际，一些学校办学效益不高，人才培养的质量，特别是学生的思想道德素质和实际工作能力还不能适应改革开放新形势的要求。因此，整个"七五"期间，高等教育的工作重点是调整教育结构、布局和提高教育质量，充分发挥现有学校的潜力，一般不再增设新校。高等学校招生，一方面从实际出发，确保新生入学后有必需的学习和生活条件；另一方面，积极挖潜，扩大招生数量，首先是扩大面向老、山、穷地区的"定向招生、定向培养、定向分配"。

根据国家教委的部署和本省实际情况，河南省从 1988 年开始，用 3 年时间对 1978 年以来新建的办学条件达不到国务院颁布的《普通高等学校设置暂行条例》规定标准的学校进行充实整顿。在深入调查研究、逐项了解摸底的基础上，确定黄河大学、河南机电专科学校、河南体育专科学校、河南商业专科学校、河南财税专科学校、河南纺织工业专科学校、中州大学、洛阳大学、开封大学、平原大学、安阳大学、焦作大学、张仲景国医大学 13 所学校为重点整顿对象。省教委根据各校情况报出初步整顿提高方案，对各校的充实整顿情况进行了督促检查。上述 13 所学校也为落实任务，投入改善办学条件资金 1400 万元，部分学校还采取了合并、联合等措施。1989 年，又修订完善了高校整顿方案，针对各校具体情况，提出了充实、整顿、撤并的具体意见。对于由省教委主管的整顿重点——黄河大学，组织有关专家对其办学条件、办学方向等问题进行了多次研究论证，提出了可供操作的方案和措施。1990 年，高等教育以"坚持方向、稳定规模、优化结构、深化改革、改善条件、提高质量"为宗旨，继续进行治理整领，在分析各种因素的基础上，进一步明确了整顿工作的任务：一是继续抓好办学条件的改善；二是根据需要与可能，确定撤并、新建的高校；三是逐步调整普通高校的层次、布局、科类和专业结构；四是合并一部分地市所属成人高校和普通高校。为确保整顿工作的顺利进行，省教委专门成立了省高校整顿领导小组，确定了需撤并和新建的高校名单。1991 年，省教委组成充实整顿工作检查组，对 10 余所国家教委和省教委"亮黄牌"要求整顿的高校 3 年来的各项充实整顿工作进行检查验收。结果表明，各高校及其主管部门对充实整顿工作都比较重视，在改善办学条件方面做出了巨大努力。各校用于改善办学条件的投资达 1 亿多元，新建校舍面积 8 万平方米，新增图书 50 余万册，新增教学仪器设备价值 300 余万元。绝大多数被要求整顿高校师资队伍总数及生均校舍面积两项指标均已达到国家教委的标准要求。1992 年，是国家教委充实整顿工作检查验收年。经过 4 年的努力，河南省普通高校充实整顿工作取得较大进展，被整顿学校较之整顿前在办学条件和效益诸方面都有明显改善和提高，7 月顺利通过国家教委组织的检查验收。在充实整顿中，将办学条件较差、办学效益不甚明显的黄河大学、河南体育专科学校并入郑州大学，分别成立郑州大学工学院和郑州大学体育学院；将张仲景国医大学并入未列入正式序列的南阳大学，正式设立南阳理工学院，于同年 12 月报经国家教委批准。

为规范高等教育发展秩序，河南省还对影响高校办学水平和教育质量的超计划招生等"三乱"（乱办班、乱收费、乱发文凭）现象进行清理整顿。省教委多次召开专门性会议，统一高校领导的认识。1989 年，全省共清理出计划外招生 1.5 万人，使其纳入高教自学考试轨道，有力制止了"三乱"之风。

　　教学评估是了解学校办学实力，促进高校改善办学条件，提高办学效益和教育质量的有效途径，也是加强对高校工作宏观管理的一项重要措施。河南省教委于 1987 年对全省师专物理专业进行了教学评估，并在此基础上，认真总结经验教训，评价各校办学特点，使各校明确了自己的长处和努力方向，对整个师专物理专业的建设与发展提出了切合实际的评价和规划。还要求各校在本校范围内开展多专业、多层次的评估活动，以提高其教学水平和质量。1989 年，对省属高校中文专业办学水平进行评估，将范围由师专扩大到包括本科院校。在这次评估中，有 3 所高校的中文专业获办学水平奖，5 所高校的中文专业获办学效益奖，基本达到了预期目的，获得了各高校师生的好评。

　　为进一步加强对高等教育的领导，1990 年 8 月，中共河南省委成立了省委高等学校工作委员会（简称"省委高校工委"），作为省委领导高校工作的独立机构，列入省委序列，正厅级规格，其主要任务和职责是领导高等学校党的工作、思想政治工作；管理省委授权范围内的高校干部；对全省高校贯彻党的路线、方针、政策等重大问题进行检查监督和调查研究，为省委领导对高校工作的决策提供依据；负责高校的纪律检查工作；协助省委统战部做好高校的统战工作；做好与高校党的工作有关的协调工作及省委交办的其他工作。省委高校工委的成立，有利于加强党对高等学校的领导和高校党的建设，使高等学校更好地发挥培养社会主义建设者和接班人重要基地的作用。

四　积极开展多种形式办学

　　河南是全国的人口大省，教育负担重，教育基础薄弱。由于种种历史原因，河南省高等教育发展速度一直比较缓慢，不仅与沿海经济发达地区相比有较大差距，与中西部省份相比也相对落后，造成各行各业人才相对匮乏，阻碍经济的发展和社会的全面进步。改革开放和进行社会主义现代化建设给河南高等教育的发展带来了前所未有的机遇。在新建一批高等学校的基础上，1985 年以后，河南省一方面采取有效措施充实巩固现有高校，另一方面落实《中共中央关于教育体制改革的决定》所确定的发展高等教育的战略思想，多种形式办学，使本省高等教育在 20 世纪 80 年代末、90 年代初又有新的发展。

1986 年，河南省新建了黄河大学、河南省财政税务高等专科学校、河南省商业高等专科学校和张仲景国医大学，普通高等学校发展到 47 所，基本形成了种类比较齐全、结构比较合理的高教体系框架。

1987 年，通过开展横向联系、吸引国家部委和外地高校来河南建校和联合办学，原河北水电学院迁郑并开始筹建华北水利水电学院，武汉城建学院平顶山分院宣告成立。为培养高级职业技术教育师资，经国家教委批准，原"百泉农业专科学校"升格，更名为"河南省职业技术师范学院"。另外，原"郑州纺织机电专科学校"升为本科，更名为"郑州纺织工学院"。

1991 年，华北水利水电学院正式成立，河南省公安高等专科学校经国家教委批准正式成立。次年 12 月，南阳理工学院经国家教委批准成立。

另外，成人高等教育也在体制改革中得到了长足的发展，形成相对完整的办学体系。

高等学校在省委省政府和教育主管部门的指导下，贯彻执行高等教育发展的基本方针，坚持社会主义办学方向，紧紧围绕经济建设的中心为社会主义建设服务，努力深化教育教学改革，不断提高教育质量和效益，加强师资队伍建设，使高等学校成为经济社会发展的重要的科技园地和人才培养中心，在经济体制、科技体制、教育体制改革中发挥着举足轻重的作用。

五　高等教育结构改革

高等教育结构改革，主要是根据经济建设、社会发展和科技进步的需要对高等教育进行调整、改革，改变高等教育科类比例不合理的状况，加快财经、政法、管理等类薄弱系科和专业的发展，扶持新兴、边缘学科的成长，改变专科、本科比例不合理的状况。就河南的情况来看，高等教育文科、工科比例失调，工科过于薄弱，应用学科发展滞后；专科发展落后于本科发展，人才层次结构不合理；一般专业多，短线专业少。这在一定程度上使高等教育不能很好地适应经济和社会发展的需要，甚至造成教育浪费。

河南省从 1985 年开始，调整专业设置，优先发展经济和社会发展急需的应用学科和专业，狠抓了高等教育结构的调整，把发展重点放在了财经、政法、管理、工程、科技、商业、师范、外语、水利等薄弱学科和专业上，采取措施从人力、物力、财力上给予必要的扶持。1986 年，在一些新建学校新开设 11 个专业，在一些老校增设了审计学、微电子技术、农业教育等 33 个（含等建的 8 个）专业，使全省普通高等教育开设专业数达到 336 个，不重复专业达到 201 个，初步改变了原来财经、科技、工程、政法等方向专业短缺的局面。1987 年，河南省高等学校新增本科专业 13 个、专科专业 19 个，在部分老专业新增了与经济建设联系密切的新服务方向。1988 年，又新增本科专业 23 个、专科专业 14 个。

1989 年，针对前几年专业布点过多、重复设置和效益不高等问题，河南省着手研究了科类专业的调整问题，对新增专业做了严格限制，原则上除省内高校未有而社会又急需的以外，一般不再重复设点；对社会需要但通过现有专业拓宽或转向可以解决的，一般不再新设专业；对于属于前些年未经充分论证仓促上马，经过实践证明效益不高、不能适应社会需要的，进行撤并或压缩。在层次结构上，稳定本科专业，适当发展专科专业；在科类结构上，控制压缩属于长线的部分基础专业，适当发展与社会需求相吻合的新兴学科专业。从 1990 年开始，根据国家教委要求，省教委组织力量对全省普通高等学校的现有专业进行了全面普查清理，在此基础上，根据全省经济和社会发展需要及高校实际情况，对部分专业进一步进行调整。1992 年，省教委下发了《关于公布普通高等学校专业设置审核清理结果的通知》，对清理审核结果予以公布。通过清理、整顿和审核，使高等学校专业设置逐步走上了规范化、科学化的轨道。当年，全省高校稳定在 49 所，招生 33792 人，在校生 89496 人；研究生培养单位 18 处，招生 343 人，在学研究生 1001 人；研究生、本科、专科人数之比是 0.02：1：1.007，普通高校本、专科与成人高校在校生之比为 54.5：45.5，普通高校本、专科与普通中专在校生之比为 37.5：62.5，专业结构逐步趋向合理。另外，工科提高到 30%，财经提高到 12.4%，政法提高到 1.5%，工科和财经专业数占高校专业总数的 56%；农科、林科、文科、理科等科类所占比例有所下降，普通高校在校生科类比例得到明显改善。

六　发挥高等教育优势，形成科学研究和教育中心

高等学校学科门类比较齐全，拥有众多的教师、研究生和本专科学生。提高高等学校的科学研究能力，培养高质量的专门人才，有计划地建设一批重点学科，使高等学校既是教育中心，又成为科学研究的中心，有利于高等学校在发展科学技术方面作出更大的贡献。

重点学科建设是振兴河南高等教育，提高高校教学和科研水平的突破口。在 1984 年确定的 13 个重点学科基础上，1987 年，省教委再次进行重点学科评审，以进一步加强重点学科建设，在 7 所院校报送的 29 个专业 73 个学科中，评审出 17 个专业中的 31 个学科为省重点学科，并对重点学科的建设标准、发展规划及检查制度做出了具体规定。1990 年，省教委又组织有关人员对省定重点学科的建设情况，从资助经费的使用、学科带头人的培养、学术梯队建设、教学改革、科研成果等方面进行了全面调查，对照各个学科原定的奋斗目标，及时肯定成绩，指出存在的问题和不足。在认真总结 1988~1990 年度省定重点学科建设工作经验的基础上，制定《河南省高等学校申请 1991~1993 年度省重点学科的意见》，进一步明确了省重点学科建设的指导思想，提出了申报和评审工作的原则和办法。

1991 年 1 月，本着"集中优势，突出重点，实事求是，量力而行"的原则，对原 5 个重点学科建设情况进行检查和实际考察，择优评选出省重点学科 19 个，分别是郑州大学的基础数学、有机化学、高能物理、物理化学，河南大学的英语语言文学、中国现代文学、中国古代史、人文地理学、政治经济学，河南师范大学的理论物理、物理化学，河南医科大学的人体解剖学、病理学、眼科学、生理学，河南农业大学的造林学、作物栽培与耕作、作物遗传育种，河南中医学院的中医儿科学。对重点学科，省教委采取目标管理的办法促进其建设，每年拨出 50 万元专款，根据年度目标任务完成情况，分别进行资助。经过几年的不懈努力，全省的重点学科建设取得了突出的成绩。仅 1992 年就在国内外一级刊物上发表论文 328 篇，出版

教材 39 种，出版专著 40 部，发表在国内外一级刊物上的在校优秀研究生论文（含学位论文）65 篇；承担国家级和省级科研项目分别为 43 项和 117 项，获科研项目资助经费 177.7 万元；鉴定科研项目 18 项，获省级以上奖励 79 项，获专利 2 项，获国家科技进步奖 1 项，获国务院有关部委科技进步奖 4 项，获省科技进步奖 19 项；主办国内学术会议 12 次，参加国际国内学术会议分别为 54 人次和 276 人次；出国讲学 2 人次，出国进修 20 人次，合作科研项目 30 项，获得国外资助价值 0.2 万美元。另外，为落实《河南省科技第八个五年计划》和《河南省十大科技工程》中关于建立省重点实验室的任务，省政府确定"八五"期间首批省级重点实验室 5 个，设在高校的有 3 个，分别是河南医科大学"病理学博士后流动站"、郑州大学"激光及功能材料重点实验室"和河南师范大学"生物工程重点实验室"，每个重点实验室获得启动经费 100 万元。

为加强高校教师队伍的培养和学术梯队建设，保证学术研究后继有人，改革开放以来，河南省从政府、教育行政主管部门到各高校，都十分重视发挥高校教师的作用，为他们搞好教学和进行科研创造条件，促进本省高校教育和科研水平的提高。从 1985 年开始，在自然科学研究方面，河南省尝试改革科研经费拨款办法，逐步扩大项目经费和有偿合同项目经费的使用比例，以提高科研投资效益；扶持科研开发机构，促进高校科研与产业部门的横向联合，促进科研成果迅速转化为生产力；重视文理渗透项目和交叉科学的研究，重点资助一批基础理论研究项目，为振兴河南经济做准备；制定高校哲学社会科学研究规划，设立高校哲学社会科学基金，加强全省高校的哲学社会科学研究。为培养优秀青年科技英才，1987 年首次设立了高等学校自然科学青年科研基金和哲学社会科学青年基金，以资助 35 岁以下的具有硕士学位、能独立开展工作、有创新精神、有望成为未来学术带头人的高校青年教师。

从 20 世纪 80 年代末开始，河南省高校承担国家级科研课题的数量逐年递增，科研课题的层次明显提高，国家级课题在全省高校科研课题中的比重逐步加大，高校参与国家级重点项目的研究与开发的能力明显提高。国家自然科学基金是国家在自然科学研究方面最高权威性科研资助基金。河南省高校从 1985 年开始申请，当年只有河南医科大学申请到 3 个项目。

1989 年河南省高校申请到 15 个。1990 年全省有 9 所高校申请，批准项目 23 个，其中自由申请项目 20 个，青年科学基金 3 个，共获得资助经费 62.3 万元。但是从整体科研水平看，部委所属院校明显高于省属院校，尤其在工科等直接关系国民经济发展的实用学科方面。1992 年，部委所属高校承担国家"八五"科技攻关项目 23 项，而省属高校却没有一项。

在有利的环境下，河南省高校学术氛围浓厚，人才辈出，成果卓著，涌现出许多在学术界享有盛誉的专家、教授和一大批中青年学术骨干力量。有的已跃居国内同类研究的先进行列，他们活跃在全省高校的教育、教学和科研第一线，是本省自然科学和社会科学研究重要的方面军，也是宝贵的人才和智力财富。

各高校在保证完成教学任务的同时，充分发挥高校的科技优势，主动适应国民经济发展的实际需求，多层次、多渠道、全方位组织科技人员从事技术咨询、技术服务、技术开发和技术推广工作，积极有效地为经济发展服务，不仅持续开展基础性研究，而且集中精力进行科技攻关，解决规模大、难度大、影响大的高技术难题，取得显著成效。1990 年，国家教委、国家科委召开全国高校科技工作会议，河南省有 5 位教授被授予"全国高等学校先进科技工作者"荣誉称号，有 7 位专家获得"长期从事教育与科技工作且作出突出贡献"荣誉证书。其中，李荣兴长期从事泡桐研究工作，先后获得国家科技进步奖 1 项，林业部与河南省重大科技成果奖 15 项；杨永先主持的"河南小麦不同生产类型及生产技术规程"，荣获国家科技进步二等奖和河南省科技成果特等奖。其他专家也在不同专业和不同领域获得国家和省级的发明奖、进步奖，有的是国内首创，有的则达到了国际水平。先进的科技成果也转变为可观的经济效益。1991 年，全省高校与社会签订技术转让合同 75 项，合同金额达 647 万元。1992 年，共签订技术转让合同 372 项，合同金额 1721.3 万元，实际收入 1203.6 万元。

"八五"后期和整个"九五"期间，河南高等学校利用自身的学科齐全、师资阵容整齐、仪器设备配套等优势，面向经济建设主战场，加强基础性研究，发展高新技术，进行重点攻关，为振兴地方经济服务。在人文社会科学研究方面，重点研究改革开放和社会发展中提出的重大理论和实际问题，同时把科学研究同重点学科建设、人才培养结合起来。

（一）　基础研究取得重大进展

改革开放以后，河南高校的基础研究工作取得了很大的成绩，科研队伍不断壮大，高水平科研成果层出不穷，对于经济和社会发展起到了一定的作用。为了进一步加强这方面的工作，实施"科教兴豫"战略，从 1994 年起，河南省对具有较高学术价值、应用价值和理论水平的学术性著作实施后期资助制度，古籍整理项目仍然实行前期资助和成果资助相结合的办法，引导高等学校通过各种渠道争取科研与开放经费。各高校积极承担国家、省各类科研规划和攻关项目，1994 年一年通过各有关部门组织鉴定的科技成果 238 项，其中 79 项成果获省科技进步奖和星火奖。省教委积极组织高等学校申报省科技攻关项目、自然科学基金项目、社会科学规划项目，安排 210 万元重点资助科技攻关计划，基础理论和应用基础理论研究项目，青年基金项目，人文、社会科学研究项目 325 项。

1995 年，全省高校通过各种渠道投入研究与开发经费 4092 万元，列入国家部委、省、市、高校规划的研究与发展项目 2355 项，有 15 所高校的 20 个项目还获得国家自然科学基金资助，资助金额 154 万元。科研经费总额排在全省高校前 5 位的是：洛阳工学院（686 万元）、郑州工学院（608 万元）、郑州大学（483 万元）、焦作工学院（348 万元）、郑州轻工业学院（193 万元）。

1996 年，全省高校科技经费投入 5740 万元，其中接受企事业单位委托的经费达 2223 万元，占科研经费总数的 38.73%。当年全省高校共承担各级各类规划研究项目 2553 项，其中国家级课题 99 项，投入人力 4847 人，经费 3926 万元；出版各类专著及在学术刊物上公开发表学术论文的数量和质量较前些年有较大进步，其中在国外学术刊物上发表论文 304 篇；有 346 项科技成果通过鉴定，其中 44 项达到国际先进水平，74 项属国内首创；签订技术转让合同 150 项，合同金额 849.8 万元，当年实现 435.6 万元；获国家科技进步奖 3 项，国务院各部委科技进步奖 23 项，省科技进步奖 132 项，厅局级奖 396 项。当年，郑州大学、河南大学、河南农业大学、郑州信息工程学院、郑州纺织工学院、郑州航空工业管理学院、郑州轻工业学院、焦作工学院、安阳师范高等专科学校等高校与"中国教育和科研计算机网

CERNET"实现了联网。

1997年以后，全省高校科研工作继续加速成果转化，提高技术创新能力，增加科技储备；科技人员队伍不断壮大，总数超过3万人，科研经费投入和承担的高层次科研项目逐年增加。1998年，有8所高校获准承担国家自然科学基金项目15项，其中郑州大学6项，位居第1；有17所高校和科研院所获准承担42项年度国家社会科学规划项目，位居全国各省区第1；郑州大学、河南大学获得教育部人文社会科学研究"九五"规划项目9项，使本省高校承担的此类国家级项目达到14项。另外，全省有26所高校的188个基础和应用研究项目列入了当年省科委发展计划，获资助经费145.5万元，有29所高校的215个项目列入了省科技攻关项目计划，获资助经费275万元；有2项成果获得"全国普通高校第二届人文社会科学研究成果奖"，1项成果获得国家技术发明奖，1项成果获得国家科技进步奖，99项成果获得河南省科技进步奖，7项成果获得河南省星火奖。

整个"九五"期间，河南高校共承担国家自然科学基金、国家科技攻关和国家"863"计划等国家级科研项目100多项，获得国家科技进步奖、发明奖十多项，获省部级科技进步奖、星火奖、火炬奖等800多项，共签订技术转让合同600多个，合同金额达1亿多元。在人文社会科学研究领域，共承担省部级以上各类研究项目4500多项，其中中央部委社科项目200多项，出版了一大批有较高学术水平和影响的专著，部分著作在全国享有很高声誉。河南大学出版社出版的《中华元典文化丛书》第一套十卷，获得了中国图书奖；李润田教授主编的"河南人口·资源·环境"丛书，获得全国"五个一"工程奖。另外，产学研联合开发与基础研究密切联系，并成功探索出了高新技术模式、全面合作模式和技术合同模式等，取得了一批高质量的科技成果和科技产品，为河南经济建设和经济结构调整作出了贡献。

（二）设立杰出青年科学基金

1995年初，河南省高校知名专家吴养洁、曹策同、蒋建平、张百良、沈宁福、龙锐6名教授联名给时任省委书记李长春、省长马忠臣写信，提出设立杰出青年科学家基金的建议，受到省委省政府领导的高度重视。11月，省政府决定设立"河南省杰出青年科学基金"，重点资助自然科学方面的基础性研究、科技攻关、高新技术研究及其产业化开发等学科领域，尤其重视直接为经济建设服务的学科领域。资助的对象是已获得博士学位或具有副教授以上专业技术职称、年龄在 40 周岁以下、德才兼备的青年科技工作者，对具有博士学位及留学归国人员优先支持。当年，河南省杰出青年科学基金首批共资助 13 人，其中高校 11 人。1998 年 6 月，第二届杰出青年科学基金评审中，有 11 人接受基金资助，其中普通高校有 9 人，分获 7.5 万~15 万元不等的基金资助。1999 年 4 月，省教委组织高校参加省第三届杰出青年科学基金的申报工作，经过专家评审和现场答辩，高校共有 20 名基金获得者，获资助经费 280 万元。2000 年 4 月，经省杰出青年科学基金评审委员会的评审，高校又有 18 名青年获得 250 万元的基金资助。杰出青年科学基金的设立，对发现和培养青年科技英才，促进高校科学研究与技术开发，具有重要意义。

（三）　搞好科技扶贫工作

在搞好科学研究和技术开发工作的同时，贯彻落实河南省六次党代会精神，进一步推动"科教兴豫"战略的实施，1996 年，河南省组织郑州大学、河南大学、郑州工业大学、洛阳工学院、郑州粮食学院、河南农业大学、河南师范大学、信阳师范学院、信阳农学院 9 所高校的专家教授 79 人，精选科技成果 150 项，赴信阳开展科教扶贫活动，主要进行科技成果转让和人才培养。1997 年，参加科技扶贫的高校达到 11 所，分赴信阳地区的 9 县1 市进行对口扶贫。科教扶贫工作目标明确、责任到位、管理体制健全，采取人才进入、科技项目和信息进入等措施，向当地派遣科技副县长、副乡长、厂长及师资和专业技术人员，用项目和科技信息注入当地经济，为当地培养科技骨干；通过建立科教扶贫基地，为当地经济发展提供技术依托，也促使高校科技成果在贫困地区迅速转化为生产力，直接服务社会生产实际。1998 年，参加对口扶贫的 11 所高校继续开展多种形式的科教扶贫活动。在人才培养培训方面，共办班 40 多个，培训人员近 2000 人次，筹建希望小学 2 所，捐赠办学经费近 20 万元，教学仪器设备价值 30 万元，救助失学儿童 55 名；启动研究开发和技术推广项目 60 多项，一批工程技术项目在促进当地厂矿企业增加效益方面取得实质性进展。郑州大学还利用社会科学优势来推动经济工作，其中"信阳市国有企业下岗职工的现状与对策研究"和"信阳市乡镇企业的发展与开拓市场研究与指导"等课题取得了突出成绩。

七　高等教育教学改革

适应经济、社会和教育自身发展的需要，改革教学内容、方法、制度，提高教学质量，培养优秀人才，是一项十分重要而又迫切的任务。河南省各高校积极进行教学改革的各种试验，精简和更新教学内容，增加实践环节，减少必修课，增加选修课，实行学分制。为提高教师的教学和学术水平，改革教师管理制度，增加教师进修学习的时间，进行科学研究和学术交流。

从1985年开始，各高校加强了教学管理，普遍实行了《教师工作规范》、《教师工作量制》和《教学优秀奖评定办法》，建立教学档案制度、教学信息反馈制度，实行教师聘任制度，调动了广大教师的积极性，改变了长期存在的平均主义和"大锅饭"陋习。在学生中实行《优秀生、优异生选拔和培养办法》，变单一的助学金制为助学金、奖学金并存；施行学分制，承认差异，因材施教。郑州工学院采取的"分层次教学"，河南大学、河南师范大学实行的"优秀生和优异生选拔培养""快慢班制"，郑州航空工业管理学院对专科学生实行的"中期选拔制"，以及信阳师范学院的"本、专科新生升降格制度"，都收到了良好的效果。

在教学内容上，各学校注重增加与经济建设和社会发展联系密切的新课程，以及科研新成果和边缘交叉学科内容，大部分学校还实行文理渗透，拓宽学生的知识面。在教学方法上，加强实践环节，增强实际工作能力。郑州航空工业管理学院开展的第二课堂活动，许昌师范高等专科学校开辟的第二渠道的试验以及郑州牧业工程高等专科学校实行教学、科研、社会实践三结合的做法，都是这方面的有益探索。各高校还开展了以提高适应性为主要内容的教学改革，并创造出一些有益经验。如郑州大学实行主辅修制教学，增强学生适应能力，新乡师范高等专科学校重视对学生的技能培养等，都收到了较好的效果。信阳师范学院"双向培训，顶岗实习"的

办法，经过认真总结完善，在全省师范院校全面推广。河南职业技术师范
学院开展的"大学生科技承包农户"活动，更使学生在实践中受到了锻炼，
提高了能力。

1989 年，按照国家教委的统一部署，河南省进行了首次高等学校优秀教
学成果奖的评选活动。5 月，省教委对各高校上报的 164 项成果进行了评审，
推荐上报国家教委特等奖 3 项、优秀奖 12 项。12 月，对这项工作进行总结，
举行了颁奖仪式，对国家教委批准奖励的特等奖 1 项、优秀奖 12 项和省教委
批准的一等奖 25 项、优秀奖 136 项颁奖。为进一步提高省内高校中青年教师
投身教学改革和教书育人的积极性，1990 年，河南省教委设立了"河南省优
秀中青年教师奖励基金"，制定了《河南省优秀中青年教师奖励基金管理办
法》，鼓励广大中青年教师在教学、科研方面脱颖而出。1992 年 9 月，省教委
组织了首届普通高校优秀中青年教师奖励基金评选活动，经各高校评选推荐
及组织专家评审，评出一等奖 5 人、二等奖 3 人、三等奖 3 人。

八　加强高等学校思想政治工作

1985 年到 1992 年，是改革开放、进行社会主义现代化建设的不平凡的
一段时间。河南省的教育特别是高等教育经历了一个辉煌的发展时期，同
时又受全国大气候的影响，有过波折。高校的思想政治工作取得了许多成
功的经验，也经受了 20 世纪 80 年代末政治动乱的严峻考验。

1985 年以后几年，高等学校根据中央和省委省政府的统一部署，结合
学校的实际情况，抓教育秩序的整顿，优化育人环境。但由于教育规模发
展过快，教育投入不足，学校超负荷运转的状况没有得到及时缓解，社会
和学校治安中的问题，以及物价上涨带来的部分学生和青年教师的生活困
难等，都对学校的正常秩序有所影响。部分学校乱办班、乱收费、乱发文
凭的现象比较严重，管理上也有漏洞，纪律松懈，对少数学生任意旷课、
考试舞弊、酗酒、赌博、打架斗殴等不良现象处理不严，思想政治工作在
某种程度上流于形式，实效性较差，法制观念淡薄，对学生的正确思想品
德的养成构成了严重威胁。同时基础教育在片面追求升学率倾向影响下，
重智轻德问题严重，德育实效性不高，使一部分学生升入大学以后，学习
目的不端正，片面强调个人利益，缺乏社会责任感和社会公德，文明礼貌

素养差。另外，国外反动势力借社会主义国家在改革中遇到暂时困难和挫折、国内思想政治工作在改革开放初期有所削弱之机，加紧在经济、政治、思想、文化等方面的渗透；一些顽固坚持资产阶级自由化立场的人，与国际上的反动势力相呼应，在社会上尤其在高等学校，散布了大量的反党、反社会主义言论，妄图推翻党的领导，走资本主义道路。进行改革开放，学生不可能不接触腐朽和丑恶的东西，更加增强了高校思想政治工作的复杂性和艰巨性。

面临复杂、严峻的形势，要培养为社会主义现代化建设服务的具有良好思想品德的高级专门人才，使他们能够坚持四项基本原则，坚持改革开放，识别并抵制各种腐朽思想和错误思潮，就必须根据新时期的新情况及青年学生的思想实际和心理特点，切实改进高校思想政治工作的内容、形式和方法，改变思想政治工作薄弱的状况，使思想政治教育适应新的形势和时代的需要。

（一）从政治动乱到高校局势的稳定与反思

1989 年春夏之交，国内外社会主义的敌对势力相互勾结，利用学潮掀起一场有组织、有预谋的政治动乱，进而在首都北京发展为企图推翻党的领导和推翻社会主义制度的反革命暴乱。受此影响，河南省各高校也不同程度地发生了学潮和动乱。

这次学潮和动乱是新中国成立以来河南高校发生的一场最严重、最复杂的政治斗争。据统计，全省 47 所普通高校和部分成人高校共成立非法组织 47 个，成员 335 人，骨干 305 人；参加游行的学生 42565 人，占在校学生总数的 52.2%；参加游行的干部、教师 838 人；进京"声援"的学生有 24318 人，占高校总人数的 30.4%。另有个别党员、干部、教师进京。学潮和动乱卷入人数之多、思想动荡之大，以及造成社会危害的严重程度，都是前所未有的。但全省高等学校党政领导班子和绝大多数共产党员、教职员工站在党和人民的正确立场上，在十分困难的情况下，做了大量工作，经受住了严峻的政治考验，为稳定大局作出了贡献。特别值得一提的是，即使在动乱的高峰时期，河南职业技术师范学院、南阳师范专科学校、周口师范专科学校、洛阳师范专科学校、许昌师范专科学校、商丘师范专科学校、平顶山师范专科学校、驻马店师范专科学校、开封医学专科学校、中州大学、张仲景国医大学等 14 所高校始终坚持上课，学生上课率达 90%以上。

为迅速解决动乱后部分高校师生思想上存在的问题，全省各高校在广大师生中普遍开展了形势教育。根据省委省政府的统一部署，省教委于 7 月 4 日发出《关于对全省大中专学生集中进行思想政治教育问题的通知》，要求下半年开学后，各高校要认真学习邓小平同志的重要讲话和中央其他文件，深刻总结教训，树立正确的政治态度，为深入开展四项基本原则教育，反对资产阶级自由化斗争奠定基础。各高校利用开学前一周时间，对思想政治工作干部、教师和学生中的骨干进行培训，全省共计有 12000 多人。通过集中的政治学习，使广大师生对动乱和暴乱的起因性质、危害性有了较为正确的认识，加深了对党中央制止动乱、平息反革命暴乱决策正确性的理解，提高了坚持四项基本原则、反对资产阶级自由化的自觉性。为及时将教育活动引向深入，各高校还利用课堂教学进行系统的教育，使学生搞清楚"中国的革命和建设为什么必须由中国共产党领导"和"为什么只有社会主义才能够救中国"两个问题，并阐明马克思主义的基本理论观点，帮助学生树立科学、正确的世界观。

同时，各高校根据中共中央和河南省委、国家教委的有关文件要求，组织强有力的专门力量，坚决把高校内部清理工作搞好。各高校广泛、深入进行宣传教育，争取绝大多数群众与党和政府站在一起，孤立、打击一小撮制造动乱的敌对分子；从本校实际出发确定需要查清的重点事件，找出主要责任者；认真做好内查外调工作；有针对性地宣传党的方针政策，促使清理对象的思想转化，经过努力工作，各高校在 12 月底以前基本将全省动乱期间的情况查清楚。

在学习、总结、反思、提高认识的基础上，将大多数人及时解脱出来，扩大了团结面，使广大师生受到了一次深刻的阶级斗争和坚持四项基本原则的教育。从高等学校内部来看，资产阶级自由化思想在学校长期泛滥，使一些学生对四项基本原则产生怀疑、动摇，而对于资产阶级的所谓自由、人权、民主等不加辨别地盲目崇拜，思想意识混乱；一部分人法制观念淡薄，缺少遵纪守法的自觉性；一些学校党组织在完善规章制度、严格管理、旗帜鲜明地坚持四项基本原则、反对自由化方面不够理直气壮；党对高等学校的领导在一定程度上被削弱了；不少学校的党组织呈萎缩之势，开展工作力度不够，干部党员的条件降低了，轻视政治标准和思想倾向，领导体制不顺，对党的工作管理放松等。政治动乱以及所反映出来的高等学校思想政治教育工作中的问题，使各级党、政府、学校和全社会都清醒地认识到，只有必须把德育工作放在学校工作的首位，加强党对高等教育的领导，加强四项基本原则的教育，从组织建设、思想建设、作风建设和廉政建设等方面加强学校党的建设，充分发挥党组织的战斗堡垒和党员的先锋模范作用，切实加强和改进思想政治工作，才能保证社会主义的办学方向，培养德才兼备的社会主义建设者和接班人。

由于领导重视，措施得力，到 1990 年上半年，全省高校局势基本稳定，个别学校出现不安定事端苗头时，也能及时得到反映和处置，将不良影响减小到最低限度。

（二）适应形势需要，切实加强高校党的建设

1990 年 8 月 7~10 日，中共河南省委组织部、宣传部、省教委在郑州联合召开全省高校党的建设工作会议，学习全国高校党建工作会议精神，交流经验。各高校认真贯彻落实会议精神，采取措施，加强高校党的建设。

一是完善领导体制，充分发挥党委的政治核心作用，努力把高校领导班子建成忠于马克思主义的坚强核心。二是把思想建设放在突出位置，不断提高党员的政治素质，发扬党的优良作风，严肃党的组织纪律。三是抓好党支部、党总支建设，增强基层党组织的凝聚力和战斗力。四是加强对入党积极分子的培养教育，做好发展党员工作。五是加强对工会、共青团、学生会的领导，充分发挥群众组织的纽带、桥梁作用。同时，省、地（市）党委也对高校党建工作给予高度重视，与高校党委互相支持，密切配合，协调一致进行工作。省委省政府主要领导还分别把河南大学、郑州大学作为联络点，亲自指导工作。由于认真进行学校党组织建设，各高校牢固建立了社会主义的思想政治阵地。各高校党组织还在全体师生中进行了党的基本路线教育、马克思主义基本理论教育，进行党的基本知识教育，团结广大师生认真学习江泽民同志的新中国成立 40 周年讲话、纪念五四青年节

讲话、纪念建党 70 周年讲话等一系列重要文献，学习邓小平同志 1992 年南方谈话和党的十四大精神，进一步把全体师生的思想统一到党的"一个中心、两个基本点"的基本路线上来。

（三）改进高校思想政治教育的内容、途径和方法

1990 年，河南省以爱国主义教育为契机，在高校普遍加强坚持社会主义道路的教育，努力解决师生深层次的思想认识问题。全省高校有组织地开展了"读马列书，做清醒人"的活动，并成立学马列、学党章小组近 2000 个，参加学习或经过业余党校培训的达 3 万余人，占学生总数的 1/3 以上。政治学习以学习马列主义、毛主席思想、邓小平理论原著为主，着重学习、掌握马克思主义的基本原理、基本观点，并注重理论联系实际。通过学习，高校的政治气氛发生了明显的变化。省委原书记侯宗宾两次召开大学生学马列座谈会，亲自向学生赠送马列书籍，热情鼓励大学生认真学习马克思主义。为加强党的领导，各高校在校、系两级成立了学马列领导小组和指导委员会。为培养学生骨干，多数高校通过举办党校、团校、短训班等形式，对学马列积极分子进行正规培训，使他们起到积极带头作用。为帮助大学生解决学习中遇到的疑难问题，各高校及时组织教师辅导。河南师范大学组织了校、系党政干部、政工干部和政治素质好的业务教师担任辅导老师，使全校 130 个学马列小组都有相应的辅导老师。郑州大学党委聘请了 26 名政治觉悟高、业务素质好、在学生中有威信的专家、教授担任理论辅导员，深入各组辅导。通过对学生的辅导，也带动了教师学马列活动的开展。1992 年 3 月，省委宣传部、省委高校工委、团省委在郑州大学召开"河南省高校马克思主义理论教育现场经验交流会"，推广郑州大学精心组织师生深入学习马列主义的经验，研究进一步把学马列活动引向深入。当年全省高校成立学马列小组 2900 多个，参加人员达 43865 人，约占在校生人数的一半。

从 1990 年开始，河南省高校继续并深入开展大学生社会实践活动。全省 17 个地市和 47 所高校都成立了活动领导小组，一些学校和地方还摸索出建立学生活动档案，进行学生社会实践鉴定、检查、评比、考核、奖励等措施与办法，把社会实践活动与学生政治、业务学习成绩结合起来，使社

会实践活动逐步走向制度化、基地化和长期稳定发展的轨道。

1990 年的活动主题是"求知于工农，奉献于社会"，全省共组建"科技建设营""重点工程劳动营""省情考察营"890 个，各种形式的调查组和小分队 7696 个；提交各类报告、论文 4 万多篇；建立社会活动基地 955 个。学生足迹遍布全省所有地市县，参加人数占在校生的 90%以上。通过开展社会调查和各种服务活动，进一步了解了国情、省情和民情，加深了对党的基本路线的理解，坚定了走社会主义道路的信念，增强了为人民服务的观念，明确了健康成才的正确道路。1991 年大学生社会实践活动坚持面向基层，面向老、山、边、穷地区开展综合社会调查和服务，引导广大青年学生在实践中了解国情，了解工农，在社会里磨炼思想，接受教育，增长才干。1992 年暑期的大学生社会实践活动，紧紧围绕"服务改革开放，服务经济建设"这个中心，同时把对学生的教育贯穿于社会实践的全过程，共组织安排省内外大学生 8 万余名，集中组织各种建设营、小分队 5000 余个，巩固和新开辟省、市、县级社会实践基地 1100 多处，建立中长期联系点 5000 余个，举办各种类型的讲座、技术培训班 1100 期，培训 6 万余人次，撰写调查报告、科技论文 5 万余篇，开发科技成果 900 余项。通过传播技术、科技服务、设备改造、产品开发等创造经济效益 1000 多万元。由于领导重视，措施得力，社会实践活动成绩较好，《人民日报》《光明日报》《中国教育报》《中国青年报》《河南日报》及中央电视台等新闻单位都作了报道。1992 年 4 月，中宣部、国家教委、团中央在安阳召开"全国大学生社会实践活动联系点经验交流会"，重点介绍安阳市组织大学生开展社会实践活动的经验。

（四）加强政治理论课和马克思主义理论课教学

为进一步加强高校德育，提高高校学生的政治素质，河南省高校狠抓政治理论公修课的课程改革和建设。1990 年，全省高校研究生课程增开了《关于社会主义若干问题学习纲要》专题，并专门召开会议，就教学中的有关问题进行研究，组织教材、教参，保证教学的顺利进行。普通高校本专科政治理论公修课的课程改革在有关教学研究会的积极工作下也取得进展。"中共党史"全部改开为"中国革命史"，"政治经济学"绝大多数高校改开为"中国社会主义建设"，"哲学"有一部分高校已改为"马克思主义原理"。1990 年 10 月，省教委会同省委宣传部、省委高校工作委员会举办全省高校政治理论教育讲习班，200 多名领导同志和教师参加，总结交流了经验，并就政治理论课教学中存在的问题进行了研讨，省教委就高校政治理论教育的机构设置、人员配备、师资条件、经费保障等提出了明确要求，下发了《关于进一步加强和改革高等学校公共政治理论课教学的意见》。

1991 年 7 月，省教委在郑州举办全省高校政治理论教育研讨班，总结交流经验和体会，并就教学难点进行研讨，这次研讨班聘请政治理论课三门主干课程教学大纲的主编分别就三门课的教改问题做了专门报告。通过研讨，各高校进一步明确了教学改革的方向和思路。

1992 年 8 月，省教委又在郑州举办全省高校"中国社会主义建设"研讨班，继续开展对马列课教师的培训。有关教师就教学难点及如何在教学中贯彻邓小平同志南方谈话精神开展专题讲座和研讨。通过研讨，对增强广大教师的自信心和使命感，深化马列课的教学，不断提高教学质量具有积极的推动作用。

1993 年以后，河南省高校的思想政治工作以邓小平建设有中国特色社会主义理论和党的基本路线为指导，全面贯彻落实《中共中央关于进一步加强和改进学校德育工作的若干意见》《中国教育改革和发展纲要》《爱国主义教育实施纲要》和省委省政府的有关指示精神，以教育广大师生员工树立正确的世界观、人生观和价值观，培养学生成为有理想、有道德、有文化、有纪律的一代新人为主要任务，深入进行爱国主义、集体主义和社会主义教育为主旋律的各项教育工作，积极探索在建立社会主义市场经济体制形势下做好思想政治工作的新路子，努力维护学校局势的稳定，更好地为学校的中心工作服务，起到了动力、导向和保证作用。

河南省教委通过对河南大学、郑州大学等 9 所不同类型院校的不同年级、不同层次的学生进行抽样调查和研究，提出了高校思想政治工作的新思路，即在新形势下对高校学生认真进行中国特色社会主义理论教育、基本路线教育、形势任务教育、革命传统教育、爱国主义教育和集体主义教育，引入激励机制，加强校风校纪建设，严格管理，维护正常的教学秩序，提高教育质量。

首先，加大对高校"两课"建设的管理力度，使全省高校"两课"的课程设置、教学时数、教材使用等符合国家教委的有关规定。高校马克思主义理论课统编教材《马克思主义原理》、《毛泽东思想概论》、《邓小平理论》及《中国社会主义建设》、《法律基础教程》、《思想道德修养》等陆续出版发行，吸收和借鉴了"两课"改革的最新成果，也为高校"两课"深化改革进行了必要准备。省委高校工委、省教委还举办了全省高校"两课"师资培训班，部署全省"两课"改革，评选"两课"优秀教师，推动"两课"教学工作。

其次，进一步规范"两课"教学工作。各高校按照国家教委和省里有关规定，加强教学管理和师资队伍建设，把"两课"教学放在重要位置，并与专业教育有机结合，一起部署，一起检查，一起落实；建立和完善"两课"建设的工作机构和工作机制，党政主要领导定期研究和解决"两课"教学改革的重大问题和实际困难，在人、财、物等方面给予大力支持，切实把"两课"作为学校重点课程和重点学科抓紧抓好；切实增加对"两课"建设的投入，有的学校还设立"两课"建设专项基金、奖励基金，为"两课"建设目标的实现提供支持和保障；"两课"教材建设也取得新进展。"两课"建设在学校思想政治教育中充分发挥了主渠道、主阵地作用。

各高校还切实抓好"两课"教学改革，在教学方法上尽量适合青年学生的特点，理论联系实际，把理论性、科学性、思想性和现实性统一起来，力争把抽象的理论通过生动形象的教学融会到学生的头脑中，提高思想理论教育的说服力和教学效果。特别是高校邓小平理论课教学收效显著，"进教材、进课堂、进头脑"工作取得新的进展。河南财经学院作为试点单位，单独开设了建设有中国特色社会主义理论课程，其教学经验在中宣部、国家教委和团中央联合召开的学习邓小平理论经验交流会上进行了交流。

为加强高校教师的思想政治工作，1995年6月，河南省委高校工委、省教委下发《关于进一步坚持和改革我省高校教师政治学习制度的意见》，对实行五天工作制后高校教师的政治学习问题提出了明确要求。各高校认真贯彻执行这个意见，对教师特别是青年教师，进行了以师德建设和培养爱岗敬业精神为重点的教育活动，引导广大教师特别是青年教师做正确思想的宣传者、文化科学知识的传播者、优秀品德的体现者。对各级领导干部和学校管理人员进行以树立公仆意识、增强服务意识、提高效率为重点的教育，加强道德教育，培养爱岗敬业、廉洁奉公、服务周到、作风优良的精神，以一流的管理和服务，为学校的教学、科研和育人工作作出贡献。郑州大学、河南大学、河南农业大学、郑州工学院等学校切实加强教师思想政治工作，促进了学校各项事业的健康发展，其经验和体会，在中南六省高校思想政治教育研讨会上进行了交流。1997 年 5 月，中共河南省委组织部、宣传部、高校工委、省教委、省科委联合发文，决定在全省范围内开展向长期带病扎根基层、科技扶贫不幸病逝的河南农业大学教授郑祥义学习的活动，并组织郑祥义事迹报告团在全省部分高校进行了巡回报告。1998 年，省教委印发《关于开展教师职业道德建设大讨论的通知》，各级教育行政部门和高校都对此项工作进行了认真安排，开展了以师德建设为主题的报告会、研讨会、师生评议等一系列丰富多彩的活动。省委高校工委、省教委还与《教育时报》联合举办师德大讨论征文活动，吸引广大教师广泛参与。郑州牧专青年教师王予民忠诚党的教育事业，热爱本职工作，不顾身患重病，积极参加学校组织的扶贫活动，1999 年 7 月，因遭遇特大交通事故，不幸殉职。为此，河南省委高校工委、省教委做出决定，追授他"河南省优秀教师"荣誉称号，并号召全省教师以王予民为榜样，爱岗敬业，教书育人。同年 6 月，省委高校工委、省教委与团省委一起表彰了 500名年龄在 35 岁以下的青年教师，并授予"河南省优秀青年教师"荣誉称号。这些活动的开展，对推动全省高校的精神文明建设，特别是树立师表形象，加强师德建设发挥了积极的作用。

20 世纪 90 年代中期，河南高校党建工作成效显著，但还存在着一些问题：少数学校党委的领导作用发挥得不够好，党政关系不是很顺，班子不够团结，主要领导驾驭工作全局的能力不够强；少数基层党组织软弱涣散，一些党员特别是少数教师党员未能很好地发挥先锋模范作用，政工队伍思想不够稳定，素质亟待提高；少数青年教师政治进取心不强，少数学生道德观念和心理素质及辨别是非的能力较差，人生观、价值观扭曲，亟须加强教育和正确引导。针对这些问题，河南省委省政府高度重视。在一年一次的高校党的建设工作会议上，省委领导听取专题汇报，认真研究，协调解决有关问题；建立领导联系高校制度，深入学校调查研究、做形势报告，或召开座谈会，推进高校党建工作；根据全国高校党建工作会议的要求，结合河南实际，明确高校党建工作的方向和重点。

各高校坚持和完善党委领导下的校长负责制，使高校党建工作得以顺利进行，并围绕高校的改革发展抓党建，围绕贯彻党的教育方针，培养社会主义事业的建设者和接班人这个中心任务，加强党的建设和思想政治工作，把广大干部、师生的积极性引导到改革发展和提高教育教学质量上来，通过党建工作推动学校各项工作的开展，进一步增强党组织的凝聚力和感召力。建立健全各项规章制度，是搞好高校党建工作的保证。各高校按照上级要求和部署，在认真总结经验的基础上，结合各自学校的实际，制定了一系列规章制度，如领导体制、会议制度、议事规程、决策程序、监督检查和基层党组织的运行机制、组织发展等，提出明确要求和操作办法，为加强党建工作提供了制度保证。各高校党组织切实加强党风廉政建设，认真执行中央和地方关于领导干部廉洁自律的各项规定，自觉抵制拜金主义的侵蚀，勇于同腐败现象做斗争，树立了党组织的良好形象。

各高校还用建设中国特色社会主义理论武装全体党员干部，以增强各级党组织的凝聚力、战斗力，注意发挥党的领导和核心作用、党支部的战斗堡垒作用和党员的先锋模范作用，全面加强党的建设。1993 年 5 月，省教委会同省委组织部和高校工委对全省 8 所高校的思想政治工作和党建工作进行调查研究，并召开了全省高校党建工作会议，对郑州大学、河南大学、河南农业大学、河南师范大学、焦作矿业学院、南阳师专、许昌师专 7 所高校在党建工作方面取得的成绩给予表彰。郑州大学还被中组部、中宣部、国家教委评为全国高校党的建设和思想政治工作先进单位。

1995 年召开的河南省第五次高校党建工作会议，强调要突出抓好高校党的领导班子建设，大力培养和选拔一批德才兼备的年轻干部，加强后备干部队伍建设；以邓小平理论加强高校的思想理论建设，加强德育工作；高校党建工作要紧紧围绕学校的中心任务来开展，要充分依靠高校广大党员和思想政治工作者做好党建工作。这次会议对高校加强领导班子建设、干部队伍建设和基层组织建设起到了积极的推动作用。

在省委省政府的正确领导和高度重视下，河南高校认真贯彻党中央的有关指示和历次高校党建工作会议精神，党员队伍和基层党组织不断壮大，师生的思想政治面貌发生了明显的变化，高校的政治局势持续稳定，为高校的改革发展乃至全社会的稳定作出了积极的贡献。按照干部"四化"标准和德才兼备的原则，高校的领导班子不断得到调整和加强，年龄、职称、专业结构趋于优化，思想作风建设和后备干部的培养、教育、管理都得到了加强。1997 年，全省高校共建立党总支 523 个，党支部 1697 个，较好地发挥了核心堡垒和先锋模范作用。1998 年 6 月，中央组织部、宣传部、教育部党组印发了《普通高等学校党建工作基本标准》，对新时期高等学校党建工作的领导、组织班子及基层党组织建设、思想政治教育工作等做了明确部署。中共河南省委组织部、宣传部、高校工委、省教委党组及时转发了该文件，要求各高校结合自身实际，认真贯彻执行；制发了《河南省高等学校 1998～2002 年党的建设规划》，根据全省高校党建工作面临的形势、任务，重点围绕加强高校党组织的思想理论建设、领导班子建设、民主集中制建设、基层组织建设及高校党务和思想政治工作队伍建设等方面进行了部署，进一步明确了党建工作的指导思想、奋斗目标和工作任务，完善了措施。省委高校工委、省教委认真组织高校领导干部深入学习邓小平理论，提高领导干部的理论素养和政治水平；强调坚持岗位学习，要求各高校建立健全党委中心组学习制度，建立干部学习培训档案，定期抽查，检查中心组学习情况；建立党员领导干部民主生活会制度，坚持派人参加高校校级领导干部民主生活会，引导高校领导班子成员围绕主题，总结工作，畅谈理论学习、思想作风、廉政建设等情况，开展批评与自我批评。在基层党组织和党员队伍建设方面，要求各高校建立健全党的基层组织，尤其重视学生支部建设，重视基层党总支、支部书记的选拔、教育和培养；推广华北水院、安阳师专基层党组织实行目标管理的经验，把党建工作转移到紧紧围绕学校中心工作抓党建的新的工作思路上，使高校党组织的作用得到较好发挥。1998 年和 1999 年"七一"前夕，省委高校工委、省教委协同省委组织部联合组织高校大学生新党员入党宣誓大会。全省高校新党员和入党积极分子分别集中在郑州、开封、洛阳、新乡 4 个城市，召开宣誓大会，参加人数都在 1200 人以上。中央电视台《新闻联播》节目及《河南日报》《教育时报》等新闻媒体对此活动做了报道，在全国和全省范围内产生了较大反响。

开展丰富多彩的教育活动。一是开展暑期大学生社会实践活动。1993年，全省 50 多所高校组织 7 万多名学生，组成 5000 多个科技服务小分队、建设营，以"热爱家乡，建设河南，为中原振兴奋发成才、建功立业"为主题，面向基层、面向经济建设主战场，广泛开展科技文化服务，新技术、新产品、新品种推广促销和多种形式的勤工助学等社会实践活动，巩固和开辟社会实践活动基地和中长期联系点、站 2000 余处。广大青年学生积极投身家乡经济建设，用自己所学知识为家乡办实事、作贡献，得到了中宣部、国家教委、团中央的肯定和表彰。1994 年高校学生暑期社会实践的主题，是开展以科技文化服务为主要形式的"青年志愿者"活动，推出"千支大中专学生志愿服务队暑期科技文化行动"，本着"结合专业特点、自愿报名、按需组队、小型多样、就近就便、重在农村、突出科技、强调实效"的原则，面向全体学生，择优筛选、登记造册，聘请专家、教授进行严格培训，把青年学生的志愿奉献精神和自身的科技文化优势结合起来，立足于开展切实有效的服务。活动采取城乡互助、场校联合、支教扫盲、医疗服务、智力扶贫、重点考察等多种形式，组织各类考察团、服务队（组）7000 余个，参加活动学生近 10 万人次，收到了良好的经济和社会效益。郑州大学、河南大学、安阳市等 10 个单位还被评为全国大学生社会实践先进单位。从 1995 年开始，根据中宣部、国家教委、团中央的要求，全省高校大学生社会实践活动以"志愿者科技、文化、卫生服务"为主要内容，把社会实践同到 20 世纪末基本扫除青壮年文盲、提高全省人民的科技文化素质结合起来，把专业学习同服务经济建设和社会发展、促进农村贫困地区脱贫致富联合起来，在实践中增长才干，提高素质，每年组织 10 余万名大学生走出课堂，走出校园，走进厂矿企业，走向田间地头，走向老少边穷地区，从文化教育状况调查入手，制定扫盲规则，搞好宣传动员，培训扫盲教师，办好重点扫盲班；提供致富信息，散发科技资料，开发科技成果，帮助解决科技难题；进行农民健康调查与检查，普及卫生常识，举办大型义诊；为农民进行业余文化演出，建立乡村图书站，巩固发展活动基地等。通过广泛开展科技扶贫、企业帮困、文化宣传、支教扫盲、医疗服务、环境保护、普法教育等丰富多彩的"三下乡"社会实践活动，扎扎实实为农民群众办好事、办实事，在实践中受到了教育，加深了同人民群众的感情，也锻炼和提高了全面素质，推进了农村的两个文明建设，得到了各级党委政府和广大农村干部群众的热烈欢迎，取得了经济效益和社会效益的双丰收，产生了强烈的社会反响。在活动中，还涌现出了一批批先进单位和先进个人。2000 年，河南省也被中宣部、教育部、团中央评为"全国大学生暑期文化、科技、卫生'三下乡'社会实践活动先进单位"。

二是加强时事政治学习和宣传活动。时事政治学习和宣传教育，是高校思想政治教育工作的重要方面。全省高校利用各种机会，充分挖掘现实中的教育因素，深入持久地对学生进行思想政治教育，成绩显著。中共中央《爱国主义教育实施纲要》发布后，省委高校工委和省教委下发了《关于贯彻〈爱国主义教育实施纲要〉的意见》，有计划、有步骤地在高校实施爱国主义教育"三百活动"，即读一百本优秀图书、唱一百首优秀歌曲、看一百部优秀影片。1995 年，各高校广泛开展了群众性的唱优秀歌曲活动，省委宣传部、省委高校工委、省教委、团省委还联合举办了 300 名大学生参加的"河南省纪念'一二·九'运动 60 周年、'一二·一'运动 50 周年大会暨高校歌咏比赛"。为纪念中国工农红军长征胜利 60 周年，省委高校工委与郑州文艺广播电台等 7 家文艺单位在郑州共同举办了省会高校纪念红军长征胜利 60 周年歌咏比赛；与省委老干部局在郑州大学举办纪念红军长征胜利 60 周年报告会，请老红军陈友平、王先发给郑州高校师生做报告；在郑州市中州影剧院举办大型文艺晚会《胜利颂》。1997 年 2 月，省委高校工委、省教委发出内部传真电报，组织全省教育系统认真收听、收看邓小平追悼大会实况，并组织收看和学习了大型文献纪录片《邓小平》，缅怀邓小平同志的丰功伟绩，开展了多种形式的悼念活动。党的十五大召开以后，河南全省高校普遍开展了深入学习宣传十五大精神的活动。省委高校工委、省教委召开了部分高校党委书记"学习党的十五大精神座谈会"；邀请本省教育系统十五大代表到部分高校作十五大精神学习辅导报告。为迎接香港回归，省委高校工委、省教委、团省委联合下发《关于在全省教育系统开展迎香港回归宣传教育活动的通知》，部署了全省教育系统的迎回归活动，在大学生中开展"爱祖国，迎回归"百日志愿者宣传活动，召开全省高校专家、学者迎回归座谈会，举办"庆七一，迎回归"知识竞赛和文艺晚会，编印有关香港问题的学习材料，邀请知名专家作香港问题形势报告。1999

年，以迎接新中国成立 50 周年、五四运动 80 周年等重大节庆和澳门回归为契机，组织广大师生以演讲会、报告会、文艺演出、歌咏比赛等形式，开展系列活动，引导师生大唱祖国颂、社会主义颂、改革开放颂，回顾共和国 50 年辉煌历程，坚定社会主义信念，鼓足走向 21 世纪的信心。1999 年 5 月 8 日，以美国为首的北约飞机悍然轰炸我国驻南联盟大使馆，激起了中国人民的极大愤慨。河南省高校 10 万多名师生纷纷走上街头游行示威，并举行声讨会、演讲会、座谈会等，强烈抗议以美国为首的北约的野蛮行径，激发了崇高的爱国主义情感。

利用先进人物、典型事例对大学生进行正面教育，是高校思想政治教育的重要内容。人民的好干部孔繁森是新时期优秀共产党员的典型代表。全省高校通过广泛开展宣传、学习孔繁森先进事迹活动，加强了对广大师生进行正确的世界观、人生观、价值观教育。1995 年 5、6 月，省教委分别召开了部分高校党委书记座谈会和高校师生代表学习孔繁森精神研讨会，举办了以学习、宣传孔繁森同志先进事迹为主题的"河南省高校'公仆颂'庆'七一'文艺晚会"。

三是开展高校文明创建活动。为加强高校的社会主义精神文明建设，各高校普遍把加强校园文化建设作为促进精神文明建设发展的重要工作来抓，加强对学生的思想道德教育和基础文明教育，同时积极开展精神文明创建活动。从 1993 年开始，河南省教委在高校开展每年一次的评选、表彰"三好学生"、"优秀学生干部"和"先进班集体"活动，通过对先进典型的学习、宣传，在高校形成浓郁的争先创优、健康向上的良好氛围。按照中央和省委的部署，1997 年 4 月，省委高校工委、省教委下发《关于在全省高校开展"两争两创"活动的通知》，决定在全省教育系统开展"创建文明学校、创建文明班级，争当文明教师、争当文明学生"的活动。全省高校以"两争两创"为载体，以创建文明学校为目标，群众性精神文明建设被引向深入。各高校以解决校园环境卫生、校园秩序、师生文明言行为突破口，从基础抓起，从校园环境卫生抓起，从师生的言行抓起，对校园环境进行综合治理，把校园真正建设成为文明整洁、环境优美、秩序井然、团结向上、充满生机的育人场所；加强对学生的文化素质教育，努力提高他们的文化艺术修养和阅读欣赏水平；对广大青年学生重点加强社会公德和文明行为规范的宣传教育，大力倡导文明用语、礼貌待人、遵守公德等行为习惯，严格按照《大学生行为准则》等规章制度规范学生的言行；广大教师注重自身修养和自我形象的塑造，真正成为精神文明建设的示范者和学生健康成长的楷模。本着"重在建设"的方针，通过深入开展"两争两创"活动，1998 年评选表彰了 108 所省级文明学校，269 个省级文明班级，470 名省级文明教师和 858 名省级文明学生，郑州大学、河南大学被破格晋升为省级文明单位。1999 年，评选表彰了 102 所省级文明学校，231 个省级文明班级，350 名省级文明教师和 761 名省级文明学生。2000 年 3 月，省委高校工委、省教委下发《关于继续开展精神文明建设"两争两创"活动，切实加强和提高教师思想政治工作和学生德育工作的通知》，要求全省教育系统以江泽民同志《关于教育问题的谈话》为指导，把思想政治素质和道德水平作为评选文明教师和文明学生的首要标准，并决定"两争两创"活动从 2001 年起改为两年评选一次。当年从已命名的省级文明学校中评选出 35 所作为河南省精神文明建设标兵学校，并评选出 300 名精神文明建设先进工作者，又评选出省级文明学校 105 所，省级文明班级 300 个，省级文明教师 538 名，省级文明学生 920 名。高校创建活动的深入开展，促进广大教师、学生积极投身到精神文明建设中去，涌现出一批积极分子，促进了校园文化建设的深入开展，对提高学生的整体素质、培养"四有"新人发挥了积极的作用。

九　改革招生和毕业生分配制度

河南省从 1985 年开始实行国家任务计划与地方调节性计划相结合的高等学校招生改革。除试行一部分品学兼优、全面发展的优秀高中毕业生经过推荐和考核、免试升入本省高等学校制度，和 1987 年取消高考前的预选制度外，招生制度改革主要有以下几个方面。

一是逐步扩大招收委托培养和自费生。招收用人单位委托培养学生是从 1985 年开始的，当年招收学生 1168 人。1986 年按照国家教委有关规定召开了委托培养座谈会，讨论了招生办法，建立委托培养合同制；学校接收委培学生，须同用人单位签订委培合同，并经主管部门批准，纳入年度招生计划；招生应从参加全国统考的考生中择优录取，其录取分数应不低于普通高校最低录取分数线；学生学习期间所需费用由用人单位负担。从1986 年开始，河南省开始招收自费生，由学生个人交纳培养费用，毕业后国家不包分配，自主择业，当年招收学生 1068 人。由于这两种招生方式有利于发挥高等学校的办学潜力，也能够增强社会上用人单位培养人才的积极性，并使人才培养更好适应社会经济发展的客观需要，因而逐年递增，发展较快，到 1992 年，委托培养和自费招生分别达到 4682 人和 6337 人。

二是为更多地照顾老苏区、山区和文化基础薄弱地区对人才的需求，在这些地区招收定向培养的学生，实行定向招生，定向分配。1985 年由于录取方法的局限，全省只在 6 个贫困县录取定向生 650 多人。1986 年计划在 24 个贫困县招收定向生 1347 人，分别由河南大学等 14 所农、医、师范院校定向录取，经过改进录取方法，当年完成招生计划的 95.7%。1987 年，重新调整了定向范围，由 1986 年的 34 个定向县增加到 37 个，与河南省委省政府划定的苏区县、山区县、贫困县范围一致；同时扩大了定向招生的比例，农、医、师范等专科院校按计划招生数确定招生名额的比例从 1986 年的 25% 提高到 30%。1988 年又增加其他省属院校招生计划的 10% 用于定向招生，并且把招生计划落实到专业，以适应定向县对人才的需求。在逐年增加招收定向生数量的基础上，1992 年，全省招收定向培养学生达到 7946 人（含部属院校）。定向招生制度为老、山、穷地区提供了重要的人才和技术支持，有力地促进了这些地区脱贫致富和加速经济发展。

为保证招生工作做到"公开、公平、公正"，河南省在招生工作中狠抓廉政建设，加强对招生工作的管理。1989 年有关部门制定了《关于加强招生考试工作廉政建设的几项规定》，增加招生工作的透明度，实行"八公开"，即政策公开、招生指标公开、评分标准公开、考生成绩公开、录取分数线公开、录取方法公开、各种照顾对象公开、录取结果公开。省内新闻部门，报纸、电台、电视台及时将考试和录取各阶段的情况向社会报道，消除社会对录取工作的神秘感。录取期间，省教委纪检组和省监察厅均派人进驻录取现场，监督检查。另外，除由高校自主录取外，还对市、地招生办公室实行目标管理责任制，保证国家有关招生政策和规定得以贯彻执行。

1988 年以后，逐步实行现代化的考试管理手段，运用标准化考试并使用光电阅读器阅卷，用考生报名信息全部数字化改进微机对招生的管理。通过建立健全一系列考试管理规章制度，使考试和招生工作逐步走向科学化、规范化，也为完善现代考试制度积累了成功的经验。

毕业生分配就业工作是教育为社会主义现代化建设服务的重要一环。河南省提出的高校毕业生分配原则是：合理分配，优才优用，专业对口，人尽其才。

首先是加强计划统筹，保证重点，进行宏观调控。毕业生分配采取由学校根据用人单位的需求、提出分配建议报主管部门审批下达、学校直接派遣的办法。大体上是根据社会需要和实际情况，采取按比例切块编制分配计划，除考虑地方占较大比重外，分别解决国家重点项目、省属单位、指导性计划和高校留用的需要。同时，既要照顾全省重点建设单位，如重点企业和能源、交通、轻纺、农业、教育等部门的人才需求，又要坚持面向基层，面向生产第一线，还要切实注意加强和充实师资力量，保证师范院校毕业生分配"到位"以及贫困、落后地区的毕业生需求。为加强对高校毕业生分配工作的领导，1992 年河南省专门成立了大中专毕业生分配工作领导小组，负责协调毕业生的分配工作，对分配工作中出现的情况和问题进行及时研究并提出具体措施，疏通分配渠道，扩大高校对毕业生分配工作的自主权。

其次是改进调配工作，实行"供需见面"。即由各高校与用人单位通过互访洽谈、交流信息，开展多种形式的"供需见面"活动，直接与用人单位挂钩，也由此及时了解经济和社会发展对人才的真实需求。

最后是为创造公开、公平的竞争环境，为毕业生就业提供便利条件，实行毕业生与用人单位"双向选择"的办法。河南省从 1988 年开始进行试点学校部分专业毕业生分配"双向选择"，即根据毕业生思想素质、学业成绩、能力和身体状况，分层次向用人单位推荐，使毕业生与用人单位充分了解，相互选择，一旦双方满意，即签订录用协议。试点取得成功后，这一做法逐步推开，成为重要的毕业生就业途径。

在总结高校毕业生就业安置经验的基础上，河南省逐步完善了毕业生就业制度。1989 年，河南省提出高校分配工作的"五个公开"：公开毕业生分配方针、政策和纪律，公开毕业生分配、调配计划，公开毕业生德智体综合测评成绩，公开照顾条件和名单，公开每个毕业生分配结果。毕业生分配制度的改革和完善，有利于高校的稳定和教育教学质量的提高，也有利于为社会培养大量高素质的有用人才，有利于高校内部各项管理体制改革的深化。

十 大力推进高校后勤社会化改革

高等学校的后勤改革，是高校改革的一个重要组成部分。随着社会主义市场经济体制的逐步建立，在计划经济体制下形成的高校后勤服务体系，已明显地不适应市场经济条件下高等教育发展的需要，后勤服务模式落后，负担沉重，改革滞后的问题日渐突出。虽在"八五""九五"前期，河南省已将高校后勤改革提上重要日程，各个学校也都进行了一些有益的探索，省里着重抓了河南农大和洛阳师专两所高校的试点工作，并于1997年3月5日在洛阳师专召开了改革经验交流现场会，以人事、后勤改革为突破口，以试点经验推动全省高校后勤改革工作。但由于情况复杂，牵涉一大批人员的切身利益，总的说来改革的力度不够大，改革的步子和收到的效果也不是十分明显，高校后勤改革滞后的状况没有得到根本扭转。"九五"后期，面对高等教育持续、快速发展的新形势，高校后勤对高等教育发展的支撑能力明显不足，成为河南高等教育进一步发展的瓶颈，推进高校后勤管理制度改革成为当务之急。

高校后勤管理制度改革的核心是推进高校后勤社会化，实现高校后勤管理模式与运行机制的根本转变，提高效率。各高校按照"后勤改革的最终目标是实现社会化"的精神，在单项和全面承包的基础上，坚持为学校教学、科研、师生服务的方向，正确处理好改革、发展与稳定的关系以及经济效益与社会效益的关系，积极推进后勤管理体制和运行机制的改革，实行"小机关，多实体，大服务"，兴办后勤产业，积极参与市场竞争，走以外养内、以经营养服务的道路。河南农业大学、河南医科大学、河南师范大学立足潮头，大胆探索，为全省高校后勤改革提供了有益的经验，使高校后勤工作由单纯的行政管理型向经营管理型、由封闭型向开放型转化，呈现出后勤社会化的雏形。

为适应高校扩招的需要，打破制约高校发展的瓶颈，加快高校后勤改革步伐，促进高等教育事业的发展，河南省政府于 1999 年 12 月在郑州召开全省高校后勤社会化改革工作会议，对全省高校后勤社会化改革进行全面动员和部署，出台了高校后勤社会化改革方案。这次改革的目标是用 3 年左右的时间，在全省基本实现高校后勤社会化，形成资产多元化、经营多样化、管理企业化、运作市场化的后勤服务系统，建立起符合高等教育特点与发展需要的、具有河南特点的高校后勤保障体系。通过转制，可分流后勤服务人员 8000 多人，约占整个高校教职工人数的 20%；每年可增收节支 1 亿元左右。通过对现有后勤资源的优化重组和引资、贷款等方式，用 3 年左右的时间，多渠道、多形式新建、改建约 120 万平方米的学生宿舍、学生食堂等基础设施，基本解决了高校普通本专科在校生 3 年内净增 20 万人左右的食宿问题，为高等教育的快速发展提供必备的后勤保障。第三次全国高校后勤改革会议后，河南省委省政府召开专题会议和省长办公会议，研究如何在本省贯彻落实，2001 年 4 月 24 日，省政府下发《关于加快我省高校后勤社会化改革的通知》，明确规定在贯彻落实国家有关优惠政策的同时，要为高校后勤社会化改革提供以下优惠政策。第一，按照《〈纲要〉实施意见》中有关减免税费的优惠政策规定，支持高校后勤社会化改革。第二，有关部门对高校新增建的学生宿舍及其他后勤设施项目，采取现场集中办公的方式，从快审批，专项下达，学校可同时办理开工手续，一次办妥相关手续。第三，在校外建设的宿舍及其他服务设施，享受校内同类建设项目相同的优惠政策等措施，鼓励社会各方面力量以合作、入股、参与经营等多种方式在校内外进行高校后勤设施的建设。第四，土地、城建等部门对高校建设用地和改制后组建的后勤企业发展所征用的土地，免征契税，高校后勤社会化新增建设用地比照市政基础设施建设用地政策无偿划拨。第五，对新建、改建的后勤设施的服务收费，应按照"优质服务、优价收费"的原则核定。第六，设立专项资金，通过评估检查、以奖代补，鼓励学校深入开展后勤社会化改革。

按照高校后勤社会化改革方案和有关文件要求，在管理体制上，按照"事企分开、两权分离"的原则，原有高校后勤成建制地从学校行政管理系统中分离出来，组建服务实体，保留较为精干的后勤行政管理机构，代表学校行使后勤管理行政职能，与后勤实体及其他社会后勤服务企业按市场运行规则签订经营服务合同，以契约方式明确甲、乙双方的责权利。在资产管理上，对学校原用于后勤的国有资产，及时进行盘清登记，明确产权关系，实行所有权和使用权规范分离。

为切实推进改革，省教育厅制定了高校后勤体制改革的时间表，重点抓了高校现有后勤系统建制的分离工作，建立起季度汇报制度和后勤改革通报制度，定期听取高校主要负责人的专题汇报，了解各校后勤改革的进度，分析、研究、解决改革进程中的实际问题。截至 2000 年底，全省 52 所高校的后勤系统，已有 43 所按要求实现了规范分离或部分分离；尚未实施分离的小部分学校，也完成了宣传发动与制订方案的工作，即将转入实施阶段；2001 年全省普通高校（新增高职院校除外）全部实现规范分离或主体分离，转制人员 6000 余人。在经费使用上，将主要靠拨款驱动的后勤运行机制改为主要靠市场驱动的运行机制。省教委还与省内几大国有商业银行多方协商，采取"学校还本，政府部分贴息"的政策，签订 40 亿元信贷资金合同，用于高校后勤改革、教育科研等基础设施建设和大型教学仪器、设备购置及实验室改造等。

由于政策到位，措施得力，通过改革，河南省各高校形成了后勤社会化服务网络，吸收了大量的社会资金参与后勤建设。在 2000 年度，河南全省高校利用社会资金约 3.1 亿元，仅河南大学一所学校就引进社会力量投资 1500 多万元，建成了 105 万平方米的校外公寓，成功地解决了扩招 3000 人的住宿问题。洛阳师院与一墙之隔的西岗村联建 5000 人规模的大学生新村，较好地解决了连续扩招的学生住宿问题。据统计，河南省高校 2000 年、2001 年两年累计新建、改造学生公寓 113.7 万平方米（其中新建 89.7 万平方米，改造 24 万平方米），完成、改造学生食堂 23.2 万平方米（其中新建 16.1 万平方米，改造 7.1 万平方米），分别相当于新中国成立 50 年新建、改造总和的 86% 和 83%，分别高于全国平均水平 7 个和 6 个百分点，保证了全省高校 3 年净增 22 万人的食宿需要，使高校后勤服务的基础设施、服务质量、管理效益有了明显改观，也减轻了高校自身的负担，有利于高校把主要精力放到加强教育教学基本建设、提高教育教学质量、提高科研水平和培养人才上来。

第五节 加强师资建设，提高
教师队伍整体素质

"八五"中期到"九五"末，是河南全省教师队伍建设的黄金时期。教师教育投入进一步增加，教师的学历达标率和教育教学水平显著提高，教师培养培训工作由以规模数量为主发展到以提高质量和效益为主，中国特色的符合河南实际的教师培养培训体系基本形成。教师职业的社会地位明显提高，教师受到全社会的尊敬和重视，教师队伍的整体素质不断提高。

一 加快发展师范教育，培养培训新型师资

师范教育是培养大量的具有较高思想素质和业务水平的教育工作者的工作"母机"。1985 年以后，河南省继续把师范教育的发展作为重点工程，努力建立多层次的职前培养与在职培训相结合、普通师范与职业师范相结合的专业结构更合理的师范教育体系。

办好各级师范教育，培养较高水平的教师，对发展教育事业、提高全省人口的文化素质，推动经济发展和社会全面进步具有深远的意义。根据基础教育、职业教育发展的需要，河南省逐步改善了以独立设置的各级师范院校为主体、非师范院校参与、培养与培训相结合的师范教育体系。

（一）加快发展各级各类师范教育

1993 年以后，根据《纲要》所确定的教师队伍建设的基本精神，河南省进一步加强了师资培养培训工作。一方面努力增加投入，大力办好各级师范教育，鼓励优秀中学毕业生报考师范院校，保证中小学及职业技术学校对师资的需要；另一方面，制订教师培训计划，促进教师特别是中青年教师不断提高，使大多数教师能达到国家规定的学历标准，更好地胜任教育教学工作。

1997 年 9 月召开的河南省师范教育工作会议，确立了师范教育在整个教育事业中优先发展的战略地位和政府投入的主渠道作用，明确要把师范教育改革发展重点放在提高质量、优化结构、提高效益上来。这标志着河

南省教师培养培训工作由以规模数量为主发展到以提高质量和效益为主的转变。在各级政府及其教育行政部门的领导下，教师培养培训工作取得了历史性成就。第一，中国特色、符合河南实际的教师培养培训体系初步形成。第二，师范院校教育教学改革不断深化，教育质量和办学效益明显提高。第三，教师教育投入有所增加，教师职业受到全社会重视。

1993 年到 1995 年，贯彻《纲要》精神，河南省重视师范教育发展，在一些主要项目上投入了大量资金，保证了师范教育事业发展的需要。首先是投资河南职业技术师范学院进行新址建设，并投资进行了信阳师院图书馆和河南师范大学文科楼建设。其次是投资省属师专标准化建设，包括安阳师专教学楼、周口师专图书馆、商丘师专实验楼、许昌师专办公楼、洛阳师专图书馆和南阳师专学生宿舍的建设，由于资金及时到位，保证了上述工程的顺利建设和按期竣工交付使用，改善了这些学校的办学条件，提高了这些学校的整体办学能力。

"九五"期间，河南省财政继续投入师范教育专项经费 5420 万元，接受中央师范教育专项经费补助 2025 万元。对中央师范教育补助专款，省里采取各种措施加强资金管理，努力提高专款的使用效益，共支持了 20 所师范院校的发展，购置教学仪器设备 3666 件，其中计算机 2218 台，语音教室 15 个，购置图书资料 15.77 万册，修建校舍 10.35 万平方米。此外，积极利用世界银行贷款、国际组织的无偿援助，以及社会各界人士对教师教育的捐资赠款。世界银行贷款师范教育发展项目于 1994 年 1 月开始执行，1999 年 6 月 30 日完工，累计利用世界银行贷款 1034.75 万美元，配套资金 10155.9 万元，用于师资培训项目学校土建和图书、仪器设备采购等，共培训各类人员 2229 人次，其中出国进修 15 人，研究生 287 人，访问学者 104 人；完成 87 项教学改革课题研究，通过教育部组织的验收。世界银行师范院校项目的实施，对改善师范院校办学条件，提高师资和管理水平发挥了积极作用。经费投入的增加，极大地改善了师范院校的办学条件。到 2000 年，省属高等师范学校（不含河大）建筑面积达到 210 万平方米，图书达到 784 万册，仪器设备折款达到 2.74 亿元。由于各级政府和全社会的关怀，教师职业受到人们的尊重，师范院校生源质量有所提高，改善了教师教育的宏观环境。

（二）　开展多种形式培训，初步形成教师继续教育制度

"八五"到"九五"期间，河南省坚持多渠道、多形式、多层次培训并举，在职进修与脱产进修相结合、以在职进修为主，短期培训与系统进修相结合、以短期培训为主的原则，以学历培训为重点，加强对在职教师的培训，同时有计划地开展继续教育，完善省、市（地）、县（市、区）、乡（镇）教师培训网络，把青年教师、骨干教师和薄弱学科教师作为培训工作的重点，以提高教师的素质。

二　倡导尊师重教，提高教师待遇和社会地位

河南省广大教师在教育教学岗位上努力工作，无私奉献，为振兴河南教育作出了巨大贡献。各级党委、政府和全省人民关心支持教育的发展，并创造条件切实为教师解决实际问题，逐步树立起尊师重教的良好风尚。

（一）　尊师重教的大力提倡

从 1985 年全国第一个教师节开始，河南省每年都要在教师节期间举行盛大的庆祝活动。1987 年，为搞好教师节庆祝活动，使其更富有教育意义，河南省教委和省教育工会联合向各地市教委、工会发出通知，要求庆祝活动注重实效，多为教师办好事、办实事，对办学中亟待解决的问题和一些关系教师切身利益的问题，尽可能给予解决，同时认真检查在教师中落实知识分子政策的情况，落实上一年为教师办几件实事的承诺。在教师节期间，省教委本着"双增双节"、多为教师办实事好事的精神，9 月 8 日召开在郑优秀教师座谈会。9 月 8 日，《河南日报》《教育时报》刊登了省政府对全省教师的慰问信，并开辟专栏，对尊师重教先进典型和教书育人、为人师表的优秀教师进行广泛宣传。经过认真审定，省政府表彰了扶沟县等10 个基础教育先进县；省教委、省教育工会同时表彰了正阳县人民政府等10 个尊师重教先进单位和 518 名优秀教师。

（二）　落实政策，保护教师合法权益

在河南的有些地方，特别是基层村镇、城乡接合部，侮辱殴打教师事

件时有发生，极大地败坏了社会风气，影响学校正常的教育教学秩序。究其原因，一是这些地方文化教育落后，轻视知识、轻视教师职业的愚昧陈腐观念仍普遍存在。二是社会上法制教育尚不够深入，存在着不懂法、不守法甚至知法违法的现象。三是有关部门对殴打教师事件处理不力，避重就轻，久拖不决，"以罚代惩"，甚至姑息迁就、包庇纵容，使违法者得不到应有的惩处，侮辱殴打教师事件层出不穷。为杜绝此类事件的发生，1987年7月，遵照中央和河南省委省政府的指示，河南省纪委、政法委、教委和公、检、法机关派员组成"省检查督促处理侮辱殴打教师事件工作组"，深入全省17个地市，对1986年以来所发生的222起殴打教师事件逐一调查分析，已处理的进行复查鉴定，未处理的提出具体意见，责成有关部门尽快处理。通过工作组对各地发生的殴打教师事件的排查分析，认为这类非法事件大致可分为五种类型：一是流氓寻衅滋事，教师无端被殴打的37起，占发生数的16.7%；二是教师因维持正常的教学秩序而无端被殴打的24起，占10.8%；三是教师因同犯罪分子做斗争或主持正义被侮辱殴打的12起，占5.4%；四是教师因维护学校正当利益被殴打的15起，占6.8%；五是教师因民事纠纷被殴打的134起，占60.4%。通过调查还发现，自从教师节建立后，殴打教师的案件数量明显下降。在上述222起案件中，截至1987年9月，已有169起得到了处理，占76.1%。其中依法追究刑事责任的14起16人，占已处理总数的8.3%；治安拘留的68起87人，占40.2%；责成检查和赔礼道歉、赔偿损失的87起，占51.5%。另外尚有53起案件正在查处。由于各级党委、政府和司法机关采取强有力的措施，对各种侮辱殴打教师的不法行为进行严厉的打击，使此类案件的发生率大幅度下降，切实保护了学校和教师的合法权益。

（三）提高教师生活待遇

改变高等学校基本建设单纯依靠国家拨款的办法，在全国率先实行改革，通过多渠道筹措资金，建设高校职工住房。1988年，省教委对所属高校住房情况进行调查，发现高校共需住房1.2万套，而当时只能解决不足6000套，教职工住房供需矛盾十分突出，特别是中青年教师住房十分紧张，三代同居一室和等房结婚的现象非常普遍。为改变这种状况，省里提出

"学校筹一点，教师集一点，教委拿一点，省里补一点"的"四点"建房办法，以加快高校教职工住房建设步伐。省教委在调查研究基础上，于 1989 年 6 月制定下发了《河南省高等学校多渠道筹措资金，改善教职工住房条件的施行意见》，就多渠道筹措资金建设高校教职工住房的办法、原则、施行范围、房屋产权与使用权、解决对象、签订协议以及组织领导等都做了明确规定，在高校引起了强烈反响。为有计划、有步骤地全面推行"四点"建房工作，省教委专门在河南医科大学、洛阳医专进行了试点，取得了成功经验。1990 年省属 21 所高校中除黄河大学、河南职业技术师范学院两所新校情况特殊外，其他 19 所高校和市属 5 所高校都按照"四点"集资办法建设教职工住房，当年计划建设住房 1541 套，建筑面积 87401 平方米。在户型安排上，原则上规定二类房占 2/3，三类房占 1/3，以便重点解决中青年教师住房问题。河南省施行"四点"集资办法解决教职工住房的工作，得到了国家教委的充分肯定和支持。

做好省属高校教师的住房建设工作。多渠道筹措资金，做好省属高校教职工住房建设，切实改善教师住房条件，使广大教师有一个稳定的工作和生活环境，是稳定教师队伍，保证教育工作正常、健康发展的保证。河南各地积极把城市教师住宅建设纳入城市建设总体规划和建设计划，采取优先和优惠政策，积极筹措资金，力争使教职工家庭人均住房面积达到当地居民的平均水平。省属高校教职工住房建设继续按照"四点"集资的政策实施，使教职工住房的成套比例和人均住房面积有明显上升，在一定程度上缓解了省属高校教职工住房紧张的状况。

1998 年 1 月和 7 月，时任国务院副总理李岚清两次视察河南，并深入河南农业大学、郑州工业大学等高校了解教职工住房情况。李岚清指示要加快高校筒子楼改造步伐，为高校教师特别是广大青年教师解除后顾之忧。根据李岚清的指示，省教委组织对全省普通高校筒子楼情况进行调查，经统计共有筒子楼 127 栋，建筑面积 25 万平方米，居住在筒子楼内的教职工为 6630 户。8 月 3 日和 11 月 19 日，河南省政府两次召开常务会议，研究高校筒子楼改造问题，决定投入 7800 万元改造资金，用 3 年时间将筒子楼改造完毕。该资金按政府补助 2/3，学校自筹 1/3 的比例筹措。12 月 26 日，郑州大学举行第二批安居工程暨筒子楼改造开工奠基仪式，揭开了省直属高校筒子楼改造的序幕。到 1999 年底，各高校筒子楼改造工程基本完工，华北水利水电学院、郑州粮食学院、郑州航院、焦作工学院、郑州大学、河南大学、河南中医学院、河南师范大学、信阳师范学院、开封医专、南阳师专等几十所院校的数千名青年教师喜笑颜开，入住新房。这标志着经过一年的艰苦努力，备受全省社会各界关注的庞大的高校筒子楼改造工程提前完成，实现了"不把高校筒子楼带入 21 世纪"的目标。

高校筒子楼改造工程起步晚、工期短、任务重、要求高，绝大部分项目从设计开工到竣工只有 8 个月左右的时间，部分项目只有 6 个月的工期。由于坚持了提高认识与加压驱动相结合、国家补助与高校自身挖潜相结合、加强宏观管理与具体指导相结合、争抢工程进度与争创优良工程相结合等原则，政府与各高校将其作为一项政治任务来抓，将其作为"民心工程""德政工程"给予高度重视，工程进展非常顺利。为帮助部属、省部共建院校缩短办理工程手续的时间，尽快启动筒子楼改造工程，根据省长办公会的要求，郑州市政府、省教委在郑州纺织工学院、郑州工业高等专科学校、郑州航院联合召开了筒子楼改造现场办公会，简化手续，实行优惠政策。通过采取一系列行之有效的办法，确保了工程的进度和质量。

（四）建立、完善教师职务评聘制度

为建设一支数量充足、结构合理、稳定高效的教师队伍，做好教师队伍的培养、使用、考核和职务晋升工作，更好地落实党的知识分子政策，河南省实施了教师专业技术职务的评定、聘任制度。这项工作从 1985 年开始试点，到 1988 年基本完成首次评聘任务，并在以后成为一项经常性的重要工作。

根据中央和省职称改革领导小组的部署，河南省从 1986 年开始进行高等学校教师的职称改革工作。职称改革前，全省高等学校教师中（含部属院校）仅有教授 83 人，副教授 654 人，占高等学校教师总数的 6%；讲师4402 人，占 36%；助教 5806 人，占 48%；未定职称的 1165 人，占 10%。教授平均年龄为 73.6 岁，副教授平均年龄为 61.5 岁。教师队伍结构不合理，年龄老化、青黄不接的现象非常严重。为搞好全省教育系统职称改革工作，河南省成立了教育系统职称改革工作领导小组。到 1986 年底，省高校教师职务评审委员会通过对 20 所高等学校申报高级职称的教师材料进行

审议，最后评审出教授 324 名，副教授 1432 名，占各校上报人数的 93.6%。其中教授平均年龄为 52.9 岁，年龄最小的 40 岁；副教授平均年龄为 49.4 岁，年龄最小的 36 岁；由讲师越级晋升为教授的 13 名，由助教越级晋升为副教授的 3 名；还有 3 名自学成才的被评定为副教授。职称改革给全省高校带来了新的生机和活力，为深化高等教育教学改革，培养高质量的社会主义建设人才创造了良好的条件，使全省高校专业技术队伍的年龄结构、职称结构发生了明显变化。1987 年职称改革后，省属 33 所高校共有专业技术人员 15915 名，其中教授 430 名，副教授 2553 名，两项合计 3019 名，占专业技术人员总数的 18.97%，较职称改革前提高了 15.05%；讲师 3662 人，占专业技术人员总数的 23%。教授平均年龄 57.9 岁，较职称改革前下降了 15.7 岁；副教授平均年龄 52.9 岁，较职称改革前下降了 8.6 岁。高级专业技术职称比例大幅度上升，平均年龄明显下降，为高校的教学、科研等工作的开展奠定了坚实的基础。另外，河南省高校教师的职称评审工作严格按照专业技术职务施行条例和实施细则的规定进行，切实做到"坚持标准，保证质量，全面考核，择优晋升"，在充分考虑教师的政治条件、身体条件的前提下，以教师的教学、科研实际水平和履行教师职责的实际能力为依据。

这之后，河南高校的教师职务评聘工作逐步向规范化、制度化方向发展。按照河南省职称改革领导小组制定的《河南省专业技术岗位设置的原则意见》，积极创造条件，逐步过渡到科学合理设岗，建立正常的任职考核制度，不断完善考核办法，实行经常考核与阶段考核相结合，以定量考核为主，专家、党政领导考核和群众评议相结合的办法，对专业技术人员年度和任期内履行岗位职责情况进行全面考核，考核成绩记入考绩档案，作为续聘、解聘或晋升、奖惩的依据。高等学校在主管部门核定的岗位数额内，可以根据工作需要，在自然减员、人员调出和解聘等空出的岗位中评审和聘任教师职务。由于事业发展等原因，须增设教师职务岗位时，由学校提出增设岗位意见，经省教委审定后报省职称改革领导小组批准。

1992 年，经国家教委批准，同意河南省授予河南大学、郑州大学、河南医科大学、洛阳工学院 4 所高校副教授任职资格评审权。同时规定，这些学校的部分学科暂不具备副教授任职资格评审权。8 月 29 日，河南省印发

《河南省高等学校教授、副教授任职资格评审条件》。同月,省职称领导小组同意在郑州大学、河南大学、河南医科大学、河南农业大学、新乡医学院、郑州牧专 6 所高校副教授层次上进行专业技术职务任职资格评审与聘任分开的试点工作。

为加强科学技术的推广与普及,河南省还规定了推广型教授、副教授的任职条件,在农业院校进行了推广型教授、副教授的评聘工作。

(五) 完善教师奖励制度

全省上下贯彻落实《纲要》精神,以尊师重教为中心,在政治上信任教师,在工作上支持教师,在生活上关心教师,大力宣传教师中的先进人物和模范事迹,扎扎实实为教师办好事、办实事,以此作为落实教育战略地位的重要举措。

完善教师奖励制度,通过表彰和奖励,让那些为教育事业做出优异成绩的教师和教育工作者获得应有的精神和物质奖励,对在全社会进一步形成尊师重教的良好风尚,具有积极的意义。

1994 年,洛阳师专的叶鹏等本省师范专科院校的 65 位教师获得曾宪梓基金会师范专科院校教师奖。1997 年,河南省又有 67 名教师获得曾宪梓教育基金会师范院校教师奖,其中一等奖 1 名,二等奖 1 名,三等奖 65 名。1998 年,河南省又有 64 名教师获得曾宪梓教育基金会中等师范学校和教师进修学校教师奖,其中一等奖 1 名,二等奖 3 名,三等奖 60 名。

1994 年,经国务院批准,河南省教育系统有 99 名专家享受政府特殊津贴。1999 年,经国务院批准,人事部公布享受 1998 年政府特殊津贴人员名单,河南省高校又有 15 名教师获此殊荣,另有 5 名教师被批准为国家级有突出贡献的中青年专家。2000 年,人事部公布享受 1999 年政府特殊津贴人员名单,河南省高校有 23 名教师获此殊荣。

1996 年,根据河南省人民政府《河南省特级教师评选办法》,在市地推荐的基础上,经河南省特级教师评审委员会评审,并报省政府批准,授予 445 名中小学教师"河南省特级教师"称号。省教委印发《关于执行特级教师津贴的通知》,获得"河南省特级教师"称号的教师,享受每人每月 80 元的特级教师津贴,退休后继续享受,数额不减。1998 年,河南省又评选出 570 名中小学省特级教师。

1998 年，河南省教委授予刘淑琴等 115 名教师"河南省教育系统巾帼建功标兵"称号，授予河南大学幼儿园等 27 个单位"河南省教育系统巾帼建功先进单位"称号，授予河南师范大学幼儿园等 30 个岗位"河南省巾帼文明示范岗"荣誉称号。另外，罗山县教委主任、全国教育系统劳模李培模，以其突出贡献当选 1997 年度"河南省十大新闻人物"。1998 年度"河南十大新闻人物"评选，河南医科大学博士研究生导师王立东、栾川县叫河乡黑烟嶂村民办教师赵献光荣当选。

第六节　加大投入，为教育事业发展提供保障

为落实《纲要》和《〈纲要〉实施意见》，河南省在 20 世纪最后 8 年狠抓教育投入，力争做到年初安排财政预算时优先保证教育，平时执行预算时优先考虑教育，年终追加预算时优先照顾教育，基本保证了教育经费每年都有一定幅度的增长。随着教育体制改革的进一步深化，河南省逐步形成了以国家财政拨款为主，辅之以征收用于教育的税费、非义务教育阶段收取一定的学费、社会捐资、集资和设立教育基金等多渠道筹措教育经费的体制。教育投入的逐年增加，为各项教育事业的发展奠定了较为坚实的经济基础。

一　发挥政府投入的主渠道作用，财政预算内教育经费逐年增加

河南省教育经费总量的逐年增加，仍不能满足教育事业快速发展的需求，教育经费紧缺的状况依然存在。1993 年，全省财政预算内教育经费 28.69 亿元，比 1992 年的 25.08 亿元增加 3.61 亿元，增长 14%，其中教育事业费 25.6 亿元，较上年的 21.08 亿元增长 21%，但和全国生均教育事业费相比尚有相当大的差距（高校相差 693 元，中师相差 446 元，高中相差 111 元，城镇和农村初中分别相差 56 元和 47 元，城镇小学和农村小学分别相差 7 元和 60 元）。在教育经费支出构成中，增加的教育经费赶不上人员经费的增长，各级各类学校公用经费部分所占比例较前些年反而有所下降。

针对这种情况，河南省明确要求各级党委和政府要树立教育投资是战略性投资的观念，切实做到预算内教育经费的增长要高于财政经常性收入的增长，按在校学生人数平均的教育费用逐步增长，切实保证生均公用教育经费逐年有所增长。按此目标要求，河南省预算内教育经费逐年增加，到 1996 年，全省预算内教育经费达到 58.33 亿元，比 1995 年增加 13.39 亿元，增长 31.26%，其中教育事业费为 51.8 亿元，比上年增长 30.8%，预算内教育经费增长速度高于 29.5% 的财政收入增长速度 1.76 个百分点，教育事业费增长速度也高于财政收入增长速度 1.3 个百分点，各级各类学校生均事业费和公用经费部分也有较大幅度增长。

但从 1997 年开始，"三个增长"整体实现情况又有所回落。1997 年全省财政预算内教育经费 61.46 亿元，较上年增长 5.37%，低于财政收入增长速度 13.67 个百分点；教育事业费 53.56 亿元，较上年增长 4.20%，低于财政收入增长速度 14.84 个百分点。上述指标说明，虽然国拨教育经费和生均教育事业费逐年有所增加，但仍然存在着教育经费投入不足、"三个增长"未能实现等问题，公用经费紧缺的局面依然存在，进一步加大教育投入的任务依然很重。

经过各方面的工作和努力，1999 年全省教育经费总额达到 149.59 亿元，较 1998 年的 135.27 亿元增加 14.32 亿元，增长 10.58%。其中，国家财政性教育经费达到 100.93 亿元，较 1998 年的 89.45 亿元增加 11.48 亿元，增长 12.83%。当年全省预算内教育经费达到 78.86 亿元，较 1998 年的 65.55 亿元增加 13.31 亿元，增长 20.30%。其中，教育事业费拨款达到 67.63 亿元，较上年的 60.39 亿元增加 7.24 亿元，增长 11.99%。而 1999 年全省一般性财政收入为 221.9 亿元，较上年增长 6.6%，全省预算内教育经费及教育事业费的增幅分别高于 1999 年全省一般性财政收入增长幅度 13.70 个和 5.39 个百分点，实现了《教育法》规定的"教育财政拨款的增长应当高于财政经常性收入的增长"的要求。

2000 年，贯彻落实科教兴豫战略和第三次全国、全省教育工作会议精神，各级党委、政府制定了一系列增加教育投入的政策措施，全省教育事业得到较快发展。当年全省全口径教育经费达到 168.70 亿元，较 1999 年增加 19.11 亿元，增长 12.8%。其中国家财政性教育经费达到 113.44 亿元，较 1999 年增长 12.39%。分析教育经费结构的变化，反映出政府加大对教育投入的力度，国拨教育经费增幅较大，主渠道作用明显。在落实《纲要》提出的"三个增长"情况方面，实现了"地方政府拨款要高于财政经常性收入的增长"，但落实教育生均预算教育事业费支出逐年增长方面，有几项指标有所下降，原因是普通高中和普通高等学校连续扩招，在校生人数激增，造成了生均经费的下降。

随着财政预算内教育经费的逐年增加，基本上做到了"三个增长"，"九五"期间，全省各级政府对教育投入的总量达到 148.01 亿元，年均递增 14%，高于财政经常性收入 12%的递增比例。同时，各级各类生均教育经费也有大幅度增加，高校、职业学校、高中、初中、小学生均经费分别比"八五"末增加 1008 元、96 元、120 元、65 元和 64 元。但存在的问题是，受入学高峰、扩招及调资等因素的影响，各级各类学校公用经费紧张，使各级各类教育事业办学困难加大。另外，本省财政性教育经费占国民生产总值的比例一直徘徊在 2%左右，1999 年虽然有一定程度的增加，但始终无法恢复到 1994 年的 2.5%的水平，离省委省政府提出的目标差距较大。因此，切实增加教育投入，保证"三个增长"的实现，仍是制约本省教育稳定和健康发展的核心问题。

二 改革和完善投资、管理体制，提高教育经费的使用效益

（一）多渠道筹措教育经费

1993 年以后，河南省进一步改革和完善教育投资体制。在充分发挥各级政府和社会各方面对教育投入的积极性，逐步增加财政预算内教育经费拨款的基础上，多渠道筹措预算外教育经费，确保教育经费的稳定来源和持续增长。

1. 征足用好教育费附加

根据国家规定，城镇教育费附加按"三税"的 3%由税务部门负责征收，财政部门专户管理，按月拨给教育部门安排使用。农民按上年纯收入的 1.5%征收教育费附加（包括在农民负担的 5%以内），由地方税务部门负责征收，实行"乡征、县管、乡用"的体制，主要用于农村计划内民办教

师补贴和补充学校公用经费。教育费附加要专款专用，不得扣减、挪用，也不能因为征收教育费附加而减少预算内教育经费拨款。从河南征收的具体情况看，1993 年，全省征收教育费附加 7.45 亿元，比 1992 年增加 6.7%，其中农村教育费附加征收 5.97 亿元，支出 5.6 亿元，支出部分用于民办教师工资 2.89 亿元，用于弥补公用事业费不足 1.96 亿元，用于改善办学条件 0.47 亿元。教育费附加成为弥补国拨教育经费不足的重要来源。

随着城乡经济的繁荣和发展，河南教育费附加征收数额逐年增加，计 1994 年 9.17 亿元，1995 年 12.4 亿元，1996 年达到 17.45 亿元。但是，1997 年，全省征收教育费附加 17.18 亿元，比 1996 年有所减少，特别是城市教育费附加征收出现大面积下滑现象。省教委及时会同省财政厅、省地税局下发《关于切实加强我省城镇"三税"教育费附加征收工作的通知》，将"三税"教育费附加纳入各级地税部门目标责任制，同时，调整征收手续费，使 1998 和 1999 两年城镇教育费附加征收额大幅回升。1998 年，各级政府征收用于教育的税费有 17.83 亿元，其中城镇"三税"教育费附加 3.81 亿元，实际计征比例为 2.08%，农村教育费附加 13.78 亿元，实际计征比例为 1.38%。1999 年，全省征收用于教育的税费 16.85 亿元，其中城镇教育费附加 4.09 亿元，较上年增加 0.28 亿元，增长 7.35%，实际计征比例为 1.8%。但 1999 年农村教育费附加只征收 12.65 亿元，较上年下降了 1.13 亿元，全省欠征农村教育费附加 8.49 亿元，在 18 个地市中除新乡、濮阳、三门峡、许昌、驻马店 5 个地市外，其余 13 个地市农村教育费附加征收均出现大面积滑坡现象。究其原因，一是减轻农民负担大气候，客观上影响了农村教育费附加的稳步增长；二是乡村提留统筹"户清户结"征收方式的推广，客观上要求基层必须加大教育费附加的征收力度，而部分地方存在畏难思想，造成教育费附加不能足额征收，达不到省统一的 1.5% 的计征比例；三是管理体制不顺，挤占挪用严重，大部分地方实行的"乡征、县管、乡用"的农村教育费附加管理体制，在实际运行中出现一些漏洞，用农村教育费附加发放公办教师工资比较普遍。

2000 年，各级政府征收用于教育的税费 16.19 亿元，较 1999 年又减少 0.66 亿元。其中城市教育费附加 5.15 亿元，较上年增加 25.92%，实际计征比例为 2%；农村教育费附加 10.98 亿元，较上年减少 1.67 亿元，减少 13.21%。

2. 建立并规范非义务教育阶段收费制度

普通高等教育、普通高中、中等及以上职业教育等非义务教育阶段实行缴费上学，是世界上许多国家通行的做法。建立非义务教育阶段收费制度是为了改革教育成本分担机制，而不是为了减少教育经费的财政拨款，这已经逐步为全社会所接受。

随着河南高校和中等学校招生并轨改革的推进，制定科学合理的并轨收费办法和标准是做好这项工作的关键。收费的标准是按培养成本的一定比例确定的，也考虑到社会和学生家庭的承受能力。1996 年，经河南省教育、物价和财政部门的测算与共同协商，制定了"并轨"高等院校分专业的收费标准，即每生每年平均 2000 元，其中，25% 返还给学生，用于发放奖、贷学金。

1997 年，河南全省普通高校招生全部并轨，省定的收费标准是：1500~2500 元/（生·学年），以校为单位不超过 2000 元/（生·学年）；农林、师范、体育、航海、民族专业学生免缴学费，缴纳杂费 900~1100 元/（生·学年），以校为单位平均不超过 1000 元/（生·学年）；各类学校交纳住宿费 300 元/（生·学年）；各高校要从所收取的学费和杂费中拿出 20%~30% 以奖、贷学金和困难学生补助形式返还给学生。

1998 年，经省政府同意，全省普通中等专业学校招生全部并轨，省定的普通中专并轨生分科类收费标准为：艺术、体育类（含师范体、艺专业）2100 元/（生·学年），工科、医科类 1900 元/（生·学年），理科、政法类 1800 元/（生·学年），文科、财经、农林、师范类 1700 元/（生·学年），住宿费 300 元/（生·学年）。同年 9 月，省教育、物价和财政部门又联合下发了《关于规范普通高级中学和中等职业学校收费项目及标准的通知》并进行宣传，严格规范该类学校的收费行为。

有关收费政策的出台和标准的制定，使全省教育收费制度基本完善，项目和标准得以明确，保证了各级各类学校收费工作的顺利进行，也扩大了教育的经费来源，优化了教育经费的结构，有利于教育的长期和持续稳定发展。

3. 继续大力发展校办产业、勤工俭学和社会服务

20 世纪 90 年代以后，河南全省各级各类学校的勤工俭学和校办产业发展很快，并取得了前所未有的好成绩。适应社会主义市场经济发展的需要，各地注重贯彻执行《国营企业全民所有制转换经营机制条例》，切实转换校办企业经营机制，调整产品结构，提高产品质量，积极引进资金、技术，开发新产品，使校办企业在激烈的市场竞争中得到持续、稳步发展；90% 以上的中、初等学校开展了勤工俭学；勤工俭学和校办产业完成总产值、纯收入、人均年收入逐年增长。

河南省委省政府及有关部门非常重视和支持勤工俭学、校办产业工作，从各方面协调，为勤工俭学、校办产业的发展创造良好的外部环境。1993年，省税务局下发《关于对高等院校校办企业征免税问题的通知》，规定"除生产销售国家税法规定不准减免税产品的产品税或增值税和兴办'八小'企业的产品税或增值税、所得税以及从事商业经营、宾馆、招待所的营业税应按规定纳税外，对从事其他生产经营项目取得的收入，从 1991 年 1 月 1 日起到 1994 年 5 月 31 日止，给予免征产品税、增值税、营业税照顾"。高等院校的校办产业得益于税收优惠政策，出现了快速发展的好势头。继郑州大学建成科技园和商业一条街之后，河南农业大学在郑州市文化路又建立了农业科技一条街。1993 年全年河南高等院校新成立各类产业、公司 158 个，销售收入达 2.3 亿元，纯收入达 2500 万元，分别比 1992 年增长 64% 和 66%。

为保证校办产业的健康发展，1995 年 3 月，省教委会同省国税局、省地税局下发了《关于对全省校办企业进行界定的通知》等文件，要求各地按照界定条件，对所上报的校办企业逐级审核，最后由省教委、省国税局和省地税局终审，共确定 2134 户为当年界定合格校办企业，由省教委颁发了《校办企业证书》。1996 年又有 184 家校办企业通过界定认证。1996 年下半年，在各市、地推荐的基础上，省教委还验收评估了 16 个县（市、区）的校园经济，并于当年 10 月在济源市召开了全省校园经济现场会，总结和交流了"八五"期间全省中小学校园经济发展的成绩和经验，济源市、郑州市管城区、舞阳县、偃师市、浚县、邓州市、长葛市、开封县 8 个县（市、区）被命名为"河南省校园经济先进县"。1999 年，为贯彻落实教育

部发展校办产业文件精神，以素质教育为中心，加强学生生产实践教育基地建设，加快了全省农村学校校园经济的巩固和提高工作。当年全省中初等学校勤工俭学、校办产业完成总产值及营业额 31.6 亿元，勤工俭学总收益达到 5.73 亿元；校办工厂 3735 个，第三产业网点 19294 个，农、林、牧、副、渔基地 29376 个，拥有土地 17492 公顷。郑州、南阳、洛阳、商丘等市勤工俭学、校办产业纯收入均在 5000 万元以上。[①]

勤工俭学和校办产业的发展为教育事业提供了一定的经费支持，计 1993 年 1.79 亿元，1994 年 2.05 亿元，1995 年 2.44 亿元，1996 年 2.87 亿元，1997 年 3.23 亿元，1998 年 3.44 亿元，1999 年 3.47 亿元，2000 年达到 3.6 亿元。另外，各高校利用国家政策，通过招收委培、自费生，捐资助学，办实用人才班等社会服务形式，多渠道筹措高教经费。以 1993 年为例，全省高校共筹措预算外教育经费 1 亿元，其中郑州大学、河南大学、河南财经学院三校此项收入超过 1000 万元，另外，河南财经学院、洛阳师专、河南商专三校人均创收超万元。创收资金的增加，使高校的办学条件、教职工福利待遇和住房条件等有较大的改善与提高。

4. 鼓励与吸收社会力量集资办学、捐资助学

在积极推进"普九"的过程中，根据 1994 年河南省政府制定的《关于加强农村教育集资管理的通知》精神，农村实施义务教育学校的危房改造、修缮、新建校舍以及改善教学基本条件所需资金，由县、乡两级政府负责解决；县、乡两级要列入基本建设投资计划和财政预算，保证按计划拨付；投资不足时，经县一级政府审批，可以开展农村教育集资，按照批准的项目和范围专款专用，充分发挥投资效益。全省各地一方面随着财政收入的增长逐年加大对义务教育的投入，并依法做好农村教育费附加的征管工作；另一方面，对于教育财政拨款、农村教育费附加尚不能满足当地教育事业发展需要，现有校舍确属危房或不能满足当地义务教育阶段新增在校生规模需要时，本着"实事求是，因地制宜，量力而行，群众受益"的原则，既从发展农村教育的实际需要出发，同时也充分考虑人民群众的实际承受能力，以提供资金、物资、劳务等多种方式筹措，继续调动广大人民群众

---

① 王日新、蒋笃运主编《河南教育通史》（下），大象出版社，2004。

集资、捐资办学的积极性。信阳、驻马店、商丘、濮阳、南阳等地、市在群众自愿并经县级政府严格审批的前提下，合理引导和保持广大群众捐集资助学的积极性，使改善办学条件的工作取得较大的突破，加快了这些地区"普九"的进程。全省 34 个贫困县的农村教育集资，首先用在改造危房和维修校舍上，改善了办学条件。

20 世纪 90 年代中后期，适应全国减轻农民负担大气候的要求，全省集资办学工作较前几年有所减弱，但广大人民群众及港台同胞支持教育的热情仍然很高。1993 年，全省社会捐集资办学收入达 4.2 亿元，此后逐年大幅度增加，1994 年达到 6.64 亿元，较上年增长 58%；1995 年达到 14.25 亿元，较上年增长 115%；1996 年达到 18.67 亿元，较上年增长 31%。

海外捐资方面，其间影响最大的是香港知名人士邵逸夫先生，先后向本省教育事业捐款建设了几个项目：1993 年捐赠 200 万港元用于河南大学图书馆东馆工程建设，捐赠 950 万港元用于受洪涝灾害较重的信阳、驻马店两地区的部分中小学进行恢复建设；1995 年两次捐款共计 900 万港元用于郑州大学逸夫教学楼建设和全省 10 所中小学、一所师范学校的建设。

5. 积极争取和利用外资贷款

争取外资贷款也是多渠道筹集教育经费的重要举措。1993 年，河南省争取到世界银行 1050 万美元的师范教育发展项目贷款，全省有 12 所师范院校获得了数额不等的贷款款项，使各校获得了宝贵的发展资金，改善了办学条件。

1995 年，河南省向国家有关部委报送了关于世界银行"第三个贫困地区基础教育发展"贷款项目可行性研究报告，使本省 28 个扶贫攻坚县初步被世界银行确定为项目建设单位，贷款总额 2231 万美元。1996 年，该项目正式启动实施。经过认真研究，精心设计，安排落实配套资金，到该年年底，有 318 所学校开工建设，190 所学校建成，完成土建任务 25.4 万平方米，占总计划的 35%，购置课桌凳 4.6 万套，培训校长、教师 8900 人次，取得了较好的效果。1998 年是"贫三"项目实施的关键性一年，省教委会同有关部门下发《关于切实加强世行贷款"贫三"项目中后期管理工作的通知》，对项目建设工作提出明确要求，建立土建项目双月报制，及时了解各地动态，并积极落实各地政府配套资金，加快贷款资金的回补，使省级

1050 万元的配套资金及时下达，还完成了省级设备、图书的招标、采购工作，共招标采购教学仪器设备 14.98 万件、资金 3443.7 万元，图书 199.1 万册、资金 960 万元，两项共使用资金 4403.7 万元。河南省"贫三"项目的执行工作得到了世行专家和教育部的充分肯定。

6. 积极建设教育基金网络

通过积极推动三级教育（教师奖励）基金会网络建设和积极筹措各类教育（教师奖励）基金，河南省教育基金的募集、增值工作也取得了很大的进展。1996 年底，省、市（地）、县（市、区）三级教育基金会已筹措基金 7000 多万元，其中省级基金会拥有 1705.8 万元，市（地）县级基金会拥有基金 5854 万元。省级基金全年用于资助特困生和贫困地区中小幼教师培训、救助失学儿童、慰问困难教师、奖教助学、组织教师活动等支出 72.76 万元，共资助贫困地区培训优秀教师 150 名，救助失学儿童 214 名，扶持超长儿童成材 40 名，资助高校特困生 250 名。

1997 年，全省有 11 个市地建立了教育基金会组织，基金总量达 9000 万元，其中省级基金会拥有基金 1830 万元，市（地）县级基金会拥有基金 7100 余万元；郑州、洛阳、安阳、平顶山、南阳、商丘、信阳 7 个市地级基金会基金分别达到 210 万元以上。当年省级基金会用于各项教育公益事业的基金支出总额有 60 万元。省教育基金会还与河南教育报刊社拿出 15 万元联合评选 30 名优秀民办教师，并为他们办理了 100 万元为期一年的人身意外伤害保险。当年 7 月，本省还下发了《关于扶助贫困家庭儿童少年接受义务教育基金的管理意见》，决定在县级建立扶助贫困儿童少年接受义务教育基金，并对基金的筹集、管理、使用及监督、检查等做出了明确的规定。

从 1998 年开始，河南省中小学幼儿园教师奖励基金会积极开展优秀教师"园丁之家"活动，并配合省教委扶贫工作，向贫困地区捐赠物品，还出资慰问特困教师，协助有关方面做好教师节表彰奖励工作等。2000 年，省教育基金会组织人员赴洛阳、三门峡、焦作、济源、平顶山、驻马店、信阳、南阳、周口等市地调研，了解基金会工作情况，努力探索市场经济条件下基金募集、管理的新渠道，为基金会的健康发展奠定了基础。另外，2000 年河南省加快了教育融资体制的改革，全省高校协议利用国内各大商业银行信贷资金 58 亿元，实际到位资金 13.5 亿元，通过举债发展，运用金融手段来发展高等教育事业，拓宽了经费来源渠道，实现了高校办学模式的新突破。

完善"以国家财政拨款为主，多渠道筹措教育经费为辅"的体制，推动了河南全省教育投入体制的改革，实现了办学主体和投资主体的多元化，使全省教育投入大幅度增长，较大程度上弥补和缓解了教育经费紧张的状况。"九五"期间，全省教育财政拨款达到287亿元，用于"普九"的捐资、集资达80亿元。其中1998年全省多渠道筹措教育经费61.98亿元，相当于同期国拨教育经费的97.48%。教育投入的增加，促进了各级各类学校办学条件的改善，教学仪器设备、图书资料得到进一步充实。2000年，全省小学生均建筑面积达3.9平方米，初中生4.9平方米，高中生10.3平方米。通过"普九"验收的初中、小学实验仪器设备和体育器材都达到了国家规定的三类标准，不少学校还达到了二类以上标准。全省小学、初中生均图书分别达到12.5册和25.5册。广大农村"最好的房子是校舍、最美的环境是校园"已经成为比较普遍的现象。特别值得提到的是，不少小学建起了计算机房，学生可以上机学习，具备了信息技术教育的条件，在中小学普及信息技术的工作已经开始分步骤实施。

（二）改革教育经费管理体制

根据《纲要》和《教育法》的规定，河南省对原有的教育经费管理体制进行了改革，具体措施是：教育经费纳入地方政府预算并实行单列，使教育事权和财权相统一；各级教育部门提出年度教育经费预算建议，由同级财政审核平衡列入预算，经同级政府和人大批准后由教育部门具体安排使用。实行这种体制，农村实施义务教育的各类学校公办教师的工资，一般由县级财政负责支付，经济发达的农村也可以由乡级财政负责支付；民办教师的工资属政府支付部分，由县级财政负责，乡筹部分，在征收的教育费附加中支付；实施义务教育的各类学校年生均公用经费定额，由省级政府制定标准，县级财政负责筹款；城乡实施义务教育学校的新建、改建、扩建和危房改造所需资金，由各级政府列入基本建设投资计划。

新的教育经费管理体制的运行，既保证了教育投入的落实，也促进了教师工资的按时足额发放工作。教育投资体制改革也有利于实现教育投入的多元化，在一定程度上减少存在的教育资源浪费现象，使宝贵的资金真正用在教育上。

　　河南省各级政府和教育部门在积极拓宽筹资渠道、增加教育投入的同时，加强了对经费的使用管理：一是建立健全教育经费管理制度，使来自各个渠道的经费都有明确的收支制度，特别是对来自社会各方面的集资、捐资，加大透明度；二是进一步理顺教育经费和教育费附加征收管理体制，防止和杜绝挪用教育经费现象，使教育经费完全用在教育上；三是加强对教育经费使用的监督检查，切实做到专款专用。上述措施的落实，有效地提高了教育经费的使用效益。

第四章　进入新世纪的河南高等教育

第一节　规模扩张（2000~2019 年）

进入新世纪，河南的高等教育进入了高速发展时期，其规模的扩张一直持续了 20 年。在 1999~2000 学年，全省共有普通高等学校 56 所，毕业生 3.99 万人，招生 7.88 万人，在校生 18.55 万人。高校教职工 4.34 万人，其中专任教师 1.88 万人；占地面积为 1697.71 万平方米，校舍建筑面积 762.20 万平方米；一般图书 2316.87 万册；高等教育毛入学率为 7.30%；每万人中普通高等教育在校生数只有 19.76 人。1999 年扩招后，河南省高考录取率为 40%，低于全国平均水平 10 个百分点，低于北京、上海 30 多个百分点。在人才培养特别是高层次人才培养上，河南同先进地区的差距越拉越大。面对这种情况，省委省政府全力推进，教育行政部门积极作为，各高等学校和社会各界共同努力，齐心协力打翻身仗。20 年后，到 2017~2018 学年，学校数增加到 134 所，毕业生为 50.41 万人，招生 84.20 万人，在校生达到 247.81 万人。高等教育毛入学率达到 41.78%。每万人中普通高等教育在校生数达到 210 人，比 20 年前增加了 10 倍。

20 年间，河南高等教育在校生数增加了 229.26 万人，平均每年增加 11.46 万人，这样的增长速度远远高于全国平均增长速度。河南的高等教育规模，在 21 世纪的前 20 年实现了历史性扩张（见表 4-1、表 4-2）。

表 4-1　2000~2001 学年至 2018~2019 学年河南高等教育发展情况（一）

学年	学校数（所）	招生（万人）	在校生（万人）	毕业生（万人）	毛入学率（%）
2000~2001	52	11.69	26.24	4.17	8.7
2001~2002	64	14.01	36.91	4.61	12
2002~2003	66	16.61	46.80	7.12	13
2003~2004	71	19.02	55.72	10.90	14.1
2004~2005	82	37.37	92.72	13.43	16
2005~2006	83	38.81	108.94	25.01	17.02
2006~2007	84	44.95	127.27	25.02	18.30
2007~2008	82	46.18	138.93	26.72	19.68
2008~2009	84	56.74	156.26	30.25	20.50
2009~2010	99	57.61	170.04	33.41	22.02
2010~2011	107	60.66	177.68	38.25	23.66
2011~2012	117	60.17	181.53	43.30	24.63
2012~2013	120	65.85	190.80	43.53	27.22
2013~2014	127	67.47	200.02	45.02	30.10
2014~2015	129	69.22	219.30	44.53	34.00
2015~2016	129	72.47	227.50	46.58	36.49
2016~2017	129	73.80	235.44	48.69	38.80
2017~2018	134	84.20	247.81	50.41	41.78
2018~2019	140	70.87	214.08	55.99	45.60

资料来源：根据 2000~2019 年《河南省教育统计提要》整理而成。

表 4-2　2000~2001 学年至 2018~2019 学年河南高等教育发展情况（二）

学年	专任教师（万人）	占地面积（万平方米）	校舍建筑面积（万平方米）	一般图书（万册）	每万人中平均在校学生数	
					高等教育（人）	普通高等教育（人）
2000~2001	2.02	1963.33	910.50	2647.87	46	28
2001~2002	2.46	2952.77	1259.75	3298.06	60	39
2002~2003	2.85	3773.10	1543.73	3539.70	76	49

续表

学年	专任教师（万人）	占地面积（万平方米）	校舍建筑面积（万平方米）	一般图书（万册）	每万人中平均在校学生数	
					高等教育（人）	普通高等教育（人）
2003~2004	3.33	5264.72	2076.10	4307.94	110	58
2004~2005	4.18	6331.37	2458.70	5520.02	132	73
2005~2006	4.63	6770.17	2714.92	5995.33	150	88
2006~2007	5.29	7182.61	3103.53	7095.14	171	100
2007~2008	5.88	7914.11	3527.19	8093.61	199	112
2008~2009	6.49	8722.48	3715.12	9099.18	218	126
2009~2010	7.15	8952.88	3980.81	10050.64	230	138
2010~2011	7.75	9352.04	4337.21	11038.59	233	146
2011~2012	8.20	9837.98	4688.79	11921.80	227	144
2012~2013	8.60	10231.61	5010.89	12506.98	246	149
2013~2014	9.09	10612.45	5395.75	13343.50	—	153
2014~2015	9.51	10840.65	5467.39	14092.05	—	178
2015~2016	9.80	10946.46	5705.10	14818.68	—	187
2016~2017	10.27	10837.53	5665.93	15740.95	—	197
2017~2018	10.84	11079.40	5920.64	16444.31	—	210
2018~2019	11.54	11575.85	6262.42	17600.00	—	224

资料来源：根据2000~2019年《河南省教育统计提要》整理而成。

一 政府推进

河南高等教育的发展，主要源于全省经济社会发展对高层次人才的需求，取决于国家发展高等教育的大环境，其中最重要的动力，是省委省政府的推动。

（一）高度重视

（1）2000年1月26日，时任副省长陈全国在全省教育工作会议上强调要大力发展高等教育。当年国家计划扩招20万人，河南省计划扩招2万人。

经过连续两年扩招，全省高校在校生净增 10 万人，高等教育发展势头很好，同时也给高等学校的教学、管理、后勤等工作带来了很大压力。为此，必须采取有针对性的措施，确保高校扩招工作的顺利完成。一是各高校要进一步挖掘潜力，千方百计解决好因扩招带来的学生食宿等问题。郑州、开封、洛阳、新乡等高校相对集中的城市已经规划的高校学生生活园区要尽快开工，尽早投入使用。二是在继续保持财政对高等教育经费投入增长的同时，逐步适当扩大学生学费所占培养成本的比例，建立起由国家、学校和学生家长或个人共同合理分担高等教育培养成本的机制。三是要解决好贫困学生就学问题。建立和完善贫困生救助机制，各高校要完善助学金、奖学金、助学贷款、困难补助、勤工俭学等配套措施，确保每一个学生都不因贫困而失学。同时，要大力发展职业教育，广泛开展成人教育，促进各级各类教育协调发展。要利用现代化技术手段积极发展远程教育，不断扩大社会成员接受教育的机会，为河南经济建设和社会发展培养更多的人才。

时任河南省教育厅厅长王日新在会上指出，在 1999 年扩大招生的基础上，2000 年全省各类高等教育年度招生规模安排 16 万人左右，较上年增长 18.5%。其中，普通高校招生 10 万人左右，比上年增长 25%，普通高考录取率要达到 40% 以上。主要工作上，按照"共建、调整、合作、合并"的八字方针要求，通过优化组合，减少数量，扩大规模，提高效益，组建郑大、河大等几所骨干学校；到 2005 年，使本科院校在校学生由目前校均 5787 人增加到 10000 人左右，专科学校由目前校均 2033 人增加到 4000 人左右；调整结构，积极发展本科教育和研究生教育。当年力争能有 5 所左右专科学校升格为本科。到 2005 年，本科院校由 18 所发展到 25 所左右。同时要大力发展高等职业教育和开放式教育；加快三级师范向二级师范的过渡。当年中师招生要在上年已经压缩到 15000 人的基础上再压缩 5000 人左右，同时扩大师范专科和本科的招生规模，逐步建立以独立设置的师范院校为主体、其他高校参与、教师来源多元化的新格局；完成第三批部属在豫院校的管理体制调整工作，使调整后的 4 所普通高校、1 所成人高校及 30 多所中专和技校平稳过渡；依法落实高等学校的办学自主权，属于高等学校的权力，如招生、专业设置、教师职务评聘、机构设置、干部任免等，要坚决下放给学校。

（2）2001 年 8 月 1 日，河南省人民政府《关于加快高素质人才培养的实施方案》提出高等教育的发展目标：到 2005 年，全省高等学校学生达到 110 万人以上，年均增长 13.1%，高等教育毛入学率由现在的 8.7% 增长到 13% 以上。其中普通本、专科在校生翻一番，达到 50 万人以上，在校研究生达到 1 万人以上，普通高等学校在校生年均增长 15%。全省高校硕士学位授权点由现在的 281 个发展到 350 个左右，博士学位授权点由现在的 15 个发展到 35 个左右。努力使郑州大学成为国家重点高校、河南大学进入全国先进高校行列。

要加强重点学校重点学科和重点实验室建设。重点建设郑州大学和河南大学。2003 年前，多渠道筹措资金 10 亿元，加大对郑州大学建设的支持力度；多渠道筹措资金 6 亿元，加大对河南大学建设的支持力度。重点是加强两所学校新校区基本建设，重点学科、重点实验室建设和教师培养、培训工作。加快高等学校重点学科建设步伐。重点建设郑州大学的材料加工工程、河南大学的中国现当代文学、河南农业大学的农业生物环境等 27 个省级重点学科。努力争取有学科进入国家重点学科行列，实现零的突破。同时，选择 20 个左右的学科，争取将其建成博士学位授权学科。加强重点开放实验室建设。进一步加强郑州大学的激光应用技术、河南农业大学的可再生能源、河南师范大学的生物工程等 4 个重点实验室，郑州大学的橡塑模具工程中心、河南农业大学的国家小麦工程技术推广中心 2 个国家工程中心和郑州大学的离子束生物效应研究、河南大学的润滑与功能材料、河南农业大学的农业生物技术与工程、河南师范大学的环境科学与工程等 11 个高校重点开放实验室建设。重点支持其中的 5 个实验室，力争达到国家级重点实验室标准。

实施普通高等学校"扩容"建设工程，实现普通高等教育在校生翻一番的目标。扩大现有普通高等学校特别是普通本科院校的容量，使普通高等学校校园占地面积由 3 万亩扩大到 5 万亩，校舍建筑面积由 900 万平方米扩大到 1500 万平方米，教学仪器设备总值由 14 亿元增加到 30 亿元，图书由 2600 万册增加到 5000 万册。要加快高校基础设施建设，重点建设教学用房、实验用房和藏书用房，着力改善重点院校、重点学科的教学、科研基础条件。在高校比较集中的郑州等地建设高校园区。集中力量支持郑州大学、河南大学新校区建设。重点支持河南师范大学、河南农业大学、焦作工学院、洛阳工学院、华北水利水电学院、河南职业技术师范学院、新乡医学院、信阳师范学院、郑州工程学院、中原工学院、南阳师范学院、洛阳师范学院、商丘师范学院、安阳师范学院等 15 所高校的扩建项目。

提供基本的办学条件，新增校园占地 2 万亩、校舍 600 万平方米、16 亿元的教学仪器设备和 2400 万册图书，共需投入 130 亿元。根据河南的财力情况，仅仅依靠政府投入不能满足高等教育快速发展的需要。因此，在保证政府财政投入主渠道的前提下，必须通过走改革创新之路，拓宽教育筹融资渠道，建立高等教育事业发展的经费支撑体系。

各级政府要加大对高等教育的投入力度，切实落实《教育法》规定的教育经费的"三个增长"以及河南省确定的从 1999 年开始，连续 5 年省级财政支出中教育经费所占比例和省级教育基本建设投资占本级基本建设投资比例每年提高 1.5 个百分点的政策，预计可筹措用于增加普通高校办学资源的经费 15 亿元。各省辖市政府也要参照省管同类高等学校的经费标准执行，加大对所办高等学校的投入。

1999 年高校扩招后，随着入学人数的增加，高等教育规模的扩大，长期以来"精英教育"的模式被打破，高校在招生、新生报到、毕业生就业等方面都发生了一些变化。扩招前，本科高校报到率几乎是 100%，专科也都在 90% 以上。2001 年，专科整体报到率只有 70% 左右，少数市属高职高专报到率只有 30% 左右，已经开始出现本科报到率降低的趋势。2001 年，就有一所本科高校报到率仅为 80%。从学生的就业率来看，2001 年，河南省普通高校非师范专业毕业生首次就业率仅为 49.2%，其中，本科为 69.2%，专科仅为 31.7%。连续三年的高校扩招使高等教育投入不足的矛盾更加突出，师资力量不足的矛盾更加突出，优质教育资源不足的矛盾更加突出。2001 年，河南省普通高等学校在校生人数为 36.9 万人，较 1998 年的 14.6 万人增长 154%，年均递增 36.2%，而同期预算内事业性教育经费拨款从 1998 年的 8.54 亿元增长到 2001 年的 12.65 亿元，增长 48.2%，年均递增 14%，明显滞后于高等学校规模的扩张速度。三年扩招，净增在校生 22.3 万人，按每增加一名普通本专科学生应增加投入 4.23 万元计算，应该增加投入 94.34 亿元，实际教育经费投入仅 61 亿元，缺口 33 亿元，如扣掉新增教育资源折合的经费，缺口将达 50%左右。高校师生比，1998 年为1：7左右，2001 年达到 1：18 左右，低于教育部规定的 1：14 的比例。2001年，全国省属高校 1114 所，河南省 64 所，居第 1 位。高校在校学生数，本科居全国第 12 位，专科居第 3 位。尽管全省高校数量增多了，招生规模扩大了，但是本科高校少、知名度高的高校少；国家重点学科虽然实现了零的突破，但在全国 800 个重点学科中河南省仅有 3 个，优质高等教育资源显得更加短缺。针对这种情况，省教育厅及时调整发展战略。2002 年安排招生 16 万人，较 2001 年增长 15%左右，增幅虽然有所下降，但仍然大大高于全国 5%的增幅，是一个较高的发展速度。受投入和招生条件的限制，以后三年招生增幅虽有所下降，但在校生绝对人数仍快速持续增长，2002 年招生增加 2 万人，在校生仍净增加近 10 万人。

关于审批增加高校数量，教育厅也有方案。新设或升格高校要进入正常的发展阶段，既不会停止审批，也不会像前三年大扩招时期那样大批量地增加。教育部党组决定，由每年受理一次申办高校改为两年受理一次。2002 年，国家不再受理河南省的各类升格学校的申报，仅受理西部地区。河南适时修订高校布局调整和发展规划。按原规划，"十五"期间，全省本科院校发展到 25 所左右，高职高专发展到 50 所左右，加上一些成人高校举办普通专科班，将会有近百个招收普通本专科学生的高等教育机构，基本可以满足既定招生计划的需要。根据扩招的需要和地方经济社会发展的需求，各地、各系统申办高校的热情很高，省教育厅将根据需要继续审批和向教育部申报新设立和升格高校，但是要有计划、有步骤地进行，以防止出现低水平的重复建设。

2004 年 3 月 22 日，中共河南省委、河南省人民政府发布《关于加快高等教育改革与发展的意见》，要求实现高等教育发展规模的新跨越。到 2010年，全省高等教育毛入学率达到 21%，接近全国平均水平，民办普通高等教育占普通高等教育在校生的比例努力达到 25%左右。到 2020 年，高等教育毛入学率达到 32%以上，高于全国平均水平，民办普通高等教育占普通高等教育在校生的比例达到 40%左右。

（3）2003 年全省高等学校达到 95 所，其中普通高等学校 71 所。高等学校在校生规模达到 106.6 万人，其中普通高等学校在校生 55.7 万人，分别是 1998 年的 2.1 倍和 3.8 倍。普通高等学校在校生 5 年平均增幅 26.2%，比全国平均水平高 4.7 个百分点，这对河南是一个历史性的突破。高等教育布局和结构得到调整优化。合并、组建了新的郑州大学、河南大学和河南科技大学，全省 18 个省辖市都布局了高等学校，新建了一批经济和社会发展急需的学科和专业。高等教育办学水平进一步提高。重点高校、重点学科、重点实验室建设取得突破性进展，结束了河南没有国家重点高校、重点学科和重点实验室的历史。高层次人才培养能力增强，高校博士学位授权点由 1998 年的 13 个增加到 35 个，仅 2002 年就增加了 20 个，硕士学位授权点由 197 个增加到 455 个。普通本科院校专任教师研究生以上学历的达32%，在省属高校工作的"两院"院士从 1998 年的 1 人增加到 19 人，并实现了河南省本土培养院士零的突破。全省高校已有 38 位特聘教授。高等教育投入大幅度增长。1998~2002 年，全省财政预算内教育经费支出年均增长15.5%，高于同期全省财政经常性收入增长 3.6 个百分点，其中 2001 年、2002 年全省预算内教育经费支出占全省财政支出的比例分别达 22.9% 和22.4%，分别居全国第 2、第 3 位。1999 年以来，全省高校累计投入 231.3亿元，五年来省级财政每年新增收入 50% 以上用于高等教育。在河南这个经济并不发达、财政支出压力很大的内陆省份能做到这一点，表明省委省政府和各级党委政府对高等教育的高度重视。办学资源大幅度增加。全省高校占地面积由 1998 年的 2.4 万亩增加到 2003 年的 8.64 万亩，校舍建筑面积由 782.3 万平方米增加到 2206.1 万平方米，固定资产总值由 37 亿元增加到 151 亿元。办学体制改革不断深化。民办高等教育得到较快发展，全省民办普通高校发展到 8 所，高校与知名企业合办的独立学院达到 8 所。

尽管如此，河南高等教育的发展同先进省市相比，同全省经济社会发展的需要相比，同近亿人口对高等教育的需求相比，还存在较大差距，高等教育整体实力比较薄弱的状况还没有得到根本改变。全省高等教育毛入学率虽然由 1998 年的 6% 提高到 14%，但仍低于全国 17% 的平均水平，尚未进入"大众化"阶段；高层次人才培养能力不足，博士点、硕士点数量偏少，与河南人口大省的地位不相称，还没有建立一所研究生院；高等教育投入与需求的矛盾还比较突出；高等教育办学体制改革、结构调整和重点学科、重点实验室建设的任务还十分艰巨。针对这种情况，2004 年省委省政府采取有力措施，全力推进高等教育发展。

2004 年 2 月 27~28 日，省委省政府在郑州召开全省高等教育工作会议。这是河南省历史上第一次由省委省政府召开的高等教育工作会议。时任省委书记李克强、省长李成玉分别做了报告，时任教育部部长周济率有关司局负责人亲临会议并讲话。会议对河南高等教育近年来取得的经验做了认真系统的总结，对存在的问题进行了深入客观的分析，围绕河南省全面建设小康社会规划和实现中原崛起宏伟目标的要求，对河南省高等教育到 2010 年的发展目标、工作重点、具体任务进行了整体部署。会后形成了《中共河南省委、河南省人民政府关于加快高等教育改革与发展的意见》（豫发〔2004〕5 号）及其他 9 个配套文件。

李克强在讲话中强调，河南省委省政府决定召开这次重要会议，就是要认真总结全省高等教育发展的经验，研究和解决存在的问题，推动高等教育持续快速协调健康发展，进一步动员全社会高度重视教育、重视人才，通过发展高等教育，为实现中原崛起提供强有力的支撑。李克强指出，高等教育肩负着人才培养、科技创新和社会服务的重要使命，其发展规模和水平不仅代表着一个地方人才培养的能力和科学技术发展的水平，也是提高竞争力、促进经济社会快速发展的支撑力量。无论是从全省经济社会发展需要，还是从河南教育的实际情况来看，加快高等教育的发展都是一项十分重要的任务。从总体上看，河南基础教育发展是比较扎实的，这为我们大力发展高等教育奠定了坚实基础。基础教育的发展是高等教育发展的保证，高等教育的发展能够带动基础教育的发展。我们要正确处理发展基础教育、职业教育和高等教育的关系，在毫不放松抓好基础教育，不折不扣落实农村教育"保工资、保运转、保安全"和教育经费"三个增长"（即政府教育财政拨款的增长应当高于财政经常性收入的增长，并使按在校学生人数平均的教育费用逐步增长，保证教师工资和学生人均公用经费逐步增长）的同时，把发展高等教育放在更加突出的位置。目前，河南已经形成了国家、省、市以及社会力量共同举办高等教育的格局。省里要继续重点抓好高等教育的发展，各市也要转变观念，与时俱进，适应形势发展的需要，把发展高等教育作为一个重要方面，切实加强指导，统筹协调，加大投入，推进高等教育的改革和发展。李克强要求，继续扩大教育规模，就是要通过努力，到 2010 年使全省普通高校在校生规模达到 100 万人以上，高等职业教育规模大幅度增长，高等教育毛入学率达到 20% 以上。努力提高教育质量，就是要通过长期不解的奋斗，到 2010 年建成 1~2 所在全国知名、在省内有重大示范带头作用的高水平大学，建成若干个国家重点学科和重点实验室；普通高校本科生比例超过一半，研究生数量翻两番，高职学生大幅度增加；高校教学水平全面达到国家评估标准，人才质量适应经济社会发展的要求。

在高等教育发展的各方职能方面，李克强要求，要转变政府管理高等教育的职能，依法落实高等学校的办学自主权。各级党委、政府和各有关部门要认真贯彻《高等教育法》，依法落实高等学校的办学自主权，改革管理方式，减少直接管理，使其成为真正的独立法人和市场主体。高等学校根据实际需要和精简、效能的原则，在机构和编制限额内，自主确定教学、科研等内部组织机构的设置，自主决定人员进出，在核定的学科门类内自主设置、调整专业。高等职业学校在政府指导下试行自主制定招生计划，自主招生录取。建立有利于民办高等学校和独立学院发展的招生新机制。高等学校增强自我约束、自我完善和自我发展的能力，面向社会和市场寻求自我发展空间，深化内部改革，增强办学活力。要根据自身条件和特点，准确定位，在办学特色上狠下功夫。各高校要坚持社会主义办学方向，以"三个代表"重要思想统揽各项工作，以高度的政治责任感和使命感，抓好对大学生的思想政治教育，帮助他们树立正确的世界观、人生观、价值观，高度重视并抓好在大学生中发展党员的工作。切实加强高校领导班子建设、党的基层组织建设、党员队伍建设和干部培训工作，为高等教育的改革发展提供坚强的组织保证和政治保证。要紧密结合师生的实际，做好经常性的思想政治工作，确保高校的稳定。各级党委、政府和学校、金融部门要继续做好高等学校家庭经济困难学生的资助工作，通过"奖、贷、助、补、减"等多种途径，确保高校学生不因家庭经济困难而失学。随着高校不断扩招，毕业生越来越多，要高度重视和做好高校毕业生就业工作，抓紧完善各项相关政策，进一步消除就业方面的一些政策障碍，引导社会、学生、家长转变就业观念，鼓励和支持高校毕业生多元就业、自主创业，到基层、农村和艰苦的地方去干事创业。要把就业指导和思想教育贯穿于学生教育的全过程，增强毕业生的就业和创业能力。

高等教育的发展是一项事关全局、事关长远的事业，省、市两级党委、政府都要切实加强对高校工作的领导，重视研究高等教育面临的新矛盾、新问题，协调解决改革发展中的实际困难和突出问题。各有关部门要进一步转变观念、转变职能、转变作风，多做促进高等教育发展的事情，多一些服务和帮助，少一些不必要的限制和束缚，切实为高校改革发展创造良好环境，使高校成为当地高级人才的聚集地、科技创新的高地和知识的散发地。各市都要重视本地高等教育的发展，帮助高等院校排忧解难，把高等院校建成代表本地经济社会发展水平的标志性场所。

李成玉在总结了全省高等教育发展的成绩后，对今后一个时期高等教育要抓好的重点工作进行了安排。一要进一步深化改革，激发高校内在的发展活力。二要着力提高教育质量，全面提升办学水平。三要努力提高科技创新能力，加快科技成果转化步伐。四要进一步调整结构，优化高教资源配置。五要进一步放宽政策，鼓励社会力量办学。六要进一步拓宽融资渠道，调动各方面投入的积极性。七要进一步强化责任，重视毕业生就业指导工作。

李成玉对国际国内经济和教育形势进行了分析，认为今后一个时期，河南高等教育面临着新一轮的发展机遇。从国际因素看，经济全球化步伐加快，国际教育文化交流加强，有利于河南利用国外优质教育资源发展高等教育。从国内环境看，国家继续实施科教兴国战略，全国新一轮的经济发展越来越围绕人才竞争展开，必将更加突出教育的全局性、基础性、先导性地位，要求我们必须加快高等教育的发展，培养出更多的适应社会需要的高素质劳动者和高层次人才。经济结构的战略性调整和产业结构优化升级，有利于高等教育结构的适时调整。从河南情况看，全面建设小康社会、实现中原崛起，需要高等教育提供强有力的人才保证和智力支持。而且，近年来河南经济实力不断增强，为高等教育发展打下了较好的基础。同时，河南高等教育本身经过近年来的努力，厘清了思路，积累了经验，形成了加快发展的良好氛围。大家一定要统一认识，珍惜来之不易的好形势，抓住难得的发展机遇，增强责任感和紧迫感，努力实现河南高等教育发展的新突破。要切实加强对高等教育工作的领导。河南在新一轮的发展中，能不能抓住先机、加快发展，关键在人才，尤其是高层次人才。各级党委、政府要充分认识到发展高等教育的重要性和紧迫性，切实把高等教育的发展列入重要议事日程，认真贯彻落实促进高等教育发展的各项政策措施。省里成立的河南省科技教育领导小组要统筹协调、研究解决高等教育发展改革中的重大问题。坚持实行主要领导联系高等学校的制度，经常深入高校进行调查研究，认真帮助高校解决发展中遇到的实际困难。要坚持和完善党委领导下的校长负责制，切实加强高校领导班子建设，加强和改进高校思想政治工作，高度重视高校的稳定，确保高校的改革和发展顺利进行。

为此明确要求，一要大力营造高等教育发展的良好环境。要进一步简政放权，把政府教育管理的职能转到主要为办学主体服务和创造良好的发展环境上来，大力精简涉及高校发展的行政审批事项，赋予高校更多的办学自主权，充分调动高校这个办学主体的积极性。各有关部门要统一思想，形成合力，大力支持高校发展。发展改革部门要把高等教育发展纳入经济社会的总体规划，放在优先地位给予支持；财政部门要发挥公共财政的作用，加大对高等教育的投入；教育部门要积极推进高等教育的各项改革，主动协调解决高校发展中的矛盾和困难，并就这次会议的贯彻落实情况进行督促检查；新闻部门要充分发挥舆论导向作用，努力营造全社会关心、支持高等教育改革发展的良好氛围；建设、土地、环保、人事等有关部门要结合本部门实际，切实履行自己的职责，努力为高等教育的发展营造良好的环境。目前，有不少高校反映，一些行政部门检查、评比多，在一定程度上影响了高校工作的正常开展。要采取有效措施，切实减少不必要的检查、评比，对乱检查、乱摊派、乱收费、乱罚款的部门和人员，一经发现，要从严查处，追究有关领导的责任。

二要把促进高等教育发展的政策落到实处。这次会后，将尽快印发省委省政府《关于大力推进高等教育持续快速健康发展的决定》及一些配套文件。这些文件对今后一个时期河南高等教育的发展具有重要的指导作用。下一步工作的关键是结合各自实际，拿出具体贯彻意见，精心组织实施，责任到人，奖惩到位，不折不扣、一项一项地抓好落实。省委省政府下这么大气力抓高等教育发展，决不能开完会、发完文件了事，必须抓出成效，达到促进高等教育加快发展的目的。有关领导和主要负责同志决不能大而化之，要扑下身子抓落实，把工作的着力点放在解决事关高等教育改革发展稳定的重大问题上，放到解决事关高校教师、学生切身利益的实际问题上，创造性地开展工作，一个高校一个高校地落实好省委省政府促进高等教育发展的政策。高校的领导一定要有历史使命感，进一步解放思想，更新观念，尤其要摒弃在传统计划体制下形成的"等、靠、要"思想，自我加压，主动创新，大胆改革，大胆实践，切实在提高教育质量、调整学科结构、加快产学研结合、服务经济社会发展等方面取得实质性进展。要不断提高高等教育的管理水平。近年来，在高等教育快速发展和高校后勤社会化改革加快推进的情况下，河南高校管理工作总体是好的。但是由于高校规模扩大、校区扩展、学生人数增多、后勤服务机构转制，师生员工的工作、学习、生活和思想方式发生了很大变化，高校管理的难度和复杂程度大为增加，工作中也暴露出不少问题，尤其是出现了一些教师不思教学、部分学生不思进取的现象。对此，我们要在加快发展的同时，加强高校的规范化管理。高校的负责同志要切实注重加强高校自身建设，减少不必要的会议和考察，腾出更多的时间和精力，完善各项规章制度，加强内部管理。要熟悉和掌握教师、学生各方面的情况，增强管理的针对性和实效性，使管理更科学、更民主、更细致。只有敢于管理、严格管理，才能带出好校风、好学风，才能出更多的优秀人才和科研成果。

时任副省长贾连朝在总结讲话中提出了高等教育发展中应着重强调的几项重点工作和问题。

一是关于对高等教育规模和质量的认识问题。

第一，坚持辩证观点。要以历史的、辩证的观点来看待河南高等教育的规模和质量问题。更加重视教育质量这一提法，它的前提是继续扩大招生规模，坚持质量和规模并重。第二，坚持实事求是的观点。当前，教育部对高等教育提出了"巩固、深化、提高、发展"八字方针，河南提出规模与质量并重，这是符合八字方针的，也是根据河南高等教育的现状实事求是提出来的。第三，要坚持发展观念。始终坚持用发展的办法来解决高等教育中存在的问题。

二是关于高等教育发展布局问题。在今后的高等教育发展中，要继续扩大教育规模。扩大高等教育规模主要通过发展民办高等教育和社会力量办学来实现，同时要大力发展职业教育。

三是关于高水平大学和重点学科建设问题。把郑州大学、河南大学建设成为全国一流大学，其目的是要构架河南省高等教育的品牌，以此来带动辐射河南整个高等教育的发展，绝非就只管这两个学校，其他学校就不管了。谁是高水平大学、谁是重点学科，包括郑州大学和河南大学，最终都要由社会来认可。在实际建设过程中，谁凝练了学科方向、突出了学科特色、汇聚了学科队伍、构筑了学科基地，谁就真正能形成重点学科。在这点上，不管本科专科，也不管是省属或市属院校，在各个层次上都存在高水平大学和重点学科建设问题。

四是关于教学质量和师资队伍建设。教学质量和师资队伍建设是提高教育质量的两个关键环节。各高校都要加强教学环节，推进教学改革。

五是关于高等教育和经济社会紧密结合，提高知识贡献度的问题。高等教育不论文科、理科还是工科，都要面向经济社会发展主战场，围绕省委省政府的中心工作，加强教学研究，特别是推进产学研相结合，为经济社会发展服务。这不仅是为学校增加经费支持的重要渠道，也是提高学校在社会上的知名度和认可度的一个重要途径。

六是关于学校深化改革的问题。从 2004 年起，省编办将根据中编委的原则意见对各高校分类进行定编。随着定编工作的到位，各高校要认真研究推行全员聘任制和岗位管理制度，实行学校人员工资总额动态包干，这是一个含金量较高的政策支持，也是经过较长时间的调查研究做出的决定，但是当前要先试行。哪个学校前期准备工作做得好，可以先在哪个学校试行，学校、教育编办、人事有关部门要共同研究实施。

七是关于投入问题。关于加大政府对高等教育的投入问题，就是依据《中华人民共和国教育法》和《中华人民共和国高等教育法》，确保财政预算内教育经费的增长高于财政经常性收入的增长。另外，省、省辖市都要设立高校信贷贴息专项资金，提高高校基础设施投入在省、市政府本级基本建设统筹资金中的比例。

八是关于进一步扩大办学自主权与加强学校管理问题。扩大办学自主权是我们教育体制改革的一项重要内容，随着教育事业的发展，还要进一步扩大办学自主权。与此相对应的是，必须进一步强化自主管理、自主发展、自我约束、社会监督的机制，最终实现学校面向社会依法自主办学。特别是要强调从严治教，强化管理。一方面是我们的资金投入不足，另一方面高校自身也要规范管理，提高办学水平，提高有限资金的使用效率。

九是关于毕业生就业问题。从 2004 年开始，各个高校的招生分配计划与就业率适度挂钩这个政策是要执行的。对不同类型的学校，要有不同的挂钩程度。2004 年毕业生就业任务仍然很重，2003 年毕业生 24 万，2004 年毕业的学生加上 2003 年没有就业的，大约 30 万，希望大家进一步加强对毕业生就业的指导。

十是关于高校的发展环境问题。这是各级政府的责任，一定要为高校创造更好的政策环境、周边环境和舆论环境。所谓政策环境，就是我们的各级政府、各有关部门一定要认真落实促进高等教育发展的各项优惠政策，提高工作效率。要进一步加大对高校周边环境的治理，努力为高校的发展创造一个良好的周边环境。关于舆论环境，是我们高校、各级政府和新闻宣传部门共同的责任，要坚决制止和反对有偿新闻，坚决制止对学校的"乱检查、乱摊派、乱收费、乱罚款"。各高校要按照李克强同志在省委召开的宣传思想工作会议上强调的打好正面宣传主动仗的要求，做好自身的有关宣传工作，为自身发展创造一个良好的舆论环境。

这些高规格的会议和会后各项措施的推进，加快了河南高等教育发展的步伐。

（二）重点大学和重点学科建设

（1）2007 年 4 月 24 日，配合教育部专家组完成郑州大学发展规划专家咨询论证。学校按照发展规划，在学科建设、师资队伍建设、校园建设方面都提前完成了近期目标，为下一步发展奠定了良好的基础。

2007 年 8 月 20 日，河南农业大学一级学科作物学获国家重点学科，实现了河南省一级学科国家重点学科零的突破，同时新增河南农业大学作物遗传育种，郑州大学中国古代史、有机化学、化学工艺、病理学与病理生理学 5 个二级学科国家重点学科。10 月 11 日，印发《河南省重点学科建设与管理暂行办法》，进一步规范和加强重点学科管理；10～11 月，对第六批145 个省重点学科进行了建设期满的初步验收，建设成效显著。第一，投资带动效应显著，拉动多方资金投入高达 5.80 亿元。第二，汇聚了一支高素质学科队伍，教授由 986 人增加到 1263 人，具有博士学位的教师由 1125 人增加到 1478 人。第三，人才培养成效显著，共培养博士、硕士 8652 人。第四，科研能力显著加强，承担各类科研项目 11811 项，其中国家级项目 909 项，到位科研经费 9.7 亿元，获得专利 391 项；在核心期刊发表论文 16935 篇，其中被 SCI 收录 622 篇，出版著作 1728 部。

（2）2008 年与教育部共建河南大学。共建协议指出，重点建设好河南大学，是河南省和教育部的共同责任。实行以河南省为主管理，教育部重点支持的省、部共建，旨在提升河南省高等教育整体水平，促进河南大学进一步提高办学质量和效益，使其成为河南省高素质人才培养、科学研究以及推进高新技术发展和成果转化的重要基地。按照协议，河南省将采取积极有效的措施，确保河南大学在今后的事业发展中的重点建设经费逐年增加和正常事业经费投入。教育部将给予学校一定的经费投入和政策支持；教育部将对河南大学改革、发展、建设等方面给予更多的关注和扶持；河南省将进一步加强对河南大学的领导，在政策、投入等方面加大对河南大学的支持力度，为加快河南大学的改革与发展创造良好的办学条件和环境。

（三）合并调整

（1）2000 年 7 月 10 日，由原郑州大学、郑州工业大学、河南医科大学合并组建新郑州大学。

（2）2000 年 7 月 10 日，经教育部批准，决定将河南大学、开封医专、开封师专合并，组建新的河南大学。

（3）2002 年 3 月 21 日，教育部致函河南省政府，同意洛阳工学院、洛阳医学高等专科学校、洛阳农业高等专科学校合并组建河南科技大学。

此后，又陆续将一些高等专科学校和中等专业学校调整合并，主要是为了实现高等教育学校数的增加和层次的提升。

二 方向引领

（一）"三讲"教育活动

2000 年，新的郑州大学组建后，根据省委安排，全面启动了"三讲教育"。为使"三讲"教育顺利进行，学校和各校区都成立了"三讲"教育领导小组并明确了"三讲"教育第一责任人，成立了"三讲"教育办公室，抽调专门人员进行日常工作。通过召开校区党委、中层干部、离退休干部、专家教授、教师、民主党派以及无党派人士等多种层次的学习会、座谈会等，使大家充分认识到"三讲"教育的必要性、紧迫性和重要性，并收集有关意见和建议；校区领导班子回顾了任职以来的工作情况，查找各自在贯彻落实党的教育方针个人思想作风、工作实际中的失误与不足，找差距、找教训，开展批评与自我批评，并制定了切实可行的整改措施。在校党委的统一领导下，这次"三讲"教育历时两个月，通过"思想发动、学习提高""自我剖析、听取意见""交流思想、开展批评""认真整改、巩固成果"四个阶段，领导干部经历了一次系统而深刻的马列主义理论教育和党性、党风、理想信念教育，认清了存在的问题，明确了努力方向，增强了政治意识、大局意识、责任意识和群众意识，坚定了为人民服务的宗旨意识，增强了贯彻党委领导下的校长负责制的自觉性。在这次"三讲"教育中，领导干部边学习边工作，以"三讲"促改革，学习、工作两不误、两促进，不但在许多重大改革问题上取得了共识，而且在增强班子团结的问题上取得了共识。

2000 年，郑州工程学院按照中央和省委的统一部署和要求，领导班子、领导干部"三讲"教育从 10 月 12 日开始，经过"思想发动、学习提高""自我剖析、听取意见""交流思想、开展批评""认真整改、巩固成果"四个阶段，于 12 月 21 日结束，历时 71 天、25 个环节，圆满完成预定的目标任务，取得明显成效，领导班子民主测评满意、基本满意率达 100%。

按照中央和省委的统一部署，2000 年从 10 月 9 日至 12 月 22 日，河南财经学院院级领导班子、领导干部集中精力、集中时间，用整风精神开展了以"讲学习、讲政治、讲正气"为主要内容的党性党风教育。先后经历了"思想发动、学习提高""自我剖析、听取意见""交流思想、开展批评""认真整改、巩固成果"四个阶段。整个"三讲"教育期间,院党委始终把"六抓"贯穿整个教育过程。一抓坚持正确的指导思想,把加强领导、把握方向贯穿教育全过程。二抓提高认识,把思想发动、学习提高贯穿教育全过程。三抓开门搞"三讲",把发扬民主、听取意见贯穿教育全过程。四抓严格要求,把坚持高标准、严格把关贯穿教育全过程。五抓边整边改,把立说立行、解决问题贯穿教育全过程。六抓团结协作,把积极支持、密切配合巡视组工作贯穿教育全过程。

(二)党建和思想政治工作

(1)2002年3月28~29日,中共河南省委组织部、宣传部、高校工委、省教育厅党组联合在郑州召开第十次全省高等学校党的建设工作会议。会议的主要任务是,以邓小平理论和江泽民"三个代表"重要思想为指导,认真贯彻落实党的十五届六中全会、省第七次党代会和第十次全国高校党建工作会议精神,总结工作,表彰先进,分析形势,明确任务,进一步加强和改进高校党的建设和思想政治工作,推动全省高等教育事业的改革与发展。会议由时任省委组织部副部长刘建基主持;时任省委副书记王全书做《忠实实践"三个代表"重要思想,切实加强高校党建和思想政治工作》讲话;时任省委高校工委书记、省教育厅厅长王日新做总结讲话。郑州大学、河南大学等7所高校在大会上发言,交流了在党建工作方面的经验,还对郑州大学等20所被评为"五好"基层党组织的高校进行了表彰。参加这次会议的代表有各省辖市委主管教育工作的副书记、组织部副部长、宣传部副部长、教育局主要负责人,各高等学校党委书记,省直有关部门的负责人,共计170余人。

2002年5月28~29日,第二次全省高校组织部长会议在洛阳召开。这次会议的主要任务是,学习贯彻第十次全国、全省高校党建工作会议精神和全省组织工作会议精神,部署全省高校组织工作;交流高校组织工作经验;研究如何进一步加强全省高校党建工作。会议总结了一年来全省高校党建和组织工作,并对今后一个时期的工作和任务进行了安排,特别是对党员发展等工作提出了明确要求。代表们还相互交流经验,就如何进一步搞好高校党建和组织工作进行了深入的探讨和研究。省委组织部有关部门的负责人及全省高校组织部长 80 余人参加了会议。

根据中共中央纪律检查委员会、中共中央组织部《关于改进县以上党和国家机关党员领导干部民主生活会的若干意见》的精神，省委组织部、省委高校工委制订了《关于进一步完善河南省高校党员领导干部民主生活会制度的意见》，为进一步加强全省高校领导班子建设，开好领导干部民主生活会提供了制度保障。同时，还派人参加高校领导干部民主生活会，了解领导班子思想状况，进一步促进了民主生活会质量的提高。

2002 年，省委高校工委配合省委组织部对郑州大学、中原工学院、河南中医学院、郑州轻工业学院、焦作工学院等 12 所高校的领导班子进行了年度考核；对郑州大学、河南科技大学、焦作工学院、郑州工程技术学院、郑州航院、河南电大、许昌学院、平顶山工学院、周口师院等 16 所高校的领导班子进行了考察。推选全省高校系统党的十六大代表初步人选 3 名。年初，根据中共河南省委《关于做好十六大代表选举工作的通知》精神和有关要求，认真组织全省高校党组织和广大党员进行了推选，选举出了郑州大学党委书记蒋笃运、河南大学党委书记孙培新、河南农大党委书记张广智为本省高校系统出席党的十六大代表候选人初步人选。他们在省党代会上光荣地当选为党的十六大代表。

2002 年，按照省委组织部《关于认真做好城市分行业争创"五好"基层党组织活动的通知》精神和省委高校工委《关于在河南省高等学校开展争创"五好"党组织活动的实施意见》，在全省高校继续开展争创"五好"党组织活动，并在第十次全省高校党建工作会议上对评选出的郑州大学等 20 所高校党委进行表彰，还向他们颁发了"五好党组织"奖牌。

2002 年，利用河南大学省高校干部培训中心举办了 2 期高校中层干部培训班，共有 112 名学员参加了学习培训。培训班邀请了有关部门和高校的领导及专家学者举办专题讲座，并组织学员到外省进行学习考察和培训，借鉴先进的办学经验，学习优秀的管理理念，使广大学员学习了知识、交流了经验、开拓了思想、开阔了眼界、提高了水平。同时，选派 51 名高校领导干部或中层干部到国家教育行政管理学院、省委党校和教育部中南干部培训中心学习。

（2）面对国际国内形势的深刻变化，大学生的思想意识也发生了很大变化，在高等教育的发展实践中，扩招带来的新问题在教育教学方面都有反映。特别是大学生思想政治教育工作还不够适应，存在不少薄弱环节。一些大学生不同程度地存在政治信仰迷茫、理想信念模糊、价值取向扭曲、诚信意识淡薄、社会责任感缺乏、艰苦奋斗精神淡化、团结协作观念较差、心理素质欠佳等问题。一些地方、部门和学校的领导对大学生思想政治教育工作重视不够，办法不多。全社会关心支持大学生思想政治教育的合力尚未形成。学校思想政治理论课实效性不强，哲学社会科学一些学科教材建设滞后，思想政治教育与大学生思想实际结合不紧，少数学校没有把大学生的思想政治教育摆在首位，贯穿于教育教学的全过程。学生管理工作与形势发展要求不相适应，思想政治教育工作队伍建设亟待加强，少数教师不能做到教书育人、为人师表。随着国际国内形势的不断变化和高等教育改革的不断深化，新情况、新问题还将不断出现，加强和改进大学生思想政治教育是一项极为紧迫的重要任务。2005 年 3 月 4 日，省委高校工委、省教育厅在郑州召开大学生思想政治教育工作座谈会，贯彻落实《中共中央、国务院关于进一步加强和改进大学生思想政治教育的意见》和全国加强和改进大学生思想政治教育工作会议精神。全省普通本科高校和部分专科学校党委书记参加了座谈会。会议听取了关于召开全省大学生思想政治工作会议的意见和建议。4 月 18 日，中共河南省委、河南省人民政府发布《关于贯彻落实〈中共中央、国务院关于进一步加强和改进大学生思想政治教育的意见〉的实施意见》（豫发〔2005〕8 号）（以下简称《实施意见》），结合河南省的实际情况，针对新形势下大学生的特点，提出了工作思路和工作要求。要求各地、各部门、各高校要把对加强和改进大学生思想政治教育的思想认识统一到中央的要求和部署上来，全面贯彻落实《实施意见》及全国、全省加强和改进大学生思想政治教育工作会议精神，积极探索加强和改进大学生思想政治教育的新途径、新方法，努力体现时代性、把握规律性、富于创造性、增强实效性，开创河南大学生思想政治教育工作的新局面。

《实施意见》提出了深刻领会加强和改进大学生思想政治教育的总体要求：坚持以马克思列宁主义、毛泽东思想、邓小平理论和"三个代表"重要思想为指导，深入贯彻党的十六大精神，全面落实党的教育方针，紧密结合全面建设小康社会的实际，以理想信念教育为核心，以爱国主义教育为重点，以思想道德建设为基础，以大学生全面发展为目标，解放思想、实事求是、与时俱进，坚持以人为本，贴近实际、贴近生活、贴近学生，努力提高思想政治教育的针对性、实效性和吸引力、感染力，培养德智体美全面发展的社会主义合格建设者和可靠接班人。

基本原则：①坚持教书与育人相结合。学校教育要坚持育人为本、德育为先，把人才培养作为根本任务，把思想政治教育摆在首要位置。②坚持教育与自我教育相结合。既要充分发挥学校教师、党团组织的教育引导作用，又要充分调动大学生的积极性和主动性，引导他们自我教育、自我管理、自我服务。③坚持政治理论教育与社会实践相结合。既重视课堂教育，又注重引导大学生深入社会、了解社会、服务社会。④坚持解决思想问题与解决实际问题相结合。既讲道理又办实事，既以理服人又以情感人，增强思想政治教育的实际效果。⑤坚持教育与管理相结合。把思想政治教育融于学校管理之中，建立长效工作机制，使自律与他律、激励与约束有机地结合起来，有效地引导大学生的思想和行为。⑥坚持继承优良传统与改进创新相结合。在继承党的思想政治工作优良传统的基础上，积极探索新形势下大学生思想政治教育的新途径、新办法，努力体现时代性，把握规律性，富于创造性，增强实效性。

明确了加强和改进大学生思想政治教育的主要任务。一是以理想信念教育为核心，深入进行树立正确的世界观、人生观和价值观教育。二是以爱国主义教育为重点，深入进行弘扬和培育民族精神教育。深入开展中华民族优良传统和中国革命传统教育，开展各民族平等团结教育，培养团结统一、爱好和平、勤劳勇敢、自强不息的精神，树立民族自尊心、自信心和自豪感。要把民族精神教育与以改革创新为核心的时代精神教育结合起来，引导大学生在中国特色社会主义事业的伟大实践中，在时代和社会的发展进步中汲取营养，培养爱国情怀、改革精神和创新能力，始终保持艰苦奋斗的作风和昂扬向上的精神状态。三是以基本道德规范为基础，深入进行公民道德教育。要认真贯彻《公民道德建设实施纲要》，以为人民服务为核心、以集体主义为原则、以诚实守信为重点，广泛开展社会公德、职业道德和家庭美德教育，引导大学生自觉遵守爱国守法、明礼诚信、团结友善、勤奋自强、敬业奉献的基本道德规范。坚持知行统一，积极开展道德实践活动，把道德实践活动融入大学生学习生活之中。修订完善大学生行为准则，引导大学生从身边的事情做起，从具体的事情做起，着力培养良好的道德品质和文明行为。四是以大学生全面发展为目标，深入进行素质教育。加强民主法制教育，增强遵纪守法观念。加强人文素质和科学精神教育，加强集体主义和团结合作精神教育，促进大学生思想道德素质、科学文化素质和健康素质协调发展，引导大学生勤于学习、善于创造、甘于奉献，成为有理想、有道德、有文化、有纪律的社会主义新人。

要求高等学校要建立和完善党委统一领导、党政齐抓共管、专兼职队伍相结合、全校紧密配合、学生自我教育的领导体制和工作机制。学校党委要统一领导大学生思想政治教育工作，经常分析大学生思想状况和思想政治教育工作状况，制订思想政治教育的总体规划，对大学生思想政治教育做出全面部署和安排。校长要对大学生德智体美全面发展负责，把思想政治教育与教学、科研、社会服务工作结合起来，同时部署，同时检查，同时评估。学校各部门、各院系和基层党团组织要各负其责，密切协作，切实完成相应任务。学校各门课程都具有育人功能，所有教师都具有育人职责。要深入发掘各类课程的思想政治教育资源，在传授专业知识过程中加强思想政治教育，把思想政治教育融入大学生专业学习的各个环节，形成教书育人、管理育人、服务育人的良好氛围和工作格局。

要加强大学生思想政治理论教育，充分发挥思想政治理论课在大学生思想政治教育中的主渠道作用。要加强形势与政策教育，把形势与政策教育作为大学生每个学期的必修课列入教学计划，排入课表，落实课时和学分。要加强哲学社会科学教学与科研工作，结合实施马克思主义理论研究和建设工程，努力形成以当代中国马克思主义为指导的哲学社会科学学科体系和教材体系。要加强校园文化建设，建设体现社会主义特点、时代特征和学校特色的校园文化，不断满足大学生日益增长的精神文化需求，使高等学校成为中国特色社会主义先进文化的重要基地、示范区和辐射源。要深化社会实践活动，实践育人是大学生思想政治教育的重要环节，高等学校要把社会实践纳入教育教学的总体规划和教学大纲，规定学时，记入学分，提供必要经费。要把心理健康教育纳入学校思想政治教育工作渠道，不断完善和健全心理健康教育的工作机制，形成课内与课外、教育与指导、咨询与资助相结合的工作体系，构建和完善大学生心理问题高危人群预警机制。积极做好心理问题高危人群的预防和干预工作，注意防止因严重心理障碍引发自杀或伤害他人事件的发生，做到及早发现、及时预防、有效干预。

要加强校园网络建设与管理，组织实施"绿色校园网络"计划，建好融思想性、知识性、趣味性、服务性于一体的专题教育网站或网页，积极开展生动活泼的网络思想政治教育活动，不断拓展大学生思想政治教育的渠道和空间。要加强学生党团组织和学生组织建设，加强学生党组织建设，加强学校共青团组织建设。在加强大学生思想政治教育工作队伍建设方面，提出大学生思想政治教育工作队伍主体是学校党政干部和共青团干部、思想政治理论课和哲学社会科学课教师、辅导员和班主任。学校党政干部和共青团干部负责学生思想政治教育的组织、协调、实施；思想政治理论和哲学社会科学课教师根据学科和课程的内容、特点，负责对学生进行思想理论教育、思想品德教育和人文素质教育；辅导员、班主任是大学生思想政治教育的骨干力量，辅导员按照党委的部署有针对性地开展思想政治教育活动，班主任负有在思想、学习和生活等方面指导学生的职责。

要科学合理配备足够数量的辅导员和班主任。专职辅导员总体上按1∶200的比例配备，保证每个院（系）的每个年级都有一定数量的专职辅导员，每个班级要配备一名兼职班主任。

要为思想政治教育队伍提供必要的条件和政策保障。人事、教育部门和学校在教师专业技术职务评审工作中，要专门设立思想政治教育学科组，从思想政治教育专职队伍的实际出发，解决好他们的教师职务聘任问题。专任教师晋升高一级专业职务时，原则上要有担任班主任等学生教育管理工作的经历。要将思想政治教育人员的岗位津贴等纳入学校内部分配体系统等考虑，确保思想政治教育人员的实际收入不低于全校专任教师的平均水平。对思想政治教育人员参加社会实践、挂职锻炼、学习考察等活动，在政策上要给予倾斜。建立专项评优奖励制度，定期评比表彰思想政治教育工作先进集体和个人。教育部门和高等学校要将优秀思想政治教育工作者表彰奖励纳入各级教师、教育工作者表彰奖励体系，按一定比例评选，统一表彰。

在营造大学生健康成长的良好社会环境方面，提出全社会都要关心大学生的健康成长，支持大学生思想政治教育工作。

完善高校贫困家庭学生资助工作体系，完善大学毕业生就业服务体系，建立大学生社会实践保障体系，创建良好的育人环境。要求各级党委和政府要从战略和全局的高度，充分认识加强和改进大学生思想政治教育工作的重大意义，把"培养什么人""如何培养人"这一重大课题始终摆在重要位置，切实加强领导。建立健全党委统一领导、党政群齐抓共管、有关部门各负其责、全社会大力支持的领导体制和工作机制，形成全党全社会共同关心支持大学生思想政治教育的强大合力，从整体上推进大学生思想政治教育。完善各级党委、政府领导同志联系高校制度。

组织、人事部门要把大学生思想政治教育工作队伍建设作为干部人事工作的重要内容，妥善解决思想政治工作人员的编制、专业技术职务和待遇问题；宣传部门要加强对大学生思想政治理论课建设与教学改革工作的领导和指导，确立党的宣传部门与教育部门相互协调、密切配合的宏观管理体制。哲学社会科学规划工作领导部门要把大学生思想政治教育重大问题研究列入规划。宣传文化、新闻出版等方面要坚持弘扬主旋律，为大学生思想政治教育营造良好的社会舆论氛围。文化部门和艺术团体要为学生提供更多更好的文化产品和文化服务，推进高雅文化进校园；教育工作部门要对全省大学生思想政治教育工作统一规划、组织协调、宏观指导和督促检查；共青团组织要充分发挥党联系青年学生的桥梁和纽带作用，不断加强基层团组织建设，积极开展适合青年学生特点的科技文化艺术活动，引导大学生投身全面建设小康社会、奋力实现中原崛起的伟大实践。

完善大学生思想政治教育的保障机制。加大大学生思想政治教育工作的经费投入力度，省和省辖市两级财政要设立大学生思想政治教育专项经费，列入年度财政预算；加强大学生思想政治教育科学研究工作。宣传和教育工作部门要组织专家学者积极开展科学研究，为加强和改进大学生思想政治教育提供理论支持和决策依据。高校思想政治教育研究会等学术研究机构和团体要加强自身建设，发挥在大学生思想政治教育科学研究决策咨询、工作指导等方面的重要作用。

《实施意见》是新时期完善高等学校学生管理，加强和改进大学生思想政治教育的纲领性文件，对以后相当长一个时期的高等教育学生管理工作产生了深远影响。

2005年4月27日，河南省委宣传部、河南省委高校工委、河南省教育厅联合下发的《关于进一步加强高等学校形势与政策教育的实施意见》指出，建立健全形势与政策教育领导体制和工作机制形势与政策课是高校思想政治理论课的重要组成部分，是每个学生的必修课。高校要建立健全党委统一领导，党委宣传部与思想政治理论课教学单位牵头负责，教务处、学生工作部、团委直接参与的教育教学领导体制和工作机制，制订教育教学计划，组织实施教学活动。学校要为形势与政策教育提供必要的场所和设备，确保所需各项经费落到实处。

明确加强形势与政策课程建设与教学管理。各高校要从编制教学计划、明确教学要求、建立教学组织、开展集体备课、建立成绩档案、反馈教学信息等方面，全面加强形势与政策课程建设。形势与政策课按平均每学期16周，每周1学时计算。本科4年期间的学习，计2个学分；专科期间的学习，计1个学分。形势与政策课实行学年考核制度，每学年考核2次，总成绩为各学年考核平均成绩，一次计入学生成绩册。并就加强形势与政策课师资队伍建设、加强形势与政策课教材和资料建设、建立和完善大学生形势与政策报告会制度等方面做了具体安排。

2005年3月25~26日，全省加强和改进大学生思想政治教育工作会议在郑州召开。时任省委书记徐光春到会讲话，时任省委副书记王全书主持会议并讲话，时任副省长贾连朝做总结讲话。省委宣传部、省教育厅、团省委、洛阳市委、郑州大学、河南大学等单位负责人做了大会发言。各省辖市党委、政府有关负责人，宣传部、教育局、共青团主要负责人，省直机关和中央驻豫单位有关负责人，各高校党委主要负责人280多人参加了会议。会议提出了当前和今后一个时期加强和改进大学生思想政治教育的总体要求、目标任务和政策措施，为进一步加强和改进大学生思想政治教育工作奠定了坚实基础。

根据高校更名、升格、干部调整等实际情况，2005年省委高校工委先后批复建立平顶山学院、黄淮学院党委和纪委，批复河南科技大学常委组成人员、河南工业大学党委和纪委组成人员，为河南财经学院、河南理工大学、华北水利水电学院、平顶山工学院、河南教育学院 5 所院校增补了党委委员。根据《中国共产党基层组织选举工作暂行条例》有关规定，积极推进高校党委班子换届选举工作，促进组织生活规范化、制度化。先后指导和审批了河南农业大学、平顶山学院、河南机电高等专科学校、嵩山少林武术职业学院、郑州澍青医学高等专科学校、郑州交通职业学院 6 所高校召开了党员代表大会（党员大会）。

按照省委组织部的要求，选派 32 名高校校级领导干部参加了在省委党校举办的高校校级领导干部培训班。向国家教育行政学院、教育部中南干部培训中心选派 10 名校级领导干部、32 名中层处级干部参加学习。为贯彻落实全省干部教育工作会议精神，加大对省高校干部培训工作的力度，举办了第 16 期高校中层干部培训班，培训学员 81 人。通过 3 个月的理论学习和实践锻炼，学员的政治素质、理论水平和工作能力得到了提高。

2005 年 3 月 29 日，省教育厅组织编写了《坚信党的领导加强执政能力建设》《与时俱进的国家根本法》《永远保持和弘扬焦裕禄精神》《思想政治素质是大学生最重要的素质》《联合国的建立和发展》《牢记历史开创未来——纪念中国人民抗日战争胜利六十周年》《三党大陆行开辟两岸关系新前景》《构建社会主义和谐社会》《神舟：中华民族的光荣和自豪》《"十五"时期我国发展和改革的若干问题》等专题教育材料。6 月 28 日，省委宣传部、省委高校工委、省教育厅印发《关于进一步加强高等学校形势与政策教育的实施意见》，要求各高校建立健全形势与政策教育领导体制和工作机制，加强形势与政策课程建设与教学管理，加强师资队伍建设，加强教材和资料建设，建立和完善大学生形势与政策报告会制度。7 月 21 日，省委办公厅、省政府办公厅印发《关于建立省党政领导深入高校举办"大学生形势政策报告会"制度的通知》。该通知强调形势与政策教育是大学生思想政治教育的重要内容和渠道，在大学生思想政治教育中具有不可替代的重要作用。该通知要求省党政领导每年至少为大学生做一次形势政策报告，各省辖市要建立本地党政领导深入高校举办"大学生形势政策报告会"制度，各高校要把党政领导做形势政策报告列入大学生形势与政策教育学计划，具体落实。徐光春、李成玉、王全书、陈全国、孔玉芳、李柏栓、李克、王明义、孙善武、祁正祥、史济春、刘新民、秦玉海 13 位时任省领导陆续到高校做了 15 场形势与政策报告。

2005 年 6~9 月，省委高校工委、省教育厅组织专家组，对《河南普通高校德育工作评估指标体系及标准》进行修订完善。修订后的指标体系共有 4 个一级指标、23 个二级指标、71 个三级指标，满分为 1000。其中，基本条件 250 分，管理机制 150 分，方法途径 400 分，绩效评价 200 分。达标学校需符合以下条件：评估积分不低于全省高校平均分数，德育经费不低于财政拨付的事业费和收缴学生培养费的 2%，专职辅导员与学生比不低于 1∶200，思想政治理论课课程设置符合国家规定，学校没有发生有不良影响的重大政治性事件。11 月 2 日，省委高校工委、省教育厅印发《关于对普通高等学校德育工作进行评估的通知》，对普通高等学校德育工作评估做出安排，通知提出高校德育工作评估每 5 年进行一次，第一次评估从 2006 年 10 月开始，达标学校 5 年后再接受评估，未达标学校次年继续接受评估，直至达标。通知要求各高校要高度重视德育工作评估，并以此为契机，完善德育工作的领导体制、管理体制和运行机制，加强德育工作的基础设施、保障条件和队伍建设，优化德育工作的方法、途径和育人环境，把中央 16 号文件和省委 8 号文件精神落到实处。

（3）表彰优秀，树立榜样。2006 年，通过层层推荐、组织考察、校内公示等环节，按分配名额推荐上报了拟表彰对象。经组干处认真审核，教育厅领导审定，确定了郑州大学机关党委等 108 个单位为高等学校先进基层党组织，吴养洁等 189 名优秀共产党员和吴宏亮等 116 名优秀党务工作者，"七一"前夕，省委高校工委、省教育厅党组发文予以表彰。与此同时，组干处还在各高校上报材料的基础上，向中组部、省委组织部遴选推荐了委管高校先进基层党组织、优秀共产党员、优秀党务工作者表彰对象名单，并上报了有关事迹材料。"七一"前夕，河南大学环境与规划学院党总支被中组部授予"全国先进基层党组织"荣誉称号，郑州大学法学院党总支、新乡医学院第一附属医院党委及郑州大学童丽萍、河南大学徐盛桓、河南科技大学董平栓、河南师范大学渠桂荣、河南农业大学许自成、河南理工大学王兆丰、河南工业大学卢奎、华北水利水电学院孟祥敏 8 名党员和郑州轻工业学院刘延奇、信阳师范学院余作斌、南阳师范学院丁全 3 名党务工作者被中共河南省委分别授予"全省先进基层党组织"、"河南省优秀共产党员"和"河南省优秀党务工作者"荣誉称号。举办省会大学生新党员入党宣誓大会。7 月 1 日，由省委高校工委组织在河南农业大学礼堂举行了省会高校大学生新党员入党宣誓大会。省会高校 1000 名新党员代表和 290 余名入党积极分子代表参加了大会。郑州大学学生李洁、河南农业大学党委副书记李少兰、河南工业大学学生常魁分别代表新党员、老党员和入党积极分子发了言，李敏代表省委高校工委做了重要讲话。

2006 年，结合全省高等学校实际，会同省委组织部，以省委组织部、省委高校工委、省教育厅党组的名义，联合印发了《河南省高等学校坚持和完善党委领导下的校长负责制暂行规定》，规范了党委职责、校长职责、基本工作原则与要求、重大问题与决策程序、会议制度与议事规则等。

根据干部调整等实际情况先后为河南大学、河南科技大学、河南理工大学等 6 所高校增补了党委委员或常委。根据《中国共产党基层组织选举工作暂行条例》有关规定，积极推进高校党委班子换届选举工作，促进组织生活规范化、制度化。先后指导和审批了黄淮学院、商丘师范学院、洛阳工业高等专科学校、郑州电子信息职业技术学院 4 所高校召开的党员代表大会（党员大会）。

认真贯彻落实全省干部教育工作会议精神，加大对高校干部的教育培训力度，举办了第 17、18 期高校中层干部培训班，培训学员 137 人。通过 3 个月的理论学习和实践锻炼，学员的政治素质、理论水平和工作能力得到了提高。同时，先后向国家教育行政学院选派学员 9 人，向教育部中南干部培训中心选派学员 37 人，向省委党校选派学员 7 人。

2006 年 3 月 22 日，印发《中共河南省委宣传部、中共河南省委高校工委、河南省教育厅关于进一步加强和改进高等学校思想政治理论课的实施意见》，要求各高校完善思想政治理论课课程体系和教学内容，改进教育教学方式和方法，推进学科建设，加强教材管理和教师队伍建设，加强和改进党对高校思想政治理论课的领导。8 月 3 日，省委高校工委、省教育厅转发教育部办公厅《关于全国普通高校从 2006 级学生开始普遍开设〈思想道德修养与法律基础课〉的通知》。按照中宣部、教育部要求，在全省高校启动了新课程设置方案实施工作。

（4）2007 年 2 月 8 日，时任省委常委、组织部部长叶冬松在省委组织部、省委宣传部、省委高校工委、省教育厅党组联合召开的第十五次全省高校党建工作会议上的讲话，提出紧密联系高校改革发展实际，扎实推进和谐校园建设。建设和谐校园，要重点抓好七项工作。一是抓好践行社会主义核心价值体系这个重点，把握和谐校园建设的方向。二是抓好高校发展这个重点，突出和谐校园建设的主题。三是抓好大学生思想政治教育这个重点，夯实和谐校园建设的基础。四是抓好队伍建设这个重点，培育和谐校园建设的骨干。五是抓好校园文化建设这个重点，创新和谐校园建设的载体。六是抓好维护学校安全稳定这个重点，营造和谐校园建设的环境。七是抓好民办高校党建工作这个重点，提高和谐校园建设的整体水平。

（5）2008 年制定并下发《河南省规范普通高等教育办学行为八项规定》，进一步规范普通高等教育办学行为，对高校的办学资格、招生计划管理、招生、收费、学籍管理等方面提出了具体明确的要求。4 月，教育厅组织人员对近年来专升本院校和新设置高职、高专学校的办学情况进行了全面检查，对有关省辖市政府及其他举办单位申报学校时承诺的支持条件和优惠政策的落实情况进行了督促落实，促进学校进一步加强管理、规范办学，促进地方政府和举办单位进一步加大投入，继续改善办学条件。9 月，组织召开了规范独立学院办学行为专门会议，就办学、计划管理、招生、收费等提出具体要求，进一步规范了独立学院的办学行为。同时，对上年无计划招生和有计划但违规招生的独立学院和其他学校，在本年计划安排时，进行了严厉处罚。为了方便考生选报学校，制止一些单位和中介机构的非法办学和招生行为，教育厅及时向全省公布了《2006 年河南省具有高等学历教育和中等专业学历教育招生资格学校名单》，保护了考生的合法权益，维护了社会稳定，收到了良好的社会效果。

（6）2009 年初，省委组织部组织评估组依据党建工作评估标准，对河南理工大学、郑州牧业工程高等专科学校 2 所高校进行了评估试点。在试点基础上，修订完善了党建工作评估指标体系，为全面开展高校党建工作评估做了大量准备工作。10 月中旬，对高校党建评估工作全面推进进行了总体安排和部署，并组建 4 个专家评估组分别对河南科技大学、华北水利水电学院、郑州轻工业学院、南阳师范学院、黄淮学院、河南财政税务高等专科学校、郑州大学体育学院、焦作师范高等专科学校 8 所高校的党建工作进行了评估。

（三）经常性工作

（1）2006 年 5 月 16 日，省委高校工委、省教育厅印发《关于 2006 年普通高等学校德育工作评估的通知》，对 2006 年普通高等学校德育工作评估进行了安排部署。7 月 28 日，省委高校工委、省教育厅印发《关于推荐普通高等学校德育工作评估专家组成员的通知》，在各高校推荐的基础上，遴选建立了高校德育工作评估专家库。9 月 6 日，省委高校工委、省教育厅印发《关于加强普通高等学校德育工作评估纪律的通知》。9 月 7 日，省委高校工委、省教育厅印发《关于确定第一批普通高等学校德育工作评估专家的通知》，公布了 2006 年第一批普通高等学校德育工作评估专家名单。9 月 20 日，省委高校工委、省教育厅印发《关于对普通高等学校举办的中外合作办学机构和独立学院德育工作进行评估的通知》，对中外合作办学机构和独立学院德育工作评估进行了安排部署。10 月 10 日，省委高校工委、省教育厅印发《关于确定第二批普通高等学校德育工作评估专家的通知》，公布了 2006 年第二批普通高等学校德育工作评估专家名单。9~10 月，根据《河南省普通高校德育工作评估指标体系及标准》，省委高校工委、省教育厅组织 85 位专家分 17 个组对 83 所普通高校德育工作进行全面评估。2005~2006 学年，全省高校用于德育工作的经费为 18091 万元，占政府拨付的事业费和收取学生的培养费的 3.58%；德育工作渠道不断拓宽，方式方法不断创新，学生党团组织建设得到加强，学生社团活动更加活跃。评估工作进一步促进了高校德育工作的规范化和制度化，推动了中央 16 号文件和省委 8 号文件精神的贯彻落实，也有力地促进了高等教育事业的健康发展。

2007 年，一是根据院校升格、管理权限划转、高校干部调整等情况，及时健全高校党组织。鉴于洛阳工业高等专科学校与洛阳大学合并组建洛阳理工学院，郑州经济管理干部学院与河南纺织高等专科学校合并组建河南工程学院，新乡师范高等专科学校与平原大学、新乡市教育学院合并组建新乡学院，根据省委组织部《关于同意建立中共洛阳理工学院委员会和纪律检查委员会、中共河南工程学院委员会和纪律检查委员会、中共新乡学院委员会和纪律检查委员会的批复》（豫组织〔2007〕7号），先后批复撤销中共洛阳工业高等专科学校委员会和纪律检查委员会、中共洛阳大学委员会和纪律检查委员会、中共郑州经济管理干部学院委员会和纪律检查委员会、中共河南纺织高等专科学校委员会和纪律检查委员会、中共新乡师范高等专科学校委员会和纪律检查委员会、中共平原大学委员会和纪律检查委员会、中共新乡市教育学院委员会和纪律检查委员会，建立洛阳理工学院、河南工程学院、新乡学院党委和纪委，3所学校党委隶属省委高校工委领导，并对党委组成人员进行批复。鉴于郑州铁路职业技术学院由郑州铁路局划归河南省管理，对其党组织关系进行接收，并对其党委组成人员进行批复。结合干部调整，先后为河南工业大学、河南理工大学等21所高校增补了党委委员。二是推进高校党委班子换届选举工作。先后审批和指导安阳师范学院、黄河水利职业技术学院、郑州轻工业学院、郑州牧业工程高等专科学校、河南科技大学、信阳农业高等专科学校、河南教育学院7所高校召开党代会。三是指导并参加河南教育学院等6所学校校级干部民主生活会。

2009年，先后为中原工学院、郑州航空工业管理学院、河南科技学院、许昌学院、洛阳理工学院、河南教育学院、河南商业高等专科学校7所院校增补党委委员或调整党委委员。积极推进高校党委班子换届选举工作。先后审批和指导郑州大学、河南大学、河南师范大学、河南理工大学、河南中医学院5所高校召开了党代会，对部分学校中层干部党委委员候选人进行了考察。对新乡医学院、南阳师范学院召开党代会进行批复。

举办了第23期、第24期高校中层干部培训班，共有187名干部参加了为期3个月的学习培训。同时，向国家教育行政学院选送校级学员9名、处级学员5名，向教育部中南干部培训中心选送学员42名，向省委党校选送5名高校中层干部参加培训学习。加强了对省高校干部培训中心的领导，指导中心科学设置培训课程，严格管理，提升水平，增强培训的针对性和实效性，充分发挥中心在全省高校干部培训方面的示范、带动、辐射作用。加强党务干部业务培训，9月10~12日，举办了委管高校党费管理人员培训班，45 所委管高校党费管理人员参加了培训。12 月 9 日，召开了委管高校党内统计工作会议，对 2009 年度党内统计年报工作进行部署。

（2）德育工作评估。2007 年 1 月 13 日，省委高校工委、省教育厅印发《关于 2006 年普通高等学校德育工作评估情况的通报》。根据定量考评与定性分析相结合、实地考察与会议评审相结合、专家意见与综合平衡相结合的原则，确定 25 所高校获德育工作评估优秀等级，51 所高校获良好等级。4 月，省委高校工委、省教育厅组织专家对全省普通高等学校举办的中外合作办学机构和独立学院德育工作进行全面评估。5 月 30 日，印发《关于普通高等学校举办的中外合作办学机构和独立学院德育工作评估情况的通报》（教社政〔2007〕350 号），确定 3 所高校为评估优秀等级，9 所高校为良好等级。10 月 15~23 日，省委高校工委、省教育厅组织专家组进行第四批高等学校德育工作评估，评估对象是 2006 年普通高等学校德育工作评估确定为一般等级的高校。11 月 22 日，印发《关于第四批普通高等学校德育工作评估情况的通报》，被评估的 7 所学校德育工作取得了明显成效，均达到良好等级。通报希望各高校要以评估为契机，进一步提高思想认识，明确工作方向，健全工作机制，理顺工作关系，完善基础建设，优化德育环境，拓宽工作渠道，创新方式方法，加强科学研究，提高工作成效，努力培养德智体美全面发展的社会主义合格建设者和可靠接班人。

（四）质量保障

（1）由于高校连年大规模扩招，在校生规模急剧增长，教育质量问题日益成为用人单位和社会各界关注的热点。2004 年 2 月 27 日，时任省长李成玉在全省高等教育工作会议上的讲话强调指出，今后在招生规模继续扩大的同时，高校要更加关注教育质量，确保学生能够学到必要的知识，具备应有的素质。特别是近几年陆续升格和新建的高校更要把主要精力放在提高教育质量和办学水平上。批准合并组建的高校要加快融合，尽快实现实质性合并。对经过督促仍达不到实质性合并要求的，要追究有关部门和领导的责任。新升格的高校要适应学校现有办学层次的要求，加强学科建设，着力提高教学质量。要加强师资队伍建设，紧紧抓住培养、引进、用好人才三个环节，着力建设一支数量充足、梯次合理、素质优良的教师队伍。要继续实施特聘教授岗位制度、创新人才培养工程和优秀中青年骨干教师资助计划，重点资助引进能领导本学科进入国际先进水平和国内领先水平的优秀学术带头人。要加大工作力度，做好教师在职培训工作，不断提高他们的学历、学位层次。高等职业学校要加大"双师型"教师队伍建设。要改变人才使用观念，"不求所有，但求所用"，通过多种灵活方式，吸引国内外高校、科研机构、企事业单位的高级专业技术人员给学生授课。要实行更加优惠的政策，完善激励机制，进一步加大对引进人才的资助力度。要有针对性地选派部分学术骨干、优秀教师到国外知名学府开展合作研究和培训。要创新人才培养模式，不断改革课程体系，更新教学内容，加强教学实验室与实践基地建设，提高大学生的人文素养、科学素质、创新能力和创业能力。积极推行学分制和弹性学制。要建立健全科学有效的高校教育质量评估和监测机制，对获得教学评估优秀的学校要予以表彰，对不符合要求的要督促整改。

（2）加强对本科教学的评估工作。2001年5月20~25日，教育部专家组一行11人到信阳师院进行本科教学合格评估工作，从教学条件、教学过程、教学效果等方面对学校教学工作进行实地考察评估。在专家组到校之前，省教育厅组织省专家组对学校进行了预评估。在教育部专家评估期间，时任副省长贾连朝，时任省教育厅厅长王日新、副厅长李文成到信阳看望专家。在反馈意见会上，王日新代表省教育厅就信阳师院下一步整改工作做重要讲话。信阳师院教学评估工作受到了教育部专家组的好评。

12月10~15日，教育部专家组赴洛阳工学院对该院本科教学水平进行实地评估。随机抽评本科院校教学水平在本省尚属首次。省教育厅领导和学校高度重视，多次听取汇报，并对学院工作予以关心和指导，组织省内专家进行预评估；校内工作措施得力，任务分解，责任到人，加强了工作协调，提高了工作效率，准备工作扎实充分，汇报材料实事求是。专家组对洛工近几年在本科教学工作和教学水平提高方面取得的成绩给予了充分肯定，也指出了存在的突出问题。洛阳工学院一次性顺利通过国家合格评估。

2002年省教育厅在组织专家评议的基础上，经报教育部审批备案，同意郑州大学等21所学校增设"日语"等109个本科专业，同意河南财政税务高等专科学校等 65 所学校增设"物业管理"等 216 个专科专业。教育部批准河南省增设河南科技大学、许昌学院、周口师范学院、平顶山工学院、郑州澍青医学高等专科学校等学校后，省教育厅批准这些学校增设 30 个本科专业、9 个专科专业。

11 月 13 日，省教育厅下发《河南省普通高等学校基础课教学实验室评估实施方案》，决定在全省高校开展基础课教学实验室评估工作，要求学校先搞好自评，然后选出 2 所学校进行试评估。试评前选 25 名专家进行了培训。在试评的基础上，分三批在全省高校开展了评估工作。

2003 年全省硕士招生突破 2500 人，博士招生突破 100 人，在校研究生突破 6000 人。为督促各校确保质量和加强管理，省教育厅制定下发了《关于对硕士学位授权点进行基本条件合格评估工作的通知》，由各学位授予单位先开展自评，在自评基础上，省教育厅组织专家对硕士学位授权点进行基本条件评估。

2004 年 6 月 28 日，省教育厅召开全省高职高专院校评估培训及动员会。8 月 25 日，省教育厅确定 58 所高职高专院校人才培养工作水平五年评估安排计划。9 月 23～26 日，对漯河职业技术学院进行办学水平评估；11 月 15～19 日，对平顶山工业职业技术学院进行办学水平评估。这两所学校是河南省启动高职高专人才培养工作评估的第一批学校，省教育厅高度重视，漯河市政府、平煤集团公司给予大力支持。学校以教学评估为契机，精心组织，全员发动，强化教学管理，深化教学改革，加强软硬件建设，真正做到"以评促建、以评促改、以评促管、评建结合、重在建设"。由于各项准备工作安排扎实有序，评估工作进展顺利，为今后高职高专办学水平评估工作积累了经验。12 月 12～17 日，省教育厅配合教育部专家组，完成了对河南理工大学本科教学工作水平评估工作。这是河南省 2004 年接受教育部评估的唯一一所高校。

中共河南省委高校工委、河南省教育厅 2006 年度工作要点提出，大力推进"高等学校教学质量与教学改革工程"。强化教学管理，规范教学秩序，进一步落实教授为本科学生上课的要求。抓好高等学校的教学评估工作。积极做好河南高校国家级实验教学示范中心申报工作和省级实验教学示范中心建设工作。做好国家级大学生文化素质教育基地申报和省级大学生文化素质教育基地建设工作。大力推进优质教学资源建设与共享，推动高等学校精品课程建设。加大教学改革研究和优秀教学成果的推广力度，组织专家评审评定一批省级教学改革研究项目。做好国家和省级学校名师的遴选和推荐工作。

2006 年配合教育部完成了对郑州大学、河南师范大学、新乡医学院、河南中医学院、郑州航空工业管理学院 5 所本科院校的本科教学工作水平评估，组织完成了对郑州牧业工程高等专科学校、济源职业技术学院、鹤壁职业技术学院、河南职业技术学院、信阳农业高等专科学校、河南工业职业技术学院、商丘职业技术学院、濮阳职业技术学院、郑州电力高等专科学校、河南职工医学院、河南司法警官职业学院 11 所高职院校的人才培养工作水平评估，组织完成了对河南理工大学、河南科技大学、洛阳师范学院、郑州牧业工程高等专科学院、周口师范学院、南阳师范学院、漯河职业技术学院、河南工业职业技术学院、郑州航空工业管理学院、河南财政税务高等专科学校、河南科技学院、新乡师范高等专科学校、许昌学院、郑州科技职业学院、中原工学院、黄河科技学院 16 所（普通）高校的成人高等教育检查评估。

通过迎评促建，学校的办学指导思想进一步明确，教育质量进一步提高，不仅使各类高等教育的教学工作上了一个新台阶，而且使学校的各项工作都有了全新的发展。据不完全统计，2004 年以来 5 所本科院校投入资金 23 亿元、11 所高职高专院校投入 8.36 亿元用于学校建设。

2007 年 10 月 14 日至 11 月 16 日，配合教育部完成了对河南大学、信阳师范学院、河南科技学院、安阳师范学院、洛阳师范学院、南阳师范学院 6 所学校的本科教学工作水平评估；6 月 12 日至 20 日、10 月 30 日至 11 月 8 日分两批组织专家对河南机电高等专科学校、中州大学等 13 所高职高专院校进行了人才培养工作水平评估；10 月 8 日至 16 日完成了对河南财经学院、河南工业大学、黄淮学院、郑州交通职业学院、许昌职业技术学院、鹤壁职业技术学院、三门峡职业技术学院 7 所普通高校成人高等教育教学工作的检查评估。通过以评促建，学校的办学指导思想进一步明确，办学条件得到了较大改善，教育质量明显提高，各项工作都有了全新的发展。

2008 年 5 月 11 日至 6 月 20 日，配合教育部完成对河南农业大学、河南财经学院、河南工业大学、商丘师范学院、黄河科技学院、河南科技大学 6 所学校的本科教学工作水平评估。至此，2003 年以来教育部开展的新一轮本科教学评估顺利结束，河南共有 21 所本科院校参加，13 所院校获得优秀；5 月、11 月和 12 月分 3 批组织专家对河南商业高等专科学校、河南工业贸易职业学院、河南教育学院等 18 所高职高专院校进行了人才培养工作水平评估；5 月、10 月分 2 批对华北水利水电学院等 17 所高校的成人高等教育教学工作进行了检查评估。通过迎评促建，各类高校的办学指导思想进一步明确，办学条件得到了较大改善，教育教学质量进一步提高。

2009 年 4 月 13 日，制订新的河南省高等职业院校人才培养工作评估方案。依据新方案，分别于 5 月 19 日至 22 日和 10 月 21 日至 27 日，组织专家对河南经贸职业学院等 15 所高职高专院校进行了人才培养工作评估，评估结论全部为通过。

通过评估，端正了学校的办学方向，提高了人才培养质量，促进了河南高等教育又好又快发展。

（五）学校重视

明确"培养什么人""怎样培养人""为谁培养人"的目标，坚持社会主义的办学方向，许多高校都始终把握着这个原则。

2001 年，郑州轻工业学院党委在全体教职工中广泛开展"三育人"、师德师风教育及优秀教师评选表彰活动，涌现一批"三育人"和"优秀教师"先进代表。学校注意加强对师生的理想信念教育，爱国主义、集体主义和社会主义教育以及形势政策教育，思想政治教育的形式、方法和手段不断改进。

2004 年，安阳师范学院新成立党支部 28 个，到 2004 年底，全院共有 25 个党总支、66 个党支部，其中教工党支部 22 个、学生党支部 44 个。同时健全党的基层组织制度，制定了《党总支工作条例》，修订了《系（院）党政联席会议制度》，规范了基层党组织的活动。开展"五好"党组织创建活动，表彰了评选出的 116 名优秀共产党员、12 名优秀党务工作者。4 月初召开了首次党建工作会议，成立了学生党建工作领导小组，制定了《2004～

2006 年发展党员工作规划》和《关于实行党员发展对象公示制的意见》，全年共培训入党积极分子 2900 余人，发展学生党员 1435 人，年末有学生党员 1641 人，占全院学生总人数的 12.5%。5 月、10 月分别举办为期一周的党总支书记学习班和系主任、行政部门负责人学习班。制定了《关于实行党政处级领导干部任前公示制的意见》和《关于科级机构设置、科级干部调整和处级后备干部选拔工作的安排意见》。对中层干部进行了充实调整，完成了 58 个科级机构设置和 125 名科级干部选拔调整工作。平顶山工学院党委狠抓院级领导班子的中心组理论学习和中层干部的理论培训，围绕树立和落实科学发展观，学习党的十六届四中全会决议、《党内监督条例》、《纪律处分条例》等文件，实践"三个代表"重要思想，强化理论武装，做到理论联系实际。学院加大了组织建设力度，强化了在大学生中发展党员的工作。成立了 6 个党总支、6 个教工党支部和 6 个学生党支部，选拔配备了 6 名学生支部书记，增选支部委员 42 名。制定了《关于进一步加强和改进在青年学生中发展党员工作的意见》，全年培训入党积极分子 2310 人，发展党员 881 名（含教工 30 人），学生党员人数占全体学生数的 7.2%。在各党支部开展了"五好"党组织创建活动，涌现校级先进支部 5 个、优秀党务工作者和优秀共产党员 61 人、省级先进基层党组织 1 个、省级优秀党务工作者 3 人、省级优秀共产党员 3 人。

2006 年，河南财经学院坚持党委中心组学习制度，举办全校正处级干部党的十六届六中全会和省八次党代会精神学习班，邀请省委政研室、省委党校、省政府发展研究中心、云南大学的专家学者为处级干部举办专题讲座。掀起践行社会主义荣辱观教育活动热潮，3 月 22 日，《河南日报》在要闻版以《荣辱观教育形式喜闻乐见》为标题，对学校社会主义荣辱观教育活动进行了报道。平顶山学院召开学校首次党建工作会议，突出基层组织建设主题。制定党员发展、共青团推优、发展党员公示制等细则和办法，在青年教师和优秀大学生中发展党员 552 名，其中大学生党员 534 名。基本实现了专科高年级和本科低年级有党员的目标。利用寒暑假深入开展大学生社会实践教育活动。新建大学生社会实践活动教育基地 8 个，爱国主义教育基地 4 个；由 300 余名志愿者组成的 25 支"三下乡"实践服务团队在志愿服务活动中都取得了优异成绩，学院被评为河南省大学生社会实践先进单位，3 个服务队被评为河南省大学生社会实践先进服务队，34 名学生被评为全省大学生社会实践先进个人；在参加"三支一扶"计划的学生中，1 名学生获得"全国百名优秀志愿者"和"十大杰出青年志愿者"荣誉称号，5 名学生被评为"河南省优秀青年志愿者"；学院的中国传统文化研究会青年志愿者服务队被评为"河南省优秀青年志愿者服务集体"。许昌学院学习加强和改进党建和思想政治工作，抓好党风廉政建设，形成干事创业的良好氛围。按照"提高质量、提升效能、保持稳定"的总体要求，制定出台《影响工作效能行为的责任追究办法》等规章制度，致力于执政能力建设和工作效能提升。深化干部人事制度改革，探索建立领导干部业绩档案，加强对领导干部的日常管理和考察考核；加强干部队伍建设，公开选拔任用 9 名副处级中层干部，调整充实科级干部队伍。做好党员培养与发展工作，制定《发展党员工作责任制》，实行发展党员责任追究制度，全年新建学生党支部 11 个，培训入党积极分子 2299 名，发展学生党员 1057 名；实行特聘组织员制度，聘任 16 名离退休老同志担任学生党建工作组织员。切实抓好纪检监察审计工作，开展学校行风评议工作，在全省教育系统行风评议中列第 4 名，受到全省通报嘉奖。加强师德建设，制定出台《关于进一步加强和改进师德建设的意见》，开展"强师德、练师能、正师风、铸师魂"活动，对全体教工进行师德考评，评选优秀青年教师和十佳青年教师标兵，举行师德报告会和"师恩永难忘"座谈会。平顶山工学院加大干部教育培训力度，提高干部队伍整体素质。利用假期举办中层以上干部培训班，院领导及处级干部 126 人参加了培训。培训采取专题讲座、观看录像的形式开展学习。先后聘请郭献功、刘道兴、袁世鹰、张志和 4 位专家，为培训班做专题讲座。观看《绿色丰碑》《师德启示录》等电教宣传片。按照有利于加强党对学院的领导、有利于加强党员的教育管理监督、有利于党组织开展工作的原则，进一步改进和调整基层党组织的设置形式。新建党支部 10 个，调整基层党支部 18 个，基层党支部书记、副书记 29 人，新增支部委员 89 人，形成健全严密的组织网络。全年共培训入党积极分子 2640 人，发展新党员 1339 人（其中教工 20 人），为 771 名预备党员办理转正手续。在校生学生党员比例本科生达到了 14%，专科生达到了 8%。继续开展"五好"党组织创建工作。以创先争优、争创"五好"基层党组织等活动为载体，加

强目标管理，促进党组织的规范化建设。先后涌现出省级优秀党务工作者 2
名、优秀共产党员 3 名，校级先进基层党组织 6 个、优秀党务工作者 9 名、
优秀共产党员 44 名。中原工学院抓住德育工作评估的机遇，整合德育资源，
充实德育内容，丰富德育载体，营造德育氛围，创新德育机制，加强德育
队伍建设，形成全方位、全员化、全过程的德育工作新局面。省委高校工
委、省教育厅专家组通过实地考察，充分肯定了学校德育工作。

2009 年 3 月 11 日，河南工程学院召开 2009 年纪检监察工作会议，3 月
11~15 日，举行 2009 年度专兼职纪检干部培训班。6 月 9 日，学院召开民
主评议行风工作和"小金库"专项治理工作动员会。10 月 19 日，召开动员
大会，开展以"加强党性修养，树立清风正气"为主题的党性党风党纪专
项教育活动。1 月 11 日，邀请省纪委二室主任王伟平来院做了一场反腐倡
廉专题辅导讲座。11 月 26~27 日，省高等学校反腐倡廉建设工作第七检查
考核组莅临学院进行全面检查考核。

2014 年，河南理工大学坚持把理论武装放在党员思想政治建设的首要
位置，组织全校党员学习习近平总书记系列重要讲话精神和党的十八届三
中、四中全会精神，党的群众路线教育实践活动和作风建设有关重要文献，
中共中央办公厅《坚持和完善高校党委领导下的校长负责制实施意见》，教
育部《关于建立健全高校师德建设长效机制的意见》等重要制度。通过学
习、全体党员党性修养进一步提高，理想信念进一步坚定，政治敏锐性、
鉴别力特别是党的群众观点不断增强，把握方向、务实作风、深化改革、
推动发展的能力与水平进一步提升。坚持和完善党委领导下的校长负责制，
严格按照《河南理工大学工作规程》，落实"三重一大"决策制度，保障了
正确的办学方向，促进了科学民主决策，巩固了班子团结。组织召开党建
工作交流会、学生党支部设置创新试点和教工"先进示范点"培育单位中
期交流会，探索教工、学生党支部先进性和纯洁性建设的有效途径，推动
了创先争优活动的深入开展。做好党员发展工作，修订完善《发展党员工
作实施细则》和入党积极分子、发展对象、预备党员培训大纲，举办了预
备党员培训示范班，共培训党员发展对象 2882 人，发展党员 1923 人，其中
发展学生党员 1914 人，学生党员占学生总数的比例达 16.6%，青年马克思
主义者培养取得新成效。加强特聘组织员队伍建设，强化党员的日常教育

与管理，促进了党员先锋模范作用的进一步发挥。围绕师生思想实际，实施校级领导干部与青年教师座谈制度，采取座谈走访和问卷调查等形式，了解青年教师的思想状况和政治诉求，并用于改进工作，思想政治工作的实效性不断增强。

（六）组织发展

2005年，由省委高校工委管理党组织关系的44所高校发展党员35198名，其中教职工党员984名，学生党员34214名。年末，学生党员人数达53651名，占在校大学生总数的8.65%。

2006年，由省委高校工委管理党组织关系的44所高校共发展党员42410名，其中教职工党员943名，学生党员41467名。年末，学生党员达69471名，占在校大学生总数的10.88%。

截至2007年底，全省普通高校共有党员15.53万人，其中教职工党员5.7万人，学生党员9.83万人，全年新发展学生党员5.46万人，学生党员比例达9.1%。省委高校工委管理党组织关系的45所高校共有党员12.65万人，其中学生党员8.33万人，占在校大学生总数的11.1%。

截至2009年12月底，全省高校共有党员196779人，其中教职工党员66370人，学生党员130409人，占在校大学生总数的比例达9.59%。2009年，全省高校共发展党员82665人，其中发展学生党员81190人。全省高校基层党组织达8149个，其中，党委205个，党总支1088个，党支部6856个。

在保证质量的前提下，切实加大在高校优秀大学生、优秀青年教师和高学历、高层次人才中的党员发展工作力度，不断壮大高校党员队伍。截至2012年底，全省高校党员总数达到28.4万人，其中在岗教职工党员6.7万人，占在岗教职工总数的51.53%；大学生党员20.3万人，占大学生总数的13%。结合实际，加强党员教育和培训，全年培训党员14.39万人次。

2014年，一是按照省委组织部有关要求，确定委属高校党员发展计划4.1万余名并予以下达。二是认真贯彻落实《中国共产党发展党员细则》，按照发展党员工作"控制总量、优化结构、提高质量、发挥作用"的总要求，严格发展程序。三是注重党员教育，举办河南省高校2014年暑期大学生党员党性教育专题培训示范班，利用全省党性教育特色基地对大学生党员进行爱国爱党爱人民教育。培训班共有 45 名来自郑州大学等 9 所高校的优秀大学生党员参加，分别在大别山干部学院、焦裕禄干部学院、红旗渠干部学院和新乡先进群体教育基地进行为期 10 天的学习培训。四是按照《2014～2018 年全国党员教育培训工作规划》要求，对全省高校党员教育培训教材进行遴选推荐，共推荐高校工委、郑州大学等 10 个单位的教材参加省委组织部组织的全省评比。五是完成高校党费收缴管理和使用工作以及党务信息统计工作。举办 1 期党费收缴管理人员和党务信息统计人员培训班。截至年底，全省普通高等学校共有党员 22.6 万人，其中在岗教职工党员 7.5 万人，学生党员 13.7 万人，比上年减少 2.4 万人，学生党员占学生总数的 7.97%。

三 质量工程

在规模扩张的主旋律中，质量一直是方方面面关注的重点。

（一）师资队伍建设

（1）2004 年 3 月 22 日，中共河南省委、河南省人民政府发布的《关于加快高等教育改革与发展的意见》指出，师资队伍建设直接关系教学水平和人才培养的质量，是学校建设的核心。要紧紧抓住培养、吸引、用好人才三个环节，着力建设一支数量充足、梯次合理、素质优良的教师队伍，使高等学校成为国家创新体系的主力军，成为凝聚高层次人才的高地。到 2010 年，全省高等学校具有研究生学历教师的比例达到 65% 左右。实施以特聘教授、创新人才、优秀中青年骨干教师培养和出国留学为重点的"人才强校"工程，引入人才创新机制，采取多种形式集中必要财力，大胆聘任国内外著名教授、学者和有实践经验的专家到高校任教，大力培养引进一批具有开拓精神和创新能力的学科带头人、优秀拔尖人才和教学名师。支持 200 名特聘教授，培养 300 名创新人才和 1500 名优秀中青年骨干教师，每年选派 100 名优秀教师到海外知名大学攻读学位或研究、学习、进修。建立激励机制，充分发挥优秀学科带头人和科技创新人才在学科建设、人才培养、科技攻关等方面的作用。采取多种措施，提高师资队伍建设水平，调动广大教师教书育人的积极性。

2000 年 9 月 29 日，省教育厅制发了《关于公布河南省高校首批设立特聘教授岗位学科的通知》，并通过《人民日报》海外版、《光明日报》以及因特网向海内外发布招聘信息，延揽一流学者。在各校论证申报的基础上，2000 年省教育厅聘请部分"两院院士"和国务院学位委员会学科评议组成员组成评审工作组，经对 14 所本科高校 61 个学科的认真论证评审，最后确定郑州大学基础数学、有机化学及应用、中国古代史、材料加工工程、化工工艺及机械、建筑设计及其理论、病理学，河南大学高分子化学与物理、人文地理学、中国现当代文学，洛阳工学院动力机械及工程、机械制造及其自动化，河南农业大学作物栽培学与耕作学，河南师范大学理论物理，焦作工学院煤矿安全技术及工程，华北水利水电学院水工结构与建材 7 所高校 16 个学科为河南省高校首批设立特聘教授岗位学科。9 月中旬，经过省教育厅聘请的以"两院院士"和国务院学位委员会学科评议组成员组成的评审委员会评审后，确定王光丰为焦作工学院安全技术与工程学科的特聘教授，从而成为河南省高校建立特聘教授制度以来第一位特聘教授。

特聘教授在聘期内享受特聘教授岗位津贴。第一期特聘教授岗位津贴标准为每人每年人民币 12 万元，同时享受学校按照国家有关规定提供的工资、保险、福利待遇。

2001 年，根据年初工作布置安排，全省共有 10 所高校 52 个学科，经过校学术委员会论证后报省教育厅，参与第二批特聘教授设岗申报工作。10 月 11 日，省教育厅聘请专家组织评审，并报经厅常务会议批准，确定并公布了郑州大学凝聚态物理等 20 个学科为河南高校第二批设岗学科。

2003 年 10 月，省教育厅聘请部分"两院院士"和国务院学位委员会学科评议组成员组成评审工作组，对 6 所本科高校推荐的 33 个特聘教授人选进行论证评审，并报厅常务会议审定，最终确定郑州大学曹少魁等 23 人为河南省高校第三批特聘教授人选。

2004 年 10 月底，省教育厅组成评审工作组，对 13 所高校推荐的 74 名特聘教授候选人和 90 个特聘教授岗位，26 所高校推荐的 156 名创新人才培养工程培养对象候选人进行评审论证。经厅领导审定，最终确定童丽萍等 36 人为 2004 年度河南省高等学校省级特聘教授，确定郑州大学高分子化学与物理等 37 个岗位为 2004 年度河南省高等学校特聘教授岗位，确定郑州大学陈静波等 31 人为 2004 年度河南省高等学校创新人才培养工程培养对象。截至年底，河南省高校上岗特聘教授已达 27 人。

2005 年 7~8 月，组织完成 2005 年度河南省高等学校特聘教授岗位和特聘教授人选的评审工作，确定郑州大学儿科学等 33 个岗位为本年度河南省高等学校特聘教授岗位。特聘教授聘用工作成绩显著，2005 年，河南省高校 31 位省级特聘教授上岗工作，累计上岗特聘教授 58 位。

2006 年 12 月 18~19 日，经专家评审，在全省高校省级以上重点学科、工程中心、重点实验室和优势明显的新兴学科中新设置郑州大学生物化学与分子生物学等 33 个特聘教授岗位，全省岗位总数达到 161 个。特聘教授聘任上岗工作进展明显，中原工学院连之伟，华北水利水电学院周振民，郑州轻工业学院魏东芝，信阳师范学院宋新宇，河南师范大学梁立明、张贵生，河南科技大学张永振，郑州大学朱长连、吴卫东、谢东 10 位特聘教授与学校签订了聘任合同，上岗特聘教授达到 68 位。

确定"创新人才培养工程"2000~2005 年培养对象。2000 年 10 月 19 日，省教育厅确定"创新人才培养工程"2000~2005 年培养对象。根据原省教委《关于实施河南省高等学校"创新人才培养工程"的通知》精神，在各高校组织选拔和推荐创新人才培养对象工作的基础上，经严格评审，确定郑州大学刘宏民（有机化学）、朱诚身（高分子材料）、高丹盈（新型复合材料）、雷银照（电工理论与新技术），河南大学杜祖亮（凝聚态物理）、沈卫威（中国现当代文学），河南师范大学郭英剑（英语言文学），洛阳工学院刘平（材料学）、王中宇（机械制造），河南中医学院李建生（中医内科），郑州牧业工程高等专科学校李文刚（畜牧鲁医）11 位青年学者为全省高校"创新人才培养工程"2000~2005 年培养对象。

2000 年，全省有 16 所高校共引进博士后 14 人、博士 103 人、硕士 152 人，送出攻读博士 21 人、硕士 31 人，参加高级访问学者、骨干教师进修班等形式培训教师 109 人。

（2）2001 年，省教育厅制发了《河南省高校青年骨干教师资助计划实施办法（试行）》。根据安排，全省 37 所高校 383 人参与了"骨干教师资助计划"申报工作。10 月 29~31 日，经省教育厅组织专家工作委员会评审，并报经厅长常务会议审核，最终确定了郑州大学杜殿楼等 200 名青年教师为 2001 年河南省高校"骨干教师资助计划"资助对象。"骨干教师资助计划"规划培养 500 名青年教师。培养期为 3 年，每人平均资助 2 万元，其中教育厅安排 1 万元，学校匹配 1 万元。

根据年初工作部署，全省 15 所高校 66 人参与了第三批创新人才对象的申报工作，其中博士 57 人、硕士 6 人、学士 2 人。2001 年 10 月底，经专家组评审，并报厅常务会议审定，最终确定郑州大学李新建等 20 名青年学者为河南省高校"创新人才培养工程"2001~2006 年培养对象。

根据教育部有关文件精神，省教育厅组织专家对各高校推荐的教学名师奖候选人进行评审，郑州大学石杰等 14 人获河南省高校首批"教学名师"荣誉称号，参加了 2003 年河南省教师节表彰大会。

2004 年全省高等教育工作会议以后，各高校认真贯彻会议精神，建立健全人才工作机制，派人到北京、上海、天津、武汉、西安、广州等高校密集地区招聘人才，将省、校已制定的人才工作措施宣传到省外。当年全省高校引进博士 570 名；硕士生占新进教师的比例已达 40% 以上，其中郑州区域高校在 80% 以上。在河南高校工作的"两院"院士已达 31 人。

2006 年 4 月 27 日，河南省教育厅发布的《关于进一步加强我省高等学校本科教学工作的若干意见》提出，高等学校要牢固树立尊重教师、依靠教师、服务教师的理念，把满足教师终身学习和全面发展的需要作为师资队伍建设的出发点和落脚点。高等学校领导要倾注超常规的精力，采取超常规的措施，抓好教师的引进、培养和使用工作，积极探索师资队伍建设的长效机制。省教育厅将继续实施以"特聘教授岗位制度"、"每年选派一百名中青年优秀教师境外研修计划"、"创新人才培养工程"和"青年骨干教师资助计划"为主要内容的"人才强校"工程。高等学校要制定与之相配套的师资队伍建设措施，加大投入，以高层次人才队伍建设为突破口，建立健全人才聘用和竞争激励机制，努力打造一支能够满足教育教学需要、结构合理、素质优良，具有较强创新能力的专任教师和高水平学科带头人队伍，逐步使青年教师中具有博士、硕士学位的比例和主讲教师符合岗位任职资格的教师比例达到教育部本科教学工作水平评估的要求。

高等学校要逐步完善高校教师培训制度，发挥河南省高校师资培训中心的作用，有目的、有计划地培训中青年教师，特别是承担基础课和公共基础课教学的中青年教师。采取多种渠道着力解决大学英语、计算机等公共基础课师资严重紧缺的问题。要加强新专业师资、双语教学师资的培养。要引导广大教师积极探索教学规律，更新教育观念，掌握现代科学研究手段和教育信息技术，学习新知识，研究和改革教学内容与教学方法，不断提高教学水平。教师应具有高尚师德、优良教风和敬业精神，严格履行岗位责任，严谨治学，教书育人，为人师表。

高等学校要把教授、副教授为本科学生上课作为一项基本制度，教授、副教授每学年至少要为本科学生讲授一门课程，连续两年不讲授本科课程的，不再聘任其担任教授、副教授职务。把教师承担教学工作的业绩和成果作为聘任（晋升）教师职务、确定津贴的必要条件。要完善教师教学效果考核机制，大力表彰奖励在教学工作第一线作出突出贡献的教师，继续做好国家、省和学校三级"高等学校教学名师"评选工作。同时，对教学效果不好、学生反映强烈的教师，不应继续聘任其从事教学工作。鼓励名师上讲台，积极聘请国内外著名专家承担讲课任务或开设讲座，努力创造良好的学术氛围。

2007年5月22~23日，评选表彰了河南大学陈家海等20名第三届省高等学校教学名师，其中河南理工大学张子成、郑州牧业工程高等专科学校边传周2名教师被评为国家级教学名师。9月21~23日，启动河南省高等学校教学团队建设，评选出河南师范大学动物生物学教学团队等33个省级教学团队进行立项建设，其中河南理工大学煤田地质与瓦斯地质教学团队被评为国家级教学团队。

（3）学校行动。2000年河南大学坚持"培养、引进并举，以培养为主"的方针，重视高层次人才的培养选拔和引进。继续抓好跨世纪优秀学术群体的培养工作。启动了校级特聘教授岗位招聘工作，首批设岗20个。获准在中国现当代文学、高分子化学与物理、人文地理学三个专业设立河南省高校首批特聘教授岗位，沈卫威、杜祖亮入选第二批高校创新人才培养工程，孙先科、张倩红、韩长印、李起升入选河南省跨世纪学术和技术带头人培养对象，程民生、徐盛桓、马建华、王度发、许兴亚获曾宪梓教师奖。在培养、引进和稳定高层次人才方面制定了多项优惠政策。中科院院士、瞬态光学专家侯洵先生，中国工程院院士、作物抗旱生理和旱地农业研究专家山仑教授定期到校工作。

2002 年，中原工学院引进教师 102 人，创学院年度进入人数之最，使学院专职教师达到 580 多名。此外，聘请 37 位高层次人员（包括 2 名中国工程院院士、21 名博士）任学院兼职教授，其中中国工程院梅自强院士兼任学院纺织工程技术研究中心主任。加强对现有人员的培养，共有 201 人在职或脱产进修、学习，其中有 86 人攻读博士、硕士学位；还组织了双语教学、岗前培训、单科进修等中短期培训，共有 115 人参加。抓师德师风建设，广大教师基本形成了教书育人、为人师表、敬业爱生、钻研业务、乐于奉献的新风尚。安阳师范学院相继制定并完善了引进人才的优惠政策，在科研、住房、职称评聘、家属安置等方面提供优惠，做到事业留人、感情留人、待遇留人，不断吸引高层次人才来校工作。年内有 4 名博士学成归来，4 名硕士和 33 名重点大学优秀本科毕业生到校工作。8 月底举办新教师教学业务培训班，30 余名新教师参加学习。培训班聘请学有专长、教学经验丰富的教师，采取专题讲座、对话讨论的方式，就备课、课堂教学、教师职业道德等方面进行讲解，对新教师做了具体指导。

2003 年，郑州大学化学系教授吴养洁在中国科学院院士增选中成功当选，改写了河南没有自己培养的院士的历史，这是河南高层次人才培养方面的重大突破。郑州大学注重高层次人才的引进与培养，大力推进人才强校战略，召开了全校培养与引进人才工作会议，制定了更加优惠的人才政策，以更加灵活的机制，在国内外招贤纳才，被评为"全国留学回国人员先进工作单位"。2003 年，学校划拨专项经费 2700 万元，引进人才 291 人，其中博士 101 人、硕士 190 人。出站博士后有 3 名留校工作。有 22 人在教育部"高校青年教师奖"、"优秀青年教师资助计划"、河南省"555 人才工程"、享受国务院政府特殊津贴、省级特聘教授人选中被选拔推荐。首批 5 名省级特聘教授完成了签约上岗。选拔了 79 名优秀教师定向攻读博士学位，77 名青年教师进行外语强化培训。争取到了教育部人才培养经费 333.7 万元，学校给予配套经费 133.2 万元。招聘了 25 名校级特聘教授。新增正高职称 147 人，副高职称 291 人。经省教育厅批准，学校新设立了省级特聘教授岗位 7 个。截至 2003 年底，学校师资队伍中已有两院院士 9 人（其中专职 3 人、双聘 6 人），在岗教授 351 人、副教授 721 人，博士生导师 82 人、硕士生导师 930 人。具有研究生学历的教师已达 1332 人，占专任教师的 68%，其中具有博士学位的教师 405 人，占 20%。2003 年河南大学首批省特聘教授 4 人正式上岗，第二批校特聘教授有 6 人受聘。推荐 5 人作为新一批省特聘教授候选人，推荐 4 人作为省"555 人才工程"培养对象，推荐 5 人申请霍英东青年教师基金资助。修订了《河南大学关于高层次人才待遇和管理有关问题的暂行规定》，本年回校博士（含博士后出站人员）28 人，从国内外引进博士 7 人、教授 4 人，考取定向、委培博士生 42 人，目前学校有博士 288 人（含在读）。有 28 人晋升正高，78 人晋升副高，10 人晋升中级职称。

2004 年，河南科技学院积极拓宽人才引进渠道，引进各类教师 90 人，其中博士后、博士 5 人，硕士 41 人，教授 1 人，副高级职称 3 人；聘任名誉教授、兼职教授 9 人，软引进兼职教授 5 人。全面落实高层次人才的有关待遇，为在校的教授、博士配备了手提电脑，解决了工作用车问题，改善广大教师和各类人才的教学、科研工作和生活条件。1 人获省高校创新人才培养工程培养对象基金资助，7 人获省高校中青年骨干教师资助计划资助，8 人获教育厅"学术技术带头人"称号。有 10 人通过正高级职称，25 人通过副高级职称，34 人通过中级职称评审。

2008 年，河南农业大学新遴选聘任吴国良教授担任学校果树学科河南省特聘教授，新引进中国科学院院士、著名森林生态学家、中国林业科学研究院首席科学家蒋有绪院士为学校教授，新引进博士 22 人、硕士 38 人，"柔性引进"专家、教授 12 人，新培养博士 14 人。新招收博士后研究人员 15 人，出站 4 人。新增河南省科技创新团队 2 个。新增国家现代农业产业技术体系岗位科学家有李潮海、康相涛、邓立新、申进文、王成章 5 人。进一步规范了进人程序，制定了公开招聘程序、工作方案、工作守则等。中原工学院坚持培养和引进相结合，新增教授 25 人、博士 21 人；2 人获河南省优秀专家称号，4 人被确定为省级青年骨干教师，6 人被推荐为河南省"555 人才"，1 人入选河南省高校科技创新人才支持计划，6 人被评为省教育厅学术技术带头人。以"教师培训年"活动为契机，深入开展师德师风师能建设，新增河南省教学名师 1 人、河南省文明教师 3 人、河南省师德先进个人1人。

2014年，河南大学聘任兼职院士1名，1人获"全国杰出专业技术人才"荣誉称号，2人入选首批国家"高层次人才特殊支持计划"，1人入选"中原学者"，聘任省特聘（讲座）教授8人、"黄河学者"7人、校特聘教授6人。获批省杰出专业技术人才2名、省高校青年骨干教师资助对象14名、教育部等6部委"双千计划"人员3名。新接收和培养博士180余人，博士占专任教师的比例稳步提高。

2014年，郑州大学教师韩一帆、河南农业大学教师汤继华入围2013~2014年教育部"长江学者特聘教授"，其中汤继华是河南省本土成长的第一位"长江学者"省级特聘教授。新增庞新厂等19名省级特聘教授和讲座教授候选人。遴选2014年度200名青年骨干教师，全省青年骨干教师达2700人。

2007年，全省普通高等学校教职工8.82万人，比上年增加0.48万人。其中，专任教师5.88万人，比上年增加0.59万人。生师比为17.7∶1，高于上年的17.4∶1（在校生和教师总数均为折合数）。专任教师中具有副高级以上职称的有19144人（其中，正高级4012人），占总数的32.58%，比上年提高0.7个百分点。专任教师中研究生及以上学历的21279人（其中，博士学历的3774人），占总数的36.21%，比上年提高2.84个百分点。师资力量的不断增强，为高等教育教学质量的提高奠定了重要基础。

2009年全省普通高等学校教职工10.36万人，比上年增加0.77万人，其中，专任教师7.15万人，比上年增加0.66万人。生师比为18.3∶1，高于上年的18.26∶1（在校生和教师总数均为折合数）。专任教师中具有副高及以上职称的23573人（其中，正高级5320人），占32.98%，比上年下降0.13个百分点；具有研究生及以上学历的29612人（其中，博士学历的有5910人），占41.43%，比上年提高1.51个百分点；具有硕士及以上学位的37625人（其中，博士学位的有6025人），占52.64%，比上年提高2.33个百分点；30岁以下专任教师占31.14%，31~45岁专任教师占50.13%，46~60岁专任教师占17.43%。

到2017~2018学年，全省普通高等学校教职工达到14.58万人，比上年增加0.70万人，其中专任教师10.84万人，比上年增加0.57万人，增长

5.25%；专职教师中具有副高级职称以上的比例为 34.03%，研究生以上学历所占比例为 54.89%。

（二）学科、专业建设

（1）2000 年 3 月 20~24 日，省教委组织了省级重点学科点评审工作。经评选、审核，最后确定郑州大学基础数学等 85 个学科点为河南省高等学校 2000~2002 年省级重点学科。本批重点学科分为两个层次：第一层次有 27 个学科点，其建设目标是争取国家重点学科，培养若干名"两院"院士和国家特聘教授岗位的有力竞争者；第二层次有 58 个学科点，建设目标是建成以博士点学科专业为主干的、结构布局合理的学科群体。为加快重点学科建设和发展，采取了省教育厅全额贴息、学校贷款并还贷的方式，加大学科建设资金投入力度。2001 年 6 月下拨第一批贴息款 1617 万元，贷款 2.8 亿元用于 85 个省级重点学科建设。

2000 年 3 月 18 日，省教委组织专家对 6 个重点学科开放实验室建设阶段性工作进行了检查评估，下发了专家组检查反馈意见，各实验室根据反馈意见制定了相应的整改意见及阶段性工作计划并及时将信息以简报的形式相互交流。

4 月，经教育部备案核准，同意郑州大学、河南大学、洛阳工学院、信阳师范学院、郑州粮食学院、河南职业技术师范学院、郑州工业大学、郑州轻工业学院、焦作工学院、郑州纺织工学院、郑州航空工业管理学院 11 所高校 2000 年增设"环境工程"等 26 个本科专业，同意河南职业技术学院等 27 所高校增设"应用电子技术"等 52 个高等职业技术专科教育专业，同意安阳师范学院、南阳师范学院、洛阳师范学院、商丘师范学院、黄河科技学院、河南大学 6 所学院设置"汉语言文学"等 31 个本科专业。

2001 年 12 月 3 日，完成了 2001 年普通高校新增专业的设置评议工作。专业设置评议坚持以下基本原则：第一，明确指导思想，切实根据全省经济建设和社会发展的需求来增设新专业；第二，严格按照教育部有关文件规定增设新专业；第三，注意拓宽专业面向，切实调整过窄过细的专业；第四，加强专业点的总量控制，注意提高规模效益；第五，注意全省合理布局；第六，保证新增专业的办学条件。这次共评议新增本、专科专业 235

个，其中郑州大学等 21 所高校新增设艺术设计等 107 个本科专业已上报教育部审批、备案。

2001 年，郑州大学凝聚态物理等 14 个学科申报参加了国家级重点学科的通讯评审。最后郑州大学的凝聚态物理、材料加工工程、病理和病理生理学，河南农业大学的作物栽培学与耕作学进入了会议评审答辩。其中郑州大学的凝聚态物理、材料加工工程，河南农业大学的作物栽培学与耕作学被批准列入国家级重点学科行列。

2001 年 7 月 20 日，河南省教育厅印发《河南省高等学校省级重点学科点建设管理实施办法》，提出的建设目标是，使这些学科成为培养高质量的高层次人才，出高水平成果，解决河南乃至国家经济建设、科技和社会发展重大课题的基地。

第一层次的重点学科，要争取成为国家重点学科，培养若干名"两院"院士和国家特聘教授岗位的有力竞争者；第二层次的重点学科，要争取成为博士学位授权点，以期在全省形成以博士点学科专业为主体的、阵容整齐、结构布局合理的学科群体，加速人才培养质量和教学科研水平的提高。要求重点学科应在知识创新、科技开发和人文社会科学研究方面起示范作用。增强学科的特点，努力在学科发展的前沿或具有广泛应用前景的领域开展研究；创造良好的科学研究条件和学术环境，加强对外学术交流与合作，以保持本学科的先进性，积极争取承担国家、行业和地方的重大科学技术研究和开发任务。

2002 年，全省重点学科建设采取省教育厅贴息、学校贷款的办法，一次投入 2.8 亿元，缩小了在经费方面与全国的差距。在此基础上，省教育厅专门下发了加强 3 个国家级重点学科建设的意见。年底，省财政厅又下拨专项经费予以支持。

2003 年 9 月 22 日，省教育厅下发《关于开展对河南省高等学校 2001～2003 年重点学科建设期满评估的通知》，10 月 19～28 日，河南省高等学校重点学科专家咨询组对本批 85 个省级重点学科点进行建设期满的验收评估，并进行了总结。经过三年重点建设，各学科点的研究方向得到了不同程度的凝练、整合，特色和优势更加明显，构筑了一批高水平的基地，汇聚了一支高层次、高素质的队伍，扩大了国内外学术交流，探索了重点学科点的运行机制和规范化管理；各学科点的科技创新能力大大提高，取得了一批高水平研究成果，培养了一批高素质人才，在国家重点学科、国家重点实验室、博士点建设上取得了突破性进展。

2004 年 4 月 26~27 日，省教育厅组织专家进行第六批省级重点学科评审工作，确定郑州大学材料学等 136 个学科点为河南省高等学校 2004~2006 年省级重点学科，其中省教育厅重点资助建设的学科 31 个，省教育厅资助建设的学科 64 个，学校自筹资金建设的学科 41 个。8 月 17 日，省教育厅向各校下发《河南省高等学校 2004~2006 年省级重点学科点建设管理实施办法》和《河南省高等学校 2004~2006 年省级重点学科建设目标任务书》，与各个学科点签订了目标任务书，调整充实了河南省重点学科专家咨询组。

2006 年 3 月 6 日，郑州大学的新闻学、公共管理学、医学影像学、药理学、电路与系统，河南农业大学的动物营养与饲料学，信阳师范学院的马克思主义理论与思想政治教育 7 个学科增补为河南省高校省级重点学科。省教育厅组织专家对第六批重点学科 2005 年度建设工作进行考核评价。据不完全统计，本年度 145 个学科新增博士学位教师 388 人，具有博士学位的教师已达到专任教师总数的 36%，承担国家级科研项目 436 项，横向课题705 项，科研总经费达 3.31 亿元；在核心期刊发表论文 5551 篇，其中被SCI、EI 等收录 1344 篇，出版著作 440 部，获得专利 132 项，在教学质量、科学研究和服务经济社会等方面，为全省高校学科建设起到了示范作用。

（2）2001 年 3 月 18~28 日，省教育厅组织有关专家对郑州大学、河南大学、河南师范大学、河南农业大学的 7 个重点学科开放实验室 2000 年度建设任务进展情况进行了检查，形成了对各实验室建设工作的评价意见和对省教育厅的咨询建议，对省重点学科开放实验室的建设起到了较好的指导作用。

2001 年 6 月 14 日，省教育厅印发《河南省高等学校重点学科开放实验室评估细则（暂行）》，布置了一期工程的评估验收工作。11 月 19~26 日，组织专家组对 7 个重点学科开放实验室三年建设项目进行了评估验收，专家组根据《河南省高等学校重点学科开放实验室建设管理办法》《河南省高等学校重点学科开放实验室评估规则（试行）》，对照实验室建设项目计划任务书及专家组 1999 年、2000 年的两次年度反馈意见做了全面细致的审核，进行了答辩和交流，最后形成意见：7 个实验室在三年建设期限内，基本完成了各项建设目标，建议通过验收。三年的投资建设，装备了一批先进的仪器设备，使实验室具备了良好的实验条件和工作环境；磨炼了一批中青年学术骨干，形成了一支开拓进取的学术队伍；培养了一批博士、硕士生；取得了一批理论和应用研究成果；营造了积极向上的学术氛围；扩大了对外学术交流与合作；积累了经验，为今后创建国家重点实验室奠定了良好的基础。

2002 年 10 月，在科技部组织的申报国家重点实验室论证、考核答辩会上，河南省推荐的细胞分化调控重点实验室通过了考核和答辩，成为科技部批准的首批 29 个省部共建实验室之一，这是全省唯一一个被推荐参评的省级重点实验室。实验室被命名为河南省—科技部共建细胞分化调控国家重点实验室培育基地，依托单位为河南师范大学，负责人为河南师范大学徐存拴教授，实验室建设期为一年，期满后评估成绩优秀的实验室将成为国家重点实验室。

河南省高等学校重点学科开放实验室是省教育厅近年来在高等教育领域内投资规模较大的重点建设项目，三年共投入近 1 亿元资金。第一批 7 个实验室始终坚持边建设、边研究、边出成果，取得了较为显著的成绩，其中郑州大学离子束诱变育种及生物工程重点学科开放实验室和"211 工程"材料物理实验室合报成为教育部重点实验室，命名为材料物理重点实验室；河南大学润滑与功能材料重点学科开放实验室成为教育部和省共建重点实验室，重命名为特种功能材料实验室。

2003 年，经省高校基础课教学实验室评估验收领导小组审核，批准郑州大学基础化学实验室等 280 个实验室为河南省高等学校基础课教学实验室评估合格实验室。

2005 年 4 月，组织重点学科开放实验室专家咨询组对第二批 5 个河南省高等学校重点学科开放实验室 2004 年度的建设工作进行评价；6 月 1 日，公布增补郑州大学食管癌、河南大学数字区域模拟、河南工业大学粮油精深加工与品质控制 3 个河南省高等学校重点学科开放实验室。

2006 年 9 月 23～28 日，组织专家对郑州大学的临床医学、信息网络，河南科技大学的先进制造技术，河南理工大学的安全工程 4 个全省高校第二批重点学科开放实验室和河南大学的人文重点学科开放研究中心 2003~2006 年建设工作进行了评估验收。验收结果表明，三年建设任务全面完成，成效显著。一是投资显著增加，共筹集资金 1.32 亿元，其中教育厅投入 2300 万元，拉动各方投入 1.09 亿元。二是汇聚了一支高素质学术队伍，引进院士 1 人，新晋升教授 22 人，新增博士 27 人。三是经济和社会效益明显，承担各类科研项目 414 项，其中国家攻关项目 26 项，国家自然科学基金项目 142 项，到位科研经费 8044 万元。积极推进产学研结合，促进优质实验资源开放和流动，如河南理工大学的安全工程实验室培训有关技术人员 12000 人次，累计经济效益高达 7318 万元。

（3）按照《教育部关于启动高等学校教学质量与教学改革工程精品课程建设工作的通知》文件精神，根据河南省实际情况，省教育厅制定了《河南省高校精品课程建设工作实施办法》。2003 年 9 月，组织专家对各高等学校申报的精品课程进行论证。评出河南大学英国文学选读等 29 门课程为 2003 年度河南省高等学校精品课程。并确定郑州大学物理化学等 11 门课程上报教育部参加国家精品课程评选。黄河水利职业技术学院水力学入选"2003 年度国家精品课程"建设行列。

2004 年 7 月，全省共评出 2004 年度河南省高等学校精品课程 39 门，其中选出 28 门推荐到教育部参加 2004 年度国家精品课程的评选。黄河水利职业技术学院的水利工程制图、郑州牧专的生物化学、信阳农专的制茶工艺、鱼类学 4 门课程被教育部确定为国家级精品课程。

2006 年 1 月 10 日，郑州大学材料科学等 6 门课程获得 2005 年度国家级精品课程，使全省高校国家级精品课程总数达到了 11 门。2 月 12 日，河南大学的国际贸易、河南财政税务高等专科学校的基础会计学等 55 门课程被确定为 2005 年度河南省高校精品课程，精品课程总数达到了 131 门，点击率近 2 万人次，有力地促进了优质教学资源共享，发挥了示范引领作用。

（4）为了进一步加强高等学校专业建设，优化专业结构，提升专业建设整体水平，建设在国内外有一定影响的高校名牌专业，2005 年省教育厅制定的《河南省高等学校名牌专业建设管理办法》提出，在现有专业建设成果的基础上，用五年左右的时间，在全省普通高校建设 300~500 个教育教学思想先进、人才培养方案符合时代发展要求，人才培养质量及其专业建设、改革、管理水平和办学水平在省内达到领先水平，在国内达到较高水平，具有良好的社会声誉，得到社会公认的名牌专业。通过名牌专业建设，进一步优化河南高等学校专业结构，提升高等学校专业建设整体水平，提高河南高等学校本、专科人才培养的质量、办学效益和在国内外的竞争力，为河南经济建设和社会发展提供强有力的人才支撑和智力支持。

名牌专业是指专业特色鲜明、人才培养质量高、毕业生就业率高、社会声誉好的专业。其标准要求是：师资队伍结构合理，数量充足，教学水平高；有良好的办学条件和先进的教学手段；教学过程规范，专业改革力度大，教学改革成果显著；对高职高专应有所区别，学生创新能力强，教学质量高；专业特色鲜明，毕业生就业率高，社会声誉好。

凡入围的专业，可使用"河南省高等学校名牌专业建设点"名称，待验收合格后方能正式使用"河南省高等学校名牌专业"的称号。省教育厅对省级名牌专业建设点在招生计划安排、人才引进和师资培训等方面予以政策倾斜。

2012年5月26日，同意郑州大学等45所高等学校增设"工程结构分析"等140个本科专业，河南机电高等专科学校等84所高等学校增设"楼宇智能化工程技术"等297个高职专业，河南中医学院增设"应用心理学"为第二学士学位专业，河南工业大学等7所高等学校的"数字媒体艺术"等8个非艺术类专业可按艺术类专业招生办法招生，同意河南科技学院撤销草业科学专业。推进专业综合改革，河南理工大学"安全工程"等29个专业点获得国家级综合改革试点，确定郑州大学的临床医学等149个专业点为省级"专业综合改革试点"项目。探索与有关部门、行业企业联合培养人才的新机制，批准郑州大学、河南大学、河南科技大学等28所院校开展省级"卓越工程师、卓越医生、卓越法律"教育培养计划，郑州大学等14所高校入选教育部卓越计划项目。

2012年10~11月，首次对全省95所高等学校的568个艺术类专业点进行了专项检查，514个专业点检查合格，29个专业点限期整改，23个专业点大幅压缩招生规模，2个专业点停止招生。

2014年3~5月，规范审核高校普通招生，高职高专院校单招、专升本、对口招生等招生专业。5月27日，经研究并报教育部备案、审批，公布

2014 年度新增本专科专业点，共有 43 所院校新增本科专业点 106 个，75 所高校新增专科专业点 239 个。12 月，确定河南大学的土木工程、黄河水利职业技术学院地理信息系统与地图制图技术等 200 个专业点为 2014 年度河南省高等学校"专业综合改革试点"项目。

（5）学校行动。2000 年郑州工程学院粮食、油脂及植物蛋白工程、农产品加工及贮藏工程、食品科学 3 个重点学科顺利通过省级重点学科评审，工业设计、环境工程 2 个本科专业开始招生，新增加岩土工程、机械设计制造及其自动化、农业昆虫与害虫防治 3 个硕士点，自动化、广告设计、艺术设计、电子信息工程 4 个本科专业，电子商务、制冷与空调、电子技术应用 3 个新高职专业。

2002 年，中原工学院与地方和有关企业合作，建成了郑州纺织工程技术研究中心。该中心着眼于革新技术、振兴河南纺织行业，目标是成为郑州市乃至河南省纺织工程技术的研究开发基地。学院投入 600 万元（预计总投入 1000 万元），郑州市科技局投资 100 万元，基础设施建设已经完工，一批先进的仪器设备安装到位。中国工程院院士梅自强兼任主任，一批专家学者在中心任职，具备了较强的研发实力。新乡医学院制定了《重点学科评选评分办法》、《重点学科总体目标与年度目标》和《重点学科评分标准》等相关细则。组建神经生物学研究室、遗传学与细胞生物学研究室、免疫学研究室、免疫组织化学研究室，并划拨 119 万元用于实验室的筹建工作。河南中医学院落实和完善实验室管理体制改革，形成了一套科学的实验室与设备管理制度。争取贷款项目，加快了实验室硬件和软件建设。申报的机能实验室、生药实验室、理化实验室、显微形态实验室、临床技能实验室、解剖实验室、生化实验室 7 个实验室全部通过了省实验室评估工作专家组的首批评估验收。

2003 年，河南大学有 13 个省级重点学科，10 个校级重点学科，9 个校级重点培育学科。学校投入 2400 多万元的专项资金用于省、校两级重点学科和学位点建设。在第九次学位点申报中获批博士点 6 个，硕士点 31 个，专业硕士学位点 2 个，同时取得博士后流动站 3 个。特种功能材料实验室被确定为省重点实验室，进入省部共建教育部重点实验室行列；两年共获得省部共建实验室项目建设资金 1600 万元；一批有发展潜力和广阔前景的校级重点实验室，呈现出强劲的发展势头。河南省唯一的"高等学校人文重点学科开放研究中心"在学校建立，得到 600 万元的重点支持；河南省纳米材料工程技术研究中心由学校中标建设，成为河南省由高等院校承建的第一个省级工程中心，该中心已建成中试车间并投入试生产。获批"黄河文明与可持续发展研究中心"、"英语语言文学研究中心"和"中国现当代文学研究中心"3 个河南省人文社科研究基地。教育部人文社科基地申报工作也取得重大进展。

2007 年，河南工业大学进一步加强学科建设和管理，先后制定出台了《校级重点学科建设管理暂行办法》《学科带头人遴选及管理暂行办法》《学科建设专项经费管理和使用暂行办法》等文件。在第三批河南省省级重点学科开放实验室评审中，河南工业大学河南省高等学校"散体物料特性与储仓结构"重点学科开放实验室顺利通过评审，使学校省部级重点实验室达到 4 个。学校第六批获批的粮食、油脂及植物蛋白工程，食品科学，农产品加工及贮藏工程，结构工程，产业经济学和应用化学 6 个省级重点学科通过河南省教育厅组织的验收。

（6）研究生工作。2000 年 8 月 11~15 日，省学位委员会办公室组织了第八批学位点的申报和评审工作。国务院学位办给河南省下放 40 个一级学科的自评权，这是河南省第一次具有硕士点的自评权。河南省学位委员会聘请省内外有关专家组织了 6 个学科评议组对省内 22 个硕士学位授权单位在 37 个一级学科范围内，共申报增设 171 个硕士点，通过评议的有 10 个学科，最后经学科评议组评审，省学位委员会通过上报国务院学位办的共计57 个学科点，并全部同意备案。同时，本批还向国务院学位办申报 5 个一级学科点、39 个博士点和 38 个硕士点。12 月 28 日经国务院学位办批准，河南新增博士点 2 个、硕士学科点 27 个。至此，本年共新增博士点和硕士点 86 个。

经教育部批准，2000 年郑州大学开始招收 7 年制临床医学专业本、硕连读班。本年共录取 30 名学生。进一步扩大研究生招生规模，增加研究生招生计划。全省博士生、硕士生招生共计 1300 多人，实际招生人数比上年增长 50%以上。

2000 年，省教育厅认真按照国务院学位办和省学位办关于授予学位的有关规定发放各类学位证书，严格把关，依据当年招生计划录取审批表、毕业证书等逐一进行审核，确保学位授予质量。共授予博士学位 15 人，硕士学位 663 人，学士学位 15511 人。

2000 年 5 月 19 日，省教委同意郑州大学等 12 所高校 110 个学科专业点举办研究生课程进修班，同意清华大学等 39 所高校在河南举办水文学及水资源等 40 个学科专业点的研究生课程进修班，同时采取措施加强对课程进修班的管理和监督。一是凡在 2000 年举办研究生课程进修班的备案单位、专业，省教委统一在《大河报》上刊登公告。二是要求各校按照《河南省教委关于举办研究生课程进修班管理办法》严格管理。三是控制各专业招生人数，保证教学质量。四是严格入学资格审查和入学考试，加强学籍管理，建立学员档案。五是严格教学管理，保证教学质量，加强教学评估检查。

按照国务院学位办和全国学位与研究生教育发展中心有关文件要求，2000 年 10 月 28~29 日组织了河南考区专业学位全国统考工作，全省有 6 个专业学位，共有 1285 名考生参加全国联考。

2006 年河南农业大学被批准为新增研究生推免单位。教育部自 1998 年以来首次开展新增研究生推免单位审批工作，在严格筛选的基础上，省教育厅推荐河南农业大学、河南理工大学 2 所高校进行申报。经教育部专家委员会评议通过，在全国被批准的 20 所高校中，河南农业大学被批准从 2007 年起开展推荐优秀应届本科毕业生免试攻读硕士研究生工作。至此，河南省具有推荐免试生工作资格的有郑州大学、河南大学、河南师范大学、华北水利水电学院和河南农业大学 5 所高校。

为增强硕士研究生的创新意识，提高硕士研究生教育质量，2009 年省学位委员会组织开展了河南省第四届优秀硕士学位论文评选工作。各学位授予单位经过初选推荐了 137 篇硕士学位论文。经过外省专家评审，《某些啮齿目动物肠道寄生虫感染情况调查及隐孢子虫遗传特征分析》等 100 篇硕士学位论文被评为"河南省优秀硕士学位论文"。省学位委员会、省教育厅给获奖论文的作者和指导教师颁发了证书和奖金。

省学位办对 2008 年 9 月 1 日至 2009 年 8 月 31 日间申请授予硕士学位的 8999 篇论文（包括全日制硕士研究生学位论文、同等学力人员申请硕士学位论文、在职人员攻读硕士学位论文），采取随机抽查的方式，从中抽检了 902 篇（占授予学位论文总数的 10%）。首先采用"学术不端文献检测系统"对所有抽检论文进行检测，其次委托省内外专家对其中的 450 篇进行盲审，最后组织相关专家对抽检结果进行分析，撰写分析报告，并通报高校。通过开展硕士学位论文抽检工作，有效促进了高校学位论文质量的提升，全面客观地评价全省全日制硕士研究生和在职攻读硕士学位人员的整体培养质量，并能从中发现各学位授予单位论文评审中的问题，从而有针对性地采取切实可行的措施，加强对研究生培养质量的管理。

（三）软件建设

1. 政府导引

2000 年 11 月 30 日，省教育厅决定在全省高职高专院校中开展专业教学改革试点工作，拟利用五年左右的时间在全省建成 60 个左右特色鲜明、在全省同类教育中具有带头作用的示范性专业，以推动高职高专教育的改革和发展。要求各校遵循以下原则：①从专业设置改造入手进行改革，专业设置要突破传统思想的束缚，根据社会生产、服务建设、管理第一线的人才实际需要以及岗位、岗位群和技术领域要求来设置，切实突出专业的针对性和应用性，特别注意设置一些高新技术应用专业。②要以职业技术工作领域或岗位（群）的技术应用能力和基本素质培养为主线，根据本地区和本校的实际情况，制定专业的人才培养规格和人才知识能力素质结构。③要按照"实际、实用、实践"的原则改革专业教学内容、课程体系及教学方法手段，要摆脱学科教育的束缚，强调理论和实践的紧密结合，积极探索技术应用性人才培养规律。④要大力加强实践教学环节与实验基地建设、"双师型"师资队伍建设和专业教材建设，努力办出自己的特色。要通过一系列努力，促进高职高专教育教学质量的提高，使全省高职高专教育上一个新台阶，对于好的教学改革试点专业，经验收合格的，省教育厅将授予"河南省高职高专教育示范专业"的称号，并向社会公布，对于特别优秀的，积极向教育部推荐，参加全国高职高专示范专业的评选。

2009 年，省教育厅不断完善校、省、国家教学质量工程三级建设体系。在校级质量工程建设基础上，全年共立项建设了 252 个省级项目，其中包括郑州大学建筑学等 79 个特色专业点、河南师范大学遗传学等 30 个教学团队、河南理工大学开采损害与保护等 76 门精品课程、河南大学艺术实验教学中心等 27 个实验教学示范中心、河南中医学院丁樱等 20 名教学名师、河南机电高等专科学校汽车维修等 20 个高职实训基地。

在国家级质量工程建设立项中，共获得国家级项目 68 个，其中有郑州大学自动控制教学团队等 8 个教学团队、河南大学足球等 19 门精品课程，河南科技大学计算机科学与技术等 23 个特色专业点，河南理工大学安全工程实验教学示范中心 1 个，河南师范大学现代物理学进展等 3 门双语教学示范课，河南大学王立群等 5 名教学名师，河南农业大学农村发展与管理创业型人才培养模式创新实验区等 4 个人才培养模式创新实验区，开封大学建筑技术等 5 个高职实训基地，共获得国家财政支持 2690 万元。

2004 年 3 月 22 日，中共河南省委、河南省人民政府发布《关于加快高等教育改革与发展的意见》，提出实现高水平大学和重点学科建设的新突破。尽快把郑州大学、河南大学建成全国一流大学，全省高等学校国家重点学科数量有较大幅度增加，一大批学科提升到国家重点学科水平，若干个实验室进入国家重点实验室、教育部重点实验室、重点研究基地或工程研究中心行列，构建高素质创新人才培养、高水平科学研究、高技术成果转化、高层次决策咨询的重要基地。积极推动高等教育与经济社会的紧密结合。加快高等学校创新体系建设，加强产学研结合，提高科技创新能力。面向经济建设和区域发展主战场，大力发展高科技，努力推动产业化。优化高等教育布局结构和学科专业结构。适应中原城市群经济隆起带发展的需要，统筹区域发展，形成以郑州为中心，以洛阳、开封、新乡等地高等学校为支撑，其他地区高等学校合理布局，具有地域特色的高等学校区域布局。建立与河南产业结构相适应，结构合理、特色鲜明的学科专业体系，更好地满足河南经济社会发展的需要。

加快建设高水平大学和重点学科。高水平大学和重点学科建设是河南教育工作的战略重点之一。要充分集成各方面资源，统筹协调学科建设、人才培养、科技创新、队伍建设和国际合作等方面的工作，加快推进高水平大学和重点学科建设，带动全省高等教育整体水平的提高。集中力量加大对郑州大学"211 工程"建设的支持力度，积极推进省部共建，尽快在重点学科、重点实验室、研究生培养能力、科学研究、技术开发和产业化等方面实现新突破，加快提高学校的综合实力。积极支持若干所骨干高等学校建设，使其在人才培养、科学研究和社会服务等方面形成各自的特色和优势。

统一规划，整合资源，切实加强重点学科建设。瞄准河南经济社会发展急需的领域和学科发展前沿，凝练学科方向，突出学科特色，汇聚学科队伍，构筑学科基地，集中力量建设一批重点学科，培养一流人才，创造一流成果，为经济建设和科技创新作出重要贡献。

实施"高等学校教学质量与教学改革工程"，按照国家教学评估标准的要求，加大教学投入，改善办学条件，提高师资队伍素质，不断提升教学水平。以经济社会发展和市场需求为导向，进一步更新教育观念，全面实施素质教育，创新人才培养模式，更新教学内容，改革课程体系，打造精品课程、名牌专业，加强教学实验室与实践基地建设，提高大学生的综合素质、实践能力、创新能力和创业能力。应用现代教育技术，加强多媒体等数字化教学环境建设，推进教学手段现代化。进一步推动大学英语教学改革，积极推进使用英语等外语进行教学。要求教授承担本科生课程，提倡教授讲授基础课，鼓励专家学者开设专题讲座。积极推进学分制和弹性学制。

2. 学校行动

2000 年河南大学成立了素质教育指导委员会，实施了《加强大学生素质教育工作暂行办法》和《素质教育学分管理实施细则》，进一步加大了教学改革力度，抓紧《河南大学跨世纪教改工程》各项任务的落实。加强了就业指导，研究生一次性就业率100%，本科毕业生一次性就业率在80%以上。学校鼓励学生的发明创造，在全国大学生电子商务大赛中，学校代表队获三等奖，是唯一的地方高校代表队；成立了"河南大学心理咨询与辅导中心"，开通了全省高校中第一条长期心理热线电话，把加强大学生心理健康教育作为素质教育的一项重要内容；实施了"朝阳行动计划"，督促青年学生积极参加体育锻炼。第二届 CUBA 联赛，学校女篮获亚军。加强了对大学生的审美教育，在省第八届黄河之滨音乐周上，学校艺术学院代表队获 3 个金奖、2 个银奖、6 个一等奖，获奖总数全省第一；学校被评为"全国艺术教育先进单位"。

2001 年，河南农业大学各个方面齐心协力，面对扩招带来的新情况、新问题，学校集中中层以上干部，用三天时间，对涉及学校发展的重大问题和教育部保证教学质量的 4 号文件进行了研讨，制定了《关于加强本科教学工作提高教学质量的实施意见》。启动了学分制管理改革试点工作。贯彻"不求我有，但求我用"的办学理念，解决了部分教师紧缺问题。加强了高层次人才和骨干教师的培养和引进。加强了教材建设和实验室建设。"农业生物技术与工程技术重点开放实验室"顺利通过省级验收。

2002 年，中原工学院深化教学改革，完善学分制。投入 1100 万元，加强实验室建设，改善了实验教学条件，大学物理和机原机零等基础课实验室顺利通过省级合格评估。强化质量监控体系建设，并对近三年的新办专业进行全面评估，查漏补缺，规范管理，使教学质量稳步提高。南阳师范学院强化质量意识，以"抓好党建促教学、促质量"为指导思想，加强对教学工作的领导，突出重点，重视教学建设和教学改革。制定了《加强本科教学工作，提高教学质量的实施意见》，进一步明确了今后本科教学发展重点。确立了"多证换一证"的人才培养模式，唱响了"向教学要质量，以改革促发展"的办学主旋律。改革传统的教学模式和传统的教学质量检查模式，专门成立了由主管教学副院长、教务处长、各教学单位和有关职能部门负责人组成的期中教学质量检查巡视组，按照本科教学水平评估方案要求，深入各个教学单位对教学全过程进行督导、检查、评估，逐一对照评估方案打分，查漏补缺，相互比较，肯定成绩，指出不足，提出今后的努力方向为推行学分制，建立与学分制相配套的学籍管理运行机制。经过积极努力，成为全省学分制试点高校，制定了《实施学分制细则》，各教学系制定了与学分制相配套的涵盖第一课堂、第二课堂和社会实践 3 个课堂的教学计划。制定了《学分制学籍管理工作条例》，建立与实行学分制相配套的运行机制，适应了教学新需要。实行弹性学制、主辅修制和双学位制。促进了学生全面发展，提高了学生的就业竞争力。平顶山工学院把教学工作作为学院中心工作认真抓。教务处和系部坚持每天教学检查制度；严格办理教师调、停课手续，控制了每周调停课次数；建立了教学通报制度；恢复了晚自习制度，规范了教学质量监控体系的管理；开展了以提高教师授课质量为核心的期中教学检查，以院专家组与系部同行教师两级听课形式，对教师的教案、课堂授课、课堂管理、作业批改等进行考核，有效促进了教学质量的不断提高。

2004 年，信阳师范学院修订和完善了 2002～2005 年本科专业发展规划。申报省级优秀教学成果奖，获省级一等奖 3 项、二等奖 5 项。加强了对学生师范技能的训练和创新能力的培养。举办了全校教师优质课大奖赛和师范生教学技能大赛。组队参加了河南省举办的大学英语演讲比赛，获英语专业组三等奖；组队参加了全国大学生数学建模竞赛，获河南赛区一等奖 2个、二等奖 2 个。举办了毕业生供需见面洽谈会，毕业生年度就业率保持在90% 以上，被评为"河南省大学生就业工作先进单位"。洛阳师范学院在办学规模不断扩大的同时，始终坚持质量第一，坚持创造型的育人导向，不断更新教育观念，深化教育教学改革，修改和完善了《教学管理文件汇编》，使各项工作逐步科学化、规范化、体系化，及时制定《本科教学工作水平评估行动计划》，成立院系两级迎评工作领导小组，统筹安排、综合协调，寻差距、找不足，分解目标任务、制定整改措施，以期全面促进办学理念、学校定位、质量效益、办学实力的进一步规范和大幅度提升。南阳师范学院加强校级精品课程建设，加快教学管理现代化步伐，完善教材管理办法，规范课堂教学，继续开展全员评教活动，学风考风教风建设得到加强，教学基本功训练得到强化，实习制度不断完善；获得学士学位授予权；考研进线率达 22.4%，专升本过线率达 92%；继续完善三个课堂相结合的学分制建设，实行弹性学制和双学位制；加强基础教育研究，加强双向互动理论研究和教改实践；开展教学观摩活动和"传、帮、带"教研活动，推进教学方法改革，教师教学技能得到全面提高。商丘师范学院实施了"教育教学质量工程"。对全校特别是要晋升高级职称的 345 名教师进行了教学质量评估；实施"名师工程"，开展了第二届教师教学大奖赛，选拔出"教学名师" 16 人、"教学骨干" 19 人、"教学新秀" 21 人。周口师院从 2004 级新生起推行学分制；制定并出台 13 项教学工作规章制度，使教学管理进一步制度化、规范化；组织完成 18 个本科专业教学计划的修订工作；教学系（部）本科专业开展教学水平评估活动；制定下发考研奖励措施，各教学系（部）和有关部门制定了具体落实措施，开展了相关工作；做好教学安排与教学质量监控，继续规范教学过程，强化教学质量管理，加强了教风、学风建设；组织开展期中教学质量检查、教学督导工作，确保教学秩序的稳定、有序。漯河医学高等专科学校适应专科教育需要，建立教务处—基础医学部—教研室为主线的教学管理体制，成立督导办公室，聘请教学管理专家开展教学督导，修订完善教学工作考核方案，建立校领导、中层干部、同行、督导4类听课制度，通过学生反馈等多环节加强教学监控管理。大力推行教学创新，改革教学方法，推选示范课，推广应用现代化教学手段。通过开展优质课评选等各种活动，提高了广大教师的教学、教研能力，有效保证了专科教学效果。南阳医学高等专科学校附属医院16层门诊大楼提前5个月建成开业，全年共收住病人16180人次，同比增加19%；床位使用率一直保持在85%以上，门诊量185877人次。完成大中手术3239例。心脏外科手术全年突破520例，同比增加124例，增速达31%。组织召开了"河南省微创外科学术会"、"全国肿瘤外科进展和规范化治疗研讨会暨河南省外科高级研修班"及南阳市心胸外科护理、妇幼新知识培训班等高层次学术会，获省级科研成果奖3项，市级科技成果奖25项，业务收入突破8600万元。医院被评为南阳市唯一一家"全国百姓放心示范医院"和"河南省消费者放心医院"。

2006年，中原工学院以大纺织行业为背景，以地方经济建设需求为导向，以纺织、服装专业为特色，以优势名牌专业为龙头，调整学科专业结构，加强重点学科建设。制定《重点学科建设条例》，新增14个硕士学科专业，初步建成由2个省级重点学科、5个校级重点学科、15个院（系）级重点学科组成的省、校、院（系）三级重点学科建设体系，促进了工、管、文、理、经、法多学科的相互支撑、交叉渗透、协调发展。研究生教育稳步推进。制定了《研究生工作手册》《硕士学位授权点评估办法》；全面实行研究生导师组制度，完成硕士研究生导师遴选工作；建立硕士学位授权点质量评估体系，构建了研究生教育校、院（系）、导师组三级管理体系。新乡医学院坚持"以评促改、以评促建、以评促管、评建结合、重在建设"方针，组织开展评建工作。编印3万余字的评建工作简报，开展教评知识考试，召开评建工作临战誓师动员大会，组织实施第三次模拟评估，科学撰写整理了学校自评报告、校长报告、自评依据、办学状态数据、材料目录、特色报告 6 大材料和有关支撑材料，挖掘、提炼出"艰苦创业，自强不息，培养基础扎实、敬业奉献的医学人才"的办学特色，确定了"明德博学，至爱致用"的新校训，完成了校史馆和人体科学馆的筹建工作，制作教评电视专题片、宣传画册，筹办文艺晚会。5 月 21~26 日，顺利通过教育部专家组评估考察。

2009 年，河南工程学院举办教学质量年活动，并召开教学工作会议。在活动期间，邀请省社科院、全国人大法工委、省教育厅、东华大学、北京工业大学等单位的专家、学者，来院作了十几场高层次的学术讲座；评选出高分子材料与工程、安全工程 2 个院级特色专业，煤炭市场营销学等 4 门院级精品课程，煤炭市场营销等 4 个教学团队，4 位院级教学名师，10 位师德标兵；15 位教师获青年教师讲课大赛奖，12 位获优秀教案奖，6 位获优秀课件奖，11 位获大讨论征文比赛奖。

（四）育人为先

1. 全省工作

2000 年 4 月 30 日，省教委制定了《关于选拔高等专科学校优秀毕业生升入本科学校学习的通知》，确定本年试点工作在河南大学、郑州工业大学、河南医科大学、河南农业大学、河南师范大学、洛阳工学院、信阳师范学院、河南职业技术师范学院 8 所本科院校 46 个本科专业进行。各专科学校根据《通知》要求，按德、智、体综合考核，采取个人自愿申报、师生评议，所在学校选拔向省里推荐。各专业推荐学生学业成绩排名需在毕业生总数的 30% 以内，按 10% 比例推荐。经各校推荐，省教委审查资格，采取统一命题、统一考试、统一审批录取的方法进行。经审核，共有 1842 人符合条件，最后录取了 1500 人。

开展助学贷款业务试点工作。2004 年 8 月 16 日，省教育厅转发《国务院办公厅转发教育部、财政部、人民银行、银监会关于进一步完善国家助学贷款工作若干意见的通知》等文件的通知；8 月 26 日，省政府办公厅转发《省教育厅等部门关于进一步完善全省国家助学贷款工作实施意见的通知》；8 月 26 日，省教育厅、省财政厅、人民银行郑州中心支行、河南银监局《关于印发〈河南省助学贷款风险补偿专项资金管理办法〉等有关文件的通知》。经省政府同意，省教育厅、省财政厅、人民银行郑州中心支行、河南银监局于 8 月 27 日联合召开了全省国家助学贷款工作会议。会议贯彻了国家及本省出台的新的国家助学贷款政策。会后制定了国家助学贷款招投标方案，组织了招投标工作。经与国家开发银行河南省分行协商，确定由该行承办河南国家助学贷款业务。国家开发银行河南省分行承办本省国家助学贷款业务是国家开发银行总行经银监会批准在全国进行的唯一试点。

2005 年 6 月 22 日，河南省教育厅、河南省卫生厅、共青团河南省委联合下发《关于进一步加强和改进大学生心理健康教育的实施意见》，成立河南省大学生心理健康教育中心和专家指导委员会，为全省高校大学生心理健康教育提供师资培养、信息咨询、业务指导服务。要求高校要把大学生心理健康教育工作纳入思想政治教育工作渠道，在学生工作系统设立大学生心理健康教育和心理咨询工作的专门机构。把心理健康教育融入大学生思想政治教育之中，积极引导大学生保持健康向上的心理状态。要通过开展心理健康宣传日、宣传周等活动，大力宣传普及心理健康知识。要面向全体大学生做好心理辅导和咨询工作，帮助大学生缓解来自经济、就业、学习和生活等方面的压力，帮助他们培养良好的心理素质。要充分发挥哲学社会科学特别是思想政治理论课中相关课程对提高大学生心理素质的重要作用，鼓励开设心理健康教育的选修课程或专题讲座，有条件的学校可以开设必修课。要求建立和完善大学生心理档案，努力构建和完善大学生心理问题高危人群预警机制。

2005 年 6 月 23 日，中共河南省委高校工委、河南省教育厅印发《关于加强高等学校辅导员班主任队伍建设的实施意见》，对全省高校辅导员和班主任的配备、职责、选拔、培养和待遇等做出了明确规定。意见提出，专职辅导员的任职条件，原则上应是中共党员，思想品德优良，组织观念强，业务素质好，还应具有从事思想政治教育、心理健康教育、就业指导咨询及相关科研的基本素质，有较强的组织管理、群众工作、调查研究、语言文字表达和解决实际问题的能力。班主任原则上要具备相关学科专业的知识。要求科学合理地配备足够数量的辅导员和班主任。专职辅导员总体上按 1∶200 的比例配备，保证每个院（系）的每个年级都有一定数量的专职辅导员。每个班级要配备一名兼职班主任，兼职班主任从思想素质好、业务水平高、奉献精神强的专业教师特别是年轻教师中选任。实行导师制的高校，班主任可由导师兼任。广大教师特别是党员教师要把承担辅导员、班主任工作作为教书育人应尽的责任，积极主动承担这一光荣任务。全省高校专职辅导员与学生的比例由 2003 年的 1∶382 提高到 1∶286，专职辅导员的学历结构、职称结构得到明显改善。

全面落实省政府贫困生救助政策。2005 年共发放三批国家助学贷款，总金额 5.7 亿元，共资助家庭经济困难学生 12.3 万人。其中，上半年分两批发放 2004~2005 学年度国家助学贷款 2 亿元，资助 43 所高校的 4.2 万名家庭经济困难学生；下半年一次性发放 2005~2006 学年度国家助学贷款 3.7 亿元，资助 83 所高校的 8.1 万名家庭经济困难学生。贷款发放量和资助困难学生数量居全国各省份首位；贷款发放范围覆盖所有符合贷款条件的高校，包括省属高校、省辖市所属高校、民办高校、企业办高校和军事院校地方生班；获得贷款的高校占发放范围内所有高校的 90%；获得贷款的学生占发放范围内在校生的 13%，其中，省教育厅供给经费高校获得贷款的家庭经济困难学生占在校生的比例为 16.4%。全省高校所有提出贷款申请并符合贷款发放条件的家庭经济困难学生均获得了国家助学贷款。河南省的国家助学贷款工作受到原国务委员陈至立和教育部的高度赞扬，教育部、财政部为此奖励专项经费 2700 万元。河南的工作模式被新闻界和有关部门称为"河南模式"，《人民日报》、《新华社内参》、《中国教育报》、《河南日报》、《大河报》、《郑州晚报》、中央电视台、河南电视台、新华网等国家及省内的主要媒体进行了报道。2009 年，全省发放高校国家助学贷款 5.2 亿元，资助家庭经济困难学生 11.2 万人次，使全省按新机制发放的国家助学贷款累计达到 27 亿元，资助家庭经济困难学生达 58 万人次，累计贷款发放量和资助困难学生数量居全国各省份首位，做到了应贷尽贷。同时，贷款回收也呈现出良好的发展势头：截至 2009 年 12 月底，全省已毕业贷款学生累计 17.5 万人，贷款本金 9.1 亿元，毕业生提前还款率达 70.6%，毕业生自付利息欠息率降至 6.38%，较上年同期下降了 2 个百分点，国家助学贷款"河南模式"已步入良性运行轨道。

2006 年，全省高校从事大学生心理健康教育工作的人员由 2004 年的912 人增加到 1815 人，与学生的比例由 1∶582 提高到 1∶523。其中专职人员由 113 人增加到了 199 人，与学生的比例由 1：5000 提高到 1：4774；兼职人员由 799 人增加到 1616 人，与学生的比例由 1：664 提高到 1：588。

2009 年度，全省累计安排高等学校国家奖学金、国家励志奖学金和国家助学金 7.1 亿元，资助家庭经济困难学生 55.1 万人。

2. 学校工作

2004 年，河南纺织高等专科学校按照团省委、省教育厅、省学联的工作部署，实施"大学生素质拓展计划"，以开发大学生人力资源为着力点，进一步整合深化教育主渠道之外的有助于提高学生综合素质的各种活动和项目，在思想政治与道德修养、社会实践与志愿服务、科技学术与创新创业、文体艺术与身心发展、社团活动与社会工作、技能培训 6 个方面引导和帮助广大青年学生完善智能结构，全面成长成才。学校坚持以育人为中心，坚持"以人为本，服务学生"的工作理念，开展了以集体主义为原则，以诚信为重点的爱国主义教育。以创建文明学校、创建文明班级、争当文明教师、争当文明学生"两争两创"活动为载体，开展文体活动和文明创建活动。郑州牧业工程高等专科学校先后与中国农业银行、中国建设银行联系，共为 617 名学生申请了 210 万元的国家助学贷款。通过助教、校园卫生、校园秩序维护、公寓自管会、图书馆工作等渠道，学校还安排了 2700 余人次的勤工助学岗。

2008 年信阳农业高等专科学校坚持以学生为本，大力推进科学管理。坚持每周一次的各系学生工作领导小组例会，检查、汇报、交流上周的学生工作情况，部署本周学生日常管理工作；选派专职辅导员参加团省委、省教育厅各种学生工作业务培训 17 人次，组织校内辅导员、新生班主任培训会 3 次，系内培训 20 余次。加强学生安全管理，利用展板、宣传栏、张贴栏、学生处网页，加强安全教育；新校区依托学生安全巡逻队，并多处安放警示牌，增强学生的自我防范意识和自我保护能力。抓好"体健心康工程"的落实，提高学生的身心素质。通过展板、宣传栏、校报、心理档案管理系统、专题讲座、心理健康课、大学生心理健康周、辩论赛、设置心理委员等途径，宣传普及心理健康知识和心理保健技能；通过个别咨询、心理热线、书信咨询、电话咨询、QQ 聊天室、电子信箱、心理健康档案管理系统中的在线咨询系统等方式与学生进行直接交流和沟通。

（五）开放办学

2005 年全省各高校参加国（境）内举办的国际学术会议 965 人次，交流学术论文 781 篇；出国（境）参加国际学术会议 275 人次，提交论文 235 篇。开展合作研究，派遣国（境）内 463 人次，派遣国（境）外 158 人次；接受国（境）内 181 人，接受国（境）外 52 人。全年主办国际学术会议 37 次，其中，国（境）内国际学术会议 33 次，国（境）外国际学术会议 4 次。

2008 年 10 月 17 日，河南省人民政府与教育部签署共建河南大学协议。河南大学成为继郑州大学之后，与教育部签署共建协议的河南省第二所高校。河南省也成为教育部实施省部共建 2 所大学的唯一省份。省政府在政策投入等方面加大支持力度。教育部也在人才培养基地、重点学科、重点实验室、学位点等建设中，将河南大学纳入教育部直属高校整体规划统筹考虑。

2002 年河南中医学院派出 15 人次的代表团出访韩国、日本、澳大利亚和意大利，派 7 人参加援外医疗行动赴赞比亚开展医疗服务。接待来自奥地利、韩国、日本、澳大利亚及港澳台等国家和地区的来宾 70 余人。签订合作意向书 6 份。招收各类海外学生 15 名。

河南大学 2007 年邀请到 265 位两院院士以及国内外有重大影响的专家学者来校讲学，成功召开了"第十一届全国心理学学术会议"等 16 场国际和全国性高层次学术研讨会，活跃了学术氛围。围绕经济发展和企业生产中的重大科学问题开展了广泛的合作研究，共签订横向联合开发项目 9 项，为区域经济建设和新农村建设提供了智力支持。2014 年与国外 16 所高校签署校际友好合作协议或更新协议，友好合作院校达到 116 所。组织实施 23 个合作交流项目，选派 100 余名师生赴境外交流、学习；聘请外籍教师近百名。1 人获省人民政府 2014 年"黄河友谊奖"，这是河南大学首次连续获得该项荣誉。获批国家外专局高端专家项目 3 项，省外专局国际合作人才项目 1 项。河南大学迈阿密学院申报取得重要进展。接待来自美国、捷克、韩国等国家和我国香港地区的访问团组、专家学者近 30 批次 300 余人次来校访问交流。招收来自 39 个国家和地区的 205 名留学生。依托中原传统文化，孔子学院建设和汉语国际推广工作成效显著。受邀参加中捷建交 65 周年招待会、第五轮中美人文交流高层磋商全体会议等重要外事活动。与黄河水利委员会、信阳市、濮阳市、信阳师院、商丘师院等签署协议，在技术研发、人才培养等方面提供服务与支持。

2009 年，河南工程学院成功申报了软件职业技术学院，9 月开始招生，开设有 5 个专业。启动对外合作办学项目，组织经济贸易系、会计学系、资源环境与工程系、工商管理系、艺术设计系、人文社科系等教学单位先后与英国威尔士大学、澳大利亚新英格兰大学、澳大利亚堪培拉大学、意大利那不勒斯帕特诺普大学洽谈合作办学项目，并与澳大利亚堪培拉大学、澳大利亚新英格兰大学签订合作办学协议。

伴随着河南对外开放的日益深化，教育对外交流合作也在持续扩大。截至 2018 年底，河南与国外院校合作项目近百个，仅 2018 年上半年就新增中外合作办学机构（项目）28 个。近年来，河南大力支持教育资源走出去，境外办学取得重大突破，2015 年 3 月，郑州中学加拿大维多利亚分校在加拿大安大略省注册成立，开了河南高中海外办学的先河；华北水利水电大学入选"金砖国家网络大学"中方参与院校，并担任金砖国家网络大学中方牵头单位。

（六）建设投入

2006 年，按照省委省政府对全省高等教育发展的总体要求，积极指导协调高校多渠道筹措建设资金，保持高校可持续健康发展。普通高校预算内生均公用经费支出为 1874 元/人，比上年增长了 46.4%，排全国第 11 位（上年排第 14 位）。普通高校预算内生均公用经费支出增长最快的省辖市是鹤壁市。

2007 年全省普通高等学校占地面积达 118705.68 亩，比上年增加 10971.96 亩，增长 10.2%；生均占地面积为 71.05 平方米，比上年减少了 0.66 平方米。校舍建筑面积达 3527.19 万平方米，比上年增加 423.66 万平方米，增长 13.65%；生均校舍建筑面积为 31.66 平方米，比上年增加 0.66 平方米。生均教学行政用房 15.14 平方米。图书藏量达 8093.61 万册，比上年增加 998.47 万册，增长 14.07%；生均图书为 70.3 册，比上年增加 1.1

册。教学科研仪器设备值 620539.12 万元，比上年增加 83939.65 万元，增长 15.64%；生均教学科研仪器设备值为 5390 元，比上年增加 160 元。成人高等学校占地面积 10910.64 亩，比上年增加 1500 亩；校舍建筑面积 340.68 万平方米，比上年增加 47.88 万平方米；图书 670.01 万册，比上年减少 20.08 万册；教学科研仪器设备值 49861.5 万元，比上年增加 5753.47 万元。

2009 年，办学条件总量稳步增长，但生均办学条件比上年略有下降。普通高等学校占地面积达 13.4 万亩（办学条件指标均为学校产权，以下均同），比上年增加 0.32 万亩，增长 2.45%；生均占地面积为 63.52 平方米，比上年减少 4.86 平方米。校舍建筑面积达 3980.81 万平方米，比上年增加 265.69 万平方米，增长 7.15%；生均校舍建筑面积为 28.2 平方米，比上年减少 0.93 平方米，其中生均教学行政用房 14.58 平方米，比上年减少 0.46 平方米。图书藏量达 10050.64 万册，比上年增加 951.46 万册，增长 10.46%；生均图书为 68.8 册，比上年减少 0.3 册。教学科研仪器设备值 774679.16 万元，比上年增加 67854.11 万元，增长 9.6%；生均教学科研器设备值为 5300 元，比上年减少 68 元。上学年度信息化经费投入为 25139 万元，信息化培训人次 35462 人次，每百人拥有的多媒体教室座位数 63 个。成人高等学校占地面积 488664 亩，比上年减少 1223.54 面；校舍建筑面积 161.74 万平方米，比上年减少 22.89 万平方米；图书藏量达 432.32 万册，比上年增加 6.85 万册；教学科研仪器设备值 29912.68 万元，比上年减少 224.27 万元。上学年度信息化经费投入为 1508.2 万元，信息化培训人次 2655 人次，每百人拥有多媒体教室座位数 19 个。

2000 年河南大学参加了国际大学联合会第十一届年会，出访了英国、南非、泰国、越南等国家，与英国利物浦约翰·莫里斯大学、爱丁堡特福德学院、艾里克学院、斯帝芬逊学院，南非斯坦陵布什大学，新西兰奥托戈大学，泰国沙兰那利理工大学，印度尼西亚泗水大学 8 所大学建立了友好合作关系。

2001 年，河南师范大学与交通银行签订协议，由省教育厅贴息、学校贷款 1940 万元用于省级重点学科建设。11 月，首批资金 970 万元到位并拨付各重点学科。郑州轻工业学院聘请外国专家和技术专家长期来院讲学，与伍伦贡大学以 "2+2" 模式实现了联合办学。与郑州三全食品公司联合的郑州市食品工程技术研究中心落户学院，实现了学院省市工程中心零的突破。该工程中心的建设总投资 1000 万元，学院可获研究经费 70 万元。通过 25 周年校庆与国内企业界开展了多种形式的合作，深圳喜德盛自行车公司、河南金星啤酒集团、漯河雅源香精香料股份有限公司等企业纷纷在学院设立科研基金。在 2002 年河南省技术创新促进会成立大会上，郑州轻工业学院被选为河南省高校中唯一的副会长单位。河南省高校唯一的一家生产力促进中心也设在郑州轻工业学院。中原工学院坚持开放式办学思想，寻求对外联合办学。2002 年 3 月，与香港时驰有限公司签订协议，联合创办亚太国际学院。亚太国际学院办学规模为在校生 800 人，设艺术设计和工商管理两个本科专业，引进国外教育资源、先进的管理经验和教育教学方法，通过合理的课程设置、优良的师资、先进的教学仪器设备、优秀的教材、为学生提供高水平、高质量、有特色的教育服务，培养纺织服装行业需要的素质高、具有竞争力和创新能力的人才，更好地为国家和地方经济的建设和发展服务。

四 改革创新

2001 年 4 月 24 日，河南省人民政府办公厅发布《关于加快推进全省高等学校后勤社会化改革工作的通知》，要求确保全省在 2002 年底以前基本完成高校后勤社会化改革任务。

2001 年 8 月 14 日，河南省教育厅印发《河南省高校后勤与学校规范分离实施细则》，要求在预定时间内完成高校后勤与学校规范分离的工作，明确指出高校后勤分离的范围是学生生活后勤、教职工生活后勤以及为学校管理、教学、科研等服务的后勤保障工作，主要包括学生公寓（宿舍）、食堂、教材供应、商业网点、开水供应、浴池、水电气及体育场馆等公共设施的管理及维修、保洁绿化、交通运输、通信、招待所、外招、宾馆、培训中心、接待服务、幼儿园、医院、教职工住宅的物业管理、劳动服务公司以及其他后勤属性的产业等。后勤分离后，高校内其他部门将不再重复开办生活后勤服务项目。

2001 年 3 月 14 日，省教育厅组织专家组考察确定了全省高职高专专业教学改革试点 46 个，并选出其中 26 个上报教育部参加全国高职高专院校专业教学改革试点的遴选。教育部经初选及组织专家组对河南省 14 所高校的 17 个专业点进行考察，认为符合教育部专业教学改革试点的条件，建议列为教育部改革试点专业。6 月 20 日，省教育厅同意郑州大学、河南大学、河南农业大学、洛阳工学院、焦作工学院 5 所院校从 2001 年入校的新生开始试行完全学分制。完全学分制是选课制、导师制和弹性学制相结合的教学管理制度，允许学生自主择课、自主择师、自主安排学习进程，在规定的弹性学制内修完学分，允许随时毕业、发证、考研或修读同一学科门类的第二专业或不同学科门类的专业。

2001 年 7 月 30 日，省教育厅出台《河南省普通高等学校专业设置管理办法》，对高等学校专业设置实行分层次、分级管理，进一步扩大高校的办学自主权。首批下放自主设置权的高校及专业科类，郑州大学：哲学、经济学、法学、文学、历史学、理学（电子信息科学类除外）、工学（电气信息类除外）管理学；河南大学：哲学、经济学、法学、教育学、文学、历史学、理学（电子信息科学类除外）、管理学。第二批下放自主设置权的高校及专业科类，河南农业大学：农学、农业工程类、林业工程类、管理学；河南师范大学：教育学、文学、历史学、理学（电子信息科学类除外）、生物工程类、工商管理类；洛阳工学院：工学（电气信息类除外）、数学类、物理类、力学类、材料科学类、环境科学类；焦作工学院：工学（电气信息类除外）、数学类、物理类、地质学类、地理科学类、力学类、环境科学类；华北水利水电学院：地矿类、机械类、环境与安全类、土建类、水利类、测绘类、工程力学类、农业工程类、数学类、物理学类、化学类、生物科学类、材料科学类；郑州工程学院：材料类、机械类、土建类、环境与安全类、工程力学类、数学类、物理类、化学类、生物科学类、力学类、材料科学类；河南财经学院：经济学、工商管理类、公共管理类、法学类、统计学类；郑州轻工业学院：机械学类、环境与安全类、轻工食品类、物理类、化学类、生物科学类、材料科学类、环境科学类；信阳师范学院：教育学、文学、历史学、数学类、物理类、化学类、生物科学类、心理学类。

2002 年，省教育厅同意华北水利水电学院、河南中医学院、河南财经学院、南阳师范学院、河南纺织高等专科学校、平顶山师范高等专科学校及河南职业技术学院 7 所院校实行学分制。在总结试点院校经验的基础上，制定了《河南省普通高等学校学分制管理规定（试行）》，在全省范围内推广学分制管理，进一步体现了以受教育者为主的管理思想。

2003 年 5 月 20 日，中共河南省委组织部、河南省人事厅、河南省教育厅联合发布《关于深化高等学校人事制度改革的若干意见》，旨在通过规范政府及其职能部门、高等学校主管部门与高等学校的职责权限，理顺政事关系，下放管理权限，落实办学自主权，为高等学校的改革和发展创造良好的社会环境；逐步建立符合高等学校特点的学校自主用人、人员自主择业、政府依法监督、配套设施完善的人事管理新体制；进一步健全高等学校内部竞争机制和激励机制，搞活用人和分配制度，逐步建立起人员能进能出，职务能上能下，待遇能高能低，人才结构合理，有利于优秀人才脱颖而出，充满生机与活力的人事管理运行机制。提出在学校内部实行工资总额动态包干制度。在实行目标责任制、科学定编和目标考核的基础上，实行以院（系）为单位的工资总额动态包干，增人不增资，减人不减资。在包干范围内，单位具有用人、分配自主权，并承担相应责任。在提高用人效益的基础上，编制内结余经费，院（系）可自主使用。条件成熟的高等学校可根据创收情况，结合岗位聘任，实行岗位津贴制度。按照按劳分配、按生产要素分配和效率优先、兼顾公平的原则，建立以岗定薪、按劳取酬、优劳优酬、以岗位津贴为主要内容的校内分配办法。要将教职工的工资收入与履行岗位职责情况、工作业绩、实际贡献直接挂钩，向优秀人才和关键岗位倾斜，充分发挥工资的激励功能，努力实现一流人才、一流业绩、一流报酬。

进一步深化人事分配制度改革。按照国家编制标准，根据高等学校在校生规模和学校类别核定学校人员编制，加强高等学校机构编制管理。大力推进高等学校人事制度改革，推行全员聘用制和岗位管理制度，试行学校人员工资总额动态包干，促进由固定用人向合同用人、由身份管理向岗位管理的转变。加大高等学校内部分配制度改革力度，坚持效率优先、兼顾公平，建立健全与市场经济体制相适应、与工作业绩紧密联系、鼓励人才创新创造的分配制度和激励机制，重奖作出突出贡献的教学科研人员。鼓励高等学校聘用科研机构、企事业单位的高级专业人员到学校兼课。

2004 年 3 月 22 日，中共河南省委、河南省人民政府发布《关于加快高等教育改革与发展的意见》，强力推进改革。要求扩大高等学校办学自主权。高等学校根据实际需要和精简、效能的原则，在机构和编制限额内，自主确定教学、科学研究等内部组织机构的设置，自主决定人员进出。推进教师职务"评聘分离""以聘代评"工作，高等学校分批实行教师职务自主聘任。高等学校在自主审定的学科门类内自主设置专业。根据条件，不断扩大高等学校自主审定的学科门类范围；建立高等教育资源共享机制。大力推进高等学校之间开放办学、合作办学，促进学校之间互聘教师兼课，实现图书馆、实验室互相开放，鼓励学校联合开展科技攻关、联合培养研究生、联合创办新兴交叉学科专业等，提高教育资源使用效益。实现高等学校与科研机构的资源共享。建立高等学校之间学分互认制度，深化高等职业教育改革。高等职业教育要紧贴经济社会发展的需求，以就业为导向，转变办学模式，加强与行业、企业、科研和技术推广单位的合作，大力推广"订单式"培养模式，为生产、建设、服务、管理第一线和农村输送急需的实用人才。推动职业准入制度和职业资格证书制度的实施。加强实习、实训基地建设，重点建设 10 所左右示范性高等职业学校和一批社会急需专业的人才培养基地；大力发展多样化的成人高等教育和继续教育；加快推进后勤社会化改革。按照现代企业制度要求，加快改造高等学校后勤服务实体，妥善处理学校与后勤服务实体以及后勤服务实体之间的责、权、利关系，确保国有资产保值增值。鼓励、支持社会力量提供后勤服务，加快后勤基础设施建设。整合校内外资源，通过并入、托管、联办、连锁、股份合作等形式，推动跨学校、跨行业、跨地区的联合，形成产业化、集约化、专业化的后勤服务实体。加强对后勤服务的规范管理和监督，进一步明确责任，完善制度，建立健全科学的后勤服务质量标准体系，不断提高后勤服务的质量，保持合理适当的价格水平，确保师生饮食卫生安全；进一步扩大教育对外交流与合作，采取积极措施，推进教育对外交流与合作向全方位、多领域、高层次发展。

2004 年省教育厅联合省发改委、省财政厅、省国税局、省地税局和省粮食局转发国家五部委《关于支持高等学校进一步做好学生食堂工作的若干意见》，要求各高校要以办好让学生满意的伙食为目的，充分挖掘现有资源和潜力，加大投入，加强管理和监督，减少环节，减员增效，开源节流，降低成本，在保持饮食价格相对稳定的前提下，逐步建立与市场机制基本相适应的饮食价格机制，以减少饮食价格集中或较大幅度调整而带来的负面影响，并对全日制普通高校中部分经济特别困难的本专科学生给予伙食补助。

2004 年 6 月，确定河南大学和河南工业大学作为 2004 年按科类招生试点学校，并在此基础上及时总结并研究存在的问题，为下年进一步扩大范围，在更多的高等学校实行按科类招生工作打下基础，做到前期宽口径培养，后期按专业方向分流，增强专业适应人才市场变化的能力。

2000 年，郑州大学积极推动深度融合，制订机构、人事、分配制度改革方案，建立精简高效的管理体制。三校区原有党政管理机构 60 多个，机关处级干部 189 人。新组建的学校机关内部机构 20 个，岗位 109 个。为切实搞好机关内部机构的组建工作，校党委制定下发了《机关内部机构处级领导干部选拔任用暂行办法》《关于公布郑州大学机关内部机构处级领导岗位、职数及任职条件的通知》等一系列文件，并于年底前召开了三校区科级以上干部参加的组建机关内部机构动员大会。在处级干部的选拔工作中引入竞争机制，实行组织决定、工作需要、个人自愿相结合，公开选拔，竞争上岗，择优录用。春节前，109 名处级干部走上了新的工作岗位。学校深化人事和分配制度改革，变身份管理、资格管理为岗位管理，教师队伍高学历化，分配上拉开档次。下发了《郑州大学实行岗位聘任和岗位津贴制度的试行方案（讨论稿）》《关于提高引进博士工作津贴标准的通知》。为博导发放月津贴 1000 元，引进博士除发放安家费 4 万元、科研启动费 2～4 万元，安排住房，配备电脑、电话外，每月发放工作津贴 1000 元。郑州工程学院在 1999 年全面修订教学计划和教学大纲的基础上，又做了补充和完善，组建 6 个试点班，突出全面素质教育和创新能力的培养，深化了英语、数学、计算机等基础课程的教学改革，多媒体教学广泛运用，多媒体教室承担 45 门课程，完成 2456 个学时的教学任务，计算中心制定了动态教学大纲，加大了实践环节的监控，开发了配套的网络环境考试系统。河南财经学院推进教学管理改革，一是制订了《普通本、专科生重修管理暂行办法》，将"补考制"改为"重修制"。二是进行"学分制"探索，掌握了

"学分制"的实质内容和具体要求，为实行"学分制"奠定基础。三是对考试形式和内容进行改革。四是进一步全面修订和完善 2000 级新高职教学计划。五是专业建设工作取得新进展。制订了《"十五"专业建设发展规划》。新增营销与策划、证券投资、经贸英语、保险学 4 个新高职专业和财务管理、劳动与社会保障 2 个本科专业。六是狠抓教改立项工作，确定 32 项为院级教改项目。七是开展了学生普通话测试、体育达标计算机水平测试工作。八是组织了本年教学成果申报、鉴定工作，学院 9 项教学成果通过省教育厅鉴定。

2001 年，河南师范大学出台《改革与发展"十五"规划纲要》，经 11 月 27～29 日校教职工第三届暨工会第十四届九次代表大会重点审议，12 月校党委常委（扩大）会议正式通过了该《纲要》并颁布实施。《纲要》回顾了学校"九五"期间的工作情况，提出了"十五"期间学校发展的指导思想与主要目标，布置了今后的主要任务，明确了具体的措施。河南农业大学第四届教职工代表大会讨论通过了《人事分配制度改革实施意见》，按照明确职责、按需设岗、按岗聘任、竞争上岗、淡化身份、合同管理的原则，实现了学校教师队伍、管理队伍和其他人员的分类管理，并于年底全部落实了各类人员的岗位津贴和离退休人员年终生活补贴；通过分配制度改革，建立了有效的竞争激励机制和自我约束机制，调动了教职工的积极性，增加了多数职工的经济收入。郑州轻工业学院积极探索建立符合学院特点的、有利于调动师生办学积极性的良好运行机制。在定岗、定编、定责的基础上，院机关科级及科级以下人员全部实行竞聘上岗，并在部分单位推行了处级干部的竞聘上岗。落实中层干部任职公示制度、系部党政联席会议制度和中层干部请销假制度，推进干部管理的制度化、规范化。后勤集团员工全部实行竞聘上岗。制订考核办法，进一步加强系部、机关的考核，考核目标向量化、硬化、细化转变。在分配制度上，探索更适应教师劳动特点、更有利于调动教职工积极性的评价体系和分配办法。

2002 年，信阳师范学院制定了《辅修制试行办法》，并于 12 月起面向全校学生开设了法学、汉语言文学、英语、经济学 4 个辅修专业，规定已修读主修专业 1 年且主修专业课程成绩在 70 分以上的学生，均可申请辅修第二专业。安阳师范学院后勤社会化改革工作全面启动，院党委成立了后勤社会化改革领导小组，制定了《后勤社会化改革方案》，在后勤系统率先实行了公开竞聘领导干部的改革。公开竞聘的岗位有 5 个。13 位报名者中 5 位处级干部脱颖而出，平均年龄 38.4 岁，均为本科学历。通过竞聘上岗，完成了后勤处和后勤服务集团及下属单位干部的调整聘任工作。实施"事企分开，两权分离"，组建了新的后勤管理处和以"独立核算，自主经营，自我约束，自我发展"为机制的后勤服务集团，并于 8 月 1 日开始运作。新乡医学院实施"基础课程实验教学改革"方案，实验室管理体制及实验教学的改革初见成效，各科实验教材的改革和编写正在进行。新组建的机能学、形态学、分析测试学、解剖学实验室及计算机中心全面开始运转。强化后期教学，进一步完善了技能考核办法，为教学、实习医院的 100 余名带教教师办理了兼职聘任职称。加强临床教学基地建设，进行非直属附属医院建设的筹备工作，在稳定现有教学基地的基础上，新开辟了广州市工伤康复医院等 6 个省内外实习教学点。河南中医学院在全日制本科各专业中实行了学分制。学院出台了一系列与学分制相配套的各项规章制度，确保了学分制教学计划的如期完成。目前，公共选修课开设已达 90 余门次，是以往同期的 3 倍。配合学分制改革，强化软件建设，建立了学生学籍管理库、教师信息库、课程信息库、开课信息库、学生成绩库等与学分制相关的五大数据库。河南财经学院先后出台《学分制管理实施方法》、《学分制选课管理方法》和多项具体的教学管理规章制度；编制完成 2002 级学分制管理教学计划；在 2001 级和 2002 级实行教师挂牌上课，实现了学生选教师及选课程的基本要求；在 2001 级学生中进行调整专业的试点工作，共有 59 名学生通过考核进行了专业调整。郑州航空工业管理学院后勤服务总公司于 8 月开展了全员聘任。在此次聘任中，有 4 人待岗，7 人因种种原因缓聘，3 人进行了单位内转岗。

五 科研工作

（一）全省工作

2004 年，全省高校共有教学与科研人员 25394 人，其中，教师 15512 人，其他技术职务系列 9882 人。按学科类别分，自然科学类 6049 人，工程与技术类 9052 人，医药科学类 8764 人，农业科学类 1324 人，其他类 205 人。按学历层次分，研究生毕业的 5646 人，占教学与科研人员总数的 22.2%。按技术等级分，科学家和工程师 24390 人，占教学与科研人员总数的 96.0%，技术员和辅助人员 1004 人，占 4.0%。按专业技术职务分，教师系列人员中，教授 1463 人，副教授 4322 人，讲师 4708 人，其他 5019 人；其他技术职务系列人员中，高级 1776 人，中级 4303 人，初级 2799 人。高校设立各类研究与发展机构从业人员 848 人，培养研究生 653 人，承担各类研究课题 420 项。

人文社会科学研究概况。2005 年，全省高校人文社会科学活动人员 17103 人，其中，教授 911 人，副教授 3727 人，讲师 6166 人，助教 4818 人。具有博士学位的 488 人，硕士学位的 2976 人。46~50 岁的 1366 人，占 7.99%；41~45 岁的 3492 人，占 20.42%；36~40 岁的 2815 人，占 16.46%；31~35 岁的 2884 人，占 16.86%；30 岁以下的 4704 人，占 27.5%。全省高校社科经费 4266.67 万元。其中，上年结转 320.53 万元，当年经费收入 3946.14 万元。共承担社科项目 2546 项，当年投入人数 1214 人，拨入经费 1169.68 万元。其中，基础研究项目 971 项，拨入经费 401.61 万元；应用理论研究项目 647 项，拨入经费 316.43 万元；应用研究项目 928 项，拨入经费 451.64 万元。全省高校共出版著作 852 部。其中，专著 392 部，教材 431 部，工具书、参考书 29 部。另有古籍整理 5 部、译著 3 部。发表学术论文 8609 篇，其中，国内学术刊物 8589 篇，国外学术刊物 20 篇。共有 577 项成果获得各种奖励，其中，省部级奖 68 项，厅级奖 509 项。社科研究成果被有关部门采用 1369 项。全省高校共承办各种学术会议 96 次，其中，国际学术会议 8 次，国内学术会议 86 次，与港、澳、台地区学术交流 2 次。参加人员 1182 人次。提交论文 761 篇。受聘外出讲学 646 人次，聘请省外专家讲学 659 人次。派出进修学习、考察 1470 人次，接受进修学习、考察 2569 人次。

高校自然科学研究概况。人员和机构。2005 年，全省高校共有教学与科研人员 28972 人，其中，教师 17538 人，其他技术职务系列 11434 人。按学科类别分，自然科学类 6598 人，工程与技术类 10500 人，医药科学类 10211 人，农业科学类 1608 人，其他类 55 人。按学历层次分，研究生 7164

人，占教学与科研人员总数的 24.7%。按技术等级分，科学家和工程师 27631 人，占教学与科研人员总数的 95.4%，技术员和辅助人员 1341 人，占 4.6%。按专业技术职务分，教师系列人员中，教授 1579 人，副教授 4682 人，讲师 5448 人，其他 5829 人；其他技术职务系列人员中，高级 2116 人，中级 4699 人，初级 3278 人。高校设立各类研究与发展机构人员 1340 人，培养研究生 1235 人，承担各类研究课题 749 项。

全年高校科技项目经费投入总额 30933.3 万元。按来源渠道分：省级科研事业费 5562.7 万元，省级科技专项费 5166.8 万元，主管部门科技项目费 1286.0 万元，接受企、事业单位委托科技项目经费 9780.4 万元，国家发改委、科技部专项费 6427.1 万元，国家自然科学基金项目费 2219.3 万元，国务院其他部门专项费 1823.7 万元，其他科技项目费 1484.5 万元。

2009 年，全省高校人文社会科学活动人员 23341 人，其中，教授 1427 人，副教授 5076 人，讲师 9004 人，助教 6288 人。具有博士学位的 1027 人，硕士学位的 6153 人。46~50 岁的 1663 人，占 7.1%；41~45 岁的 4463 人，占 19.1%；36~40 岁的 3960 人，占 16.9%；31~35 岁的 4106 人，占 17.5%；30 岁以下的 6961 人，占 29.8%。全省高校社科经费 7565.78 万元。其中，上年结转 1353.3 万元，当年经费收入 8994.48 万元，政府资金投入 6054.4 万元，科研活动经费 3024.58 万元，科研人员工资 2919.86 万元，企、事业单位委托项目经费 600.31 万元，自筹经费 1592.1 万元，其他经费来源 747.63 万元。共承担社科项目 6882 项，当年投入人数 1780 人，投入经费 2961.76 万元。其中，基础研究项目 3756 项，拨入经费 1342.87 万元；应用研究项目 3062 项，拨入经费 1584.23 万元；实验与发展项目 64 项，拨入经费 34.65 万元。按项目来源分，国家社科基金项目 112 项，教育部人文社科研究项目 112 项，中央其他部门社科专门项目 99 项，高校古籍整理研究项目 48 项，企、事业单位委托项目 210 项，本省社科项目 4886 项，其他项目 501 项。全省高校共出版著作 1046 部。其中，专著 374 部，教材 629 部，工具书、参考书 43 部。另有古籍整理 7 部、译著 27 部。发表学术论文 14007 篇。其中，国内学术刊物 13644 篇，国外学术刊物 276 篇。共有 108 项成果获得省部级以上奖励。全省高校共承办各种学术会议 188 次。其中，国际学术会议 19 次，国内学术会议 168 次，与港、澳、台地区学术交流 1

次。参加人员 3585 人次，提交论文 2732 篇。受聘外出讲学 560 人次，聘请省外专家讲学 1104 人次，派出进修学习、考察 2141 人次，接受进修学习、考察 1812 人次。合作研究 770 人次。

全省 58 所高校申报项目 1168 项，其中，基地项目 34 项，申请经费 182 万元；重点项目 235 项，申请经费 429.4 万元；规划项目 485 项，申请经费 327.6 万元；青年项目 401 项，申请经费 240.45 万元；专项任务项目 13 项，申请经费总额 1179.45 万元。2009 年 8 月 3~5 日，省教育厅成立了由 42 人组成的评审委员会在郑州召开了 2009 年度人文社会科学研究项目、成果奖暨创新人才评审会议，对申报项目进行了评审。10 月 10 日，省教育厅印发《关于下达 2009 年度人文社会科学研究项目立项计划的通知》，共有 543 项课题批准立项，占申报课题总数 1168 项的 46.3%。其中，基地项目 20 项；重点项目 20 项，占申报重点项目总数 235 项的 8.5%；规划项目 160 项，占申报规划项目总数 485 项的 32.9%；青年项目 114 项，占申报青年项目总数 401 项的 28.1%。专项任务 227 项。项目支持经费合计 162.6 万元。

高校自然科学研究概况。人员和机构方面，2009 年，全省高校共有教学与科研人员 36032 人，其中，教师 25087 人，其他技术职务系列 10945 人。按学科类别分：自然科学类 8543 人，工程与技术类 15216 人，医药科学类 10376 人，农业科学类 1859 人，其他类 38 人。按学历层次分：博士研究生 3789 人，硕士研究生 10423 人，研究生占教学与科研人员总数的 39.5%。按技术等级分：科学家和工程师 34802 人，占教学与科研人员总数的 96.6%；技术员和辅助人员 1230 人，占 3.4%。按专业技术职务分：教师系列人员中，教授 2380 人，副教授 6096 人，讲师 9325 人，其他 7286 人。其他技术职务系列人员中，高级 2260 人，中级 4238 人，初级 3217 人。高校设立各类研究与发展机构 110 个，固定资产原值 119695.4 万元，其中仪器设备 80770.5 万元，机构从业人员 2609 人，培养研究生 2899 人，承担各类研究课题 1845 项。

科研经费。全年高校科技活动经费投入总额 109019.1 万元。按来源渠道分别为：研究与发展经费投入 76303.3 万元，科研事业费 4719.5 万元，主管部门专项费 9135.3 万元，省级专项费 10026.2 万元，企、事业单位委托经费 49324.2 万元，国家发改委、科技部专项费 4267 万元，国家自然科学基金项目费 5932 万元，国务院其他部门专项费 6080.7 万元，学校科技活动经费 18574.2 万元，其他经费 871.7 万元。

（二）学校科研

2000 年，郑州大学大力开展横向合作和应用研究。安排专人负责科技开发和成果推广工作，先后参加了本年香港国际发明博览会、中国技术创新成果展示会、中国深圳第二届国际高新技术交易会、第三届中国北京高新技术产业国际周、省科高交会、濮阳中华龙文化节高新技术项目发布会、河南经贸洽谈会、河南科技成果交易会、郑州商品交易会、全国东西部乡镇企业交易会等不同形式的技术洽谈会，与数十家企业达成了合作意向。新签订技术合同 38 项，其中 10 万元以上的合同项目 14 项。项目涉及机械、电子、工业自动化、计算机、化工、医药、材料、轻工及社会发展诸方面。为浙江、山东、河北及省内几十家企业和单位提供了科研成果，促进了一批项目的转让。"石油发酵尼龙 1212 及新型尼龙热熔胶生产技术"荣获 2000 年香港国际发明博览会银奖；国家高技术新材料领域 863 计划项目"金刚石—碳膜冷阴极场发射平板显示器"研究成果达到国际领先水平；"化合混合法制备催化剂"主要性能已接近或达到国外同类产品技术指标，成本仅为进口产品的 1/10 左右；脑血管新药"复方阿米三嗪"（"都可喜"，DUXIL）及其原料药二甲磺酸阿米三嗪和萝巴新获国家中医药管理局颁发的三种"新药证书"（正本）。河南省首例第二代试管婴儿在河南医大一附院顺利诞生，开展了具有国内先进水平的冷冻胚胎移植、无精症睾丸取精等项目，完成脐血干细胞移植 6 例、骨髓干细胞移植 6 例，胰肾联合移植手术成功，冠状动脉搭桥、心脏介入治疗等治疗术式广受社会关注。开发完成了省科技厅的"基于 Web 的分布式科技发展计划远程申报与管理信息系统"，并已通过省科技厅组织的鉴定。河南大学在广泛调查研究的基础上，修订出台了 11 个科研管理办法。校内科研基金由 50 万元增加到 60 万元；增设河南大学学术交流基金，资助教师参加国际、国内学术交流和在学校召开的学术会议。全年共承担国家社会科学基金项目 4 项，国家自然科学基金项目 2 项，教育部骨干教师项目 2 项，教育部重点科技项目 1 项，国家古籍委员会项目 1 项，国家自然科学基金学术交流基金 1 项，3 人获省杰出青年科学基金。全年公开发表学术论文 987 篇，出版专著教材 90 多部，鉴定科技成果 12 项，推广转让 6 项，有 1 项成果获河南省科技进步奖，80 多项成果获省部级以上奖励，获各级各类科研经费共 1500 多万元。郑州工程学院由彭凤蒲教授主持，郭诤、毛璞两位教师参与的"面向食品轻工类《有机化学》教学内容和体系的改革与实践"项目被国家工科化学基础课程教学基地立项资助，这是该院首项国家级教学科研课题，也是建院以来立项级别最高的教学研究项目。

2001 年，河南农业大学在新的人事分配制度的推动下，学校科研项目单项经费额度和数量都有所增加，全年共承担科研项目 160 多项，其中国家级、省部级重点重大项目 29 项，10 万元以上项目 23 个，50 万元以上项目 4 个，到账科研经费 1400 多万元。共有 11 项科研成果获省部级科技进步奖励，其中省部级二等奖 7 项，在省部级以上刊物发表论文 320 多篇，出版科技专著 38 部。承担国家级科研项目的比例和结构发生了显著变化，学校首次承担了"948"计划项目"啤酒大麦基因的引进、转移及利用"和"973"计划项目"定量遥感基础农学参数的时空变化及建模研究"等国家重大项目。加快了科技成果的转化，玉米品种"豫玉 22"是国家重点推广的品种之一，推广面积达几千万亩，成为河南及华北、东北地区的主栽品种，并获得很好的社会效益和经济效益。

2002 年度，河南师范大学共承担各类科研项目 147 项，获资助经费 1300 多万元。其中，国家自然科学基金项目 4 项，河南省高校科研创新工程项目 1 项，河南省杰出青年基金项目 2 项，河南省重点科技攻关项目 1 项，河南省科技攻关项目 9 项，河南省自然科学基金项目 6 项，软科学 5 项。新乡医学院全年获得立项、资助科研课题 43 项，其中河南省杰出青年基金项目 1 项，实现了新乡医学院在此项工作上零的突破，取得课题经费 80.3 万元。组织申报厅局级以上科研成果奖励 21 项，论文 11 篇，获奖 14 项。鉴定科研成果 19 项，其中国内领先 15 项，国内先进 4 项。登记发表论文 163 篇，出版著作 2 部，其中核心期刊 43 篇，被 SCI 收录 6 篇。河南中医学院争取国家、省部、厅局级科研立项共计 60 项；争取科研经费 220.8 万元，到账科研经费 312.3 万元，比 2001 年增加 151.6 万元。

2003 年，河南大学获得国家自然科学基金项目 4 项，国家社会科学基金项目 3 项。继上年特种功能材料实验室获"863"国家高新技术项目之后，本年生命科学学院作为主要参与单位承担了国家"973"科技攻关项目，获批经费 300 万元，在重大项目申报方面有了可喜的突破。同时积极引导科研人员主动争取有横向研究课题，推广转让科技成果，获得约 300 万元的专项经费资助。学校组织科研人员申报各级各类奖励，获得河南省优秀社科成果奖 26 项，省实用社科奖 3 项，省科技进步奖 2 项。学校投入 50 万元校内科研基金，资助青年教师的科研活动，并修订了《河南大学关于加强学生科研的若干意见》，为学生参与科研创造了良好的条件。在首届河南省青少年科技节中，获得一等奖 1 个、二等奖 6 个、三等奖 8 个、鼓励奖 15 个，总分名列全省高校前茅。在全国大学生"挑战杯"科技作品竞赛中，3 项成果获三等奖。

2004 年，信阳师范学院获得国家级科研项目 4 项、省级 37 项。纵向科研项目资助经费比上一年增长了 33%，国家级项目资助经费增长了 79%。漯河医学高等专科学校继续推行解决论文发表费、对获科技成果奖者学校颁发政府同额奖金等激励措施，调动教师开展教学研究和科技创新的积极性。校本部教师公开发表学术论文 104 篇，获市级以上科技成果奖 5 项，专著 4 部。4 人参加北京大学出版社全国普通医学高等专科学校统编教材编写，其中 1 人任主编。

2006 年，郑州大学获得国家自然科学基金立项 39 项，落实国家"十一五"科技攻关项目 2 项、"863"子课题 2 项；获得国家社科基金项目 16 项，在全国高校排名第 13 位。获教育部科技发展中心高校博士点科研基金 5 项。获准河南省高等教育教学改革研究省级立项 43 项，其中重点项目 10 项。学校有 417 项纵向科研项目获得资助，项目到款 4335.16 万元；签订横向科研项目 139 项，新增横向课题 63 项，横向科研总经费 3182 万元；161 项人文社科项目获得资助，项目到款 257.2 万元。重点科研机构专项到款 1031 万元，人才项目到款 450.3 万元。有 93 项人文社科项目获得各级各类奖励，57 项成果鉴定结项。516 个项目获各级各类自然科学奖，其中，54 项获河南省科技进步奖，310 项获河南省第九届自然科学优秀论文奖；73 个项目完成科技成果鉴定。2006 年，学校申报专利 49 项，9 项获得发明专利授权。其中薛乐勋教授的"转基因盐藻生物反应器"被美国专利商标局

（USPTO）批准授权并颁发专利授权证书，是合校后首次获得的美国发明专利。韩新巍教授研制的支架，解决了支气管瘘世界性医学难题，已在全国推广应用，被同行称为"韩新巍支架"，并入围评选中国十大医学新闻。学校承担的国家"973"项目，神舟七号宇航员出舱面罩等重大科研项目进展顺利。学校论文被中国科技论文引文数据库收录 1926 篇，科学引文索引（SCI）被引用 292 篇 528 次，均在全国高校中排名第 28 位。学校论文还被科学引文索引（SCIE）收录 209 篇，工程索引（EI）收录 138 篇，国际科技会议录索引（ISTP）收录 49 篇。学校有 15 部教材选题入选教育部"十一五"国家级教材规划；11 种图书作为大众阅读优秀读物，通过 2006 年"知识工程——中华全民读书书目推荐活动"评审，入选《2006 知识工程推荐书目》。《郑州大学学报》（医学版）入选美国《化学文摘》千刊表，名列第 435 位；《郑州大学学报》（哲学社会科学版）被评为全国三十佳社科学报。中原工学院获得国家自然基金项目 2 项（其中 1 项为本校与上海交通大学联合申报）；承担省部级科技计划项目 36 项，累计承担纵、横向科技项目 192 项，19 项课题被列入河南省教育科学"十一五"规划。受理专利 153 项，转化专利 7 项。坚持走产学研相结合的道路，开展科研成果转化。与企业签订技术合作项目 51 个，与企业联合建立郑州市产学研基地 3 个。

2007 年，由河南师范大学教授渠桂荣主持研发的"系列核苷生产新工艺"科研成果坚持走产学研相结合的科技之路，该成果与新乡拓新生化科技有限公司合作，投入工业生产，并在生产中不断改良工艺，以水代替有机溶剂，对三废回收再利用，实现清洁生产、绿色生产，既保护了环境，又取得了巨大的经济效益和社会效益，2001 年以来，该公司新增产值 9 亿多元，新增利税 3 亿多元，创汇 8800 多万美元。几年来，他们相继联合开发了腺苷、胞苷、尿苷等 30 多种核苷生化新产品，填补了国内空白，该成果获 2007 年国家科技进步奖二等奖，渠桂荣受到胡锦涛、温家宝等时任国家领导人的亲切接见并合影留念。河南科技大学医学院发现的一例"人类染色体异常核型"获得中国遗传学鉴定权威机构——中国医学遗传学国家重点实验室认定，确认为世界首报新的人类染色体异常核型，被收入中国染色体异常核型数据库。医学遗传学专家认为，这一发现丰富了人类染色体异常核型项目数据库，对遗传学的临床研究、生殖医学研究和优生优育具有重要意义。

2008 年，河南大学 2 门课程被评为国家级精品课程，2 个专业被评为国家级特色专业、1 个实验教学中心被评为国家级实验教学示范中心，1 个教学团队被评为国家级教学团队，并获批 1 个国家级人才培养模式创新实验区。在自然科学研究方面，获批国家自然科学基金项目 22 项，获得教育部科技攻关重点项目 1 项，获得厅级项目 131 项，并获得教育厅创新人才计划 4 项、创新团队 1 项，获 1048 万元经费，首次突破 1000 万元。在人文社会科学研究方面，获批国家社科基金项目 14 项，承担高校古籍整理项目、教育部人文社科项目、教育部重点研究基地项目河南省社科规划项目等计 39 项，获批经费 203.4 万元。全年发表论文突破 2500 篇，其中 SCI、EI 收录论文数量突破 200 篇，出版专著 170 部，发表文学艺术作品近 100 部，申请发明专利 48 项，申报各类各级成果奖 457 项，获厅局级以上奖励 271 项，其中获省部级奖励 35 项，牢固确立了学校科学研究稳居河南省高校前两名的地位。同时，投入 100 万元作为学术交流基金，共举办 20 场国际性或全国性学术会议，邀请 223 位院士、长江学者等来自国内外的高层次专家、学者来校讲学，推动了学术交流活动的开展

2009 年，在第十一届"挑战杯"全国大学生课外学术科技作品竞赛中，河南工业大学获特等奖 1 项、一等奖 1 项、二等奖 1 项、三等奖 3 项，总分排名进入全国前 10 名，第 5 次蝉联河南省第 1 名，并获"优胜杯"，是河南高校参加"挑战杯"赛事 20 年来首个"特等奖"和首座"优胜杯"。12 月，王录民教授主持的《大型现代粮仓基本理论及关键技术研究与应用》项目获得国家科技进步二等奖，填补了我国粮食行业在土木建筑领域无国家科技进步奖的空白，也填补了学校国家最高科技奖励方面的空白，是学校历史上的新突破。

（三）科研成就

科技成果与专利。2001 年，全省高校共出版科技专著 267 部 8375.3 万字，编著大专院校教科书 354 部 11120.8 万字，出版科普著作 68 部 1398.4 万字。发表学术论文 8853 篇，其中，在国外学术刊物上发表 376 篇，在全

国性学术刊物上发表 5926 篇，在地方性学术刊物上发表 2551 篇。被 SCI、EI、ISTP 三大检索收录论文 220 篇。全省高校通过专家鉴定的科技成果 424 项，其中，具有国际先进水平的 43 项，国内领先水平的 101 项，国内先进水平的 240 项。申请专利 38 项，其中发明专利 9 项，实用新型专利 27 项，外观设计专利 2 项。获得授权的专利 29 项。

技术转让。2001 年，全省高校共签订技术转让合同 66 项，合同金额 1093.9 万元，当年实际收入 430.3 万元。其中，转让给国有大中型企业 37 项，合同金额 821 万元；转让给国有小型企业 8 项，合同金额 48.5 万元；转让给集体企业 14 项，合同金额 118.7 万元；转让给民营企业 2 项，合同金额 23 万元；其他转让 5 项，合同金额 82.7 万元。

国际科技交流。2011 年，全省参加高校举办的国际学术会议 412 人次，交流学术论文 376 篇；出国参加国际学术会议 119 人次，提交论文 125 篇。省教育厅共有派出攻读博士学位研究生 35 人，派出攻读硕士学位研究生 10 人；派出进修访问学者 105 人次，聘请来校进修访问学者 58 人次。组织实施河南省高校杰出科研人才创新工程项目。6 月下旬，省教育厅继续组织开展了 2001 年度河南省高校杰出科研人才创新工程项目（HAIPURT）评审工作。经组织专家论证、评审和答辩，共评选出 10 个创新工程项目。本年省教育厅为首批入选的 10 个创新工程项目拨款 200 万元，落实配套经费 140 万元，添置研究设备 76 万元，开展实验研究 34 项，取得阶段性成果 26 项，获得省有关部门奖励 19 项，公开发表和提交专业会议交流论文 130 篇，不少研究成果被相关领域引用。

2011 年，省教育厅积极组织高校科技实力较强的学科、课题组申请国家自然科学基金项目、教育部重点科研项目，以及河南省科技发展计划项目等。全省高校共承担获准立项的省部级以上科研项目 477 项，获得资助经费达 1386 万元。省教育厅加强了对各类科研项目的检查和管理，积极推行项目立项、检查、签订等全程专家评估制度，尤其对国家或者有关部门委托管理的项目，加强了中期检查评估和管理。

2004 年，全年共申请科技项目 2915 项。按研究性质分，基础研究 504 项，应用研究 1261 项，试验与发展 784 项，R&D 成果应用 254 项，其他科技服务 112 项；按学科性质分，自然科学类 572 项，工程与技术类 1478 项，医药科学类 513 项，农业科学类 352 项；按科研项目来源分，"973" 计划 5 项，国家科技攻关计划 25 项，"863" 计划 13 项，国家自然科学基金项目 128 项，主管部门科技项目 435 项，国家部委其他科技项目 68 项，省级科技项目 1322 项，企事业单位委托科技项目 576 项，国际合作项目 8 项，自选课题项目 228 项，其他课题项目 107 项。

科技成果与专利。2004 年，全省高校共出版科技专著 89 部 1919.6 万字，编著大专院校教科书 416 部 4530.4 万字，国（境）外出版科技著作 2 部 61.7 万字。发表学术论文 13243 篇，其中，在国外学术刊物上发表 466 篇。被 SCI、EI、ISTP 三大检索收录论文 744 篇。全省高校通过专家鉴定的科技成果 483 项，其中，具有国际先进水平的 56 项，国内首创的 67 项，国内先进水平的 266 项。申请专利 189 项，其中发明专利 93 项，实用新型专利 85 项，外观设计专利 11 项。获得授权的专利 53 项。专利拥有数达到 157 项，其中发明专利 42 项，实用新型专利 96 项，外观设计专利 19 项。

技术转让。2004 年，全省高校共签订技术转让合同 26 项，合同金额 970 万元，当年实际收入 528.1 万元。其中，转让给国有大中型企业 14 项，合同金额 306.5 万元；转让给外资企业 1 项，合同金额 10 万元；转让给民营企业 9 项，合同金额 553.5 万元；其他转让 2 项，合同金额 100 万元。

国际科技交流。2004 年，全省高校参加国（境）内举办的国际学术会议 493 人次，交流学术论文 520 篇；出国（境）参加国际学术会议 151 人次，提交论文 133 篇。开展合作研究，派遣国（境）内 540 人次，派遣国（境）外 119 人次；接受国（境）内 102 人，接受国（境）外 24 人。

科技成果奖励。2004 年，全省高校共获科技成果奖励 109 项。其中，国家发明奖二等奖 1 项，国家科技进步奖二等奖 1 项，省级科技进步奖一等奖 5 项、二等奖 62 项，其他奖励 40 项。

2005 年全年共申请科技项目 3884 项。按研究性质分：基础研究 928 项，应用研究 1705 项，试验与发展 726 项，R&D 成果应用 363 项，其他科技服务 162 项；按学科性质分：自然科学类 725 项，工程与技术类 1735 项，医药科学类 885 项，农业科学类 539 项；按科研项目来源分："973" 计划 11 项，国家科技攻关计划 61 项，"863" 计划 22 项，国家自然科学基金项目 225 项，主管部门科技项目 603 项，国家部委其他科技项目 100 项，省级科技项目 1537 项，企事业单位委托科技项目 596 项，国际合作项目 12 项，自选课题项目 487 项，其他课题项目 230 项。

科技成果与专利。2005 年，全省高校共出版科技专著 135 部 2500.6 万字，编著大专院校教科书 538 部 5871.5 万字，国（境）外出版科技著作 1 部 6 万字。发表学术论文 18919 篇，其中，在国外学术刊物上发表 864 篇。被 SCI、EI、lSTP 三大检索收录论文 1314 篇。全省高校通过专家鉴定的科技成果 575 项，其中，具有国际先进水平的 63 项，国内首创的 130 项，国内先进水平的 334 项。申请专利 313 项，其中发明专利 154 项，实用新型专利 113 项，外观设计专利 46 项。获得授权的专利 85 项。专利拥有数达到 292 项，其中，发明专利 107 项，实用新型专利 173 项，外观设计专利 12 项。

技术转让。2005 年，全省高校共签订技术转让合同 57 项，合同金额 1331.3 万元，当年实际收入 1113.7 万元。其中，转让给国有大中型企业 21 项，合同金额 577.5 万元；转让给外资企业 2 项，合同金额 50.0 万元；转让给民营企业 34 项，合同金额 703.8 万元。

科技成果奖励。2005 年，全省高校共获科技成果奖励 159 项。其中，国家科技进步奖二等奖 2 项，省级科技进步奖一等奖 4 项、二等奖 98 项，其他奖励 55 项。

2009 年全年共承担科技项目 7394 项，投入经费 99463 万元。按研究性质分：基础研究 1774 项，投入经费 18277.1 万元；应用研究 2760 项，投入经费 34646.7 万元；试验与发展 1454 项，投入经费 15172.3 万元；R&D 成果应用 787 项，投入经费 19743.5 万元；其他科技服务 619 项，投入经费 11623.4 万元。按学科性质分：自然科学类 1522 项，投入经费 20719.6 万元；工程与技术类 3893 项，投入经费 63701.7 万元；医药科学类 1207 项，投入经费 5881.7 万元；农业科学类 772 项，投入经费 9160 万元。按科研项目来源分："973" 计划 34 项，投入经费 1796.8 万元；国家科技攻关计划 140 项，投入经费 3586.4 万元；"863" 计划 35 项，投入经费 1404.5 万元；国家自然科学基金项目 441 项，投入经费 9422.3 万元；主管部门科技项目 1365 项，投入经费 6745.2 万元；国家部委其他科技项目 237 项，投入经费 8270.9 万元；省级科技项目 2023 项，投入经费 13524.5 万元；企事业单位委托科技项目 1906 项，投入经费 49360.5 万元；国际合作项目 11 项，投入经费 98.4 万元；自选课题项目 1045 项，投入经费 4371.6 万元；其他课题项目 157 项，投入经费 881.9 万元。

科技成果与专利。2009 年，全省高校共出版科技专著 186 部 4066.6 万字，大专院校教科书 1301 部 15425.6 万字，编著 345 部 5152 万字。发表学术论文 28142 篇，其中，在国外学术刊物上发表 3063 篇。被 SCI、EI、ISTP 三大检索收录论文 4694 篇。全省高校通过专家鉴定的科技成果 902 项，其中，具有国际水平的 47 项，国内首创的 267 项，国内先进水平的 492 项。申请专利 655 项，其中，发明专利 446 项，实用新型专利 11 项，外观设计专利 12 项。获得授权的专利 410 项，其中，发明专利 213 项，实用新型专利 152 项，外观设计专利 3 项。专利拥有数达到 1233 项，其中，发明专利 636 项，实用新型专利 529 项，外观设计专利 46 项。

技术转让。2009 年，全省高校共签订技术转让合同 117 项，合同金额 4714.1 万元，当年实际收入 3048.4 万元。其中，专利出售 14 项，合同金额 1776.9 万元；转科让给国有企业 33 项，合同金额 1239.8 万元；转让给民营企业 76 项，合同金额 3428.3 万元；转让给外资企业 1 项，合同金额 50 万元。

国际科技交流。2009 年，全省高校参加国（境）内举办的国际学术会议 1590 人次，交流学术论文 1600 篇，特邀报告 264 篇；出国（境）参加国际学术会议 361 人次，提交论文 283 篇，特邀报告 30 篇。开展合作研究，派遣国（境）内 530 人次，派遣国（境）外 213 人次；接受国（境）内 493 人，接受国（境）外 269 人。全年主办国际学术会议 20 次。

科技成果奖励。2009 年，全省高校共获科技成果奖励 193 项。其中，国家科技进步奖二等奖 4 项，省部级科技进步奖一等奖 11 项、二等奖 86 项，其他奖励 92 项。

六　规模增长

2000 年，全省高等教育共招本专科学生 192879 人（包括电大普通班），其中普通高等教育招生 116853 人，成人高等教育招生 76026 人，分别比上年增加了 38048 人和 19313 人，增幅达 48.28% 和 34.05%。2000 年研究生教育也有较快增长，普通高等学校和研究机构共招生 1485 人，比上年增长 43.62%。

高等教育规模不断扩大，办学效益进一步提高。2000 年，全省共有高等学校 86 所，本专科在校生 430587 人。其中，普通高等学校 52 所，由于部分高校合并比上年减少 4 所，本专科在校生 262400 人，比上年增加 76914 人，增长 41.47%；校均规模由上年的 3312 人增加到 5046 人，其中本科院校为 5980 人，专科院校为 4414 人；生师比由上年的 10∶1 提高到 13∶1。普通高校教师中研究生及以上的占 22.3%，比上年提高 0.3 个百分点。全省共有研究生培养单位 20 个，在学研究生 3229 人，比上年增加 837 人，增长 34.99%。

2001 年，全省共招收研究生 2114 人，在学研究生达 4656 人，分别比上年增加 629 人和 1427 人，增幅分别为 42.36% 和 44.19%。2001 年，全省共有普通高等学校 64 所，其中本科 21 所，专科 43 所，比上年增加 12 所。全省普通高校毕业生 4.61 万人，其中本科 1.91 万人，专科 2.70 万人，本、专科毕业生分别比上年增加 0.21 万人和 0.23 万人。普通高校到校报到学生数 14.01 万人，比上年增加 2.33 万人，增长 19.9%；在校学生 36.91 万人，比上年增加 10.67 万人，增长 40.7%。2001 年，全省普通高等学校的录取率 58%；18～22 周岁人口高等教育毛入学率 12%。全省普通高校的校均规模由上年的 5046 人提高到 5766 人。普通高校共有 11 个学科，招生总数中工科占 37.36%，文学占 16.13%，管理学占 15.12%；普通高校共有教职工 5.05 万人，每一教职工平均负担 7 个学生；普通高校共有专任教师 2.46 万人，其中具有研究生及以上学历的占 21.37%，生师比（含普通高校办成人班）为 18∶1。2001 年，全省共有独立设置的成人高等学校 27 所，较上年减少 7 所，招生（含普通高校函授、夜大、成人脱产班）8.81 万人，本、专科在校学生（含普通高校函授、夜大、成人脱产班）19.65 万人，分别比上年减少 1.2 万人和 2.83 万人。独立设置成人高校共有教职工 0.72 万人，每一教职工平均负担 7 个学生；独立设置成人高校共有专任教师 0.39 万人，较上年减少 0.03 万人，生师比 13∶1。

2002 年，全省拥有博上学位授权点 15 个，硕士学位授权点 281 个，国家级重点学科 3 个，国家级工程技术中心及重点实验室 4 个；普通高等学校和科研机构共招研究生 2707 人，在学研究生 6313 人，分别比上年增加 593 人和 1657 人，增幅分别为 28.1% 和 35.6%。全省共有普通高等学校 66 所，其中本科 24 所，专科 42 所（其中商丘科技职业技术学院 2002 年未招生），比上年增加 2 所。全省普通高等学校毕业生（含成人高等学校普通专科班）71226 人，其中本科 23355 人，专科 47871 人，本、专科毕业生分别比上年增加 4245 人和 20861 人。普通高等学校共招生 166084 人（含成人高校普通专科班），比上年增加 25954 人，增长 18.5%；在校学生 467963 人（含成人高校普通专科班），比上年增加 98814 人，增长 26.8%。本年，全省高等学校录取率 59%，其中普通高等学校录取率 60%，18～22 周岁人口高等教育毛入学率 13%。全省普通高等学校的校均规模 7199 人。全省普通高等学校共有 11 个学科，招生总数中工科占 34.7%，文学占 18.5%，管理学占 15.2%；普通高等学校共有教职工 54539 人，比上年增加 3991 人，增长 7.9%，每一教职工负担学生 8.6 人；普通高等学校共有专任教师 28470 人，其中专任教师中具有研究生及以上学历的占 21%，生师比（含普通高等学校办成人班）为 16.4：1。全省共有独立设置的成人高等学校 24 所，较上年减少 3 所，本专科在校学生（含普通高校函授、夜大、成人脱产班）254016 人，招生（含普通高校函授、夜大、成人脱产班）111308 人，分别比上年增加 57553 人和 23245 人。独立设置成人高等学校共有教职工 7780 人，其中专任教师 4477 人。

2003 年，高等教育在校生总规模达 1051603 人，高等教育毛入学率达 14.1%。普通高等学校和研究机构共招收研究生 3818 人，比上年增加 1111 人，增长 41.0%；在学研究生 8465 人，比上年增加 2152 人，增长 34.1%。普通高等学校招收研究生和在学研究生分别占总数的 98.7% 和 98.6%。全省普通高等教育招生 190214 人，比上年增加 24130 人，增长 14.5%；其中本科招生 75925 人，比上年增加 11913 人，增长 18.6%。在校生 557240 人，比上年增加 89277 人，增长 19.1%，其中本科在校生比上年增加 52053 人，增长 25.1%。普通高等学校校均规模由上年的 7199 人增加到 7848 人。全省成人高等教育招生 111193 人，比上年减少 115 人，降低 0.1%，其中本科招生 32007 人，比上年增加 12955 人，增长 68.0%。在校生 290818 人，比上年增加 36802 人，增长 14.5%，其中本科在校生比上年减少 1445 人，降低 3.3%。

2004 年，全省普通高校招生统一考试报名 517634 人，比上年增加 87376 人，增长 20.3%。其中，报考普通类 479978 人（文科 185298 人，理科 294680 人），艺术类 27702 人，体育类 9954 人。另有中等职业学校对口升学报考 54458 人，比上年增加 6401 人，增长 13.7%。专升本报考 23766 人，比上年增加 3519 人，增长 17.4%。国家下达本省统考招生计划 341519 人，全省安排对口升学招生计划 32531 人，专升本招生计划 18025 人。在河南招生的学校和单位 1470 个，共计录取普通高校新生 359571 人。

2005 年，全省高等教育总规模约为 145.53 万人，高等教育毛入学率 17.02%。高等学校和研究机构共招收研究生 6561 人，比上年增加 1153 人，增长 21.32%。在学研究生 15830 人，比上年增加 3977 人，增长 33.55%。全省普通高等教育共招本科、专科学生 27.76 万人，比上年增加 2.02 万人，增长 7.85%，其中本科招生 10.62 万人，专科招生 17.14 万人，本、专科招生比为 3.8∶6.2。在校生 85.19 万人，比上年增加 14.96 万人，增长 21.29%，其中本科在校生 38.94 万人，专科在校生 46.25 万人，本、专科在校生之比为 4.6∶5.4。全省成人高等教育共招本专科学生约 14 万人，在校生约 36.93 万人。普通高等学校校均规模（全日制本专科在校生）由上年的 8226 人增加到 9819 人，其中本科院校由上年的 15176 人增加到 16637 人，专科院校由上年的 4103 人增加到 5436 人。

2006 年全省高等教育总规模 167.45 万人，高等教育毛入学率 18.3%。全省研究生培养机构 23 个，其中普通高校 14 个，科研机构 9 个；高等学校和研究机构共招收研究生 7375 人，比上年增加 814 人，增长 12.41%。在学研究生达 19336 人，比上年增加 3506 人，增长 22.15%。毕业研究生 3722 人，比上年增加 1135 人，增长 43.87%。普通高等学校 84 所，比上年增加 1 所，其中本科院校 28 所。普通高等教育共招本专科学生 33.76 万人，比上年增加 6.01 万人，其中：本科招生 14.40 万人，专科招生 19.36 万人，本、专科招生比为 4.3∶5.7。在校生 97.41 万人，比上年增加 12.22 万人，增长 14.34%，其中：本科在校生 44.99 万人，专科在校生 52.42 万人，本、专科在校生之比为 4.6∶5.4。毕业生 20.21 万人，其中，本科毕业生 7.86 万人，本、专科之比为 3.9∶6.1。普通高等学校教职工 8.34 万人，比上年增加 0.76 万人；其中专任教师 5.29 万人，比上年增加 0.66 万人。

2007 年高等教育规模进一步扩大，结构更趋合理。全省高等教育学校共有 127 所，比上年减少 3 所。其中，研究生培养机构 24 个，比上年增加 1 个；普通高等学校 82 所，其中本科院校 31 所，专科学校 51 所，比上年减少 2 所；成人高等学校 21 所，比上年减少 2 所。省属高等学校博士一级学科点达 11 个，博士学位授权点达 107 个；硕士学位一级学科点达 98 个，硕士学位授权点达 845 个。全省高等教育总规模达 195.42 万人，高等教育毛入学率达 19.68%。研究生招生达 7957 人（其中，博士生 273 人），比上年增加 582 人，增长 7.9%；在学研究生达 21667 人（其中，博士生 838 人），比上年增加 2331 人，增长 12.06%。普通高等教育招生达 35.52 万人（本、专科招生分别为 14.41 万人和 21.11 万人），比上年增加 1.76 万人；在校生达 109.52 万人（本、专科在校生分别为 50.7 万人和 58.82 万人），比上年增加 12.11 万人。成人高等教育招生 9.28 万人，比上年减少 0.8 万人；在校生 24.94 万人，比上年减少 0.56 万人。

2007 年，普通高等学校校均规模继续扩大，校均规模（全日制本专科在校生）由上年的 11126 人增加到 12967 人（若将郑州大学所属的升达经贸管理学院、西亚斯国际学院、郑大体育学院和 10 所独立学院以及 9 所二级职业技术学院作为独立办学单位，校均规模为 10224 人）。其中，本科院校由上年的 17526 人增加到 18641 人（若把郑州大学所属的升达经贸管理学院、西亚斯国际学院和郑大体育学院作为独立办学单位，校均规模为 16997 人）；专科院校由上年的 6576 人增加到 7620 人。

2008 年，全省共有高考考生 98.8 万人，比上年增加 10.9 万人，增长 12.4%。其中：全国统考类考生 90.58 万人，比上年增加 11.51 万人，增长 14.60%；对口招生报考 5.19 万人，专升本报考 2.98 万人，与上年持平。全省共设考点 889 个，考场 33776 个，比上年增加 3652 个。考务人员超过 10 万人，新增考务人员近万人。其中，跨市、县异地监考的监考员近 4 万人。省招办统一组织、跨省辖市异地派遣、定点包场的巡视员 2226 人。全省汇总招生来源计划总数为 503279 人，其中，普通类统考招生计划 448333 人（普通本科 186282 人、专科 262051 人），对口升学计划 32514 人（对口本科 2024 人、对口专科 30490 人），专升本 2 万人，单独考试招生计划 2450

人（本科 2145 人、专科 305 人）。录取新生 515669 人，比计划增录 12372
人。其中：普通类统考实录 462160 人，比计划增录 13827 人（普通本科实
录 193358 人，比计划增录 7076 人；专科实录 268802 人，比计划增录 6751
人）；对口本科 2027 人，比计划增录 3 人；对口专科实录 29644 人，调减计
划 846 人；专升本实录 18174 人，比计划减录 1826 人；单招本科实录 2892
人，比计划增录 747 人；单招专科实录 175 人，比计划减录 130 人。

2008 年，全省 28 个硕士研究生报名点网上报名人数 137026 人，现场
确认 87766 人，比上年减少 7655 人，确认率 64.1%。按考生来源统计，在
职人员 19145 人，应届普通高校本科毕业生 50404 人，其他人员 18217 人，
分别占报名人数的 21.8%、57.4%和 20.8%。全省 26 个招研单位报名人数
为 29325 人，占考生总数的 28.6%；报考其他省份招研单位的 58441 人，占
考生总数的 71.4%。教育部、发改委下达本省研究生招生计划总规模为
8247 人，实际录取 8310 人。其中，录取统考生 7552 人、单招考生 4 人、
MBA187 人、法律硕士 80 人、推荐免试 423 人、农村师资 64 人。

2009 年高等教育总规模进一步扩大，结构更趋合理。全省研究生培养
机构 23 处；普通高等学校 99 所（按照教育部统一规定，自 2009 年起独立
学院按本科院校计算校数），其中，本科院校 43 所，高职高专院校 56 所；
成人高等学校 18 所，比上年减少 2 所。全省高校和科研机构共有博士学位
授权一级学科点 11 个，博士点 106 个；硕士学位授权一级学科点 103 个，
硕士点 845 个。全省高等教育总规模达 227.96 万人，高等教育毛入学率达
22.02%。研究生招生达 9918 人（其中，博士生 303 人），比上年增加 1411
人；在学研究生达 26431 人（其中，博士生 1079 人），比上年增加 2880 人。
普通高等教育招生达 45.74 万人（本、专科招生分别为 18.38 万人和 27.36
万人，本专科之比为 4 : 6），其中，"高起本" 招生 16.26 万人，比上年增
加 1.22 万人，"专升本" 招生 2.12 万人，比上年增加 0.42 万人；"高起
专" 招生 21.72 万人，比上年减少 0.37 万人，"对口" 招生 2.65 万人，比
上年增加 0.09 万人；"五年制转入" 招生 2.75 万人，比上年减少 0.38 万
人。普通高等教育在校生达 136.88 万人（本、专科在校生分别为 61.61 万
人和 75.27 万人，本专科之比为 4.5 : 5.5），比上年增加 11.86 万人，增长
9.49%。普通高等学校校均规模继续扩大，校均规模达 13181 人，其中，本

科院校校均规模由上年的 16811 人增加到 18574 人，高职院校由上年的 8770 人增加到 9040 人。成人高等教育招生 10.13 万人，比上年减少 0.88 万人；在校生 27.78 万人，比上年增加 0.9 万人。

2017~2018 学年，全省研究生毕业 1.29 万人（其中博士生 318 人），比上年增加 933 人，增长 7.75%；招生 1.84 万人（其中博士生 648 人），比上年增加 4152 人，增长 29.24%；在学研究生 4.48 万人（其中博士生 2345 人），比上年增加 5330 人，增长 13.49%；预计毕业生 1.41 万人，比上年增加 784 人，增长 5.85%。

2017~2018 学年，普通本专科毕业生 50.41 万人，比上年增加 1.72 万人，增长 3.57%（其中本科增长 4.53%），本专科分别为 25.38 万人和 25.03 万人，本专科之比为 5.03∶4.97。招生 63.57 万人，比上年增加 2.97 万人，增长 4.8%（其中本科增长 3.62%），本专科分别为 29.78 万人和 33.79 万人，本专科之比为 4.69∶5.31。在校生 200.47 万人，比上年增加 13 万人，增长 6.85%（其中本科增长 4.11%），本、专科分别为 107.71 万人和 92.76 万人，本专科之比为 5.37∶4.63。预计毕业生 57.06 万人，比上年增加 5.56 万人，增长 10.74%（其中本科增长 3.16%），本、专科分别为 26.76 万人和 30.30 万人，本专科之比为 4.69∶5.31。普通高等学校校均规模由 14513 人增加到 14935 人，其中本科院校由上年的 23421 人增加到 24235 人，高职高专院校由上年的 7120 人增加到 8460 人。

第二节 内涵建设（2012~2019 年）

质量是教育生存和发展的第一支撑，不断提升人才培养质量是高等教育发展的必然要求。真正的教育工作者时刻都在关注并持续推进质量工程建设。近代以来河南经济社会发展滞后，改革开放后又未能得风气之先，导致河南的高等教育底子薄弱，在一段时期内规模和内涵建设都未能走在全国前列。进入 21 世纪后，河南高等教育的规模实现了增长，特别是 2004 年全省高等教育工作会议以后，实现了跨越式发展。虽然作为人口大省、生源大省，河南学子上大学、上好大学的愿望还没有得到很好满足，但是在"能上大学"方面已经有了一定的缓解。

尽管如此，献身河南高等教育的"明白人"一直都在致力于河南高等教育质量的提升。即使在扩大规模的进程中，保证质量一直都是政府、社会和学校关注的重点。

一　政府引导

怎样实现河南高等教育又好又快发展，是历届省领导关心的问题。从河南经济社会发展史上看，在社会稳定，经济发展的时期，具有战略远见的政府官员一定会重视教育，政府也一定会正确地引领教育发展。

（1）在规模不断增长的情况下，如何更好地促进高等教育健康发展？2012 年 8 月 8 日，省政府召开全面提高高等教育质量工作会议。会议颁布了《河南省人民政府关于全面提高高等教育质量的若干意见》，同时印发了《河南省教育厅　河南省财政厅关于进一步加强高等学校重点和特色学科专业建设的意见》和《河南省教育厅　河南省财政厅关于实施河南省高等学校协同创新计划的通知》两个配套文件。会议明确了"十二五"期间高等教育发展的指导思想，重点解决转变发展方式、办学定位同质化、与经济社会结合不紧密等问题。确立四个明晰。一是明晰学校的发展定位。河南大多数高校应明确立以发展应用型地方高等教育为主的指导思想，构建适应中原经济区建设的特色鲜明、协调发展的高等教育格局。二是明晰工作方针。加强分类指导，全省高校分为 5 个层次类型：郑州大学和河南大学、骨干特色高校、新建本科高校、高职院校和民办高校，对每类高校都提出了具体的发展目标。三是明晰工作重点。实施"重点和特色学科专业提升计划"。坚持"扶需、扶特、扶优"原则，构建布局合理、结构优化、资源共享、相互支撑的学科专业群。四是明晰质量评价机制。建立既满足国家标准，又符合省情的质量标准体系，把对中原经济区建设的支撑度、对人力资源强省建设的贡献度、社会和人民群众的满意度作为衡量高等教育质量的重要标准。会议是继 2004 年全省高等教育工作会议后，八年来首次召开的提高高等教育质量专题会议，是全国第三个以省政府名义召开的会议，对推进高等教育内涵式发展具有重要意义。

2012 年，河南省人民政府发布《关于全面提高高等教育质量的若干意见》（以下简称《意见》），《意见》要求高等教育要牢固确立人才培养的中心地位，稳定规模、优化结构、特色办学，改革创新，走以质量提升为核心的内涵式发展道路。适度扩大本科招生规模，加快研究生尤其是专业学位研究生教育发展，积极发展高等职业教育，适度扩大合作办学、继续教育以及民办教育规模。优化高等学校区域布局结构，加大高等教育层次结构、学科专业结构调整力度，适应中原经济区建设需要，满足人民群众接受高等教育的多样化需求。指导和鼓励高等学校从实际出发，主动融入区域经济社会发展。以机制改革为重点，加快重点领域和关键环节改革步伐，增强高等教育发展的活力和后劲。明确提出要巩固教学工作中心地位，把教学作为高等学校最基础、最根本的工作。做到政策措施激励教学、工作评价突出教学、资源配置优先保证教学。把教授为本科生上课作为学校基本制度，将承担本科教学任务作为教授聘用的基本条件，定期开展教授为本科生授课情况专项检查。鼓励高等学校开展专业核心课程教授负责制试点。继续实施高等学校本科教学质量与教学改革工程，完善国家、省、校三级教学工程体系。"十二五"期间，重点建设 500 门精品开放课程、100 个教学团队，表彰 100 名在教学和人才培养领域作出突出贡献的教学名师，发挥其在推进教学改革、加强教学建设、提高教学质量方面的引领、示范、辐射作用。加强教育教学研究，继续开展教学成果奖励工作，奖励具有示范作用和推广价值的教学实践成果。

当时，河南高等教育的在校生数已经达到 190.80 万人，高等教育毛入学率也已达到 27.22%，全省每万人口中就有 246 人在大学就读，已经形成了规模空前的局面。但是，由于扩招后学校规模迅速扩大，学生人均占有资源不能很快得到增加，一些学校中专升大专、大专升本科、学院改大学，层次提升了，师资队伍的认识和水平未能全部同步提升。最重要的是，一些学校的主要领导对全省经济社会发展形势认识不清，特别是对在这种形势下如何发展高等教育，特别是如何在全省的大背景下发展自己有特色的高等教育思路模糊。少数学校的决策人当官员、弄权力，以"大学领导"为金字招牌，或不思进取，或盲目动作，导致人才培养质量不高，社会和家庭受到影响。这个时候，强调质量提升，引导加强内涵建设，必要且及时。

如何创新人才培养模式？《意见》提出，以提高实践能力为重点，支持高等学校探索与有关部门、科研院所行业企业联合培养人才模式。大力推进实施卓越工程师、卓越农林人才、卓越法律人才教育培养计划。推进医学教育综合改革，实施卓越医生教育培养计划，探索适应国家医疗体制改革需要的临床医学人才培养模式。实施卓越教师教育培养计划，探索中小学特别是农村中小学骨干教师培养模式。提升高职高专院校服务产业发展的能力，探索高端技能型人才系统培养模式。改革教学管理，推行和完善学分制，实行弹性学制。鼓励因校制宜，探索科学基础、实践能力和人文素养融合发展的人才培养模式。创新教学方法和手段，倡导启发式、探究式、讨论式、参与式教学，构建自主学习、多元学习模式，促进个性发展。促进科研与教学互动，及时把科研成果融入教学内容，推动重点实验室、研究基地等向学生开放。支持本科生参与科研活动，早进课题组、早进实验室、早进研究团队。改革考试方式方法，注重学习过程考查和学生能力评价。

关于强化实践育人环节，《意见》强调，大力强化实验、实习、实训和毕业设计（论文）等实践教学环节，达到国家不同专业实践教学学分比例要求。配齐配强实验室人员，提升实验教学水平，加强实验室、实习实训基地、实践教学共享平台建设，"十五"期间新建100个省级本科实验教学示范中心和50个大学生校外实践教育基地。加强实践教学管理，提高实验、实习实训和毕业设计（论文）质量，支持500项大学生创新训练计划项目。加强"第二课堂"建设，鼓励高等学校开展形式多样的校园文化活动和大学生社会实践活动。支持高等学校开展数学建模、职业技能大赛、大学生职业生涯规划大赛、大学生科技文化艺术节、"挑战杯"创业计划竞赛等竞赛类活动。广泛开展社会调查、生产劳动、志愿服务、公益活动、科技发明和勤工助学等社会实践活动。把军事训练、就业指导作为必修课，列入教学计划。在高职院校推行"双证书"制度，支持学生参加企业技改、工艺创新等活动。加强校企合作，创立以政府为主导、以学校为主体、企业参与的政校企联动机制、产学研合作机制、资源开放共享机制、考核与激励机制，共同推进高职院校技能型人才培养。加强创业教育和就业指导服务，把创业教育贯穿人才培养全过程，制定高等学校创业教育教学基本要求，开设创业类课程并纳入教学计划。重点建设一批创业教育示范高等学校。大力开展创业教育师资培养培训。依托高新技术产业开发区、产业集聚区和大学科技园等，重点建设一批高等学校学生科技创业实习基地，支持学生开展创业训练。建立高等学校创业教育指导中心和孵化基地，完善学生创业资助体系。加强就业指导服务，加快就业指导服务机构建设，大力开展就业指导师资队伍培训，推进高等学校就业指导专业技术职务评定工作。完善职业发展和就业创业指导课程体系。完善高等学校毕业生就业信息服务平台，加强毕业生困难群体就业补助与帮扶，促进大学生就业。

同时，《意见》在加强和改进思想政治教育、大力推进协同创新、加强高水平科研平台建设、繁荣发展高等学校哲学社会科学、加快发展高职教育和继续教育、加强国际交流与合作、积极构建现代大学制度、改革考试招生制度、创新质量评价机制、加强师资队伍建设、加强高等学校信息化建设、完善以政府投入为主的经费筹措机制等方面进行了科学安排。可以说，省政府的这个《意见》是在河南高等教育发展的关键时期发布的一份具有战略远见，能够指导实践的纲领性文件。从一定意义上说，河南高等教育由规模扩张到质量提升的转型，拐点就是这个《意见》。

2012 年 8 月 6 日，省教育厅、省财政厅联合印发《河南省高等学校协同创新计划实施方案》，要求面向中原经济区建设行业和战略新兴产业中的重大科技需求，依托高等学校与产业发展结合紧密的优势学科，联合行业、优势企业、科研院所和市县政府开展组织创新工作，建立多主体合作、多学科融合、多团队协作的协同创新体，形成政产学研融合发展机制，为产业结构调整与技术提升、新型城镇化建设、行业共性关键技术进步提供持续的支撑和引领，成为河南行业科技创新的重要阵地。面向国计民生和社会发展的重大公益问题，充分发挥高校人口健康、生态环境、公共安全等与社会发展和民生科技密切相关的学科和人才优势，推动与科研院所、行业产业以及国内外高等学校、研究机构等开展协同研究，提升技术的实用性和产业化水平，发挥科技进步在改善民生和促进社会发展中的支撑和引领作用。面向学科前沿和战略研究的重大需求，充分发挥河南高等学校学科优势和特色，组织高等学校与国内外高水平大学、科研机构开展实质性合作，吸引和聚集国内外的优秀创新团队与优质资源，营造良好的学术环境和氛围，持续产出重大原始创新成果，加快拔尖创新人才培养，研究分析河南"三化"协调发展中的重大理论问题，显著提升河南基础科学研究在全国的地位，为中原经济区建设提供理论与方法创新，为各级政府科学民主决策提供战略咨询服务。面向华夏文明传承创新区建设的迫切需求，充分发挥高校人文社会科学方面的学科和人才优势，推动与行业产业以及国内外高等学校、研究机构等开展协同研究，依托各地独特的中原历史文化优势，构建具有中原特色、中原风格、中原风貌的多学科交叉研究平台，探索建立文化传承创新的新模式，加强中原文化对外表达和传播能力建设，发挥智囊团和思想库作用，为提升中原文化软实力、增强中原文化国际影响、传承创新华夏历史文明作出积极贡献。要通过四个面向，发挥优势，构建河南省协同创新平台。

2012 年 8 月 6 日，河南省教育厅、省财政厅联合发布《关于进一步加强高等学校重点和特色学科专业建设的意见》，要求河南高等教育以改革创新为动力，以提升人才培养质量为核心，以重大项目实施为带动，不断调整优化学科专业结构，加强学科专业内涵建设，全面提升高等学校学科专业建设水平和服务经济社会发展的能力。

2012 年 9 月 13 日，河南省人民政府《关于印发河南省高等学校设置"十二五"规划的通知》提出的高等学校设置工作的基本原则就是：要坚持以科学发展观为指导，认真贯彻落实国家和河南中长期教育改革和发展规划纲要精神，紧紧围绕加快建设中原经济区和教育事业发展的需要，以提高教育质量为核心，以改革创新为动力，以优化高等教育结构和调整布局为重点，深化高等教育办学体制改革，推动高等教育持续健康发展，将提高质量放在了重要地位。

（2）2012 年，省教育厅积极推进中西部高校基础能力建设工程。河南大学、河南农业大学、河南师范大学、河南理工大学、河南工业大学、华北水利水电大学、河南中医学院 7 所"工程"高校，按照"中西部高校基础能力建设工程实施方案"要求，把握关键，突出重点，统筹安排硬件建设和软件建设。7 所学校共获得中央专项经费 34300 万元，省配套经费11857 万元，学校自筹经费到位 73844 万元。河南农业大学公共教学组团已有 2 栋投入使用，提供 100 余个教室 1 万余个座位。河南中医学院图书信息中心年底投入使用，其他学校的各项建设任务有序推进。做好中西部高校提升综合实力工作，郑州大学"一省一校"建设总资金规划 12 亿元，其中，中央财政资金 4.5 亿元，省财政配套资金 1.8 亿元，学校自筹资金 5.7 亿元。已到位资金 3.37 亿元，其中，中央财政资金 1.7 亿元，省财政配套资金 0.8 亿元，学校自筹资金 0.87 亿元，完成支出 2.73 亿元。按照整体规划、全面启动、分步实施、建设急需的原则，学校先后启动学科建设、师资队伍建设、人才培养和教学改革、科研创新、社会服务、大学文化建设 6 大类 26 个建设项目。6 月，对全省"中西部高等教育振兴计划"工作进展进行总结，完成《河南省"中西部高等教育振兴计划"工作进展报告》。

（3）到 2014 年，河南的中等职业教育学校数已经达到 885 所，当年招生 49.40 万人，在校生达到 173.58 万人。招生数和在校生数占高中阶段的比例分别为 43.37% 和 42.06%。在经历了规模扩张的高潮以后，中等职业教育已经进入了平稳发展时期。高等职业教育异军突起，全省高职高专院校发展到 77 所，在校生达到 50.77 万人。职业教育已经成为为地方经济和社会发展培养中初级技术人才的重要力量。但是由于体制的原因，我国职业教育的层次还停留在高等专科教育阶段，职业教育的体系尚未形成。随着科技的发展和产业的升级，行业企业对应用型人才的需求规格也在上移，原有的职业教育体系已经无法完全适应社会发展的需求。要想实现科学发展，必须加快发展现代职业教育，优化高等教育结构，实现人才培养结构战略性调整，重要的是建立职业教育的本科层次。为了引导普通本科学校向应用技术类型高校转型发展，河南省 2013 年 1 月启动了本科学校转型发展试点工作，确定了黄淮学院、洛阳理工学院、许昌学院、黄河科技学院和安阳工学院 5 所本科学校作为第一批试点学校，并于 2014 年 9 月对试点学校进行了中期评估。之后，2014 年 9 月，在学校自愿申报、专家评审的基础上，确定了 10 所学校作为第二批试点学校，其中整体转型试点学校是河南工程学院、南阳理工学院、南阳师范学院、周口师范学院、商丘师范学院、平顶山学院和河南牧业经济学院，专业（集群）转型试点是安阳师范学院、郑州轻工业学院和信阳师范学院。

试点学校的主要任务是：完善学校治理结构，加强特色专业（集群）建设，创新人才培养模式，加强实习实训基地建设，加强"双师型"教师队伍建设，提升社会服务能力。

二　人才培养

（一）教师队伍

（1）从 2012 年起，河南省实施新的高等学校特聘教授岗位制度。每年聘任特聘教授 20 名左右，聘期五年；讲座教授 10 名，聘期三年。特聘教授、讲座教授在聘期内享受岗位津贴。特聘教授岗位津贴为每人每年 22 万元，讲座教授岗位津贴为每人每年 6 万元，同时享受学校按照国家有关规定提供的工资、保险、福利等待遇。高等学校可试行对特聘教授、讲座教授实行年薪制，岗位津贴可作为年薪的一部分。

培养引进高层次人才，无疑能带动全省高等教育向更高层次发展。但要真正全面推进质量工程建设，还是要大面积提高多数教师的理论水平和工作能力。2012 年 3 月 23 日，省教育厅、省财政厅联合印发《河南省高等职业院校教师素质提高计划（2011～2015）》，计划 2011～2015 年组织 28935 名高等职业院校专业骨干教师参加培训，提高教师的教育教学水平特别是实践教学和课程设计开发能力。支持高等职业院校设立兼职教师岗位，优化教师队伍人员结构。支持国家师资培训基地和国家示范性高等职业院校，重点建设 100 个职教师资专业点，开发 100 种职教师资专业的培养标准、培养方案、核心课程和特色教材。加强培训基地的实训条件和内涵建设，完善教师专业化要求的国家、省、校三级高等职业教育教师培养培训体系。

计划分为国家、地方、校本三级培训。5 年间全省高等职业院校组织 3185 名专业骨干教师参加国家级培训。其中，国外培训 160 名，国内培训 1425 名，企业顶岗培训 1600 名。国内培训中 143 人到省外参加培训。培训对象为全国非示范（骨干）高等职业院校具有中级以上职称的专业教师。国内培训任务原则上由国家职教师资培训基地、国家示范性高等职业院校及其他有条件的高校、单位和大中型企业承担；组织 10750 名专业骨干教师参加省级培训。其中邀请国外 50 名专家授课，企业顶岗培训 5750 名。培训对象为全国非示范（骨干）高等职业院校未参加国家培训、具有中级以上职称的专业教师；组织 15000 名左右专业骨干教师参加校级培训。其中校内培训 6000 名，企业顶岗培训 9000 名。培训对象为全省高等职业院校具有中级以上职称，未参加国家级、省级培训的专业教师。通过五年培训，基本实现全省高等职业院校专业骨干教师轮训一遍的目标。省内培训任务的承担单位、培训内容和形式参照国家培训的要求进行。省财政将对成绩突出的院校给予适当奖励，奖励资金继续用于师资培训工作。

同时，根据河南产业结构调整及优化升级的需要，支持高等职业院校选择有条件的专业，设立一批兼职教师岗位，建立科学合理的工作量考评和薪酬补助机制，逐步优化教师队伍结构，提高高等职业院校教育教学水平。在中央财政支持的基础上，省财政将综合评价各高等职业院校兼职教师聘用工作进展情况，给予适当奖补。

2014 年 11 月 7 日，河南省教育厅印发《河南省高等学校高层次人才专项支持计划实施办法》，决定实施三个类别的人才引进、培养与支持体系。

第一类别：高水平人才支持计划。该计划重在吸引、遴选和培养一批具有国际领先水平的学科带头人，形成一批优秀创新团队。对引进和自主培养两院院士获得国家自然科学基金委员会创新研究群体的团队给予 200 万元经费支持，对引进和自主培养长江学者、国家杰出青年基金获得者等高层次人才或获得教育部科技创新团队发展计划（自然科学类）的团队给予100 万元经费支持，对获得教育部科技创新团队发展计划（人文社科类）给予 20 万元经费支持。

第二类别：重大项目支持计划。该计划重在鼓励高层次人才积极承担国家级重大科研项目，产出一批支撑经济社会发展的高水平成果。对省内高校主持承担国家"973 计划"、"863 计划"、国家自然科学基金等国家级重大项目和国家重大科技合作项目的科研团队，每个项目支持经费 200 万元；对高校主持承担国家自然科学基金重点项目的科研团队，每个项目支持经费 100 万元；对高校主持承担国家社科基金重大项目的科研团队，每个项目支持经费 40 万元。

第三类别：重大贡献支持计划。该计划重在支持一批具有突出创新能力、获得国家级科技奖励并作出重大贡献的优秀科学家。对获得国家科技进步奖、国家技术发明奖、国家自然科学奖的第一完成高校成果主持人及其科研团队，一等奖支持经费 200 万元，二等奖支持经费 100 万元；对获得教育部高等学校科学研究优秀成果奖（人文社会科学）的第一完成高校成果主持人及其科研团队，一等奖支持经费 40 万元，二等奖支持经费 20 万元。

（2）学校行动。2012 年，河南大学加强高层次人才队伍建设，引进中科院院士 1 名，获批河南省"百人计划"特聘专家 1 名，受聘上岗省特聘教授 6 名、黄河学者 8 名、校特聘教授 5 名，获批省教育厅学术技术带头人 8 名、省高校青年骨干教师资助对象 17 名，1 名学者获批为"长江学者奖励计划"特聘教授。新接收重点高等学校、科研院所毕业以及海外留学归国博士 109 名，定向（委托）培养回校博士 52 名，博士在专任教师中的比例稳步提高。聘任高级专业技术人员 205 人，推荐具备高级专业技术职务任职资格的 195 人；聘请长期外籍教师 21 名、短期外籍教师 33 名。商丘工学院启动培养青年教师的"1358"工程。"1358"工程的目标是指青年教师 1 年入门、3 年合格、5 年成为教学能手、8 年成为本专业骨干教师，实现建设一支职业道德高尚、理论知识扎实、操作技能过硬、教育教学技术全面、科研能力突出、富有活力、勇于创新、适应学校发展需要的青年教师队伍的发展目标。

（二）质量工程

2012 年，全省高校立项建设 245 个省级质量工程项目，其中，批准郑州大学的过程装备与控制工程等 81 个特色专业，郑州大学化工原理等 75 门精品资源共享课程，河南大学中国古代文学教学团队等 36 个教学团队，河南大学旅游学概论等 20 门双语教学示范课，河南农业大学化学实验教学中心等 33 个实验教学示范中心，国家、省、校三级教学质量工程建设体系进一步完善。评选表彰郑州大学王金凤等 22 名"河南省高等学校教学名师奖"获奖教师，立项建设郑州大学"基础物理教育的内容与教材的现代化建设"等 402 项省级教学改革研究项目。

2014 年，全省高校立项建设一批省级教学质量工程项目，其中有河南财经政法大学的市场营销学等 71 门精品资源共享课程，河南工业大学的战略管理等 20 门双语教学示范课程，河南师范大学的汉语哲思与表达艺术等 15 门省级精品视频公开课；郑州大学的基因与健康等 6 门课程入选国家第

五、第六批精品视频公开课。推荐郑州大学物理实验教学示范中心、河南
农业大学生物学实验教学中心、河南师范大学教师教育实验教学中心、河
南理工大学煤田地质与勘探实验中心、河南大学艺术实验教学中心5个实验
教学中心，郑州大学化学虚拟仿真实验教学中心、华北水利水电大学水工
程水文化虚拟仿真实验教学中心、河南理工大学煤矿安全开采虚拟仿真实
验教学中心、河南科技大学工程材料成型与加工虚拟仿真实验教学中心、
河南大学土木建筑虚拟仿真实验教学中心、河南农业大学农业工程虚拟仿
真实验教学中心、河南工业大学粮油工程虚拟仿真实验中心7个虚拟仿真实
验教学中心参加国家项目遴选。经教育部核准，河南大学等18所高校的
1042项项目入选国家级大学生创新创业训练计划建设项目。7月，组织教学
改革立项和国家教学成果奖励推荐工作，确定郑州大学教授刘炯天主持的
"构建本科教学质量标准和质量保障体系的实践与探索"等500项为2014
年度河南省教改立项项目。郑州大学宋毛平主持的"建设有中原文化特色
的国家级大学生文化素质教育基地创新实验区的研究与实践"等10项教学
成果获高等教育国家级教学成果二等奖，河南工业职业技术学院李生平主
持的"融入职业生涯规划理论的高校人才培养模式研究与实践"等6项教
学成果获职业教育国家级教学成果二等奖。3月21日，制定河南省"十二
五"普通高等教育规划教材项目管理办法，5月15日，推荐104种教材参
加"十二五"普通高等教育本科国家级规划教材评审，25种入选国家规划
教材。5月和10月，分批组织河南省规划教材审定工作。

2012年，河南工业大学继续实施"质量工程"推进教育教学改革，规
范教学管理，健全完善教学质量监控和保障体系建设。经河南省评审通过，
向教育部推荐综合改革试点专业3个、精品资源共享课1门、国家级大学生
校外实践教学基地1个，评出5个校级"优培工程"专业、7门校级"优培
工程"课程。合理设置教学实验平台和科研实验平台，分析测试中心申报
成第五批"国家粮食质量监测机构"，土木建筑实验教学中心获批省级实验
教学示范中心。

2014年，郑州大学2门课程入选国家级精品资源共享课，1门课程被评
为国家级精品视频公开课，获批1个国家级化学虚拟仿真实验教学中心、1
个国家级实验教学示范中心，获国家教学成果二等奖1项；研究生教育方

面，获国家优博提名奖 1 项；"国家建设高水平大学公派研究生项目"录取 62 人，居地方"211 工程"高校第一名；获第五届全国高等医学院校大学生临床技能竞赛一等奖，实现河南省新突破；10 个大学生创新创业团队入驻国家大学科技园，学生获"创青春"全国大学生创业大赛金奖；获"2012~2014 年度国家级大学生创新创业训练计划实施工作先进单位"；全年招收博士、硕士研究生 4432 人、本科生 13630 人，全部停招专科，生源质量显著提高；全年毕业本科生 11045 人、研究生 4303 人，年底就业率达 93%。河南大学新增本科教学工程国家级项目 17 项、省级项目 88 项。首期资助 12 门慕课课程立项，评审全英课程 5 门。开展"教学质量"专项调研活动，加强教学质量监控。大幅度提高教学质量奖标准，推动教学质量高位均衡发展。遴选 4 批共 707 项研究生教育综合改革项目，投入经费 557.7 万元。选送 40 余名研究生到中国科学院、中国社会科学院和我国台湾地区静宜大学合作培养与学习。遴选 4 名研究生作为与美国迈阿密大学联合培养项目候选人。2 名研究生获得国家留学基金委项目全额资助。加强研究生课程体系建设，获批教育部研究生课程建设试点单位。在中国科学院、中国社会科学院设立"河南大学艺术硕士研究生实习实践基地"。获批国家级大学生创新创业训练计划项目 80 项，创业大赛、数学建模、英语演讲比赛等各类学科专业及实践项目竞赛获得省部级以上奖励 300 余项，组织参加团中央"井冈情·中国梦"暑期实践专项活动，获评优秀实践团队，被评为全国大学生志愿者暑期"三下乡"社会实践活动先进单位。加大招生宣传力度，生源质量稳步提升。加大就业指导、服务力度，5 个大学生创业项目获省创业引导基金扶持。2014 年本专科毕业生共计 8755 人，年底就业率为 91.62%。河南农业大学全力构建拔尖创新人才、复合应用人才、技能实用人才"三位一体"的卓越农林人才培养体系。绍骙实验班新增园林、能源工程 2 个专业和生物工程专业生物制剂方向。2 项基于卓越农林人才培养的教学成果获得国家级教学成果二等奖。8 个专业入选首批国家卓越农林人才教育培养计划改革试点项目，试点专业数量居全省第一位，其中"拔尖创新型"试点专业属于河南高校的唯一。河南城建学院与平煤集团化工研究院联合申报的"国家能源炼焦清洁高效利用重点实验室"通过国家发改委能源局的评审。城镇先进环保技术河南省工程实验室建设项目获批列入河南省产业集聚区产学研共建工程研发创新平台项目计划，并被命名为城镇先进环保技术河南省工程实验室。获批中央财政支持地方高校建设专项资金 800 万元。与郑州大学在四个学科方向联合培养硕士研究生，并完成录取工作。与俄罗斯圣彼得堡国立建筑工程大学合作的本科教育项目通过了教育部的审批。新增金融数学、翻译、新能源科学与工程 3 个本科专业。

三 科学研究

1. 打造学术精品，培育高水平社科成果

2012 年省教育厅设立了哲学社会科学重大课题攻关项目，并于 11 月下发《关于 2012 年度哲学社会科学研究重大课题攻关项目招标工作的通知》，经过评审确定了 16 项重大课题攻关项目。5 月，下发了《关于申报高等学校人文社会科学研究后期资助项目的通知》，经过专家评审，确定 17 项后期资助项目，并给予资助出版。

2012 年还相继推出了高校科技创新人才支持计划，启动实施了人文社会科学创新团队支持计划和高校人文社科名师名家培育工程。经过遴选共有 22 名优秀中青年学者列入社科类创新人才支持计划，经费资助 110 万元。该计划主要目的在于重点支持高校教授、博士、留学归国人员和其他学术带头人等高层次人才（重点是青年学术带头人）的学术研究，加强高校中青年学术带头人队伍建设，提升高校学术水平。遴选了 13 个高校社科创新团队。充分发挥团队协作效应和领军人物带动效应，形成一批创新能力强、具有重大攻关能力的高校人文社科创新团队。设立人文社科优秀学者奖，表彰奖励了 30 名在高校社科界起引领、示范作用的专家学者，既肯定他们的业绩，也对广大哲学社会科学工作者起到激励作用。进一步宣传推介河南省高校社科名师名家学术风范，组织名师名家开展"理论大讲堂"活动，宣传普及社科理论成果，提高公众特别是学生的人文素养。

2. 高校哲学社会科学研究基本情况

人才队伍。2014 年全省高校人文社会科学活动人员 25539 人，其中教授 1880 人、副教授 6096 人、讲师 12023 人、助教 4662 人。具有博士学位的 2826 人、硕士学位的 12997 人。45～49 岁的 3292 人，占 12.9%；40～44 岁的 3983 人，占 15.6%；35～39 岁的 5819 人，占 22.8%；30～34 岁的

6500 人, 占 25.5%; 29 岁及以下的 1874 人, 占 7.3%。2016 年, 全省高校人文社会科学活动人员 38214 人, 其中, 教授 2381 人、副教授 8548 人、讲师 18495 人、助教 7667 人。具有博士学位的 3712 人, 硕士学位的 19886 人。45~49 岁的 4599 人, 占 12.0%; 40~44 岁的 5638 人, 占 14.8%; 35~39 岁的 10014 人, 占 26.2%; 30~34 岁的 8294 人, 占 21.7%; 29 岁及以下的 3255 人, 占 8.5%。2017 年, 全省高校人文社会科学活动人员 43422 人, 其中, 教授 2660 人、副教授 9554 人、讲师 21107 人、助教 8630 人。具有博士学位的 4310 人, 硕士学位的 23125 人。45~49 岁的 5396 人, 占 12.4%; 40~44 岁的 6349 人, 占 14.6%; 35~39 岁的 12287 人, 占 28.3%; 30~34 岁的 8252 人, 占 19.0%; 29 岁及以下的 3978 人, 占 9.2%。

科研经费。全省高校社科经费 26161.7 万元。其中上年结转 4172 万元, 当年经费收入 21989.7 万元。政府资金投入 13904.64 万元, 科研活动经费 9344.85 万元, 科研人员工资 4559.79 万元, 企、事业单位委托项目经费 1653.41 万元, 自筹经费 6376.32 万元, 其他经费来源 48.7 万元。2016 年, 全省高校社科经费 38874.84 万元, 其中, 上年结转 8592.28 万元, 当年经费收入 30282.56 万元。政府资金投入 16236.79 万元, 科研活动经费 10093.85 万元, 科研人员工资 6142.94 万元, 企、事业单位委托项目经费 4183.57 万元, 自筹经费 9126.83 万元, 其他经费来源 136.6 万元。2017 年, 全省高校社科经费 58306.2 万元, 其中, 上年结转 9884.28 万元, 当年经费收入 48421.92 万元。政府资金投入 23255.53 万元, 科研活动经费 15038.24 万元, 科研人员工资 8167.29 万元, 企、事业单位委托项目经费 10834.39 万元, 自筹经费 13215.86 万元, 其他经费来源 193.7 万元。

科研项目。全省高校共承担社科项目 13160 项, 当年投入人数 2624 人年, 投入经费 11258.12 万元。其中, 基础研究项目 7790 项, 拨入经费 6051.63 万元; 应用研究项目 5355 项, 拨入经费 5206.19 万元; 实验与发展项目 15 项, 按人经费 0.3 万元。按项目来源分, 国家社科基金项目 541 项, 教育部人文社科研究项目 456 项, 中央其他部门社科专门项目 147 项, 高校古籍整理研究项目 40 项, 企、事业单位委托项目 470 项, 本省社科项目 5656 项。2016 年, 共承担社科项目 16810 项, 投入经费 12903.07 万元。其中, 基础研究项目 10083 项, 拨入经费 6911.49 万元; 应用研究项目 6679

项，拨入经费 5884.18 万元；实验与发展项目 48 项，拨入经费 107.4 万元。按项目来源分，国家社科基金项目 762 项，教育部人文社科研究项目 415 项，中央其他部门社科专门项目 209 项，高校古籍整理研究项目 40 项，企、事业单位委托项目 728 项，本省社科项目 12646 项。2017 年，共承担社科项目 18134 项，投入经费 22884.77 万元。其中，基础研究项目 9874 项，拨入经费 8593.73 万元；应用研究项目 8207 项，拨入经费 14240.85 万元；实验与发展项目 53 项，拨入经费 50.2 万元。

论文著作。全省高校共出版著作 1253 部。其中，专著 554 部，教材 665 部，工具书、参考书 34 部。另有古籍整理 6 部、译著 69 部。发表学术论文 16465 篇。其中，国内学术刊物 16279 篇，国外学术刊物 186 篇。共有 184 项成果获得省部级以上奖励。2016 年，全省高校共出版著作 1694 部。其中，专著 651 部，教材 961 部，工具书、参考书 65 部。另有古籍整理 7 部、译著 97 部。发表学术论文 18262 篇。其中，国内学术刊物 17999 篇，国外学术刊物 257 篇。共有 241 项成果获得省部级以上奖励。2017 年，全省高校共出版著作 1864 部。其中，专著 921 部，教材 911 部，工具书、参考书 11 部。另有古籍整理 8 部、译著 73 部。发表学术论文 17901 篇。其中，国内学术刊物 17622 篇，国外学术刊物 267 篇。共有 240 项成果获得省部级以上奖励。

学术交流。全省高校共承办各种学术会议 100 余次。其中，国际学术会议 17 次，国内学术会议 119 次。参加人员 2961 人次。提交论文 2890 篇。受聘外出讲学 855 人次，聘请省外专家讲学 1629 人次。派出进修学习、考察 1478 人次，接受进修学习、考察 590 人次。合作研究 867 人次。2016 年，全省高校共承办各种学术会议 237 次。其中，国际学术会议 14 次，国内学术会议 222 次，与港、澳、台地区学术交流 1 次，参加人员 3275 人次，提交论文 3113 篇。受聘外出讲学 818 人次，聘请省外专家讲学 1807 人次。派出进修学习、考察 1787 人次，接受进修学习、考察 789 人次。合作研究 935 人次。2017 年，全省高校共承办各种学术会议 207 次。其中，国际学术会议 9 次，国内学术会议 197 次，与港、澳、台地区学术交流 1 次，参加人员 5499 人次。提交论文 3210 篇。受聘外出讲学 776 人次，聘请省外专家讲学 1698 人次。派出进修学习、考察 1874 人次，接受进修学习、考察 847 人次。合作研究 855 人次。

研究成果奖评选和人文社会科学一般项目立项。9 月，省教育厅下发《关于 2015 年度人文社会科学研究一般项目申报工作的通知》（教社科〔2014〕733 号），经高校申报和评审，共立项课题 1396 项，其中重点项目 233 项、规划项目 579 项、青年项目 547 项、自筹经费项目 37 项。同时下发《河南省教育厅关于开展评选 2014 年度人文社会科学研究成果奖的通知》（教社科〔2014〕739 号）。全省共申报成果 1023 项，572 项成果获奖。其中，特等奖 57 项（奖金 5000 元）、一等奖 146 项（奖金 2000 元）、二等奖 198 项（奖金 1000 元）、三等奖 171 项。

3. 学校科研

2014 年，河南科技学院"矮抗 58"获得国家科技进步一等奖。1 月 10 日，国家科学技术奖励大会在北京人民大会堂隆重举行，由河南科技学院主持完成的"矮秆高产多抗广适小麦新品种矮抗 58 选育及应用"项目获得 2013 年度国家科技进步一等奖，实现了河南高校在该奖项上零的突破。"矮抗 58"由茹振钢小麦科研团队历经 8 年精心选育而成，是集矮秆高产、多抗广适、优质中筋于一身的突破性品种，成功解决了小麦高产大群体易倒伏、矮科品种易早衰、高产品种品质不优和稳定性差、稳产性与广适性难结合等品种培育的四大技术难题，2010 年曾获河南省科技进步一等奖。该品种 2009~2014 年连续 6 年成为河南及黄准南部麦区第一大小麦品种，累计收获面积达 2.3 亿亩，增产小麦 101.4 亿公斤，实现增产效益 170 余亿元，为国家粮食核心区和中原经济区建设作出重要贡献。5 月 9 日至 10 日，习近平总书记在河南考察期间，视察了开封市尉氏县张市镇高标准粮田综合开发示范区。该示范区内种植的即是由河南科技学院培育的、获得 2014 年度国家科技进步一等奖的小麦主栽品种"矮抗 58"。

由郑州大学校长主持完成的"多流态梯级强化浮选技术开发及应用"项目获 2014 年度国家科学技术进步二等奖，刘炯天还获得 2014 年度"何梁何利基金科学与技术进步奖"。

2014 年，河南大学获批国家社科重大招标项目、国家社科重点项目等重大项目 7 项，获批国家自然科学基金项目 98 项，国家社科基金项目 41 项，立项数和经费总额均创历史新高。获批教育部人文社科、省社科规划等省部级项目 200 余项。获各级各类科研成果奖 236 项，其中获省部级以上成果奖 40 项。在 CSSCI 源期刊上发表论文 450 篇，SCI 收录论文 497 篇，EI 收录论文 150 篇；出版专著、教材 230 余部；参演参展艺术作品 71 项，获省部级以上艺术作品奖励 28 项。获批 8 个省级重点科研平台。启动"优秀青年拔尖创新人才培养计划"。1 人获省 2014 年科技杰出贡献奖，8 人入选河南省高校科技创新人才支持计划，5 人获批河南省高校哲学社会科学优秀学者，17 人入选省"百优人才工程"，2 人入选省委决策信息专家组。新增省级协同创新中心 1 个、省科技创新团队 1 个、省哲学社会科学创新团队 2 个。2 个实验室被认定为省国际联合实验室，4 个实验室被认定为省国际科技合作基地。顺利通过二级军工保密资格审查认证。《河南大学学报》（社会科学版）被评为"全国高校精品社科期刊"。河南农业大学新增 4 个省部级科研平台。获批国家、省部级等纵向科研项目 301 项，横向科研项目 162 项，到账经费总额 1.67 亿元。其中，国家自然科学基金和国家社会科学基金 48 项，"猪繁殖与呼吸综合征病毒入侵和持续感染的分子机制"成为学校首次、河南省 10 多年来唯一获批的国家自然科学基金重大项目；"粮食生产主环节信息服务关键技术集成与应用"获批"十二五"国家科技支撑计划。"豫综 5 号和黄金群玉米种质创制与应用"项目获得国家科技进步二等奖，成为 6 年来学校主持获得的第六项国家科技大奖。6 篇论文 SCI 影响因子超过 5.0，比上年增长 50%，并首次实现 10.0 的突破。小麦新品种"豫农 211"和玉米新品种"豫单 606"、"豫单 112"通过省审并获得转让经费 600 余万元，高效浓缩多联疫苗获得成果转化经费 1950 万元。河南科技大学获得各级各类科研项目立项 302 项，其中国家级项目 78 项，省部级项目 81 项。除纵向项目外，签订横向委托合同 114 项。学校获得各级各类科研奖励 31 项，其中获省部级以上科技进步和科研成果奖 15 项；通过省级科研成果鉴定 185 项，出版学术专著 26 部，发表核心以上学术论文 2044 篇，被"三大检索系统"收录 872 篇。申报专利 802 项，获授权专利 529 项，其中发明专利 299 项。人文社会科学领域、申报成功各级各类科研项目 233 项，其中国家社会科学基金项目 5 项，省部级项目 49 项。学校获得各级各类科研奖励 79 项，其中获省部级以上科研成果奖 8 项；通过各级科研成果鉴定和结项 225 项（省部级 22 项、地厅级 203 项），出版学术著作 23

部，发表学术论文被 CSSCI 收录 50 篇，另被 SSCI 收录 1 篇，《中国人民大学复印报刊资料》收录 5 篇，《中国教育报》（理论版）收录 1 篇，理工科重要期刊收录 3 篇。全年共出版教材 45 部。获批国家自然科学基金项目 76 项，资助经费 3064 万元。其中，面上项目 20 项，青年科学基金项目 31 项，NSFC-河南人才培养联合基金项目 25 项。资助项目分布于国家自然科学基金委员会 7 个科学部：数理科学部 11 项，化学科学部 3 项，生命科学部 26 项，地球科学部 5 项，工程与材料科学部 18 项，信息科学部 5 项，医学科学部 8 项。其中，地球科学部和医学科学部立项数较往年有明显增长。学校获得资助项目总数居河南省高校第 3 位，获得 NSFC-河南人才培养联合基金项目数居河南省高校第 1 位。青年基金和人才培养联合基金数量占总资助数的 74%。河南城建学院获批国家自然科学基金青年科学基金项目立项资助 2 项，其他各类项目、课题立项 137 项，鉴定成果 111 项，成果获奖 79 项，授权专利 40 项。科研立项经费 1441.4 万元，较上年增长 22%。科研经费到账总额 854.4 万元，增长 2.6%，其中纵向项目到账经费 200.6 万元，增长 0.5%；横向项目到账经费 271.2 万元，增长 56.9%；科技服务到账经费 382.6 万元，减少 16.8%。发表学术论文 458 篇，其中一级期刊 17 篇，核心期刊 155 篇，各级各类收录 62 篇；出版著作 16 部。

四　社会服务

河南的高等学校始终不忘自己的社会责任，在发展自身的同时，运用自己的人才优势和专业优势，不断延伸服务社会的领域。

（一）驻村帮扶

2001 年 3 月，河南农业大学抽调 7 名干部组成驻村工作队，到南阳市西峡县、社旗县等地开展驻村工作。帮助当地发展党员 6 名，确定后备干部 11 名。引进扶贫资金和项目资金 200 多万元，学校直接投入帮扶资金和物资近 9 万元。举办科技、法律知识培训班 30 期，培训人员 6000 人次。帮助发展日光温室、塑料大棚 23 栋（个），建立核桃示范园 1300 余亩、甜柿基地 500 亩、猕猴桃基地 200 亩。另外，还帮助整修了村间道路，铺设了自来水管道，安装了闭路电视，改造了学校危房，修建了人畜饮水工程，捐助了失学儿童，解决了群众反映的其他问题。李世国、牛青杨所驻的桑坪村工作队被评为"河南省先进驻村工作队"。《人民日报》、《河南日报》、河南电视台等新闻媒体对学校驻村工作进行了报道。

2002年，华北水利水电学院由12人组成的第二批驻村工作队组建后，在副院长冯跃志、副书记孔留安的带领下，于4月12日奔赴台前县农村，开始了为期一年的"三个代表"送下乡的工作。郑州轻工业学院副院长龚毅等15人组成的驻村工作队，分赴南阳市内乡县师岗乡、瓦亭乡等山区驻村帮扶，他们克服生活条件方面的种种困难，充分发挥学院的科技优势，认真投入，大胆创新，为当地基层政权建设、经济发展和村民生活条件的改善作出了贡献。郑州工程学院驻村工作真正体现了"队员当代表，单位做后盾"的要求，工作开展卓有成效。队员克服困难，辛勤工作，带着满腔热情积极为当地农民办实事、办好事。全院干部师生为当地村民捐款捐物，搞文化下乡，开展科技服务，争取建设项目，帮助农民寻找致富门路。工作队为当地农民争取到了修路、建校等3大工程项目和100多万元资金，驻村工作得到上级和村民的广泛赞誉。河南中医学院选派25人到遂平县驻村，开展"三个代表"思想教育帮困扶贫工作。学院领导多次深入驻村点，现场调研，看望队员。驻村干部为当地村民解决了实际问题，带去了发展思路，促进了经济发展，受到了当地政府和群众的一致好评。

2004年，黄河水利职业技术学院党委选派由刘卫锋等3人组成的驻村工作队于8月21日进驻尉氏。10月27日，学院党委书记俞海洛看望和慰问"联乡驻村帮扶"工作队员，对他们的工作给予充分肯定，并要求从工作等多方面关心工作队员，尽可能提供便利的条件。党委宣传部等部门也先后慰问"联乡驻村帮扶"工作队员，送去党的十六届四中全会的有关学习资料和生活用品。2006年7月24日，由党委副书记张惠贞等3人组成的帮扶工作队进驻通许县厉庄乡新岗村，开展为期一年的帮扶工作。其主要任务是完成"三清四改"（即清垃圾、清污泥、清路障，改水、改厕、改圈、改路），实现"六通一气"（即通水、通路、通电、通广播电视、通电话、通宽带，沼气入户率达到80%）等。截至2006年底，学院先后派遣6批工作队驻村开展帮扶工作。本年暑假期间，土木工程系青年志愿服务团奔赴延安开展"三下乡"社会实践活动。11月，中共河南省委宣传部、河南省文明办、河南省教育厅、共青团河南省委、河南省学生联合会联合授予该系青年志愿服务团为 2006 年河南省大中专生志愿者暑期三下乡"社会实践活动优秀服务团队"称号。

2013 年，郑州职业技术学院党委副书记、副院长王建庄带队到巩义市米河镇小里河村驻村工作。这个村在改革开放之初就积极开展经济建设，发展乡村经济，是远近闻名的富裕村。工作队驻村后，参加党组织活动，入户调查，扩大村图书馆并帮助按标准对图书进行分类。在高考之前访问考生家庭，进行心理疏导，指导填报志愿，这些有针对性的工作获得了人们的好评。

（二）学术活动

2002 年 4 月 12~21 日，河南财经学院邀请戴圆晨、卫兴华、李京文、李成勋等 20 余位国内知名经济学家，就当前经济热点问题分别以专场报告、观点精释、座谈对话等方式，发表自己的见解。省会学界 5000 余人参加了此次活动。此次活动规模大、层次高、时间长，受到省委省政府的高度评价。

2004 年 11 月 17 日，安阳市机械制造业产学研座谈会在安阳工学院举行。安阳市科技局、学院有关领导和相关部门负责人、全市机械制造业厂长经理等 30 余人参加会议。会议旨在以安阳工学院人才、科研优势为依托，以企业为载体，通过政府牵线，实现科技局、企业和安阳工学院的有效链接，整体提升安阳市产学研水平。

2009 年 11 月 7~8 日，由中国职教学会轨道交通专业委员会主办的现代高速铁路新设备新技术培训班在郑州铁路职业技术学院举行。来自全国的 38 个铁路院校、上海铁路局等企业的领导和教师共 160 余名代表参加了培训。培训班特邀中国长江学者、博士生导师李芾教授作中国高速铁路与装备技术现状及发展报告，邀请西南交通大学电气工程学院副院长、四川省电力电子学会理事长郭世明教授讲授大功率交流传动机车关键技术，邀请郑州铁路局郑州客车车辆段副段长、动车运用所所长许艳峰高级工程师介绍高速动车组运用管理中的实践与思考。

2012 年 1 月 24~25 日，由许昌学院中原农村发展研究中心与南方报业传媒集团、华中师范大学中国农村研究院、中国社会科学院农村发展研究所联合主办的第八届中国农村发展论坛在许昌学院举行。本届论坛的主题是"农村城镇化与农村产权制度变革",与会专家围绕这一主题进行了深入研讨并达成共识。论坛还评选出了第八届"中国三农研究创新奖"和"2012 中国农村发展论坛年度人物"。

（三）社会实践活动与志愿者服务

2004 年，洛阳工业高等专科学校学生李丽华参加志愿服务西部计划。校领导勉励李丽华认真履行协议，不畏艰难困苦，扎实创业奋斗，以开拓进取、顽强拼搏、无私奉献的实际行动，树立大学生的新形象，学校赠予李丽华奖金、文具和文体用具。

2005 年全省各高校以"青春奉献小康社会，服务建设和谐中原"为主题，紧紧围绕和谐社会建设服务革命老区经济社会发展、农村党员干部现代远程教育工程、服务进城务工青年、博士硕士生服务地方经济建设、食品药品安全知识宣传等内容，认真开展河南省大学生志愿者假期文化、科技、卫生"三下乡"社会实践活动。在活动期间，共组织 20 余万名大中专学生、2000 余支服务团（队），奔赴城市社区、乡村山寨，广泛开展形势政策宣讲、科技支农、企业帮扶、社会调查、义务支教、法律援助、文艺演出、医疗服务等志愿服务活动，举办文艺演出 700 余场次，各类讲座和培训班 1 万余场次，发放各种宣传资料 20 余万份，捐赠图书 1 万多册。广大青年学生以满腔的热情积极投身"三个文明"建设的伟大实践，树立和落实科学发展观，把爱国热情和成才发展的强烈愿望转化为奋力实现中原崛起、服务建设和谐中原的实际行动，围绕人民群众生产生活的需求，解决实际问题，提供服务，为推动全省经济和社会发展作出了积极贡献，受到各级党政部门和人民群众的一致好评，社会影响广泛，活动实效显著。

2006 年，河南农业大学组织全省 1608 名专业技术人员和管理人员（其中高级专业技术人员 140 名、中级 84 名、初级 89 名以及承担成果转化与技术推广的基地技术人员 1295 名）进行了小麦玉米一体化丰产高效技术集成研究、示范与推广的重大工程，在河南"高产灌区、中产灌区、旱作区"分别建设成面积达 1 万亩核心试验区、100 万亩技术示范区、1000 万亩辐射区，全面完成了目标任务，其中创新了 5 项小麦、玉米丰产高效关键技术，并在超高产攻关研究方面取得突破，创造了 15 亩连片小麦平均亩产 717.2 公斤，夏玉米平均亩产 1006.85 公斤和一年两熟平均亩产 1628.3 公斤的超高产记录。1 万亩核心试验区小麦平均亩产达到 613.9 公斤，比前三年平均亩增产 157.9 公斤，增幅为 34.6%；100 万亩示范区小麦平均亩产 524.1 公斤，比前三年平均亩增产 114.1 公斤，增幅为 27.8%；1000 万亩辐射区小麦平均亩产 452.3 公斤，比前三年平均亩增产 106.9 公斤，增幅为 31.0%；带动河南省 2006 年全省粮食总产首次突破 1000 亿斤，创造了显著的社会经济效益。以上产量指标通过了全国专家组的验收。本年围绕此项工程研究，发表学术论文 65 篇，其中国家一级学术期刊发表 9 篇；出版粮食丰产科技专著 5 部；鉴定科技成果 4 项，获省部级科技成果 3 项；获国家专利 1 项，申请国家专利 2 项；形成行业技术标准 2 项。本着与地方经济发展相结合的原则，2006 年又派出 27 名优秀师生担任当地的科技副县长、科技副乡（镇）长和乡（镇）长助理；进一步加强试点县的特色项目开发，协助试点县争取到 600 多万元的科研项目；实施"方城科技大院""新野科技文化大院""南召辛夷新技术新品种推广中心"等一批富民项目；《人民日报》《光明日报》《河南日报》等媒体对"科教富民行动"进行了广泛宣传，有关做法和经验也先后在"大学校长论坛""社会主义新农村建设高层论坛"等全国会议上介绍交流，受到了社会各方面的广泛关注和好评。组织"万名师生寒假社会主义新农村建设大型调研活动"，开展河南社会主义新农村建设理论研究，研究初步成果已由《河南日报》（理论版）专版刊发。在继续做好"五个一"服务"三农"的基础上，开展"'三士'下乡做村官，服务建设新农村"活动。

2007 年，河南中医学院大学生暑期社会实践活动按照全员参与、项目化运作的工作思路，在活动内容上，除重点开展了以常见病医疗知识宣传为主要内容的活动外，还同省食品药品监督管理局联合组建了 15 支食品安全宣传调查小分队，同省艾防办联合组建了 9 支河南省农民工艾滋病防治知识调查小分队，在突出医药服务特色的基础上，扩展了学生服务社会的内容和范围。学院的社会实践活动得到了新闻媒体的广泛关注，《中国中医药报》、人民网等新闻媒体多次进行宣传报道。由于成绩突出，被评为国家、省、市级社会实践活动先进单位，有 1 名社会实践先进工作者、24 名先进个人受到省级表彰，12 名社会实践先进工作者、24 名先进个人受到市级表彰。随着王一硕、张欢欢、李国胜等优秀西部志愿者先进事迹在全国全省的影响不断扩大，大学生志愿者活动成为学院的亮丽品牌。2007 年，学院紧紧围绕学生成长成才、就业创业的迫切需要，继续做好大学生志愿服务西部计划、贫困县计划和"三支一扶"计划的宣传动员工作。有 55 名学生报名参加西部计划、贫困县计划和"三支一扶"计划，最终选出 9 名西部志愿者、10 名贫困县志愿者和 2 名"三支一扶"计划志愿者。学校团委被团省委、河南青年志愿者协会评为 2007 年河南青年志愿者行动优秀组织奖。

2008 年全省各高校按照省教育厅等部门《关于组织开展 2008 年全省大中专学生志愿者暑期文化科技卫生"三下乡"社会实践活动的通知》精神，以"推进两大跨越、建设美好中原"为主题，以传播生态文明、推进节能减排、培育优势产业、建设文明新村、服务重点工程项目建设为重点，紧紧围绕改革开放成就宣讲、环保志愿服务、重点工程建设服务、医疗卫生服务、食品药品安全知识宣传、义务支教、科技兴农、大学生骨干挂职服务、灾区援建服务等内容，组织开展了大中专学生志愿者暑期文化科技卫生"三下乡"社会实践活动。全省 30 余万名大中专学生，组成 24 支国家级重点团队、460 支省级重点团队、3000 余支校级实践小分队，深入全国 13 个省（市）、110 余个县（区）和 620 余个乡镇广泛开展政策宣讲、科技支农、环保宣传、企业帮扶、文艺演出、法律援助、医疗服务等活动，在实践中全面贯彻落实科学发展观，为建设社会主义新农村、构建社会主义和谐社会作出了积极贡献，受到各级党政部门和人民群众的一致好评，社会影响广泛，活动成效显者。

2008 年，河南农业大学"粮丰工程"创全国夏玉米最高产量纪录。9 月 26 日，河南省科技厅组织了以农业部玉米专家指导组组长、北京市农林科学院赵久然研究员为组长的验收组，对由学校教授郭天财和河南省农业厅研究员王俊中共同主持的国家粮食丰产科技工程河南课题豫北灌区浚县万亩玉米核心区进行了现场实打验收。万亩玉米核心区平均亩产为 831.4 公斤，该产量水平创全国夏玉米万亩平均单产的最高纪录。中央电视台、河南电视台等新闻媒体对该核心区实打验收现场进行了全程录像和采访。

2008 年汶川地震发生后，河南工业大学迅速行动起来开展紧急募捐活动，全体党员积极缴纳特殊党费，学校先后捐款共计 150 万元转托河南省赈灾管理部门送往灾区。6 月中旬，接到重灾区绵阳市的紧急求援电报，请求学校帮助编制绵阳市粮食系统灾后恢复和重建规划，科学指导全市粮食系统恢复重建工作。校长王录民带领由学校专家组成的先遣队，赶赴灾区，冒着重重危险，现场踏勘，收集技术资料。组织专家夜以继日工作、反复论证，赶在 7 月 1 日前编制了高水平、超前性的《四川省绵阳市粮食系统基础设施"5·12"地震灾后恢复重建规划》草案，为灾区粮食系统恢复重建提供了纲领性规划。8 月，绵阳市政府代表 537 万灾区人民和粮食系统广大干部群众，专门为学校送来锦旗、感谢信和荣誉证书，真诚感谢学校专家"心系灾区助重建，爱洒绵阳寄深情"。

2008 年，河南科技学院积极探索农业科技成果转化新途径。百农矮抗 58 小麦被农业部定为 2008 年全国主导品种，秋播种面积 1800 万亩，河南省科技厅发布消息称该品种已成为河南省及黄淮南部麦区的第一大小麦品种，12 月 5 日，《科技日报》以《黄淮麦区第一大小麦品种发布》为题进行报道；12 月 17 日，《科技日报》在头版以《"百农矮抗 58"跃居黄淮南部麦区种植面积首位》为题专题报道。温敏不育系杂交小麦研究取得主要进展，学校举办了 BNS 杂交小麦联合攻关协作组第三次全国协作会议。举行了"百农矮抗 58"高产示范基地建设技术培训会。"百棉 1 号"获农业部农业转基因生物安全证书，并作为河南省 2008 年棉花良种补贴中标的首选品种，在黄淮流域、新疆棉区播种，并推广到吉尔吉斯斯坦等中亚各国，累计增产效益超过 20 亿元。有 2 个玉米品种、2 个小麦品种、2 个棉花品种分别参加了国家生产试验区试验，增产显著。当年，河南省政府确定 2 个小麦品种为省重大科技专项，其中，该校培育的小麦新品种"百农矮抗 58"入选，获资助 500 万元。该品种的推广应用，显著提高了河南省及黄淮南部麦区的小麦生产水平和品质质量，有力地推动了河南省的小麦产业升级，对实现本省小麦增产目标，保障国家粮食安全发挥了重要的科技支撑作用。

2008 年 1 月中旬至 2 月初，信阳市遭受了 50 年不遇的特大冰雪灾害和持续低温冰冻恶劣天气，农业生产受到巨大损失。针对灾情，信阳农业高等专科学校结合承担的河南省科普传播工程项目，研究制定农业生产恢复补救措施和援助方案，先后派出茶叶、小麦、油菜、水产养殖、畜牧兽医、果蔬、药用植物等农业生产多个领域专业教师，分赴各县区开展灾后恢复生产技术培训和现场指导。学校主持起草的地理标志产品信阳毛尖茶国家标准通过全国原产地与产地标准化组织的专家审查，作为国家标准发布实施。

2008 年，郑州牧业工程高等专科学校充分发挥人才和专业技术优势，组织申报了河南省新农村建设科技服务专家团 42 名专家，参加省科技厅、省教科文卫等组织的大型科普活动 3 次，组织相关专家 32 人次到信阳、商丘等地参加科技三下乡活动，有 260 人次参加了省科技扶贫项目和省科普传播工程项目，开展科技服务新农村建设。在河南省科技厅的指导下，承办了河南省新农村建设第二期养殖技术培训班（养猪及猪病防控技术），来自全省 10 余个地市的 56 名学员参加了技术培训。学校积极组织参加第十届科协年会、中国杨陵农高会等科技成果展示 3 次，与登封市人民政府签订了科技合作框架协议，并与登封市 5 家畜牧养殖企业签署了合作意向书，考察指导了《朝阳沟》剧中栓宝的原型人物吴鲁智研究员创办的养猪合作社，对登封绿源牧业有限公司进行优质肉羊生产和养猪生产指导，受到畜牧养殖企业的热烈欢迎。

2009 年，河南农业大学与河南省农业厅、中地海外建设集团合作建设非洲农业产业园区框架协议。在省委省政府的直接领导和支持下，政、企、校三方合作在非洲建设农业产业园区，符合国家农业"走出去"战略，符合企业开拓海外市场利益，也符合高等院校服务社会的办学理念，与学校开放办学的战略方向一致。

2009 年，河南科技学院探索"订单育种"新模式，通过签订小麦订单育种合同，获科研费 500 万元。"百农矮抗 58"小麦新品种大面积推广，2009 年，在河南省夏收中增产 8 亿公斤，为国家粮食核心区建设作出了巨大贡献；秋播面积超过 3000 万亩，成为黄淮麦区第一大小麦品种。双价转基因抗虫棉花新品种"百棉 1 号"通过国家农作物新品种审定，获国家农业转基因生物安全证书和植物新品种权证书，在全国大面积推广，并推广到吉尔吉斯斯坦等中亚国家，国家已批准该校以棉花品种等为主体在吉尔吉斯斯坦建立"中国—吉尔吉斯斯坦农业科技示范园区"。"百玉 1 号""百玉 2 号"两个玉米新品种分别通过河南、陕西两省农作物品种审定委员会审定。品种等成果转化收入达到 350 万元。5 月，学校主持召开了 BNS 杂交小麦全国联合攻关协作组第五次会议，制定今后两年攻关计划和重点，争取早日实现 BNS 杂交小麦的大面积应用。信阳农业高等专科学校组织完成实施"科普及适用技术传播工程"项目 19 项。4 月，信阳市被批准为河南省农村改革发展综合试验区，学校全力参与信阳市综合试验区建设，组织人员参与科技服务工作。有 9 名教师被选为省级特派员，有 23 名教师被选为市级特派员，该校省市特派员的工作受到省市领导的好评，争取省市特派员经费 31.6 万元。7 月，组织茶叶生产加工、畜禽养殖、水产养殖、果蔬种植、林学等专业骨干教师 20 余人，分赴固始县陈淋子镇、祖师庙乡、城郊乡，新县吴陈河镇，商城县上石桥镇，罗山县灵山镇等乡镇开展科技推广活动，深受当地政府和农民群众的称赞和欢迎。将科普传播与农民工培训工作有机结合在一起，开展近 20 次农民工培训活动。

2012 年，焦作大学进一步开发四大怀药产品，河南省四大怀药院士工作站正式揭牌，河南省高校怀药工程技术研究中心顺利通过省教育厅验收，学校成为焦作市怀药协会副会长单位和焦作市怀药产业及生物医药产业技术创新战略联盟理事长单位。与市旅游局联合成立旅游研究中心，整合完成怀川文化研究所等 15 个科研机构的挂牌和办公设备的配备工作。与国家果蔬研究中心开展合作，加大产品研发力度。怀药酒技术向社会推广，签订了 120 万元的技术转让协议。科苑公司顺利通过食品质量安全证书（QS）的验收。

2014 年 6 月 17 日，教育部在成都市召开对口支援西藏和四省藏区中职教育工作部署会，根据援建工作安排，河南省新升格的郑州财经学院、黄河交通学院 2 所本科院校分别承担对口援建西藏那曲和山南地区中等职业学校的任务。7 月，省教育厅带领 2 所本科院校负责人到西藏与受援地区教育部门和职业学校进行沟通，听取受援方对援助工作的想法和要求。根据教育部《关于东中部职教集团、民办本科学校对口支援西藏和四省藏区中等职业教育的通知》要求，在充分对接的基础上，2 所本科院校分别制定具体援建方案。在省教育厅的指导下，2 所本科院校已经分别在图书捐赠、教师培训、专业开发等方面开展援助，并建立教育教学管理信息交流平台，为双方在教学、学生管理、专业课程建设和师资队伍建设等方面的交流提供便利。

2014年4月，河南省大学生志愿服务西部计划、贫困县计划启动。全省近万名大学毕业生响应号召，最终712名学生脱颖而出，其中243名志愿者分赴新疆，104名志愿者分赴西藏，6名志愿者分赴广西、海南、青海、重庆等地开展志愿服务工作，60名研究生支教团成员赴内蒙古、新疆生产建设兵团、西藏等地开展为期一年的志愿服务工作，99名志愿者到本省基层团县委开展基层青年专项工作，200名志愿者到兰考、滑县等贫困县的贫困乡镇开展支农、支教、支医等志愿服务工作。本年参加暑期"三下乡"活动的共有1万余支小分队30余万名大学生，分别到农村、社区、企业、产业集聚区开展社会实践活动，其中组建39支国家重点团队、10余支专项计划团队、近500支省重点服务团队，各大中专院校组织2000余支校级重点团队、1.2万余支院系级实践小分队。与团省委联合开展2014年河南大学生"暑期万岗见习行动"，共征集岗位1万余个，其中机关事业单位岗位500余个，国有企业岗位近2000个，民营企业岗位9000余个，部分岗位报名情况超出计划接收人数的10倍。同时立足学生专业、发展综合素质，瞄准就业能力提升、学生成长成才，采取政策引导、评选推动的工作思路，起草指导全省高校大学生社会实践工作的意见，与校园文化品牌建设计划按年度交替进行，集中精力抓实效、育亮点。

2014年，河南农业大学150多名专家教授和1300多名学生参与河南省"万名科技人员包万村粮食生产科技行动""粮食增产科技支撑行动计划"。新增鹤壁、长葛等9个校地合作市县，新增哈药集团生物疫苗有限公司等8家校企合作企业。科技推广服务力度进一步加大，获批各类推广项目199项，培训各类农技人员上万人次。中原工学院2014以"创新"和"产业化"为导向，对年入校经费50万元以上的个人给予奖励，激励教师的产学研合作积极性。组织教师到基层开展产学研合作，协助企业解决技术难题，提高社会服务能力。2014年，共走访企业50多家，挖掘企业技术需求200多项，为多家企业提供技术创新服务，涵盖机电一体化、纺织服装、新能源、新材料、化学化工、节能环保、电子信息等领域。2014年，学院共签订产学研合作协议35项，入校经费400万元。

（四）智库建设

智库是以战略问题和公共政策为主要研究对象，以服务党委和政府科学民主依法决策为宗旨的非营利性研究咨询机构。高校智库是国家智库体系的重要组成部分，是党和政府科学民主决策的重要支撑，也是重要的第三方评价机构。当前，河南正处在全面建成小康社会、加快现代化建设的重要时期，改革发展任务艰巨繁重，面临着一系列新情况、新问题，迫切需要智库提供强有力的智力支持。高校学科门类齐全，人才资源丰富，基础研究力量雄厚，具有建设智库的天然优势。充分发挥高校智库咨政建言、理论创新、舆论引导、社会服务、公共外交等重要功能，对于促进党委政府科学民主依法决策，推进国家治理体系和治理能力现代化，提升中原文化软实力，都具有重要意义。

河南智库建设的指导思想是，深入贯彻党的十九大精神，以习近平新时代中国特色社会主义思想为指导，以研究解决河南经济社会发展和文化建设中的重大理论和现实问题为主攻方向，以服务省委省政府决策、破解河南改革发展难题为根本任务，整合优质资源，打造高校智库品牌，着力建设"立足当前、着眼长远、职能专一、学科协调、独立运行、多样发展"的高校智库体系，为加快中原崛起、河南振兴提供智力支持。

按照中央提出的智库建设标准，到 2025 年，争取培育 5~10 个在全国有影响力的专业智库，形成 20 个左右在全省有较大影响力、知名度的智库品牌。初步建成定位明晰、特色鲜明、规模适度、布局合理的高校智库体系，建立一套治理完善、充满活力、监管有力的智库管理体制和运行机制，造就一支政治方向正确、德才兼备、富于创新精神的高校公共政策研究和决策咨询队伍，智库决策能力显著提高，在国家战略决策层面形成一定影响，在服务省委省政府决策和全省中心工作及地方、行业发展中发挥积极作用。

高校智库是哲学社会科学研究的重要平台之一，与高校人文社科重点研究基地、"2011 协同创新中心"相辅相成，具有同等重要的价值和地位。高校智库应当发挥战略研究、咨政建言、人才培养、舆论引导、公共外交的重要功能。一是发挥基础研究实力雄厚的优势，着力开展战略性、筹备性的研究。重视决策理论和跨学科研究，推进研究方法、政策分析工具和技术手段创新，搭建互联互通的信息共享平台，为决策咨询提供学理支撑和方法论支持。二是发挥学科门类齐全的优势，围绕重大现实问题，组织智库联盟成员协同攻关，开展多学科的综合研究，提出具有针对性和可操作性的政策建议。三是发挥人才培养的优势，努力培养复合型智库人才，为智库建设提供有力的人才保障。四是发挥高校学术优势，针对社会热点问题，积极释疑解惑，引导社会舆论。五是发挥对外交流广泛的优势，积极开展人文交流，推动公共外交。

2019 年 1 月 3 日，为全面贯彻落实中共中央办公厅、国务院办公厅《关于加强中国特色新型智库建设的意见》，教育部《中国特色新型高校智库建设推进计划》文件要求，提升河南高校智库建设水平，由省教育厅主办、黄河科技学院承办的河南高校智库联盟揭牌仪式暨首届河南高校智库峰会在郑州举行。省委高校工委专职委员高治军出席揭牌仪式并讲话。高治军代表省委高校工委、省教育厅向高校智库联盟的成立表示热烈祝贺。他指出，高校作为社会科学事业的主力军，是建设中国特色新型智库不可替代的重要力量。河南高校智库联盟的成立，是学习贯彻习近平总书记在哲学社会科学工作座谈会上的重要讲话精神和中央决策部署的实际行动，为高校智库相互学习、共同提高搭建了一个重要的平台，对于形成集合优势、提升智库水平、增进社会影响力都具有重要的意义。

在省委宣传部、省教育厅的支持和指导下，黄河科技学院立足自身特色与优势，围绕区域创新发展和民办教育两大领域，创办了中国（河南）创新发展研究院、中国创新创业教育研究院、河南民办教育研究院等新型智库。

中国（河南）创新发展研究院以研究区域经济创新为特色，下设区域经济研究部等 7 个内设机构，现有专职研究人员 20 人，特聘专家 100 余人。现为国家高端智库中国国际经济交流中心理事单位，入选中国智库索引（CTTI）来源智库。河南民办教育研究院现有专、兼职研究人员 40 余人，主要探究民办教育规律，为民办教育提供智库产品。目前，黄河科技学院在智库建设的目标定位、发展理念和运行机制上，形成了较为鲜明的特色。

一是在目标定位上，发挥自身优势，聚焦主攻方向。黄河科技学院作为新中国成立以来第一所民办高校，秉承"敢为天下先"的创新精神，逐步发展壮大。创新是黄科院精神的内在基因，研究创新和民办教育是黄科院智库的必然选择。在新型智库建设伊始，就发挥自身特色优势，聚焦区域创新发展和民办教育两大领域，积极整合资源，服务地方社会经济发展。

二是在发展理念上，广泛引智育智，坚持开放发展。黄河科技学院始终坚持"开放办院"的理念，发挥体制机制的灵活性，秉承"不求所有，但求所用"的开放式人才理念，采用柔性引进与联合培养相结合的人才机制，面向省内外广泛引智育智，集聚了一大批"视野广、格局高、学术精、懂智库"的专家学者，有力支撑了新型智库的建设和发展。

三是在运行机制上，创新体制机制，激发活力动力。充分发挥民办高校体制灵活的优势，通过构建创新能力提升机制、智库成果价值评估机制、智库成果激励分配机制，采用首席专家负责制、课题（项目）主持人负责制等形式，结合灵活的用人机制和奖励激励机制，使智库研究人员收入与其创造的经济价值、社会价值紧密联系，以此提升智库研究人员的工作积极性、自主研究能力、成果转化能力和持续创新能力。

近年来，黄河科技学院不断推动新型智库彰显特色，发挥优势，在围绕中心服务全省大局、咨政建言服务党委政府、聚焦热点回应社会关切、深入实际服务社会发展、强化科研提升学术能力等方面，开展了一系列卓有成效的工作。

围绕中心，服务全省大局。中国（河南）创新发展研究院始终坚持围绕党和国家的中心工作，立足河南实际，服务河南大局。近年来，相继举办了一系列智库论坛活动、推出了一系列高水平、有影响的精品力作，发挥了智库咨政建言的作用。2016年以来，围绕党的十九大精神、高质量发展等主题，举办了4届中原创新发展论坛；2017年以来，围绕党的十九大报告学习体会、两个高质量等主题，研究院在省委宣传部的支持指导下，发起并牵头撰写了一系列理论文章，深度解读十九大精神及河南省委十届六次会议精神，在《河南日报》连续推出，受到时任河南省委常委、宣传部部长赵素萍等领导的肯定与表扬，引起社会广泛关注和强烈反响。

聚焦热点，回应社会关切。中国（河南）创新发展研究院围绕创新创业、区域创新发展、两个高质量、郑州国家中心城市建设、河南自贸区建设等社会关切的重点问题，通过媒体积极发声，主动引领主流舆论，及时回应社会关切。积极开展学术研究，邀请省内外知名专家学者、政府领导200余人次，组织召开40余场学术交流会；研究院专家先后在《河南日报》等主流媒体发表理论专版文章30余篇。研究院专家先后接受中央电视台、河南电视台、《河南日报》等主流媒体采访报道30余次，在引领主流舆论、回应社会关切等方面发挥了应有作用。

彰显特色，发挥自身优势。黄河科技学院发挥在创新创业、区域经济、民办教育等领域的学科优势，推出了一系列特色智库产品，智库品牌建设初现成效。2016年以来，围绕双创领域，在全国率先推出了区域双创研究智库产品"河南双创蓝皮书"；受河南省发改委委托，承担河南57家双创示范基地规划评审、试点调研、绩效评估等第三方评估，相关研究成果在《河南日报》发表，得到省发改委高度评价。在区域发展方面，定期发布河南省区域城市（18地市）创新指数等智库产品。

坚持问题导向，积极服务社会。中国（河南）创新发展研究院始终关注河南经济社会发展热点，坚持问题导向，发挥智库作用，积极服务社会。先后围绕河南如何提高全要素生产率等宏观问题、河南深度贫困地区金融扶贫等热点问题、河南自贸区发展等区域重点问题、圣光集团供应链协同创新等产业共性问题展开研究，形成了十余部专著及一批应用性强的对策建议。相关研究成果通过《河南日报》（理论版）、学术期刊、创新资讯等载体，面向社会传播，得到了社会各界的广泛关注和好评。

坚持科研为本，强化学术支撑。科研能力是智库建设的基础，近年来黄河科技学院不断强化智库科研能力，提升学术影响力。目前，中国（河南）创新发展研究院先后承担各类科研项目100余项，其中国家社科基金项目4项，国家发改委课题、河南省哲学社科规划课题、省政府决策招标课题、河南省科技厅软科学课题等省部级课题20余项，地厅级课题80余项，各类横向课题十余项。发表各类学术论文100余篇，"河南省区域经济学丛书"获得河南省政府发展研究一等奖。创办《创新咨询》，已出版39期，阅读面覆盖河南省厅局级以上单位。

通过咨政建言，有效地服务了河南发展大局。近年来，中国（河南）创新发展研究院等新型智库，始终坚持围绕中心、服务大局，发挥专业优势咨政建言，引领主流舆论，回应社会关切，参与了省委省政府许多文件的起草和会议文稿的撰写工作，推出了"河南双创蓝皮书""河南民办教育蓝皮书"等一批重点智库产品，举办了中原创新发展论坛等一系列智库品牌活动，相关智库成果得到了中宣部、国务院研究室、国务院双创督察组、教育部和省委省政府领导的肯定和表扬，研究院的决策影响力和社会影响力逐步提升。

通过科教融合，有效地推动了学校转型升级。在新型智库建设中，中国（河南）创新发展研究院将学科建设、人才培养与智库发展紧密融合，有效地推动了应用型大学转型发展。研究院通过带动相关学科教师参与课题、调研、论坛等形式，有效地提升了教师的科研能力；先后组织学生参与各类学术活动 5000 余人次，提升了人才培养质量。研究院与黄河科技学院商学院共建河南省区域经济重点学科和工商管理省级品牌专业，不断聚焦凝练专业特色，共同发布了"河南省经济形势分析与展望"系列智库产品，有力地推动了学科建设。2018 年底，研究院被吸纳成为国家高端智库中国国际经济交流中心理事单位，成功入选中国智库索引（CTTI）来源智库，表明学校的智库建设得到了权威评价机构的认可，实现了应用型大学转型中具有标志性意义的突破。

通过学术交流，有效地提升了学校影响力、公信力。近年来，中国（河南）创新发展研究院等新型智库充分发挥河南省应用对策研究高地、河南省人才集聚高地、河南省智库建设高地的辐射作用，通过举办论坛、学术交流等形式，在讲好河南故事、发出河南声音、扩大学校影响等方面发挥了独特作用。2016 年以来，邀请省内外 200 多位专家学者参加学术活动，其中，国内知名专家 20 多位，厅级以上领导干部 30 多位。三年来共接待国内外参观考察 200 多批次，学校在创新创业、智库建设等领域取得的成效受到专家同行的高度评价和赞扬，有效地提升了学校的影响力和公信力。

河南民办教育研究院成立于 2017 年 5 月，隶属于河南省民办教育协会，是由高端教育专家、地方教育研究机构、教育团体和个人自愿组成的行业性、非政府、非营利性教育研发机构，日常工作由黄河科技学院管理。河南民办教育研究院由黄河科技学院董事长胡大白教授任院长，王建庄教授任执行院长。

2017 年 4 月，启动编撰"河南民办教育蓝皮书"项目。通过该项目，深入开展民办教育调研，了解民办学校的管理、教学改革和其他教育教学活动；研究民办教育改革方向、解读政策，为河南民办教育发展提供参考。《河南民办教育发展报告（2017）》当年在社会科学文献出版社立项、当年分工实施、当年举行新书发布会，成为由社会科学文献出版社出版的全国第一部省级民办教育蓝皮书。《河南民办教育发展报告（2017）》的发布在全省乃至全国民办教育界引起较大反响。中国民办教育协会王佐书会长、社会科学文献出版社副总编辑蔡继辉专程到郑州出席发布会。2018 年，"河南民办教育蓝皮书"出版了第二本，作者队伍较上年进一步扩大。

蓝皮书的研创和编撰，为研究院的科研工作提供了一个便利的平台，专兼职研究人员都得到了锻炼。除完成蓝皮书编撰工作外，主要研创人员还于 2017 年编撰了《"互联网+"创新创业指南》《"互联网+"创新创业概论》两部教材，由河南人民出版社出版发行，已在部分高校投入使用；2018 年编撰了《中国当代教育名家》一书，收录当代教育名家 25 人，由社会科学文献出版社出版，受到了业界的重视和赞誉。

除打造蓝皮书的平台外，研究院的传统项目，如对外合作交流、教育教学研究、民办教育史研究等工作也取得较大进步。民办教育研究院先后主办、协办河南省民办教育年度发展大会、全国第十三次省级民办教育协会会长协作会议等重要会议。主要领导如黄河科技学院胡大白董事长参与了河南省教育厅组织的《民办教育促进法（新修法）》实施细则的制定；研究院代表河南省民办教育协会向教育部提交的《民办教育促进法（新修法）》修改意见，受到了教育部相关司局领导的重视；作为主要执笔人，为分管教育的副省长起草在全省民办教育发展工作会议上的辅导报告；受教育厅的委托，为主管副省长起草《全省民办教育发展调研报告》；受中华职教社的邀请，作为评审专家出席中华职教社《新法新政背景下民办职业院校发展》调研报告的审议会议，提出的修改建议得到了与会专家的好评。研究院其他研究人员还多次参与郑州市教育局、二七区教育局、巩义市教育局、宇华教育集团、郑州科技学院等部门和机构的咨询会议和研讨会，为地方教育政策的制定和学校战略发展提供意见和建议。

由胡大白任主编，杨雪梅、樊继轩、张忠泽任副主编，贾全明、王道勋等人参编的《中国民办教育通史》（三卷本），由社会科学文献出版社于2019年5月出版，共150万字，全景展示了我国古代、近代和当代民办教育波澜壮阔的发展历程，全面总结了我国民办教育发展的贡献、得失和教训，受到同行的高度关注和赞誉，被称为"中国民办教育史必读书目""教学研究重要资料用书"。

黄河科技学院始终高度重视高校智库建设的重要性和规律性，持续加大对智库建设的支持力度，推动河南智库建设不断迈上新台阶，为谱写新时代中原更加出彩新篇章作出新的更大的贡献。

目前，河南高校成立各类智库83个，在出思想、出成果、出人才方面取得了明显成绩。但也要看到，高校智库建设还存在缺乏统筹规划、成果与实践脱节等问题。高校要发挥学科齐全、人才密集的优势，繁荣发展哲学社会科学，加强前瞻性、针对性、储备性战略研究，当好党委、政府决策的"思想库"。

五　文化传承

（一）政府引导

为了深入贯彻落实省八次党代会精神，加快文化资源大省向文化强省跨越，按照省委省政府的部署，根据《河南省建设文化强省规划纲要（2005~2020年）》精神，2007年省教育厅组织力量对全省教育系统文化资源情况进行普查，按期完成了省委省政府安排的调研任务。在调研的基础上，6月13日，省教育厅印发《关于教育系统推进文化强省建设的实施意见》（豫教社政〔2007〕120号），意见要求各级教育行政部门和各高校要从贯彻落实"三个代表"重要思想和科学发展观的高度，从全面建设小康社会、构建和谐中原的高度，深刻认识加强文化建设的重要性，充分认识教育在文化强省建设中的地位和作用，切实加强领导，本着求真务实的精神，制定完善相关政策措施。要把文化强省建设的目标任务纳入学校长远发展的总体规划，与教学、科研、社会服务工作结合起来，同时部署，同时检查，同时评估。要把推进文化强省建设列入重要议事日程，建立工作责任制。学校各部门要明确各自责任，密切协作，切实把教育系统推进文化强省建设的各项任务落到实处。要研究制定各地各高校推进文化强省建设的实施方案，加强对宣传文化政策落实情况的检查和督促，确保政策落实到位，真正取得工作实效。

河南地处中原，有着深厚的文化底蕴和灿烂的文明历史。河南的高校在人才培养、科学研究、服务社会的同时，有义务传承和弘扬中华民族的传统文化，在此基础上消化和吸收人类所有的文明成果。

2007 年上半年，省教育厅会同共青团河南省委等单位，举办了第五届"挑战杯"河南省大学生课外学术科技作品竞赛活动，共评出一等奖作品 27 件、二等奖作品 54 件、三等奖作品 166 件、鼓励奖作品 393 件。竞赛结束后，河南省从获得一、二等奖的作品中选出 39 件优秀作品，推荐参加了于 11 月 15~20 日在南开大学举行的第十届"挑战杯"飞利浦全国大学生课外学术科技作品竞赛终审决赛，获全国一等奖 3 件、二等奖 10 件、三等奖 18 件，河南省获"全国优秀组织奖"。部署了大学生科技文化艺术节、"挑战杯"等校园文化活动，并把节能减排作为主要内容，开展了内容丰富、形式多样、针对性强的校园文化活动，引导广大师生节能、节水、节地、节粮、节材等，营造节能减排校园文化氛围。4~5 月，会同团省委等部门，联合举办了河南省第十一届大学生科技文化艺术节，先后组织开展了校园书法、篆刻、摄影、美术作品评选和校园主持人大赛、器乐大赛、征文比赛、歌手大赛等一系列主题鲜明、内容健康、形式丰富的科技文化艺术活动，在全省大学生中产生了强烈反响。全省 97 所高校，24 万余名大学生参加了校级和省级的科技文化艺术活动，431 人（队）、1516 件作品和半数以上节目在比赛中获奖，郑州大学、河南大学等 30 所高校获得"优秀组织奖"。

（二）学校行动

2002 年，郑州轻工业学院组织了以"求科学真知、树文明新风、强综合素质、做四有新人"为主题的科技文化艺术节，开展了为期近两个月的"社团潮"系列活动；参加了河南省大学生科技文化艺术节，总成绩位于河南高校前列，并获得了省科技文化艺术节优秀组织奖；承办了省科技文化艺术节走向世界英语演讲比赛，并取得了非专业组一等奖、专业组二等奖的成绩。在"太可思杯"服装大奖赛中，该院学生囊括了两个第一名。举办了名人名家素质教育系列报告会，成立了郑州轻院大学生心理协会，并举办了"心理健康知识宣传周"系列活动。

2004 年 3 月，南阳师范学院举办了"中国南阳玉文化研讨会"，来自全国相关专家、学者 20 余人参加了会议，与会专家对学院采集的 400 余件玉标本进行了详尽鉴定，并对在玉文化方面的重要考古发现和独特研究方法给予了高度评价。

2004 年 11 月 10 日，由驻马店市委宣传部主办，黄淮学院和驻马店市炎黄文化研究会承办的天中文化艺术研讨会在驻马店市举行。100 多名省内外专家、学者和市领导参加会议。会议期间专家学者一起对天中文化的研究、天中文化资源的评价和开展等进行了广泛交流，展示了各自研究成果，对天中文化的内涵及特征进行了研究并取得一致看法。

2006 年 6 月 2 日，河南大学近代建筑群获得第六批全国重点文物保护单位称号并通过了国务院核定，中国政府网、新华网等中央各大媒体以国发〔2006〕19 号文件向世人进行公布。此次全国第六批重点文物保护单位共分古遗址、古墓葬、古建筑、石窟寺及石刻、近现代重要史迹及代表性建筑五大类，该校近代建筑群处在第五类近现代重要史迹及代表性建筑项，序号为 984，编号为 V-111，单位名称为河南留学欧美预备学校旧址，时代为民国。

河南师范大学从 2005 年开始举办高雅艺术进校园活动。2009 年的活动以"走近大师，感受经典，陶冶情操，提高修养"为主题。学校帕瓦罗蒂音乐艺术中心排演的歌剧《贾尼·斯基基》入选教育部、原文化部、财政部三部门联合组织编写的《2009 年高雅艺术进校园秩序册》，这也是全国高校中唯一入选的一部歌剧节目，是河南省高校在该项活动中零的突破。2009 年，《贾尼·斯基基》分别在河南财政税务高等专科学校、安阳师范学院、商丘师范学院 3 所高校巡回演出。1 月 9 日晚，经过精心等备和试演，《贾尼·斯基基》在河南省艺术中心音乐厅公演。意大利驻华大使里卡尔多·谢飒、帕瓦罗蒂家属代表维罗尼卡、意大利仁惠之星骑士勋章获得者周玲教授一行观看了公演。河南省人大、省发改委、省文化厅等有关部门的领导，部分高校的师生、省音乐家协会等各音乐团体的代表以及部分媒体记者等观看了演出。

2009 年 6 月 6~13 日，河南师范大学开展了以"接近文化遗产，延续中华文脉"为主题的"保护文化遗产活动周"活动。本次活动由校党委宣传部主办，新乡市非物质文化遗产保护中心协办。师生观看了各位民间艺术家汇聚中原艺术特色的文艺表演：腰鼓和太极扇，篆刻艺术，小宋佛高跷，蛋雕、泥塑和面塑，糖画制作，中国非物质文化遗产保护项目——剪纸制作。6 月 11 日晚，著名豫剧表演艺术家、国家一级演员、中国戏剧梅花奖获得者虎美玲来校进行现场表演，并做豫剧推广普及讲座。12 日晚，中国口哨协会、口哨艺术研究会把一场高水平的口哨音乐会专场带到校园。在保护文化遗产活动周中，通过非物质文化遗产项目展演、图片展览、报告会讲座、资料片展播、保护文化遗产签名活动和征文等多种形式，宣传文化遗产保护的法律法规及有关知识，使广大师生"接近文化遗产，提高保护意识"，进一步了解文化遗产保护工作的重大意义，营造高校师生关心、参与的文化保护氛围，推动文化遗产保护工作的开展。

2012 年 10 月 26~28 日，由中国历史文献研究会、河南师范大学主办的中原历史文献与文化国际学术研讨会暨中国历史文献研究会第 33 届年会在河南师范大学召开。来自国内 20 余个省市近百所高校和科研单位的共 100 余位专家学者参加了会议。会议期间，参会人员围绕中州文献、中州学人、中原文化、历史文献学理论等一系列问题展开研讨。会议同时还举行了改革开放新时期的古籍整理与相关理论高端研讨会。

2012 年黄淮学院通过组织召开"《风俗通义》与中原民俗文化学术研讨会"，与西平县人民政府、驻马店市炎黄文化研究会三方共建"嫘祖文化研究中心"等举措，推动天中文化的研究、开发与传承。8 月 22 日，黄淮学院、西平县人民政府、驻马店市炎黄文化研究会在黄淮学院举行合作共建"嫘祖文化研究中心"签约仪式。

2012 年，由许昌学院投资建设的中原农耕文化博物馆于 12 月 30 日正式开馆。该馆建筑面积 1500 余平方米，共设 18 个展厅，分为 22 个部分。中原农耕文化博物馆立足于"中""近""深""全""真"，通过 2000 余件展品，较为详细地展现了中原农耕的源流、农耕器具、粮食加工存储、纺织、家居生活、炊事饮食、食品制作、传统习俗、休闲娱乐、乡村工匠、农副生产、交通运输等中原农耕文化的全景图。焦作师范高等专科学校参与焦作经济文化建设工作，推进"覃怀文化研究丛书"的编纂工作，完成《文化修武》《修武碑刻辑录》的编纂；1名教师接受河南卫视大型时评节目《"十八谈"映像版——焦作篇》的电视访谈。

2014年9月19~22日，由中国数学会主办、河南师范大学承办的中国数学会2014学术年会在河南师范大学召开。中国数学会理事长王诗宬、中国数学会前理事长马志明院士、中国科学院院士石钟慈、林群、崔俊芝、刘应明、严加安、席南华等出席开幕式。来自中国科学院、北京大学、清华大学、南京大学、中国科技大学的近400名专家、学者参加本次年会。会议安排90余位优秀专家、学者在数学、物理、偏微分方程、几何、代数、应用数学计算与优化等领域做报告，展示了数学学科的最新研究成果和中国数学未来发展前景。

2014年10月18~19日，中国动物学会两栖爬行动物学分会2014年学术研讨会在河南师范大学举行。中国科学院副院长、院士张亚平，北京师范大学教授郑光美，中国两栖爬行动物学会理事长、南京师范大学教授计翔，河南省科学技术协会主席霍金花，南京师范大学教授周开亚，中国科学院成都生物研究所研究员费梁以及来自全国各高校专家学者240余人参加了研讨会开幕式。与会专家学者就两栖爬行动物形态学、生态学、区系与分类、生理学、生物化学与分子生物学、保护生物学、开发与利用等方面的问题进行探讨、交流，并对中国承办2016年第八届世界两栖爬行动物学大会组委会的相关筹备工作进行商讨。

六 就业创业

严格来讲，大学毕业生的就业工作并不仅仅是学校的事情，但是在一个时期内，就业工作成了衡量大中专院校工作的一个重要方面，少数学校为了提升毕业生的就业比例，想方设法虚报造假，不但增加了学校的负担，而且产生了十分恶劣的社会影响。随着制度的不断完善，大学毕业生的就业工作已经纳入了政府统一协调的机制，社会各个方面的参与，不但提高了大学毕业生的就业率，也提升了他们的就业质量。

大学生创业工作应该是各个学校应该重视的工作，要在人才培养全过程中培养学生的创新创业精神。尽管能够实现创业梦想的只是少数人，但是这种精神的培养对学生的一生都有积极作用。

（一）全省情况

2005 年河南全省共毕业研究生、大中专学生 168181 人。其中，研究生 2569 人，本科生 63485 人，专科生 102127 人。截至 9 月 1 日，全省普通高校毕业生整体就业率达 78.89%（其中，毕业研究生就业率为 91.32%，本科毕业生就业率为 82.14%，专科毕业生就业率为 76.56%），高于全国平均水平，比上年同期增加 1.1 个百分点，就业人数增加约 2.7 万人。在 2006 年全国普通高校毕业生就业工作会议上河南做了典型发言，得到教育部的充分肯定。采取的主要措施，一是领导高度重视。时任省委书记徐光春到任不久，就对毕业生就业工作做出了五次重要批示。其他领导也多次做出批示，要求切实做好高校毕业生的就业工作。二是召开了 2005 年全省毕业生就业工作会议。2006 年 3 月 10 日，2005 年河南省毕业研究生大中专毕业生就业工作会议在郑州召开。会议充分肯定了 2004 年河南省毕业生就业工作所取得的成绩，分析了毕业生就业工作面临的形势，进一步明确了 2005 年毕业生就业工作目标，对下一步工作做出了部署和安排。三是认真贯彻落实中共中央办公厅、国务院办公厅《关于引导和鼓励高校毕业生面向基层就业的意见》（中办发〔2005〕18 号）精神。中央 18 号文件下发后，由省委组织部牵头，省教育厅、人事厅等部门参加，联合成立了实施意见起草工作领导小组。在深入领会中央文件精神、全面了解基层实际情况的基础上，经省委常委会研究审定，于 9 月 30 日出台了《河南省委办公厅、省政府办公厅关于认真贯彻落实中办发〔2005〕18 号文件精神的实施意见》。10 月 12 日，省人才工作领导小组和省毕业生就业指导工作领导小组召开了引导和鼓励高校毕业生面向基层就业工作电视电话会议，全面部署了此项工作。2005 年全省参加大学生志愿服务西部计划、河南省大学生志愿服务贫困县计划、"远程教育"志愿服务行动、"百县千乡宣传文化工程"志愿服务行动等的毕业生 556 名，到基层锻炼的毕业生 239 名，省公检法系统招录了 4299 名高校毕业生充实到基层。同时，积极推广鹤壁、平顶山市实行的"大学生村官"计划经验，在全省选录万名大学生到农村任村干部。4

月，中央人才工作协调小组赴河南调研毕业生到基层就业情况，对就业工作给予充分肯定，并组织中央有关媒体对河南毕业生下基层的先进典型进行了专题宣传报道。四是积极组织毕业生双向选择洽谈活动，为毕业生搭建就业服务平台。自 2004 年 11 月 20 日以来，省教育厅与地方政府、高校合作举办了 5 场分区域和分专业科类的毕业生双向选择洽谈会，共吸引 1300 多家用人单位和 6 万人次毕业生参会，提供就业岗位 3 万余个，达成就业意向 2 万余个。同时，充分发挥网络资源优势，组织开展多种形式的网上供需招聘活动，并指导各高校举办多种形式的供需见面会。除积极参加全国中小企业网上百日招聘活动外，省教育厅还与省发改委、省中小企业局联合举办了网上招聘活动，促进了毕业生就业。2005 年，全省共有 50 多所高校举办了校级毕业生供需见面会，各学校分院系、分专业的小型招聘活动上千场。五是开展了高校毕业生就业政策落实情况专项检查工作。10月 27 日至 11 月 6 日，按照《关于开展毕业生就业工作政策落实情况专项检查活动的通知》精神，在各高校自查的基础上，省教育厅组织了 10 个检查组，采取听取汇报、实地考察、查阅资料、召开座谈会等方式，对全省所有普通高等学校、研究生培养单位的就业政策落实情况进行全面的检查。此后，又与省委组织部、人事厅、劳动保障厅和团省委等部门一起对全省直辖市、省直有关厅（局）毕业生面向基层就业政策落实情况进行了检查。通过检查，达到了"以查促建、以查促改、以查促管，查建结合、重在提高"的目的，全面提高了毕业生就业工作水平。六是高度重视高职高专毕业生就业工作，毕业生就业率明显提高。2005 年 6 月 15 日，为贯彻落实时任省委书记徐光春批示精神，省政府在新乡市召开了全省普通高校学习推广河南机专毕业生就业工作经验交流会议，总结推广河南机专毕业生就业工作的成功经验。各高职高专院校采取多种措施，加强硬件建设，强化对高职高专毕业生的就业指导，实行"订单式"培养，积极促进高职高专毕业生就业。2005 年省高职高专毕业生就业率比上年同期增长了 7 个百分点，就业绝对人数增加了 1.8 万人，占全省高校毕业生就业增加总数的 68%。七是加强毕业生就业指导和服务体系建设。省教育厅采取切实可行的措施，加大就业指导力度，简化办事程序，提高服务水平，方便毕业生择业、就业。按照省教育厅的要求，各高校加强毕业生就业指导"机构到位、经费到位、人员到位"建设，积极构建"全程化、全员化、信息化、专业化"的就业指导服务体系；加强毕业生就业指导课建设，把就业指导课纳入必修课范围；加强就业指导教材建设，加大择业技巧、择业心理、诚实守信等方面的教育力度，不断提高就业指导水平。八是做好毕业生思想教育工作。认真贯彻落实中央16号文件和省委省政府召开的全省大学生思想教育工作会议精神，把加强大学生的思想教育与解决毕业生就业问题联系起来，关心就业困难群体，特别是对那些就业压力比较大的部分女生、家庭经济困难学生、长线专业学生及登记待就业毕业生等，给予特别关心，帮助推荐就业。

2006年4月24日，时任省委书记徐光春在大学毕业生就业工作座谈会上的讲话提出，就业是民生之本，是人生的主要历程，也是人生的重要保障，做好就业工作，是贯彻落实科学发展观的重要内容。大学生是党和政府培养的高层次专业人才，做好大学毕业生就业工作，是党和政府的一项重要工作。做好大学毕业生就业工作是摆在各级党委、政府面前的一项重要工程、一项紧迫工作，也是一项重要政治任务，千万不能掉以轻心，不能有丝毫松懈。各级党委、政府要以科学发展观为指导，切实做好大学毕业生就业工作，以改革创新的精神推动"双高"目标的实现，即当年的大学毕业生就业率要高于上年同期水平，高于全国平均水平。把大学毕业生就业工作提到了"重要政治任务"的高度，而且"摆在各级党委、政府面前"，说明高校毕业生就业工作已经不单单是学校的事情，也不全是教育行政部门的责任了。但是，无论是学校还是政府教育行政部门，都有做好工作的责任。徐光春提出，组织、人事、劳动、教育、工商等部门和各高校要积极创造政策条件，制定有利于大学毕业生就业的必要待遇、社会保障等配套政策。这就要求各个部门协同工作，发挥各自的优势，实现高校毕业生高比率、高质量就业。

2007年11月13日，省教育厅发布《关于进一步做好普通高等学校毕业生就业指导与服务工作的意见》，明确了高校毕业生就业指导与服务工作的目标任务，按照"机构到位、场地到位、人员到位、经费到位"及"全程化、全员化、专业化、信息化"的要求，采取各种有效措施，加强和改善软硬件条件，建立和完善就业指导工作体系和管理体制，引导大学生进行科学的职业规划，引导和鼓励毕业生面向基层就业，引导教育毕业生自主创业，帮助大学生解决在就业过程中遇到的困难和问题，促进毕业生顺利就业，确保全省高校毕业生就业率相对稳定，就业人数和到基层就业人数明显增长。要求各高校成立专门的毕业生就业指导与服务机构，在做好毕业生就业各方面工作的同时，重点做好毕业生就业指导与服务工作。毕业生就业指导与服务机构原则上要独立设置，也可根据学校实际情况与其他机构合署办公。各院（系）也要成立相应的毕业生就业指导与服务工作机构，由院（系）主要领导亲自负责，在学校职能部门的指导与协调下开展工作。建立学校、院（系）、年级三级就业指导与服务工作管理体系，形成"领导主抓、职能部门统筹、院系为主、全员参与"的高校就业指导与服务工作格局。要求各高校采取多种形式和办法，加强与用人单位的联系，多方收集毕业生需求信息。要加大信息化建设投入，建立和完善学校独立的毕业生就业信息网站，逐步使高校"毕业生就业信息网"成为毕业生获取就业供需信息的主要渠道。网站要具备信息共享、政策发布、网上招聘、远程面试、职业规划引导、择业指导咨询、生涯档案管理、在线课程点播等功能。要通过建立和完善毕业生就业信息网，搭建毕业生与用人单位网上信息交流平台，积极开展丰富多彩的网上双选活动，为毕业生提供求职信息服务。要将"职业导航服务平台"作为基础平台，充分利用其优势资源，为毕业生提供信息服务。要积极加入网络联盟，实现河南省毕业生就业信息网、各高校毕业生就业信息网、各省辖市毕业生就业信息网之间的资源共享，构建面向全省的高校毕业生就业信息服务平台。向毕业生发放由省大中专学生就业服务中心编印的《就业服务手册》，确保人手一册，让毕业生及时了解就业政策，掌握就业协议书、报到证、户口、档案及人事代理的办理程序相关手续及要求。要树立服务意识，方便、快捷、高效地为毕业生办理就业手续。

要求各高校就业指导与服务工作专项经费不得少于本年度全校学生所交学费的 1%，并据此列入学校当年的预算予以重点保证和落实。所核拨的经费要确保用于就业指导与服务工作，不得挪作他用。用于学生查询就业信息的电脑按毕业生规模配备，1000 人以下的不少于 10 台，1000 人以上每增加 200 人增加 1 台。接待洽谈室为接待用人单位、洽谈招聘事宜的场所，招聘会议厅为用人单位与在校学生进行供需见面、双向选择活动的场所。其使用面积按毕业生规模计算，1000名以下的要达到200平方米，每增加500名毕业生增加50平方米。

2007年8月，河南省教育厅学生处、省大中专学校学生信息咨询与就业指导服务中心延请郑州职业技术学院副院长王建庄、河南职业技术学院院长王爱群等为主编，组织编写了《大学生就业创业导论》一书，从分析当时的就业形势、国家的就业政策入手，针对高职高专在校生面临的就业和未来的创业问题，指出了个人应具备的基本品质和基本技能，提供了就业心理调适、角色转换、就业信息收集处理、签署劳动协议以及毕业生履行责任义务的知识、方法和注意事项等。有针对性地设计了模拟演练，突出了实用性，便于操作，受到学生欢迎。

2007年，河南省普通高校毕业生289879人（其中毕业研究生5373人，本科生100471人，专科生184035人），较上年增长74564人，增幅达到32%，毕业生人数创历年来最高，就业任务繁重，面临的就业形势严峻。省委省政府高度重视毕业生就业工作，于2月、4月两次召开全省毕业生就业工作会议，要求把这件惠及广大人民群众的实事做实做好。有关部门密切配合，继续引导和鼓励毕业生面向基层就业，认真组织实施毕业生面向基层就业项目；进一步健全市场体系，召开综合类、师范类、水利水电类、高职高专类、民办高校类以及豫南、豫北、豫东地区等毕业生就业双向选择洽谈活动；组织了三期就业指导人员培训班，加强就业指导课程和队伍建设，提高就业指导和服务水平；深化以就业和社会需求为导向的教育教学改革，提高教学质量，增强毕业生素质，促进毕业生顺利就业。截至9月1日，全省高校毕业生实现就业人数229078人，毕业生就业率平均达到79.03%（其中研究生86.39%，本科生83.77%，专科生76.22%），各学历层次就业率与上年同期相比基本持平，就业人数较上年同期增加5.6万余人，到基层就业人数较上年有大幅增长，实现了年初确定的高校毕业生就业工作目标。在11月召开的2008年全国普通高校毕业生就业工作视频会议上，河南农业大学做了典型发言，得到了教育部的充分肯定。

（二）强力攻坚

2009 年 3 月 20 日，中共河南省委办公厅、河南省政府办公厅发布《关于做好 2009 年高校毕业生就业工作十件实事的意见》，部署以做好十件实事为抓手，千方百计促进高校毕业生就业。一是举办万企千场大学生就业招聘会，二是开展千企百校岗位对接活动，三是开展大学生就业网络联盟招聘活动，四是促进高校毕业生以创业带动就业，五是加大事业单位公开招聘力度，六是实施高校毕业生基层就业计划，七是建立完善高校毕业生就业见习制度，八是加强高校毕业生创业孵化服务，九是强化对困难高校毕业生的就业援助，十是加强高校毕业生就业服务。强调各级党委政府要高度重视，把做好高校毕业生就业工作作为一项重要政治任务，摆上重要议事日程，主要领导要亲自抓、负总责，分管领导要具体抓。各有关部门要按照职责分工，积极开展高校毕业生就业工作。各高等院校要加强对高校毕业生的就业指导和服务工作。各地各有关部门要认真贯彻落实全省高校毕业生就业工作电视电话会议精神，确保高校毕业生就业工作取得明显成效。

2009 年 3 月 26 日，河南省第十一届人民代表大会常务委员会第八次会议审议通过《河南省就业促进条例》，以地方法规的形式确立了就业工作的地位。

2009 年 4 月 14 日，省教育厅办公室转发教育部办公厅《关于加强普通高等学校学生就业思想政治教育的通知》；8 月 7 日省政府办公厅转发省人力资源和社会保障厅、教育厅、财政厅制定的《关于实施高校毕业生就业攻坚行动计划的意见》。同时各高校和社会各界也共同努力，有效促进了高校毕业生的就业工作。2009 年，全省高校毕业生达 36.5 万人，较上年增加 4 万多人，毕业生人数再创新高，加上受国际金融危机的不利影响，毕业生就业压力空前巨大。省委省政府高度重视，在各有关部门的大力支持下，经过全省上下共同努力，截至 9 月 1 日，全省有 28.9 万高校毕业生实现就业，同比增加 3.7 万人，平均就业率达 79.1%（其中研究生 73.6%，本科生 80.16%，专科生 78.55%），高于全国平均水平，高于全省上年同期水平。在 2010 年全国高校毕业生就业工作会议上，时任省教育厅厅长蒋笃运代表河南省做了典型发言，省教育厅和 5 所高校被教育部评为全国普通高校毕业生就业工作先进集体，13 名毕业生就业工作者被评选为全国先进个人。

2014 年 6 月 20 日，河南省人民政府办公厅发布《关于做好 2014 年普通高等学校毕业生就业创业工作的通知》，在落实高校毕业生基层就业政策、社会保险补贴扶持政策、金融财税扶持政策、就业培训扶持政策的基础上，增加了鼓励支持大学生创业的内容。决定 2014～2017 年实施新一轮大学生创业引领计划，通过提供创业服务、落实创业扶持政策、提升创业能力，帮助和扶持更多高校毕业生自主创业，逐步提高高校毕业生创业比例。各地要健全公共创业服务体系，完善创业公共服务政府采购机制，依托各类创业平台、基层公共就业服务平台，为准备或开始创业的高校毕业生提供创业辅导、创业培训、政策咨询、工商登记、融资担保、场地扶持、创业信息、人事代理等创业服务。为毕业生创业提供优惠政策，要求各地、各有关部门要进一步放宽高校毕业生自主创业限制，凡法律、法规没有明文禁止的行业和领域，均向高校毕业生开放。要进一步落实和完善工商登记、场地支持、税费减免等各项创业扶持政策。拓宽高校毕业生创办企业出资方式，简化工商注册登记手续。对高校毕业生创办的小型微型企业，年累计实际利润额或年度应纳税所得额低于 10 万元（含 10 万元）的，实行减低企业所得税税率政策和减半征收企业所得税政策；对高校毕业生创办的小型微型企业，月销售额不超过 2 万元的，实行暂免征收增值税和营业税等税收优惠政策。对从事个体经营的高校毕业生和毕业学年高校毕业生，按规定落实相关税收优惠政策。留学回国高校毕业生自主创业并符合条件的，可享受现行高校毕业生创业扶持政策。省财政厅要会同省人力资源社会保障厅和省教育厅等部门积极推动设立河南大学生创业扶持资金，进一步加大高校毕业生创业扶持资金支持力度。鼓励有条件的高校设立校内创业资金，为大学生创业提供担保、补贴等资金支持。金融部门要加大信贷资金支持力度，积极探索和创新符合高校毕业生创业实际需求特点的金融产品和服务方式，本着风险可控和方便高校毕业生享受政策的原则，降低贷款门槛，优化贷款审批流程，提升贷款审批效率。进一步完善抵押、质押、联保保证和信用贷款等多种方式，多途径为高校毕业生解决反担保难问题，切实落实银行贷款和财政贴息。对高校毕业生从事电子商务经营或开办"网店"并通过网上交易平台实名注册认证的，经人力资源社会保障部认定，可享受小额担保贷款和贴息政策。对毕业 2 年内高校毕业或毕业学年高校毕业生初始创业者，取得工商、税务登记和有固定经营场所并进行稳定创业经营活动的，给予一次性 5000 元的创业补贴，所需补贴从就业专项资金中列支，具体办法由人力资源社会保障部门会同财政部门制定。要充分发挥中小企业发展专项资金的作用，推动改善创业环境。鼓励企业、行业协会、群团组织、天使投资人等以多种方式向自主创业大学生提供资金支持，设立重点面向扶持高校毕业生创业的天使投资和创业投资基金。对支持创业早期企业的投资，符合条件的，可享受创业投资企业相关企业所得税优惠政策。

2014 年 10 月 22 日，河南省人民政府办公厅转发省人力资源和社会保障厅、省发展改革委、省教育厅、省科技厅、省工业和信息化厅、省财政厅、人民银行郑州中心支行、省工商局、团省委联合制定的《河南省大学生创业引领计划》，旨在通过各方共同努力，使大学生的创业意识和创业能力逐步增强，支持大学生创业的政策制度和服务体系更加完善，政府激励创业、社会支持创业、大学生勇于创业的机制基本形成，大学生创业的规模、比例继续得到扩大和提高，力争实现 2014~2017 年引领 6 万大学生创业，大学生创业率达到 3% 的预期目标。

2014 年，全省有高校毕业生 48.3 万人（其中研究生 1.3 万人，本科生 21.3 万人，专科生 25.7 万人）。截至 9 月 1 日，高校毕业生初次就业率为 80.35%（其中研究生 72.76%，本科生 79.92%，专科生 81.08%），比上年同期上升 0.19 个百分点，高于全国平均水平 2.85 个百分点；实现就业（含升学）38.8 万人，同比增加 0.5 万人，实现了毕业生就业人数持续增加，初次就业率保持基本稳定的工作目标。一是"就业引导教学改革"全面落实。建立就业状况评价反馈机制。开展毕业生就业状况与人才培养质量跟踪评价工作，编制高校毕业生就业、预警和重点产业人才供应年度报告，建立全省高校编制发布毕业生就业质量年报制度。将"建立全省高校人才培养动态调整机制项目"纳入河南省首批教育综合改革重点项目。建立健全以就业为导向的"招生—培养—就业"的联动机制，将高校毕业生就业率纳入高校领导干部和行风评议考核指标体系。落实就业与招生计划挂钩机制，在招生计划制订过程中将毕业生就业状况作为重要参考，对就业率偏低的 14 所公办本科高校和 5 所民办本科高校核减 1570 个招生计划。根据省政府产业结构调整的有关意见，重点提高先进制造业、高成长服务业和现代农业等相关专业的招生计划比例，充分发挥教育服务经济社会发展的作用。

成立河南省教育评估中心，并于 2014 年 1 月 6 日经河南省民政厅批复成立，5 月 17 日正式挂牌。该中心是河南省首个省级第三方教育评价机构，由河南省教育厅主管，以专员会为学术核心，接受政府、学校和社会各方委托，承担各级各类教育评估、研究和咨询服务职能。二是就业政策体系更加完善、落实更加有力。河南省人民政府办公厅出台《关于做好 2014 年普通高等学校毕业生就业创业工作的通知》（豫政办〔2014〕81 号），实施全民技能振兴工程和大学生创业引领计划，鼓励小微企业吸纳就业，提高岗前职业培训补贴标准，就业创业优惠政策更加完善。实施"特岗教师"计划，在 97 个设岗县共招聘农村特岗教师 1.2 万名，较上年增加 2000 名。会同有关部门实施"选调生""三支一扶""大学生志愿服务西部""大学生志愿服务贫困县" 4 个基层就业项目，共招募高校毕业生 1912 人。做好大学生征兵工作，大学生参军入伍网上报名人数达 7.1 万人，实际入伍 10378 人，报名人数连续六年居全国第一位。编制《高校毕业生就业政策百问》，在全省 129 所高校发放，通过微信、校园网等平台宣传就业政策，确保毕业生知晓政策、用好政策。三是就业指导服务成效显著。全年举办网上双选活动 26 场，分行业分区域双选会 28 场，大型校园双选活动 122 场，小型专场招聘活动 4000 余次，提供就业岗位信息 70 余万条。建立"一人一策"的帮扶机制，为家庭经济困难、身体残疾、少数民族等就业困难毕业生提供专门培训、重点指导、优先推荐等"一对一"的就业服务，为 7630 名低保家庭毕业生发放求职补贴 763 万元。编写《中学生职业发展教育导论》，将职业生涯教育引入高中阶段，进一步完善全程化的就业指导体系。推介宣传全省基层就业和自主创业的先进典型 21 人次，通过典型带动引导毕业生转变就业观念，主动到基层建功立业和自主创业。四是鼓励和扶持创业取得实效。落实创业引领计划。开展创业教育示范学校评选和创业培训讲座等活动，启动 6.6 万名大学生创业培训工作，提升大学生创业意识和创业能力。举办中国河南—美国区域高校大学生创新创业大赛等实践活动，营造褒扬成功、宽容失败的创业文化氛围。设立创业专项资金。投入 1000万元创业引导资金，培育和扶持 71 个大学生创业项目，支持建设 17 个创业教育示范学校和 6 个创业孵化园。协调省人力资源和社会保障厅、省财政厅自 2014 年开始设立创业扶持资金 3000 万元，对符合条件初次创业的毕业 2年以内高校毕业生或毕业学年高校毕业生，可给予一次性创业补贴 5000 元。建立创业孵化基地。省教育厅安排近 200 万元用于扶持 7 所高校的创业孵化基地。联合省人力资源和社会保障厅、省财政厅认定 9 个省级创业带动就业孵化示范基地（其中有 2 所高校），每个孵化示范基地给予一次性奖励补助50 万元。对入驻孵化基地、符合条件的毕业生创业实体，3 年内每年给予不超过 1 万元的物管费等专项补贴。

（三）就业情况分析

2018 年 7 月，新锦成研究院发布了《河南省 2016 届高校毕业生就业状况与人才培养质量跟踪调研报告》（以下简称《报告》）；2017 年，河南省教育厅学生处委托河南省教育评估中心基于调查研究编写了《2017 年河南省高校毕业生就业质量年度调查报告》（以下简称《调查》）。本部分的资料，主要来源于这两个报告。

《报告》显示，河南省当年高校毕业生的调研就业率为 95.23%。根据客观数据分析，"报告"认为河南省 2016 届毕业生就业率为 85.16%。

从调研结果来看，《报告》认为，河南省 2016 届本科毕业生不同学科门类的就业率均在 94.00% 以上。其中，工学（96.81%）、理学（96.64%）和历史学（96.51%）本科毕业生的就业率居前三位。河南省 2016 届专科毕业生不同专业大类的就业率均在 88.00% 以上。其中，制造大类（95.45%）、土建大类（95.29%）和交通运输大类（95.27%）专科毕业生的就业率居前三位。河南省 2016 届毕业研究生不同学科门类的就业率均在 94.00% 以上。其中，工学（99.24%）、医学（98.56%）和文学（98.53%）毕业研究生的就业率居前三位。

在河南省 2016 届本科毕业生的 186 个主要专业中，就业率最高的专业是计算机科学与技术（数字媒体技术）、商务英语、保险、网络工程（信息安全）、档案学、计算机科学与技术（3G 软件）、市场营销（专升本）、网络工程（物联网技术）、康复治疗学、纺织工程、计算机科学与技术（嵌入式软件）、食品科学与工程（专升本）、动植物检疫（动物检疫）、工程力学、水产养殖学及资源环境与城乡规划管理，就业率均为 100%。在河南省 2016 届专科毕业生的 181 个主要专业中，就业率最高的专业是会计电算化（交通运输方向）、铁道工程技术、城市轨道交通车辆（驾驶方向）、生产过程自动化技术、应用日语、冶金技术、铁道机车车辆、化工设备与机械、工程机械控制技术（铁路大型养路机械方向）、生物化工工艺和机电设备维修与管理，就业率均为 100%。

《调查》显示，2017 年河南省高校毕业生总体就业率为 93.96%。从学历层次看，2017 年研究生就业率最高，达到 95.10%；本科生就业率最低，但也达到了 92.98%；专科生就业率为 95.09%。2017 年各学历层次毕业生就业率均达到较高水平，说明随着经济转型升级，社会对高层次人才和高级专门人才的需求均在增加。同时，也是河南主动响应国家发展战略，围绕新技术、新产业、新业态、新模式，开发更多高层次人才和高级专门人才的就业岗位，并构建全方位的指导服务体系，促进大学毕业生就业创业的结果。

第三节　国家工程

一　"211" 工程

1993 年，中共中央、国务院提出"211 工程"概念，即面向 21 世纪重点建设 100 所左右的高等学校和一批重点学科的建设工程，于 1995 年 11 月经国务院批准后正式启动。"211 工程"建设大概分成 5 批。

（1）1995 年 12 月，第一批入选"211 工程"的大学共 15 所，分别为北京大学、清华大学、北京理工大学、北京航空航天大学、中国农业大学、复旦大学、上海交通大学、西安交通大学、哈尔滨工业大学、中国科技大学、南开大学、天津大学、南京大学、浙江大学、西北工业大学。1996 年 12 月，首批增加 12 所，总数变为 27 所。

（2）1997 年 12 月，第二批 67 所。

（3）2005 年，第三批 12 所。

（4）2007 年，第四批 1 所。

（5）2011 年，第五批 5 所，此后不再新增。

1996 年 11 月，郑州大学通过国家"211 工程"部门预审，1996 年 6 月，原国家计委正式批复，将郑州大学列入国家"211 工程"项目院校进行重点建设。1997 年 7 月通过立项论证，1998 年 6 月原国家计委对《郑州大学"211 工程"建设可行性研究报告》正式批复。2001 年 11 月，郑州大学"九五""211 工程"建设项目通过国家验收。2003 年 7 月，郑州大学"十五""211 工程"建设通过立项论证；2004 年 6 月，国家发改委正式批复郑州大学"十五""211 工程"建设项目可行性研究报告；2005 年 3 月，郑州大学"十五""211 工程"建设项目通过中期检查；2006 年 7 月，郑州大学"十五""211 工程"建设项目通过国家验收。

2008 年 5 月，根据"211 工程"部际协调小组的要求，制定了郑州大学"十一五""211 工程"预研方案，省教育厅会同省发改委、省财政厅对《郑州大学"211 工程"三期建设方案》进行了充分论证并提出了修改完善意见。2008 年 6 月，省政府原则同意《郑州大学"211 工程"三期建设方案》和资金安排意见。郑州大学"211 工程"三期建设资金计划 5 亿元，主要用于重点学科建设、创新人才培养和师资队伍建设、校内公共服务体系建设项目。

2000 年 7 月 10 日，河南省委省政府在省人民会堂隆重召开新的郑州大学成立大会。时任教育部副部长张保庆到会祝贺，省党政军领导出席了会议。时任省委副书记、省长李克强代表省委、省人大、省政府、省政协在大会上做重要讲话。他要求，新的郑州大学要以创国内一流大学为目标，瞄准科技、教育发展的制高点，不断壮大规模和实力，提高教学质量和办学效益。新的郑州大学 2005 年普通本专科生要达到 5 万人，研究生达到 2500 人，博士点达到 20 个左右，逐步办成理、工、医、文、法、经、管等学科门类齐全、理工学科优势突出的综合性大学，并进入全国重点大学行列。李克强表示，在今后的发展过程中，省委省政府将把新的郑州大学作为全省高等教育的重中之重予以关心和扶持，并加大投资力度，3 年内多渠道投入 10 亿元用于郑州大学建设。张保庆在讲话中希望新的郑州大学抓住机遇，深化改革，通过实质性合并，迅速形成优势，使学校的各项工作迈上一个新的台阶。

新的郑州大学由原郑州大学、郑州工业大学、河南医科大学合并组建。党委书记由时任河南省委高校工委副书记、省教育厅副厅长蒋笃运担任，校长由原郑州大学校长曹策问担任。学校占地面积 160 万平方米，建筑面积 116 万平方米，固定资产总值 68512 万元，其中，教学、科研仪器设备资产总值 18226 万元。图书馆藏书 326 万册。学校现有 60 个本科专业，88 个硕士点，4 个专业硕士学位授权点，9 个博士点，5 个博士后流动站，1 个"国家理科基础科学研究和教学人才培养基地"，是"国家大学生文化素质教育基地"。有 2 个国家级科研中心，5 个国家"211 工程"重点建设学科，33 个省级重点学科，8 个省级重点实验室和工程研究中心。设有 1 个出版社，公开出版发行期刊 15 种。全校教职工 5923 人，其中专任教师 2201 人。在专任教师中，有两院院士 4 人，博士生导师 63 人；有教授 25 人，副教授 675 人；具有博士学位的 272 人，具有硕士学位的 1167 人。2000 年学校共招收新生 17558 人，其中，博士生 51 名，硕士生 599 人，本科生 10389 人，专科生 1739 人，成教 4780 人；全日制在校本专科学生达 35000 人，研究生 1336 人（其中，博士 105 人，硕士 1231 人），成教学生 13933 人，外国留学生 200 余人。2000 年学校分南、北、东三个校区，校本部设在南校区。

新郑州大学组建后，学校党委和行政始终把统一思想认识放在第一位，先后多次召开校领导班子会议、各校区负责人会议、全校处级干部大会、老干部座谈会等，广泛宣传，提高对合并重要性的认识，确保大局稳定。成立了新区建设规划、学科建设规划、人事机构分配制度改革和后勤社会化改革 4 个领导小组，全面开展工作。充分发挥各校区党工委和管委会的职能作用。要求处级干部在合校过程中坚守岗位，加强实质性融合观念，积极工作，接受考验。虚心听取老同志意见和建议，广纳良策。经过积极工作，各级领导干部和广大教职员工在合并过程中思想认识逐步统一。为保证各项工作的正常运转，学校从三校区抽调得力干部成立了综合办公室；及时制订了学校行政工作制度、校长办公会议议事规则、公文管理、印信管理办法等文件；制订了合校后党委、行政第一个学期的工作计划，对学校建设和发展的重大问题和主要工作做出安排，提出了具体要求，保证了招生、新生入学、军训、教学及其他各项工作的顺利进行。学校还明确宣布，凡在合校期间不坚守工作岗位、纪律涣散、滥发钱物、中饱私囊者，一经查实，严肃处理，并向全校印发了《关于加强财务管理工作的通知》，为财务统一做好准备。对网络中心实行统一管理，由合并后的网络中心统一对外；校报统一编辑发行，在宣传上统一口径；职称统一评审，全校组建一个评委会；学位点统一申报，利用原三校的学科特色和队伍优势，形成合力，已成功争取到 18 个硕士点和 1 个 MBA 硕士点。三校合并后，共有 13 个专业重复交叉，根据学科建设的实际情况，采取向强靠拢，稳步推进的方式，进行专业调整，先后完成了建筑学、信息与计算机科学、化工、土木 4 个专业的合并工作，并计划利用寒假完成其余专业的合并搬迁工作。寒假后全校将按统一的校历进行教学活动，并将根据调整后的专业进行招生。

学校认真贯彻第三次全国教育工作会议精神，全面推进素质教育和教学改革，加强教学基本建设，努力提高教学质量。在组织学科专业调研、专家论证的基础上，新专业的申报、学科专业的融合工作稳步进行，各专业的教学计划进行了全面修订。组织了教学优秀奖和成果奖的评选，申报了国家"新世纪教学改革"项目，组织了第二届中青年教师讲课大赛，继续加大化学基地班、人文班、材料工程系培养模式改革，承担了"面向 21 世纪课题教材研讨及推广会议""全国普通高校专业设置管理工作会议"。教学质量监控体系更加完善，建立了学生教学联络员组织，继续发挥教学督导委员会的作用，开展教学质量调查及期中教学检查，完成了学生对教师教学打分表的录入统计。学校教务处再次荣获教育部授予的"全国普通高等学校优秀教务处"称号。积极探索教改新思路，分批对任课教师进行多媒体教学培训并举行了多媒体教学演示、交流与课件比赛；大幅度调整实验课教学安排，试开综合性大型实验，减少简单论证型实验，专业理论课教学采取灵活多样的教学方法，保证了学生一定的自学时间，加强学生独立思维和动手能力的培养；思想政治课引入国际国内热点问题，活跃课堂气氛，扩大学生知识视野；外语课大胆更新教学内容，探讨新的教学模式，激发学生学习兴趣；体育教学加强教学竞赛环节，创造了课上课下结合、小型多样结合的形式，提高了教学质量。

2003 年 6 月 19 日，省政府常务会议决定，郑州大学"十五""211 工程"建设总投资 2.6 亿元，其中学校自筹 1 亿元，中央专项资金 2700 万元，省里安排 1.33 亿元。9 月 5 日，省教育厅、省计委、省财政厅联合向省政府呈送了关于郑州大学"十五"建设项目可行性论证报告。9 月 22 日，省政府、教育部联合行文报国家发改委、财政部正式申请对郑州大学"211 工程"二期建设项目做最后的论证。10 月 28 日至 11 月 2 日，中国咨询总公司受国家发改委委托，对郑州大学"211 工程"二期建设项目进行最后论证。年底，郑州大学"211 工程"建设项目已全面启动。

2003 年，郑州大学努力提升办学层次，大力发展研究生教育，人才培养结构逐步转型。普通本科生与研究生的比例由 2000 年合校时的 19∶1 调整为 2003 年的 8∶1，为下一步实现 3∶1 的战略转型目标打下了良好的基础。学校重点修订了研究生培养方案，下移研究生管理重心，强化以科研带动研究生教育与培养的理念，加强培养过程管理，研究生培养质量不断提高。2003 年，学校共招收普通本专科生 8590 人，其中本科 6961 人，专科 1629 人；招收博士生 122 人，硕士生 1564 人，学位课程进修班 586 人，专业学位班 339 人。毕业学生总数 8073 人，其中本专科学生 7423 人，博士生 48 人，硕士生 602 人。成人教育总规模达 26016 人，其中脱产生 11787 人，并首次实行网上录取；高等职业技术教育在校生 967 人，招收了首届 600 余名专升本学生；远程教育已招收两届学生，学生总数 3020 人。科学研究与科研基地建设。学校科研工作突出抓好重大科研项目立项和科研基地建设，开展重大理论问题和实际应用问题的研究，不断提高对经济建设和社会发展的介入度和贡献率。2003 年，获得各级各类科研项目 517 项，科研经费 3520 万元，其中国家级项目 24 项，省（部）级项目 254 项。有 1 项科研成果获国家科技进步二等奖，48 项成果获省（部）级奖励，130 篇论文获省自然科学优秀论文奖。申报专利 39 项，获准专利 3 项。学校发表的论文被 SCI 收录 86 篇，居全国第 54 位；被 EI 收录论文 28 篇，居全国第 64 位；被 ISTP 收录论文 11 篇，居全国第 102 位；被 SCI 引用 74 篇 158 次，居全国第 39 位。国内期刊发表的论文 1063 篇，居全国第 33 位，被引证 689 次，居全国第 51 位。2003 年，材料物理实验室被批准为教育部重点实验室，结束了河南省没有教育部重点实验室的历史。新增省级重点实验室 4 个，省高校重点学科开放实验室 2 个；首批建立校级人文社科重点研究基地 9 个，同时申报了 2 个教育部人文社科重点研究基地和 9 个省级人文社科重点研究基地。学校积极发挥科技优势，与 98 家企业、社会团体和政府部门签订了合作协议技术合同，参与组建河南省国家大学科技园，为产学研结合搭建了新的平台。

2005 年 3 月，按照国家"211 工程"部际协调小组的要求，省教育厅会同省发改委、省财政厅组织省内外专家完成对郑州大学"十五'211 工程'"建设情况进行的中期检查。检查结果表明，"十五"期间，"211 工程"建设项目进展顺利。截至 2004 年底，共完成投资 22338 万元，占总投资的 85.9%，其中，重点学科建设项目完成投资 6104 万元，公共服务体系建设项目完成投资 3954 万元，师资队伍建设项目完成投资 2700 万元，基础设施建设项目完成投资 9580 万元，分别占总进度的 81.4%、92%、100% 和 83.3%。

2006 年 7 月 2 日，郑州大学"211 工程"二期建设项目顺利通过国家验收。郑州大学"十五"期间总投资 2.6 亿元，全面完成了二期建设任务，办学水平、办学实力和办学效益明显提高，总体建设成就突出，实现了跨越式发展，顺利通过国家验收。郑州大学按照"211 工程"标准加快发展，新校区建设成效明显；4 月 20 日，被教育部批准为国家大学生文化素质教育基地。

2007 年 5 月，教育部公布了 2006 年全国高校本科教学工作水平评估结果，郑州大学以全票获得"优秀"，是为数不多的以全票获得优秀的学校。5 月和 9 月，郑州大学两次在教育部召开的参评高校培训会上介绍教学评估经验。此外，学校依托一级学科博士点，首批自主增列 9 个二级博士点，5 个二级学科硕士点，使学校二级学科博士点达到 81 个，二级学科硕士点达到 223 个；新增软件工程、水文与水资源工程、交通工程 3 个本科专业；建筑学和土木工程 2 个专业通过了原建设部的水平评估，艺术教育和体育学专业分别通过了省教育厅组织的检查评估，均取得了良好成绩；学校 1998 年前获得的 69 个硕士点全部顺利通过国务院学位办定期评估。在毕业生就业方面，研究生和本科生就业率分别达到 95% 和 94%。就业率、就业层次、就业质量均有新的提高。

2007 年 8 月 24 日，由时任全国人大常委会委员长吴邦国主持的全国人大常委会第 28 次专题讲座在北京人民大会堂举行，郑州大学霍裕平院士应邀赴京，做了题为《受控热核聚变能的研究与发展》的讲座。霍裕平院士从受控热核聚变能及其在未来能源中的地位、受控热核聚变能研究的发展、中国参加国际热核聚变实验反应堆（IER）计划的基础和目标，以及中国聚变能研究发展的设想等方面做了讲解。他指出，作为完全伙伴全面参加 IER 计划，是中国整体聚变研究计划的一个重要组成部分，是全面推进中国聚变能研发、在可能的条件下大大促进核聚变能应用在中国尽早实现的重大举措。

2007 年，郑州大学新一轮的国家重点学科申报和评审工作取得突出成绩，原有的 2 个国家重点学科材料加工工程、凝聚态物理通过评审再次获得批准，新申报的中国古代史、有机化学、化学工艺、病理学与病理生理学 4 个学科全部入选国家重点（培育）学科。至此，学校已有 6 个国家层面的重点学科，占全省重点学科的 75%。其中，中国古代史、病理学与病理生理学填补了学校文科、医科无国家重点科的空白，使国家重点学科在文、理、工、医 4 大门类均有分布，标志着学校的重点学科建设进入了一个新的层次、新的水平。

2008 年，省教育厅会同省发改委、省财政厅对郑州大学"211 工程"三期建设方案进行论证，省政府已同意建设方案。新方案在重点学科建设等方面有大的突破，为学校实现新跨越奠定了良好的基础。

2008 年，郑州大学深入实施科技创新工程，国家级科研立项实现了新的突破，新增国家自然科学基金 56 项，经费总额 1801 万元，项目总数和经费总额创历史新高；新增国家社科基金项目 8 项，获得教育部人文社会科学研究项目 7 项；新增国家"重大新药创制"科技专项 1 项、"973"计划前期研究专项课题 2 项、国家科技支撑计划 1 项；新立国家高新技术"863"军工创新项目 7 项；新立教育部人文社会科学研究项目 7 项，占河南省总数的近 1/3。学校承担大项目的能力进一步提升。橡塑模具国家工程研究中心承担的"神舟七号"宇航员出舱头盔面窗的研制获得成功，获得"中国载人航天工程突出贡献奖"称号，这是河南省高校首次在我国载人航天工程中发挥重要作用并取得可喜成绩；郑州大学作为河南省技术牵头单位承担的国家重大科技专项淮河流域水污染治理与示范项目通过国家验证，项目经费 2000 余万元。学校还新增省部共建重点实验室 1 个，入选河南省"中原学者" 2 人，河南省科技创新型团队 5 个，获经费资助 3500 万元，全年纵、横向科研合同费达 2.1 亿元，再创历史新高。

2012 年 3 月 26 日，以中国科学院院士、国家自然科学基金委员会工程与材料科学部主任、清华大学教授王光谦为组长，以中国工程院院士、河南平煤集团总工程师张铁岗，中国工程院院士、河南省农科院副院长张改平，中南大学副校长李桂源，中国社会科学院学部委员、考古研究所学术委员会主任刘庆柱，河南科技大学校长王键吉和中原工学院院长崔世忠为成员的验收专家组，对郑州大学"211 工程"三期建设项目进行校内验收。验收专家组通过听取汇报、查阅资料、质疑答辩等环节，形成学校"211 工程"三期建设项目验收专家组意见，一致认为学校"211 工程"三期圆满完成各项建设任务，达到预期建设目标。3 月 28 日，省教育厅、省发改委和省财政厅组织召开郑州大学"211 工程"三期建设总结汇报会，听取学校"211 工程"三期建设总结汇报。与会领导在听取学校总结汇报后，对学校"211 工程"三期建设成效给予高度肯定，并对"211 工程"四期建设提出指导意见。

2014 年，郑州大学制定完成学校第一部大学章程，经省教育厅核准通过，现代大学制度建设迈出新步伐；做好校部机关机构设置和职能整合，调整设置机构 45 个，撤销机构 10 个，治理结构进一步完善；教育发展基金会投入运行，全年接受社会捐赠 1880 万元；启动以评价体系牵引高水平大学建设的校院两级分配制度改革；提出涵盖人才培养、科技创新社会服务、文化传承与创新四大建设体系和人才强校、管理与服务保障两大支撑工程的综合改革框架，学校综合改革被列为河南省高等教育综合改革试验区。获批国家社科基金项目 26 项，其中重点项目 6 项，立项数量在全国所有申报单位中列第 10 位，在全国高校列第 9 位；新增国家自然科学基金项目 173 项，再创历史新高；获得科技支撑计划项目 1 项，项目经费 4000 余万元；教授常俊标主持完成的"治疗脑卒中一类新药 BZP"专利成果，获专利转让与研究开发费 4500 万元，再创学校单项成果转让费最高纪录；中英分子肿瘤学研究中心成为国家级国际联合研究中心；中美（河南）荷美尔肿瘤研究院投入运行；重大基础设施检测修复国家地方联合工程实验室通过国家论证评审；省政府批准设立河南省资源与材料工业技术研究院；河南资源与材料产业协同创新中心通过国家第一轮认定；参与的"国家领土主权与海洋权益"协同创新中心获国家认定；新增省级协同创新中心 1 个，使学校省级协同创新中心达到 6 个，遴选建设首批 10 个校级协同创新中心，形成郑州大学协同创新三级建设体系；获国家技术发明二等奖 1 项、何梁何利基金科学与技术进步奖 1 项，获省科技进步一等奖 3 项、二等奖 21 项；化学、材料、医学、工程 4 个学科（领域）进入 ESI 排名全球前 1%，成为全国 38 个联合国"学术影响力"项目成员之一；社科办获"全国先进社科组织"荣誉称号，成为河南省唯一获奖的高校社科单位。

通过"211 工程"重点建设，郑州大学顺利实现了四个转型：一是整体转型，从教学为主向教学科研并重转型，并向研究教学型大学转变；二是人才培养层次和结构的转型，由本科教学为主向本科教育、研究生教育并重转型；三是师资队伍结构层次的转型，包括学历结构、职称结构、年龄结构等的转型；四是外部管理体制和内部运行机制的转型，形成了省部共建的新型外部管理体制和以新校区为主、多校区协调运转的内部运行机制，为学校今后的发展奠定了坚实的基础。

二 "双一流"建设

世界一流大学和一流学科，简称"双一流"。建设世界一流大学和一流学科，是党中央、国务院做出的重大战略决策，有利于提升中国高等教育综合实力和国际竞争力，为实现"两个一百年"奋斗目标和中华民族伟大复兴的中国梦提供有力支撑。

2015 年 8 月 18 日，中央全面深化改革领导小组第 15 次会议审议通过《统筹推进世界一流大学和一流学科建设总体方案》，决定统筹推进建设世界一流大学和一流学科。

2015 年 10 月，国务院印发《统筹推进世界一流大学和一流学科建设总体方案》。

2017 年 1 月，经国务院同意，教育部、财政部、国家发展改革委联合印发《统筹推进世界一流大学和一流学科建设实施办法（暂行）》。

2017 年 9 月，教育部、财政部、国家发展改革委联合发布《关于公布世界一流大学和一流学科建设高校及建设学科名单的通知》，世界一流大学和一流学科建设高校及建设学科名单正式确认公布。

"双一流"建设高校遴选程序。"双一流"建设高校通过竞争优选、专家评选、政府比选、动态筛选产生。在广泛听取意见的基础上，以增量方式统筹推动建设，以存量改革激发建设活力。选定过程分四步。

第一步，组建"双一流"建设专家委员会，具体承担遴选认定和审核建设方案的有关工作。

第二步，依托专家委员会，以学科为基础，确定遴选认定标准，产生拟建设高校名单及拟建设学科。先遴选产生 137 所一流学科建设高校建议名单，随之对应产生拟建设学科。在一流学科建设高校建议名单基础上，综合评价论证提出 42 所一流大学建设高校建议。一流大学建设高校重在一流学科基础上的学校整体建设、重点建设，全面提升人才培养水平和创新能力；一流学科建设高校重在优势学科建设，促进特色发展。

第三步，确定拟建设高校的建设方案。拟建设高校编制论证建设方案，经所属省级人民政府或主管部门审核后，报三部委。

第四步，三部委根据专家委员会意见，研究确定一流大学、一流学科建设高校及建设学科，报国务院批准。

"双一流"建设总体目标：着眼于国家"两个一百年"的战略目标，统筹推进一流大学和一流学科建设将分三步走。

第一步，到 2020 年，若干所大学和一批学科进入世界一流行列，若干学科进入世界一流学科前列。

第二步，到 2030 年，更多的大学和学科进入世界一流行列，若干所大学进入世界一流前列，一批学科进入世界一流学科前列，高等教育整体实力显著提升。

第三步，到 21 世纪中叶，一流大学和一流学科的数量和实力进入世界前列，基本建成高等教育强国。

"双一流"建设 10 项重点任务。《总体方案》围绕"中国特色，世界一流"的核心要求，从建设、改革两方面共安排了 10 项重点任务。

一是建设一流师资队伍。强化高层次人才的支撑和引领作用，加快培养和引进一批一流科学家、学科领军人物和创新团队，培养造就一支优秀教师队伍。

二是培养拔尖创新人才。突出人才培养的核心地位，着力培养具有国家使命感和社会责任心，富有创新精神和实践能力的各类创新型、应用型、复合型的优秀人才。

三是提升科学研究水平。以国家重大需求为导向，提升高水平科学研究能力，着力提升解决重大问题和原始创新的能力，推进科研组织模式创新。打造具有中国特色和世界影响的新型高校智库。

四是传承创新优秀文化。加强大学文化建设，把社会主义核心价值观融入教育教学全过程，发挥中华优秀传统文化的教化育人作用。

五是着力推进成果转化。深化产教融合，着力提高高校对产业转型升级的贡献率，推动重大科学创新、关键技术突破转变为先进生产力，增强高校创新资源对经济社会发展的驱动力。

六是加强和改进党对高校的领导。坚持和完善党委领导下的校长负责制，牢牢把握高校意识形态工作领导权，全面推进高校党的建设各项工作。

七是完善内部治理结构。加快形成以章程为统领的完善、规范、统一的制度体系，加强学术组织建设，完善民主管理和监督。

八是实现关键环节突破。加快推进人事制度、人才培养模式、科研体制机制、资源募集机制等方面的改革。

九是构建社会参与机制。加快建立健全社会支持和监督学校发展的长效机制。建立健全理事会制度，加快完善与行业、企业密切合作模式。

十是推进国际交流合作。加强与世界一流大学和学术机构的实质性合作，加强国际协同创新，切实提高我国高等教育的国际竞争力和话语权。

2017年9月21日，教育部、财政部、国家发展改革委印发《关于公布世界一流大学和一流学科建设高校及建设学科名单的通知》，公布42所世界一流大学和95所一流学科建设高校及建设学科名单。郑州大学临床医学（自定）、材料科学与工程（自定）、化学（自定），河南大学生物学等学科进入。

2015年河南省高等教育工作会提出，河南将启动高校分类发展计划，引导高校在不同层次、不同领域办出特色、争创一流，重点建设 2~3 所国内高水平大学。当年 12 月，《河南省优势特色学科建设工程实施方案》出台，对河南未来 10 年优势特色学科建设、高等教育改革做出规划，并明确了全面实施河南省优势特色学科建设工程时间节点：一期建设时间为 2015~2019 年，计划立项建设 10 个左右优势学科和 20 个左右特色学科；二期建设时间为 2020~2024 年，一期验收合格纳入二期继续支持。资金投入方面，2015~2017 年安排 10 亿元，2018~2024 年每年安排 3 亿元，总计 31 亿元。

郑州大学建设目标：到 21 世纪中叶建成世界一流综合性研究型大学。

围绕河南资源与产业优势，服从国家整体发展需要，打造优势特色学科高峰。到 21 世纪中叶，一批学科（群）进入世界一流行列。汇聚一批具有国际影响的学术大师，建成国际一流的师资队伍。学术创新、社会服务、办学声誉达到世界一流。

2017~2020 年是总体布局阶段：完成世界一流学科建设布局，形成适应河南经济社会发展、契合国家重大战略需求、特色鲜明的综合性大学学科架构。创新服务能力与人才培养质量显著提升。形成中部地区的人才高地、科研基地和交流合作中心。

2020~2030 年是全面建设阶段：建成国际知名的综合性大学，争取进入世界一流大学行列。成为中部地区经济社会发展的重要创新基地，产出一批重大科研成果，引领国际若干学科领域发展方向。

2030 年至 21 世纪中叶是快速发展冲刺阶段：建成世界一流大学。打造国际一流的人才汇聚和培养高地，具有显著影响的自主创新学术中心，支撑国家和区域以及若干领域重大战略需求的重要基地。

河南大学建设目标：到 21 世纪中叶跻身世界一流大学行列。

河南大学将以生物学一流学科建设带动学校整体发展，为河南大学建设世界一流高校提供坚实基础。河南大学生物学学科将以解决粮食安全和生态安全等国家重大需求为目标，通过优化学科布局、推动学科交叉、拓展学科领域，构建"研究方向—学科领域—学科集群"学科体系。在植物学和动物学等学科领域取得重大突破，进入世界一流行列；加强生物学与农、医、环境、材料、信息等学科的交叉融合，带动相关学科的快速发展，提升河南大学学科整体水平。

到 2020 年，世界一流学科建设成效显著，建立完善适应一流大学发展的大学治理体系，学校综合实力大幅度提高，在全国高等教育体系中的地位进一步攀升。

到 2030 年，世界一流学科建设带动学校整体发展取得重要进展，以文、理、医、工为主，多学科协调发展的一流学科体系更加完善，若干重要学科跻身或接近国际先进水平；学校综合实力明显提升，初步形成世界一流大学的学科基础。自然科学在生命、纳米、信息等科学领域产出重大原创性成果，人文社会学科在黄河文明、区域经济发展和教育现代化等领域产出引领社会进步的重大思想成果，应用学科在农业、环境、健康、材料、能源和物流等行业为国家和区域发展作出重大贡献。到 21 世纪中叶，扎根中原大地，面向国家重大战略，面向经济社会主战场，面向世界科技发展前沿，跻身综合性、研究型、有较大国际影响的世界一流大学行列。

第四节　民办高等教育领跑全国

河南当代的民办高等教育萌芽于改革开放之初，起步于 20 世纪 90 年代。1994 年 2 月 5 日，国家教委同意民办黄河科技学院（原黄河科技大学）正式建校，明确该院系独立设置的全日制高等学校，专科层次，学历教育发展规模为 1000 人。当年 6 个专业招生 200 名。

这是新中国建立后国家批准的第一所具有大学专科学历教育资格的民办高等学校。是黄河科技学院办学史上的一次历史性飞跃，是河南民办教育发展史上的第一个重大突破，是中国当代民办教育发展过程中的第一个实质性跨越。新中国成立 35 年后，国家终于打开了民办高等学历教育的发展之门。

从 1994 年开始，黄河科技学院逐步引进教师，随着学校规模的不断发展壮大，引进教师的数量和层次都在不断提高，各时期引进的重点也有所不同。实施专科学历教育后，教师的招聘开始面向国内正规高校的本、专科毕业生。1998 年，学院印发《关于录用应届毕业生、硕士、博士生的有关规定》，引进更高层次人才。到 1999 年，黄河科技学院拥有专任教师 373 人，其中教授 14 人，副教授 117 人，副教授以上职称占 35%；拥有职工 195 人，其中 95 人以上有大专以上学历。学院开设工学、文学、管理学、教育学、法学、医学 6 个学科 15 个专业，其中工学、文学、管理学、教育学 4 个学科，计算机科学技术、电子信息工程、艺术设计、英语、广播电视新闻学、工商管理、体育教育 7 个专业的师资及科研力量较强。形成了信息工程技术类学科和外经商贸学科 "两个拳头"，打造了体育专业、音乐专业和美术专业 "三个亮点"。学院占地面积 33.87 公顷，建筑面积 13 万平方米，图书 30 万册，实验室面积达 6000 平方米，仪器设备价值 1250 万元，为 1999 年申办本科教育提供了硬件保证。

与此同时，学院坚持 "教学质量是第一生命线" 的指导思想，认真落实教学在学校工作中的中心地位，一方面积极加大教学投入，不断改善办学条件；另一方面不断深化教育教学改革，转变教育思想观念，狠抓学科、专业、师资、学风、实践教学等基本建设，教学质量显著提高，并在教学及管理上积累了一定的经验，为实施本科学历教育奠定了坚实的基础。

1999 年 4~6 月，黄河科技学院通过 "专升本" 省、市两级可行性论证。1999 年 7 月 23~24 日，河南省教委组织省高等学校设置评议委员会专家组进驻黄河科技学院，听取了学院领导的情况汇报，并召开了教师座谈会，进行了认真的考察。河南省政府于 1999 年 9 月 1 日以豫政文〔1999〕159 号致函教育部，申报变更黄河科技学院的培养层次和校名。1999 年 10 月 29 日，教育部发展规划司原司长纪宝成到校考察。1999 年 11 月 20 日，教育部原副部长张保庆到校考察并欣然为学校题词："艰苦奋斗，大有作为。" 1999 年 11 月 8~20 日，教育部高评委专家组到校，对学院 "专升本" 进行认真的考察。专家组五位成员分别对学校的办学指导思想、办学条件、师资队伍、行政管理、招生就业、财务状况和社会评价等进行了深入细致的考察。给出的考察结论是，学院 "专业有特色，师资队伍雄厚，实验实习条件完备，整体水平高"。2000 年 1 月 14 日，全国高等学校设置评议委员会主任、原教育部常务副部长张孝文在专家组考察的基础上，专程到校调研。2000 年 2 月，全国高等学校设置评议委员会三届三次会议在广州召开，黄河科技学院高票通过。

2000 年 3 月 21 日，教育部印发《关于在民办黄河科技学院基础上建立黄河科技学院的通知》，批准建立黄河科技学院，实施本科学历教育。黄河科技学院成为新中国成立以来，全国第一所而且是当时唯一一所民办普通本科高校，完整构建了河南民办教育的体系，开启了新中国民办高校实施本科学历教育的先河。这是中国民办高等教育发展史上的又一座里程碑，推动了中国民办高等教育的蓬勃发展，闯出了中国民办高等教育领域的一片新天地。

2011 年，全省有民办高校 4 所（本科 1 所、专科 3 所），占全省高校总数 64 所的 6.25%；毕业生 869 人，占全省高校毕业生总数 46120 人的 1.88%；招生 3832 人，占全省高校招生总数 140430 人的 2.73%；在校生 7323 人，占全省高效在校生总数 369149 人的 1.98%；民办高校教职工 1611 人，占全省普通高校教职工总数 50548 人的 3.19%，其中专任教师 875 人，占全省普通高校专任教师总数 24610 人的 3.56%。当时，河南民办高校学校数、毕业生数、招生数和在校生数，在全省的大盘子中显得微不足道。

到 2017~2018 学年，全省民办高校达到 37 所（本科 17 所、专科 20 所），占全省普通高校总数 134 所的 27.61%；毕业生 110751 人，占全省普通高校毕业生总数 503323 人的 22.00%；招生 144575 人，占全省普通高校招生总数 633969 人的 22.80%；在校生 456637 人，占全省普通高校在校生总数 2001249 人的 22.82%；教职工 32241 人，占全省普通高校教职工总数 145755 人的 22.12%，其中专任教师 24296 人，占全省普通高校专任教师总数 108449 人的 22.40%。

从规模上看，河南民办高校已经成为河南高等教育的重要组成部分。在人才培养质量上，民办高校也一直努力在全国领先。2017 年 3 月 23 日，武书连 2017 中国民办大学排行榜发布，黄河科技学院列中国民办大学人才培养质量第一名。在理学、工学、农学、医学 4 个学科门类组合的自然科学中，黄河科技学院排名第一；在教育学学科中，黄河科技学院排名第一。在 100 强榜单中，河南还有 8 所高校上榜：郑州工商学院（位列第 23）、郑州升达经贸管理学院（位列第 41）、郑州成功财经学院（位列第 55）、郑州工业应用技术学院（位列第 58）、郑州科技学院（位列第 63）、信阳学院

（位列第 64）、安阳学院（位列第 70）、商丘学院（位列第 75）。

　　同一天，《广州日报》发布全国首个全样本应用大学排行榜，这也是权威媒体作为第三方评估、发布的专业性公益榜单。这个榜单以应用指数、学术指数、声誉指数、二次评估指数 4 个一级指标建构综合指数，科学评价国内 887 所本科高校，而且公办民办高校使用同一评价体系。黄河科技学院位列全国民办高校第一名。

第五章 当代河南高等教育发展现状

第一节 办学规模

2004年河南省共有研究生培养单位22处，其中普通高校14处，科研机构8处。全省共有普通高校82所，比上年增加11所，其中本科院校28所，比上年增加4所。全省共有成人高校23所，比上年减少1所。全省普通高等学校和科研机构共有博士学位授权点35个，硕士学位授权点424个。

2004年，全省高等教育总规模约为127.36万人，高等教育毛入学率为16%。高等学校和研究机构共招收研究生5408人，比上年增加1590人，增长41.64%。在学研究生11853人，比上年增加3388人，增长40.02%。

全省普通高等教育共招收本科、高职（专科）学生25.74万人，比上年增加6.71万人，增长35.28%；在校生达70.28万人，比上年增加14.56万人，增长26.13%。全省成人高等教育共招本专科学生约14万人，比上年增加3.23万人，在校生约达33.74万人。

普通高校校均规模（全日制本专科在校生）由上年的7519人增加到8226人，其中本科院校由上年的14172人增加到15176人，高职（专科）院校由上年的4076人增加到4103人。

普通高校共有教职工7.21万人，其中专任教师4.20万人，比上年增加0.87万人，增长26.13%。生师比为16.2：1，比上年的17.7：1有所下降。专任教师中具有副高级以上职称的有13448人（其中正高级2338人），占专任教师总数的32.04%；其中本科院校专任教师中具有副高级以上职称的有8980人（其中正高级1899人），占本科院校专任教师总数的35.36%。专任教师中研究生及以上学历的有 11030 人（其中具有博士学历的 1783 人），占总数的 26.28%，比上年提高 1.38 个百分点。

2006 年，全省高等教育总规模 167.45 万人，高等教育毛入学率达 18.3%。

全省研究生培养机构 23 处，其中普通高校 14 处，科研机构 9 处；高等学校和研究机构共招收研究生 7375 人，比上年增加 814 人，增长 12.41%。在学研究生达 19336 人，比上年增加 3506 人，增长 22.15%。毕业研究生 3722 人，比上年增加 1135 人，增长 43.87%。

普通高等学校 84 所，比上年增加 1 所，其中本科院校 28 所。普通高等教育共招收本专科学生 33.76 万人，比上年增加 6.01 万人，其中本科招生 14.40 万人，专科招生 19.36 万人，本、专科招生比为 4.3∶5.7。在校生达 97.41 万人，比上年增加 12.22 万人，增长 14.34%，其中本科在校生 44.99 万人，专科在校生 52.42 万人，本、专科在校生之比为 4.6∶5.4。毕业生达 20.21 万人，其中本科毕业生 7.86 万人，本、专科之比为 3.9∶6.1。普通高等学校教职工 8.34 万人，比上年增加 0.76 万人，其中专任教师 5.29 万人，比上年增加 0.66 万人。生师比为 17.4∶1，略低于上年 17.5∶1，专任教师中具有副高级以上职称的占总数的 31.85%，比上年下降 0.44 个百分点；专任教师中研究生及以上学历的占总数的 33.37%，比上年提高 2.45 个百分点。普通高等学校校均规模（全日制本专科在校生）继续扩大，由上年的 9819 人增加到 11126 人，其中本科院校由上年的 16637 人增加到 17526 人，专科院校由上年的 5436 人增加到 6576 人。

2007 年，高等教育规模进一步扩大，结构更趋合理。全省高等学校共有 127 所，比上年减少 3 所。其中研究生培养机构 24 所，比上年增加 1 所，普通高等学校 82 所（其中，本科院校 31 所，专科学校 51 所），比上年减少 2 所；成人高等学校 21 所，比上年减少 2 所。省属高等学校现有博士一级学科点 11 个，博士学位授权点达 107 个，硕士学位一级学科点 98 个，硕士学位授权点 845 个。

2007 年，全省高等教育总规模达 195.42 万人，高等教育毛入学率达 19.68%。研究生招生达 7957 人（其中博士生 273 人），比上年增加 582 人，增长 7.9%；在学研究生达 21667 人（其中博士生 838 人），比上年增加

2331 人。普通高等教育招生达 35.52 万人（本、专科招生分别为 14.41 万人和 21.11 万人），比上年增加 1.76 万人；在校生达 109.52 万人（本、专科在校生分别为 50.7 万人和 58.82 万人），比上年增加 12.11 万人。成人高等教育招生 9.28 万人，比上年减少 0.8 万人；在校生 24.94 万人，比上年减少 0.56 万人。

2007 年，普通高等学校校均规模继续扩大，由上年的 11126 人增加到 12967 人（若将郑州大学所属的升达经贸管理学院、西亚斯国际学院、郑大体育学院和 10 所独立学院以及 9 所二级职业技术学院作为独立办学单位，校均规模为 10224 人）。其中，本科院校由上年的 17526 人增加到 18641 人（若把郑州大学所属的升达经贸管理学院、西亚斯国际学院、郑大体育学院作为独立办学单位，校均规模为 16997 人），高职（专科）院校由上年的 6576 人增加到 7620 人。

教职工队伍得到充实，师资水平不断提高。普通高等学校教职工 8.82 万人，比上年增加 0.48 万人，其中，专任教师 5.88 万人，比上年增加 0.59 万人。生师比为 17.7∶1，高于上年 17.4∶1（在校生和教师总数均为折合数）。专任教师中副高及以上的 19144 人（其中，正高级 4012 人），占总数的 32.58%，比上年提高 0.7 个百分点。专任教师中具有研究生及以上学历的 21279 人（其中，具有博士学历的 3774 人），占 36.21%，比上年提高 2.84 个百分点。师资力量的不断增强，为高等教育教学质量的提高奠定了重要基础。

2008 年，全省研究生培养机构 23 处；普通高等学校 84 所（本科院校 33 所，专科学校 51 所），比上年增加 2 所；独立学院 10 所；成人高等学校 20 所，比上年减少 1 所。全省高校现有博士学位授权一级学科点 11 个，博士点 106 个；硕士学位授权一级学科点 104 个，硕士点 845 个。

全省高等教育总规模达 215.44 万人，高等教育毛入学率达 20.5%。研究生招生达 8507 人（其中博士生 294 人），比上年增加 550 人；在学研究生达 23551 人（其中博士生 974 人），比上年增加 1884 人。普通高等教育招生达 44.51 万人（本、专科招生分别为 16.74 万人和 27.77 万人），比上年增加 8.99 万人；在校生达 125.02 万人（本、专科在校生分别为 56.58 万人和 68.44 万人），比上年增加 15.5 万人。成人高等教育招生 11.01 万人，比上年增加 1.73 万人；在校生 26.88 万人，比上年增加 1.94 万人。

普通高等学校校均规模继续扩大，校均规模由上年的 12967 人增加到 13075 人（若将郑州大学所属的升达经贸管理学院、西亚斯国际学院、郑大体育学院和 10 所独立学院以及 9 所二级职业技术学院作为独立办学单位，校均规模为 11548 人）。其中，本科院校由上年的 18641 人增加到 19729 人（若把郑州大学所属的升达经贸管理学院、西亚斯国际学院、郑大体育学院作为独立办学单位，校均规模为 18085 人）；高职（专科）院校由上年的 7620 人增加到 8770 人。

普通高等学校教职工 9.59 万人，比上年增加 0.77 万人，其中，专任教师 6.49 万人，比上年增加 0.61 万人。生师比为 18.26∶1，高于上年 17.7∶1（在校生和教师总数均为折合数）。专任教师中副高及以上的 21485 人（其中，正高级 4718 人），占 33.11%，比上年提高 0.53 个百分点；具有研究生及以上学历的 25901 人（其中，具有博士学历的有 4951 人），占 39.92%，比上年提高 3.71 个百分点；具有硕士学位及以上的 32645 人（其中，具有博士学位的 5087 人），占 50.31%，比上年提高 5.21 个百分点。

2009 年，高等教育总规模进一步扩大，结构更趋合理。全省研究生培养机构 23 处；普通高等学校 99 所（按照教育部统一规定，自 2009 年独立学院按本科院校计算校数），其中，本科院校 43 所，高职院校 56 所；成人高等学校 18 所，比上年减少 2 所。全省高校和科研机构共有博士学位授权一级学科点 11 个，博士点 106 个；硕士学位授权一级学科点 103 个，硕士点 845 个。全省高等教育总规模达 277.96 万人，高等教育毛入学率达 22.02%。研究生招生达 9918 人（其中，博士生 303 人），比上年增加 1411 人；在学研究生达 26431 人（其中，博士生 1079 人），比上年增加 2880 人。

普通高等教育招生达 45.74 万人（本、专科招生分别为 18.38 万人和 27.36 万人，本专科之比为 4∶6），其中，"高起本"招生 16.26 万人，比上年增加 1.22 万人，"专升本"招生 2.12 万人，比上年增加 0.42 万人；"高起专"招生 21.72 万人，比上年减少 0.37 万人，"对口"招生 2.65 万人，比上年增加 0.09 万人；"五年制转入"招生 2.75 万人，比上年减少 0.38 万人。普通高等教育在校生达 136.88 万人（本、专科在校生分别为 61.61 万人和 75.27 万人，本专科之比为 4.5∶5.5），比上年增加 11.86 万人，增长 9.49%。普通高等学校校均规模继续扩大，校均规模达 13181 人，其中，本科院校校均规模由上年的 16811 人增加到 18574 人，高职院校由上年的 8770 人增加到 9040 人。

普通高等学校教职工 10.36 万人，比上年增加 0.77 万人，其中，专任教师 7.15 万人，比上年增加 0.66 万人。生师比为 18.33∶1，高于上年的 18.26∶1（在校生和教师总数均为折合数）。专任教师中具有副高级职称及以上的 23573 人（其中，正高级 5320 人），占 32.98%，比上年下降 0.13 个百分点；具有研究生及以上学历的 29612 人（其中，具有博士学历的 5910 人），占 41.43%，比上年提高 1.51 个百分点；具有硕士学位及以上的 37625 人（其中，具有博士学位的 6025 人），占 52.64%，比上年提高 2.33 个百分点；30 岁以下专任教师占 31.14%，31~45 岁专任教师占 50.13%，46~60 岁专任教师占 17.43%。

2010 年，全省研究生培养机构 23 处；普通高等学校 107 所，其中，本科院校 45 所（含 10 所独立学院），高职院校 62 所；成人高等学校 15 所，比上年减少 3 所。

全省高等教育总规模达 232.35 万人，高等教育毛入学率达 23.66%。

研究生招生 1.07 万人（其中，博士生 328 人），比上年增加 786 人；在学研究生 2.9 万人（其中，博士生 1142 人），比上年增加 2590 人。

普通高等教育招生 47.83 万人（本、专科招生分别为 21.13 万人和 26.7 万人，本专科之比为 4.4∶5.6），比上年增加 2.09 万人，增长 4.57%；其中，"高起本"招生 18.96 万人，比上年增加 2.7 万人，"专升本"招生 2.18 万人，比上年增加 550 人；"高起专"招生 22.21 万人，比上年增加 2536 人，"对口"招生 2.37 万人，比上年减少 2851 人；"五年制转入"招生 2.12 万人，比上年减少 6287 人。在校生 145.67 万人（本、专科在校生分别为 68.72 万人和 76.95 万人，本专科之比为 4.7∶5.3），比上年增加 8.79 万人，增长 6.42%。

普通高等学校校均规模达 13384 人，其中，本科院校校均规模由上年的 18511 人增加到 19666 人，高职（专科）院校由上年的 9040 人减少到 8557 人。

普通高等学校教职工 11.04 万人，比上年增加 6810 人。其中，专任教师 7.75 万人，比上年增加 5999 人。生师比 17.56∶1，低于上年的 18.33∶1（在校生和教师总数均为折合数）。专任教师中具有副高级及以上职称的 2.56 万人（其中，正高级 5830 人），占总数的 33%，比上年提高 0.02 个百分点。专任教师中具有研究生及以上学历的 3.38 万人（其中，具有博士学历的 7044 人），占总数的 43.65%，比上年提高 2.22 个百分点。专任教师中具有硕士学位及以上的 4.22 万人（其中，具有博士学位的 7173 人），占总数的 54.52%，比上年提高 1.88 个百分点。

2011 年，全省研究生培养机构 23 处，与上年持平；普通高等学校 117 所，其中本科院校 47 所（含 9 所独立学院），高职高专院校 70 所；成人高等学校 14 所，比上年减少 1 所。

全省共有博士学位授权一级学科点 44 个，博士学位授权二级学科点 12 个，硕士学位授权一级学科点 282 个。一级国家重点学科 1 个，二级国家重点（培育）学科 8 个，一级省（部）级重点学科 89 个，二级省（部）级重点学科 179 个。国家重点实验室 1 个，国家工程实验室 2 个，国家工程研究中心 1 个，国家工程技术研究中心 1 个。

全省高等教育总规模 236.49 万人，高等教育毛入学率 24.63%。

研究生招生 1.08 万人（其中，博士生 337 人），比上年增加 187 人；在学研究生 3.09 万人（其中，博士生 1245 人），比上年增加 1887 人。

普通高等教育招生 47.14 万人，本、专科招生分别为 22.65 万人和 24.49 万人，本专科之比为 4.8∶5.2；在校生 150.01 万人，本、专科在校生分别为 75.88 万人和 74.13 万人，本专科之比为 5.1∶4.9。校均规模由 13384 人减少到 12630 人，其中本科由上年的 19666 人增加到 20151 人，高职高专由上年的 8557 人减少到 7580 人。

普通高等学校教职工 11.71 万人，比上年增加 6690 人，其中，专任教师 8.2 万人，比上年增加 4566 人。生师比 17.29∶1，低于上年的 17.56∶1（在校生和教师总数均为折合数）。专任教师中具有副高级以上职称的 2.78 万人（其中，正高级 6478 人），占总数的 33.86%，比上年提高 0.86 个百分点。专任教师中具有硕士及以上学历的 3.79 万人（其中，博士生 8193 人），占总数的 46.14%，比上年提高 2.49 个百分点。具有硕士及以上学位的 4.78 万人（其中，具有博士学位的 8366 人），占总数的 58.28%，比上年提高 3.76 个百分点。

2012 年，全省研究生培养单位数和普通高等学校数均有所增加，成人高等学校数持平。高等教育总规模稳步增加，毛入学率明显提高，普通本科招生规模首次超过专科，专任教师高学历和高职称所占比例明显提高，各项办学条件继续改善。

全省研究生培养机构 26 处，比上年增加 3 处；普通高等学校 120 所，其中本科院校 47 所（含 8 所独立学院），高职高专院校 73 所；成人高等学校 14 所，与上年持平。博士学位授权一级学科点 44 个，博士学位授权二级学科点 12 个，硕士学位授权一级学科点 282 个。一级学科国家重点学科 1 个，二级学科国家重点（培育）学科 8 个。一级学科省级重点学科 259 个，二级学科省级重点学科 92 个。国家重点实验室 1 个，国家重点实验室培育基地 3 个，国家工程实验室 4 个（含国家地方联合工程实验室），国家工程（技术）研究中心 2 个。

全省高等教育总规模 258.59 万人，高等教育毛入学率 27.22%。

研究生招生 1.17 万人（其中，博士生 395 人），比上年增加 792 人；在学研究生 3.2 万人（其中，博士生 1298 人），比上年增加 1057 人。

普通高等教育招生 49.82 万人，本、专科招生分别为 24.92 万人和 24.89 万人，本专科之比为 5.03：4.97；在校生 155.90 万人，本、专科在校生分别为 83.71 万人和 72.19 万人，本专科之比为 5.37：4.63。校均规模由 12630 人增加到 12802 人，其中本科学校由上年的 20151 人增加到 21300 人，高职高专学校由上年的 7580 人减少到 7331 人。普通高等学校教职工 12.02 万人，比上年增加 0.3 万人；其中专任教师 8.6 万人，比上年增加 0.4 万人。生师比 17.22：1，低于上年的 17.29：1（在校生和教师总数均为折合数）。专任教师中具有副高级职称及以上的 2.94 万人（其中，正高级 7052 人），占总数的 34.15%，比上年提高 0.29 个百分点，本科学校和高职高专院校副高及以上所占比例分别为 38.25% 和 27.28%。专任教师中具有硕士及以上学历的 4.12 万人（其中，博士生 9566 人），占总数的 47.97%，比上年提高 1.83 个百分点。具有硕士及以上学位的 5.19 万人（其中博士学位 9894 人），占总数的 60.38%，比上年提高 2.1 个百分点。

2013 年，全省研究生培养机构 27 处，比上年增加 1 处；普通高等学校

127 所，其中本科院校 50 所（含 8 所独立学院），高职高专院校 77 所；成人高等学校 13 所，比上年减少 1 所。

全省研究生培养机构中一级博士学位授权点 53 个，一级硕士学位授权点 285 个。全省高校拥有国家一级学科重点学科 1 个，国家二级学科重点学科 6 个，国家重点（培育）学科 4 个，省一级学科重点学科 29 个，省二级学科重点学科 92 个。

依托全省高校建设国家"2011 协同创新中心" 1 个，国家重点实验室（培育基地）4 个，国家（地方联合）工程实验室 5 个，（省部共建）教育部重点实验室 11 个，国家工程（技术）研究中心 2 个，国家国际联合研究中心 1 个，教育部工程研究中心 6 个。

全省高等教育总规模 265 万人，高等教育毛入学率 30.1%。

全省研究生毕业 1.07 万人（其中，博士生 250 人），比上年增加 329 人，增幅 3.18%；招生 1.22 万人（其中，博士生 415 人），比上年增加 502 人，增幅 4.3%；在学研究生 3.3 万人（其中，博士生 1380 人），比上年增加 1352 人，增幅 4.23%。普通本专科毕业生 45.02 万人（本、专科分别为 18.42 万人和 26.60 万人，本专科之比为 4.1∶5.9），比上年增加 1.49 万人，增幅 3.42%（其中，本科增幅 9.76%）；招生 50.84 万人（本、专科分别为 25.94 万人和 24.90 万人，本专科之比为 5.1∶4.9），比上年增加 1.02 万人，增幅 2.06%（其中本科增幅 4.07%）；在校生 161.83 万人（本、专科分别为 91.02 万人和 70.82 万人，本专科之比为 5.6∶4.4），比上年增加 5.93 万人，增幅 3.8%（其中，本科增幅 8.73%）。校均规模由 12802 人减少到 12642 人，其中本科院校由上年的 21300 人增加到 22105 人，高职高专院校由上年的 7331 人减少到 6496 人。

在河南高校工作的两院院士 7 人（不含双聘院士）。普通高等学校教职工 12.52 万人，比上年增加 0.5 万人，增幅 4.16%，其中专任教师 9.09 万人，比上年增加 0.49 万人，增幅 5.70%。

专任教师中具有副高级及以上职称的 3.19 万人（其中，正高级 7752 人），占总数的 35.04%（本科院校和高职高专院校专任教师中副高级及以上所占比例分别为 39.04% 和 27.78%），比上年提高 0.89 个百分点。专任教师中具有硕士及以上学历的 4.51 万人（其中，具有博士学历的 10920

人），占总数的 49.63%，比上年提高 1.66 个百分点。

2014 年，全省研究生培养机构 27 处，与上年持平；普通高等学校 129 所，其中本科院校 52 所（含 8 所独立学院），高职高专院校 77 所；成人高等学校 12 所，比上年减少 1 所。

全省研究生培养机构授权一级博士学位授权点 55 个，其中普通高校授权一级博士学位授权点 53 个；授权一级硕士学位授权点 284 个，其中普通高校授权一级硕士学位授权点 271 个。高校拥有一级学科国家重点学科 1 个，二级学科国家重点学科 4 个，国家重点（培育）学科 4 个，一级学科省重点学科 259 个，二级学科省重点学科 97 个。

依托全省高校建设国家"2011 协同创新中心"1 个，国家重点实验室（培育基地）4 个，国家（地方联合）工程实验室 5 个，（省部共建）教育部重点实验室 11 个；国家工程（技术）研究中心 2 个，国家国际联合研究中心 1 个，教育部工程研究中心 6 个。

全省高等教育总规模 276.50 万人，高等教育毛入学率 34.0%。

全省研究生毕业 1.12 万人（其中，博士生 256 人），比上年增加 512 人，增幅 4.8%；招生 1.28 万人（其中，博士生 468 人），比上年增加 620 人，增幅 5.09%；在学研究生 3.48 万人（其中，博士生 1530 人），比上年增加 1443 人，增幅 4.33%。普通本专科毕业生 44.53 万人，比上年减少 0.49 万人，减幅 1.10%（其中本科增幅 13.43%），本、专科分别为 20.89 万人和 23.64 万人，本专科之比为 4.7∶5.3；招生 50.43 万人，比上年增加 0.59 万人，增幅 1.16%（其中本科减幅 0.07%），本、专科分别为 25.76 万人和 25.67 万人，本专科之比为 5.0∶5.0；在校生 167.97 万人，比上年增加 6.14 万人，增幅 3.80%（其中本科增幅 4.95%），本、专科分别为 95.52 万人和 72.45 万人，本、专科之比为 5.7∶4.3。校均规模由 12642 人增加到 12948 人，其中本科院校由上年的 22105 人增加到 22359 人，高职高专院校由上年的 6496 人增加到 6594 人。

普通高等学校教职工 13.00 万人，比上年增加 0.48 万人，增幅 3.83%，其中专任教师 9.51 万人，比上年增加 0.42 万人，增幅 4.62%。生师比达到了 17.15∶1。专任教师中具有副高级及以上职称的 3.33 万人（其中，正高级 8020 人），占总数的 34.98%，比上年降低了 0.06 个百分点（本科院校和高职高专院校专任教师中具有副高级及以上职称的所占比例分别为39.11%和27.36%)。专任教师中硕士及以上学历的4.87万人（其中，博士12154人），占总数的51.21%，比上年提高1.54个百分点。

2015年，全省研究生培养机构27处，与上年持平，普通高等学校129所，其中本科院校52所（含8所独立学院），高职高专院校77所。成人高等学校12所，与上年持平。

全省研究生培养机构一级博士学位授权点55个，其中普通高校一级博士学位授权点53个；一级硕士学位授权点279个，其中普通高校一级硕士学位授权点271个。省属高校拥有国家一级重点学科1个，二级国家重点学科8个，一级省重点学科259个，二级省重点学科96个。

依托全省高校建设国家"2011协同创新中心"1个，国家重点实验室（培育基地）4个，国家（地方联合）工程实验室7个，教育部重点实验室11个；国家工程（技术）研究中心2个，国家国际联合研究中心3个，教育部工程研究中心6个。

全省高等教育总规模约285万人，高等教育毛入学率约36.49%。

全省研究生毕业1.06万人（其中，博士生201人），比上年减少565人，下降5.06%；招生1.36万人（其中，博士生500人），比上年增加756人，增长5.9%；在学研究生3.76万人（其中，博士生1792人），比上年增加2799人，增长8.05%。普通本专科毕业生46.58万人，比上年增加2.05万人，增长4.6%（其中本科增长6.61%），本、专科分别为22.27万人和24.31万人，本、专科之比为4.8∶5.2；招生55.92万人，比上年增加4.69万人，增长8.73%（其中本科增长3.73%），本、专科分别为25.72万人和29.20万人，本、专科之比为4.8∶5.2；在校生176.69万人，比上年增加8.72万人，增长5.19%（其中本科增长4.22%），本、专科分别为99.55万人和77.14万人，本专科之比为5.6∶4.4。校均规模由12948人增加到13606人，其中本科院校由上年的22359人增加到23209人，高职高专院校由上年的6594人增加到7120人。

在河南高校工作的两院院士5人（不含双聘院士）。普通高等学校教职工13.34万人，比上年增加0.34万人，增长2.62%。其中专任教师9.8万人，比上年增加0.29万人，增长3.05%。生师比为18.03∶1。专任教师中具有副高级及以上职称的 3.39 万人（其中，正高级 1416 人），占总数的 34.56%，比上年减少 0.42 个百分点。专任教师中具有硕士及以上学历的 5.18 万人（其中，博士生 13367 人），占总数的 52.81%，比上年提高 1.6 个百分点。

2016 年，全省研究生培养机构 27 处，与上年持平。普通高等学校 129 所，其中本科院校 55 所（含 5 所独立学院）（其中公办 38 所，占 69.09%；民办 17 所，占 30.91%），比上年净增 3 所，占 42.64%；高职高专院校 74 所（其中公办 54 所，占 72.97%；民办 20 所，占 27.03%），比上年净减少 3 所，占 57.36%。独立设置成人高等学校 11 所，与上年持平。

全省研究生培养机构一级博士学位授权点 55 个，其中普通高校一级博士学位授权点 53 个；一级硕士学位授权点 279 个，其中普通高校一级硕士学位授权点 273 个。省属高校拥有一级学科国家重点学科 1 个，二级学科国家重点学科 8 个，省特色学科 25 个，一级学科重点学科 253 个，省优势学科 10 个，二级学科省重点学科 173 个。

依托全省普通高校和研究生培养机构建设国家"2011 协同创新中心"1 个，省级协同创新中心 37 个；国家实验室 1 个（参与建设），国家重点实验室（培育基地）7 个，国家（地方联合）工程实验室（研究中心）10 个，教育部重点实验室 11 个；国家工程（技术）研究中心 2 个，国家国际联合研究中心 5 个，教育部工程研究中心 6 个。

全省高等教育毛入学率约 38.80%。

全省研究生毕业 1.20 万人（其中，博士生 322 人），比上年增 1347 人，增长 12.70%；招生 1.42 万人（其中，博士生 567 人），比上年增加 645 人，增长 4.76%；在学研究生 3.95 万人（其中，博士生 2005 人），比上年增加 1966 人，增长 5.23%，预计毕业生 1.34 万人，比上年增加 885 人，增长 7.08%。

普通本专科毕业生 48.69 万人，比上年增加 2.11 万人，增长 4.54%（其中，本科增长 9.03%），本、专科分别为 24.28 万人和 24.40 万人，本、专科之比为 4.99：5.01；招生 60.60 万人，比上年增加 4.68 万人，增长 8.37%（其中本科增长 7.49%），本、专科分别为 28.72 万人和 31.88 万人，本、专科之比为 4.74：5.26。在校生 187.47 万人，比上年增加 10.78 万人，增长 6.10%（其中本科增长 3.89%），本、专科分别为 103.42 万人和 84.05 万人，本、专科之比为 5.52∶4.48。预计毕业生 51.50 万人，比上年增加 1.94 万人，增长 3.91%（其中本科增长 4.31%），本、专科分别为 25.94 万人和 25.56 万人，本、专科之比为 5.04∶4.96。普通高校校均规模由 13606 人增加到 14513 人，其中本科院校由上年的 23209 人增加到 23421 人，高职高专院校由上年的 7120 人增加到 7893 人。

在河南高校工作的两院院士 7 人（不含双聘院士）。普通高等学校教职工 13.89 万人，比上年增加 0.55 万人，增长 4.12%。其中专任教师 10.29 万人，比上年增加 0.49 万人，增长 5.00%，生师比达到 14.56∶1；专任教师中具有副高级及以上职称的 3.55 万人（其中，正高级 8683 人），占总数的 34.54%，比上年减少 0.02 个百分点（本科院校和高职高专院校专任教师中副高级及以上所占比例分别为 38.72% 和 26.49%），专任教师中硕士及以上学历的 5.50 万人（其中，博士生 14920 人），占总数的 53.46%，比上年提高 0.65 个百分点。

2017 年，全省研究生培养机构 27 处，与上年持平。普通高等学校 134 所，其中本科院校 55 所，与上年持平；高职高专院校 79 所，比上年增加 5 所。独立设置成人高等学校 11 所，与上年持平。

全省有博士学位授权普通高等学校 9 所，硕士学位授权普通高等学校 19 所；博士一级学科授权点 53 个，硕士一级学科授权点 273 个。

省级优势特色学科建设工程期建设学科 35 个，其中优势学科 10 个，特色学科（群）25 个；拥有一级学科省重点学科 268 个，二级学科省重点学科 100 个。

依托高校建设国家"2011 协同创新中心"1 个，国家大学科技园 2 个，国家重点实验室（培育基地）4 个，国家工程（技术）研究中心 5 个，国家国际联合研究中心 4 个，国家工程实验室 11 个，教育部重点实验室 11 个，教育部工程研究中心 6 个。

全省高等教育毛入学率约 41.78%。

全省研究生毕业 1.29 万人（其中，博士生 318 人），比上年增加 933 人，增长 7.75%；招生 1.84 万人（其中，博士生 648 人），比上年增加 4152 人，增长 29.34%；在学研究生 4.48 万人（其中，博士生 2345 人），比上年增加 5330 人，增长 13.49%，预计毕业生 1.41 万人，比上年增加784 人，增长 5.85%。

普通本专科毕业生 50.41 万人，比上年增加 1.72 万人，增长 3.57%（其中本科增长 4.53%），本、专科分别为 25.38 万人和 25.03 万人，本、专科之比为 5.03∶4.97。招生 63.57 万人，比上年增加 2.97 万人，增长4.8%（其中本科增长 3.62%），本、专科分别为 29.78 万人和 33.79 万人，本、专科之比为 4.69∶5.31。在校生 200.47 万人，比上年增加 13 万人，增长 6.85%（其中本科增长 4.11%），本、专科分别为 107.71 万人和 92.76万人，本、专科之比为 5.37∶4.63；预计毕业生 57.06 万人，比上年增加5.56 万人，增长 10.74%（其中本科增长 3.16%），本、专科分别为 26.76万人和 30.30 万人，本、专科之比为 4.69∶5.31。普通高校校均规模由14513 人增加到 14935 人，其中本科院校由上年的 23421 人增加到 24335 人，高职高专院校由上年的 7120 人增加到 8460 人。

在河南高校工作的两院院士 10 人（不含双聘院士）。普通高等学校教职工 14.58 万人，比上年增加 0.69 万人，增长 4.97%。其中专任教师 10.84万人，比上年增加 0.55 万人，增长 5.34%，生师比达到 18.45∶1；专任教师中具有副高级及以上职称的 3.69 万人（其中，正高级 8826 人），占总数的 34.03%，比上年减少 0.51 个百分点（本科院校和高职高专院校专任教师中副高级及以上所占比例分别为 38.41%和 26.19%），专任教师中具有硕士及以上学历的 5.95 万人（其中，博士生 16439 人），占总数的 54.89%，比上年提高 0.43 个百分点。

2018 年，全省研究生培养机构 27 处，与上年持平。普通高等学校 140所，其中本科院校 57 所，比上年增加 2 所；高职（专科）院校 83 所，比上年增加 4 所。独立设置成人高等学校 10 所，比上年减少 1 所。

全省高等教育毛入学率 45.60%。

全省有博士学位授权普通高等学校 9 所，硕士学位授权普通高等学校19 所；博士学位授权一级学科 87 个，博士专业学位授权点 4 个；硕士学位授权一级学科 332 个，硕士专业学位授权点 155 个。

省级优势特色学科建设工程一期建设学科 35 个，其中优势学科 10 个，特色学科（群）25 个；拥有第九批重点学科 407 个，其中，一级学科 288

个，二级学科 119 个。

依托高校建设国家"2011 协同创新中心"3 个（含省部共建协同创新中心 2 个），国家大学科技园 2 个，国家重点实验室（培育基地）4 个，国家工程（技术）研究中心 5 个，国家国际联合研究中心 7 个，国家（地方联合）工程实验室 11 个，教育部重点实验室 12 个，教育部工程研究中心 6 个。

研究生毕业 13556 人（其中，博士生 388 人），比上年增加 623 人，增长 4.82%；招生 20043 人（其中，博士生 796 人），比上年增加 1691 人，增长 9.21%；在学研究生 50999 人（其中，博士生 2749 人），比上年增加 6169 人，增长 13.76%。

普通本专科毕业生 55.99 万人，比上年增加 5.58 万人（其中本科增加 8209 人），增长 11.06%（其中，本科增长 3.23%），本、专科分别为 26.20 万人和 29.79 万人，本、专科之比为 4.7∶5.3。招生 70.87 万人，比上年增加 7.3 万人（其中，本科增加 31960 人），增长 11.48%（其中，本科增长 10.73%），本、专科分别为 32.97 万人和 37.89 万人，本专科之比为 4.7∶5.3。在校生 214.08 万人，比上年增加 13.61 万人（其中，本科增加 63670 人），增长 6.78%（其中，本科增长 5.91%），本、专科分别为 114.08 万人和 100.00 万人，本、专科之比为 5.3∶4.7。普通高等学校校均规模由 14935 人增加到 15399 人，其中本科院校由上年的 24335 人增加到 25107 人，高职（专科）院校由上年的 8460 人增加到 9043 人。

在河南高校工作的两院院士 8 人（不含双聘院士）。普通高等学校教职工 15.37 万人，比上年增加 7935 人，增长 5.44%，其中，专任教师 11.54 万人，比上年增加 6904 人，增长 6.37%。生师比 18.79∶1，略低于上年的 18.45∶1。专任教师中具有副高级及以上职称的 38796 人（其中，正高级 9226 人），占 33.63%，比上年下降 0.40 个百分点（本科院校和高职高专院校专任教师中副高级以上所占比例分别为 38.31% 和 25.82%）。专任教师中具有硕士研究生以上学历的 64320 人（其中，博士研究生 18069 人），占 55.76%，比上年提高 0.87 个百分点。

第二节　办学条件

2004 年，河南普通高校校舍建筑面积 2308.46 万平方米，比上年增加 363.58 万平方米。另有由学校独立使用的非学校产权建筑面积 150.23 万平方米，比上年增加 19.02 万平方米。其中教学及行政用房 1154.34 万平方米，生均教学及行政用房 16 平方米，比上年的 15.35 平方米增加了 0.65 平方米；学生宿舍面积 633.24 万平方米，生均 8.78 平方米，比上年的 8.13 平方米增加了 0.65 平方米。图书藏量 5466.72 万册（办学条件指标均为学校产权，以下均同），比上年增加 1258.78 万册，增长 29.91%，生均图书 73.9 册，比上年的 65.9 册增加了 8 册；固定资产总值达 195.69 亿元，其中教学、科研仪器设备资产值达 40.36 亿元，比上年增加了 9.25 亿元，增长 29.73%；生均教学科研仪器设备值为 5442 元，比上年增加了 568 元。

2006 年，普通高等学校占地面积 107733.72 亩，比上年增加 6186.23 亩，增长 6.09%；校舍建筑面积 3105.96 万平方米，比上年增加 391.04 万平方米，增长 14.40%；图书藏量达 7095.14 万册，比上年增加 1099.81 万册，增长 18.34%；教学科研仪器设备值 536599.47 万元，比上年增加 74042.08 万元，增长 16.01%。

2007 年，办学条件持续改善，办学资源稳步增加。普通高等学校占地面积达 118705.68 亩，比上年增加 10971.96 万亩，增长 9.24%；生均占地面积为 71.05 平方米，比上年减少 0.66 平方米。校舍建筑面积达 3527.19 万平方米，比上年增加 421.23 万平方米，增长 13.56%；生均校舍建筑面积为 31.66 平方米，比上年增加 0.66 平方米。图书藏量达 8093.61 万册，比上年增加 998.47 万册，增长 12.34%；生均图书为 70.3 册，比上年增加 1.1 册。教学科研仪器设备值 620539.12 万元，比上年增加 83939.65 万元，增长 13.53%；生均教学科研仪器设备值为 5390 元，比上年增加 160 元。

2008 年，普通高等学校占地面积达 13.08 万亩，比上年增加 1.21 万亩，增长 10.21%；生均占地面积为 68.38 平方米，比上年减少 2.67 平方米。校舍建筑面积达 3715.12 万平方米，比上年增加 187.93 万平方米，增长 5.33%；生均校舍建筑面积为 29.13 平方米，比上年减少 2.53 平方米，其中生均教学行政用房 15.04 平方米。图书藏量达 9099.18 万册，比上年增加 1005.57 万册，增长 12.42%；生均图书为 69.1 册，比上年减少 1.2 册。教学科研仪器设备值 706825.05 万元，比上年增加 86285.93 万元，增长 13.9%；生均教学科研仪器设备值为 5368 元，比上年减少 22 元。

2009 年，办学条件总量稳步增长，但生均办学条件比上年略有下降。普通高等学校占地面积达 13.4 万亩，比上年增加 0.32 万亩，增长 2.45%；生均占地面积为 63.52 平方米，比上年减少 4.86 平方米。校舍建筑面积达 3980.81 万平方米，比上年增加 265.69 万平方米，增长 7.15%；生均校舍建筑面积为 28.2 平方米，比上年减少 0.93 平方米，其中生均教学行政用房 14.58 平方米，比上年减少 0.46 平方米。图书藏量达 10050.64 万册，比上年增加 951.46 万册，增长 10.46%；生均图书为 68.8 册，比上年减少 0.3 册。教学科研仪器设备值 774679.16 万元，比上年增加 67854.11 万元，增长 9.6%；生均教学科研仪器设备值为 5300 元，比上年减少 68 元。上学年度信息化经费投入 25139 万元，信息化培训人次 35462 人次。每百人拥有的多媒体教室座位数为 63 个。

2010 年，普通高等学校占地面积 14.02 万亩，比上年增加 6200 亩，增长 4.62%；生均占地面积为 63.66 平方米，比上年增加 0.14 平方米。校舍建筑面积 4237.21 万平方米，比上年增加 256.4 万平方米，增长 6.44%；生均校舍建筑面积 28.85 平方米，比上年增加 0.65 平方米，其中生均教学行政用房 14.72 平方米，比上年增加 0.14 平方米。图书量 1.1 亿册，比上年增加 957.95 万册，增长 9.83%；生均图书 72.7 册，比上年增加 3.9 册。教学科研仪器设备值 86.58 亿元，比上年增加 9.11 亿元，增长 11.76%；生均教学科研仪器设备值 5701 元，比上年增加 401 元。上学年度信息化经费投入 3.18 亿元，信息化培训人次 6.36 万人次。每百人拥有的多媒体教室和语音实验室座位数 71 个，比上年增加 8 个。

2011 年，普通高等学校占地面积 14.77 万亩，比上年增加 7500 亩；生均占地面积 64.94 平方米，比上年增加 1.28 平方米。校舍建筑面积 4688.79 万平方米，比上年增加 451.58 万平方米；生均校舍建筑面积 30.95 平方米，比上年增加 2.1 平方米，其中生均教学行政用房 15.96 平方米，比上年增加

1.24 平方米。图书藏量 1.19 亿册，比上年增加 883.21 万册；生均图书 75 册，比上年增加 2.3 册。教学科研仪器设备值 95.33 亿元，比上年增加 8.75 亿元；生均教学科研仪器设备值 6023 元，比上年增加 322 元。上学年度信息化经费投入 4.08 亿元，信息化培训人次 5.35 万人次。每百人拥有的多媒体教室和语音实验室座位数 78 个，比上年增加 7 个。

2012 年，普通高等学校占地面积 15.35 万亩，比上年增加 0.58 万亩；生均占地面积 65.09 平方米，比上年增加 0.15 平方米。校舍建筑面积 5010.89 万平方米，比上年增加 322.1 万平方米；生均校舍建筑面积 31.88 平方米，比上年增加 0.93 平方米，其中生均教学行政用房 16.5 平方米，比上年增加 0.54 平方米。图书藏量 1.25 亿册，比上年增加 585.18 万册；生均图书 76 册，比上年增加 1 册。教学科研仪器设备值 108.84 亿元，比上年增加 13.51 亿元；生均教学科研仪器设备值 6613 元，比上年增加 590 元。上学年度信息化经费投入 4.19 亿元，信息化培训人次 10.82 万人次。每百人拥有多媒体教室和语音实验室座位数 87 个，比上年增加 9 个。

2013 年，普通高等学校占地面积 15.92 万亩，比上年增加 0.57 万亩，增幅 3.72%，生均占地面积 64.57 平方米，比上年减少 0.52 平方米。校舍建筑面积 5395.75 万平方米，比上年增加 384.86 万平方米，增幅 7.68%；生均校舍建筑面积 32.83 平方米，比上年增加 0.95 平方米，其中生均教学行政用房 16.73 平方米，比上年增加 0.23 平方米。图书藏量 1.33 亿册，比上年增加 836.52 万册，增幅 6.69%，生均图书 77 册，比上年增加 1 册。教学科研仪器设备值 122.31 亿元，比上年增加 13.47 亿元，增幅 12.37%，生均教学科研仪器设备值 7069 元，比上年增加 456 元。

2014 年，普通高等学校占地面积 16.26 万亩，比上年增加 0.34 万亩，增幅 2.15%，生均占地面积 62.93 平方米，比上年减少 1.64 平方米。校舍建筑面积 5467.39 万平方米，比上年增加 71.64 万平方米，增幅 1.33%；生均校舍建筑面积 31.74 平方米，比上年减少 1.09 平方米，其中生均教学行政用房 16.34 平方米，比上年减少 0.39 平方米。图书藏量 1.41 亿册，比上年增加 748.55 万册，增幅 5.61%，生均图书 78 册，比上年增加 1 册。教学科研仪器设备值 140.56 亿元，比上年增加 18.25 亿元，增幅 14.93%，生均教学科研仪器设备值 7787 元，比上年增加 718 元。

2015 年，普通高等学校占地面积 16.42 万亩，比上年增加 0.16 万亩，增长 0.98%，生均占地面积 61.95 平方米，比上年减少 0.98 平方米。校舍建筑面积 5705.1 万平方米，比上年增加 237.72 万平方米，增长 4.35%；生均校舍建筑面积 32.29 平方米，比上年增加 0.55 平方米，其中生均教学行政用房 14.71 平方米，比上年减少 1.63 平方米。图书藏量 1.48 亿册，比上年增加了 726.63 万册，增长 5.16%，生均图书 82 册，比上年增加 4 册。教学科研仪器设备值 164.59 亿元，比上年增加 24.03 亿元，增长 17.14%，生均教学科研仪器设备值 9379 元，比上年增加 1592 元。

2016 年，普通高等学校占地面积 16.26 万亩，比上年减少 0.16 万亩，减少 0.97%，生均占地面积 57.88 平方米，比上年减少 4.07 平方米。校舍建筑面积 5665 万平方米，比上年减少 40 万平方米，减少 0.72%，生均校舍建筑面积 30.25 平方米，比上年减少 2.04 平方米，其中生均教学行政用房 15.25 平方米，比上年增加 0.54 平方米。图书藏量 1.58 亿册，比上年增加 931.79 万册，增长 6.30%，生均图书 82 册，与上年持平。教学科研仪器设备值 192.49 亿元，比上年增加 27.9 亿元，增长 16.76%，生均教学科研仪器设备值 10264 元，比上年增加 885 元。

2017 年，普通高等学校占地面积 16.62 万亩，比上年增加 0.36 万亩，增长 2.21%，生均占地面积 55.36 平方米，比上年减少 2.52 平方米。校舍建筑面积 5920.64 万平方米，比上年增加 256.71 万平方米，增加 4.53%，生均校舍建筑面积 29.58 平方米，比上年减少 0.67 平方米，其中生均教学行政用房 13.48 平方米，比上年减少 1.77 平方米。图书藏量 1.64 亿册，比上年增加 692.36 万册，增长 4.4%，生均图书 82 册，与上年持平。教学科研仪器设备值 219.03 亿元，比上年增加 26.54 亿元，增长 13.79%，生均教学科研仪器设备值 10945 元，比上年增加 681 元。

2018 年，普通高等学校占地面积 17.36 万亩，比上年增加 0.74 万亩，增长 4.45%，生均占地面积 53.43 平方米，比上年减少 1.93 平方米。校舍建筑面积 6162.42 万平方米，比上年增加 241.78 万平方米，增长 4.08%，生均校舍建筑面积 29.57 平方米，比上年减少 0.01 平方米，其中生均教学行政用房 15.25 平方米，比上年增加 1.77 平方米。图书藏量 1.76 亿册，比上年增加 1117.35 万册，增长 6.79%，生均图书 73 册，比上年减少 9 册。

教学科研仪器设备值 248.07 亿元，比上年增加 29.04 亿元，增长 13.26%；生均教学科研仪器设备值 10366 元，比上年减少 579 元。

第三节　在全国的位次

党的十八大以来，在以习近平同志为核心的党中央坚强领导下，河南省委省政府坚定实施科教兴豫、人才强省战略，坚持教育优先发展，普通高校从 120 所增加到 140 所，居全国第 4 位；省部共建高校 11 所，居全国前列；郑州大学、河南大学入选国家"双一流"大学建设规划，实现了里程碑式重大突破；地方本科高校转型发展走在全国前列。

高等教育大众化水平显著提升，毛入学率由 27.2% 提高到 45.6%，普通高考本专科录取率由 77.7% 提高到 84.5%，本科录取率由 39.4% 提高到 43.2%，高校在校生数居全国第 1 位，每万人口中接受普通高等教育的在校生由 149 人增加到 224 人。

教育服务能力明显增强。全省高等院校累计向社会输送毕业生 297.92 万人，各类技工 500 多万人，其中研究生 7.09 万人。

新增博士学位授权点 38 个，增幅居全国第 2 位。

依托高校建设了 3 个国家级协同创新中心，34 个省级协同创新中心，12 个国家级众创空间。高校实施的一批关系发展全局的重大科研成果取得突破，高校获国家科技奖 37 项，占全省总数的 31%；国家自然基金和社科基金项目占全省总数的 90% 以上，国家社科基金项目数连续六年保持全国前十名。

但是，当前，河南人才培养的规模、结构、质量还不能很好地适应高质量发展的需要，特别是高等教育的发展水平还不够高，学科布局、专业设置与社会需求对接不够紧密，科研实力不强。全国 137 个"双一流"大学中河南只有 2 所，而周边的陕西 8 所、湖北 7 所、安徽 4 所；465 个规划建设的世界一流学科中河南只有 4 个，河南一年培养的博士生还比不上某些部属院校一个学校。

教育差距是最根本的差距，教育落后是最可怕的落后。在人均财力低的人口大省办教育，河南用占全国 5% 的教育经费承担了全国 9.9% 的教育人口，生均经费居全国后列，教育发展的压力更大、难题更多。

　　河南站在历史的高度、全局的高度、战略的高度，坚决把教育摆在优先发展的战略地位，作为推动各项事业发展的重要先手棋，切实增强发展教育的自觉性、主动性、紧迫性。

第六章 当代河南高等教育
70 年发展成就

党的十九大从新时代坚持和发展中国特色社会主义的战略高度，做出了优先发展教育事业、加快教育现代化、建设教育强国的重大战略部署。2018 年 9 月，党中央召开了全国教育大会，习近平总书记发表了重要讲话，对新时代教育工作进行了全面系统深入的阐述，为加快推进教育现代化、建设教育强国指明了方向、提供了遵循。李克强总理对新时代教育事业改革发展做出了具体安排。2019 年 2 月，党中央、国务院印发了《中国教育现代化 2035》，中办、国办印发了《加快推进教育现代化实施方案（2018～2022）》，这是对全国教育大会精神的具体细化。

党的十八大以来，在以习近平同志为核心的党中央坚强领导下，省委省政府坚定实施科教兴豫、人才强省战略，坚持教育优先发展，围绕补短板、强弱项、提质量、促改革，出台了一系列政策，采取了一系列措施，全省教育事业取得了长足进步，人民群众获得感明显增强。

一是教育发展水平明显提升。教育普及程度全面提高，学前三年毛入园率达到 88.13%，比 2012 年提高 21.5 个百分点，九年义务教育巩固率达到 94.62%，提高 3.42 个百分点，高中阶段毛入学率达到 91.23%，提高 1.23 个百分点，均高于全国平均水平。城镇"大班额""超大班额"得到遏制，全省小学、初中大班额比例比 2012 年分别减少 11.36 个和 30.67 个百分点，普通高中大班和超大班额比例分别减少 13.23 个和 18.7 个百分点。普通高校从 120 所增加到 140 所，居全国第 4 位；省部共建高校 11 所，居全国前列；郑州大学、河南大学入选国家"双一流"大学建设规划，实现了里程碑式重大突破。高等教育大众化水平显著提升，毛入学率由 27.22%

提高到 45.6%，普通高考本专科录取率由 77.7% 提高到 84.5%，本科录取率由 39.4% 提高到 43.2%，高校在校生数居全国第 1 位，每万人口中接受普通高等教育的在校生由 149 人增加到 224 人。

二是教育服务能力明显增强。全省高等院校累计向社会输送毕业生 297.92 万人，其中研究生 7.09 万人。依托高校建设了 3 个国家级协同创新中心，34 个省级协同创新中心，12 个国家级众创空间，高校实施的一批关系发展全局的重大科研成果取得突破，高校获国家科技奖 37 项，占全省总数的 31%。全省中等职业学校累计培养毕业生 280.72 万人，职业院校招生、在校生规模均居全国第 1 位，累计开展各类职业技术技能培训 1800 多万人次，职业教育走在了全国前列，河南成为国务院激励支持的职教改革成效明显的 6 个省份之一。

三是教育公平普惠明显加快。农村学校"全面改薄"和义务教育标准化建设持续加快，累计投入"全面改薄"资金 311.43 亿元，惠及中小学生 643.09 万名，农村中小学办学条件加快改善，134 个县（市、区）通过国家义务教育基本均衡县验收。农村留守儿童教育管理进一步加强，进城务工人员随迁子女入学率达 99%。农村义务教育学生营养改善计划覆盖 38 个国家级贫困县和 2 个省级地方试点县（市），受益学生 310.7 万人。累计落实各类学生资助资金 605.79 亿元，资助家庭经济困难学生 6321.55 万人次，资助学生数量居全国第 1 位。

四是教育保障条件明显改善。河南教育人口多、保障任务重，在校生人数占全国的 9.9%。近年来，在财政收支压力增大的情况下，河南持续增加教育投入，2018 年全省财政教育支出达到 1669 亿元，增长 11.8%，高于全国平均增幅 5.2 个百分点，支出规模和增幅均居全国第 4 位，较 2012 年增加 563 亿元，教育支出占全省财政支出的 18.1%，比全国平均水平高出 1.9 个百分点，成为财政第一大支出项目。"十三五"期间安排 40 亿元资金支持"双一流"大学建设。各阶段生均保障水平显著提高，其中普通本科院校由 2012 年的 1.2 万元提高到 1.6 万元，高职院校由 3800 元提高到 1.2 万元。这些成绩的取得，是以习近平同志为核心的党中央坚强领导的结果，也是全省广大教育工作者共同努力的结果。

第一，这是加快社会主义现代化建设的根本所在。习近平总书记深刻指出，教育事关国家发展，事关民族未来，没有哪一项事业像教育这样影响甚至决定着接班人问题，影响甚至决定着国家长治久安，影响甚至决定着民族复兴和国家崛起。党的十九大报告提出，我国到 2035 年要基本实现社会主义现代化，实现社会主义现代化根本在人口素质的现代化、人才素养的现代化、人力资源的现代化。从河南实际看，我们的差距还不小。在人口素质上，河南劳动年龄人口平均受教育年限与全国平均水平基本持平，比发达国家少了 2~3 年；在人才素养上，大专及以上学历人口占比为 8.7%，比全国平均水平低 5.2 个百分点；在人力资源上，河南专业技能人才只占劳动力总量的 10%，其中高级技能人才只占 3%，均相当于全国平均水平的一半。而要提高人口素质、人才素养和人力资源水平，基础在教育、关键在教育、希望在教育，可以说没有教育的现代化，经济社会的现代化就是一句空话。

第二，这是推动经济社会高质量发展的基础所在。改革开放以来，河南保持了较高的增长速度，但长期以来发展方式较为粗放，发展质量和效益不高的问题一直没有得到根本解决。2017 年，河南全员劳动生产率 6.6 万元/人，只相当于全国平均水平的 62%，在中部六省居第 5 位，比第 1 位的湖北低 3.2 万元，比第 2 位的湖南低 2.2 万元，与发达地区相比更低，仅相当于江苏的 36.6%、浙江的 48.2%。当前，我国经济已由高速增长阶段转向高质量发展阶段，河南也正在加快产业结构调整和转型升级，推进经济高质量发展，依靠增加投资、规模扩张以及外需拉动的传统增长方式已经难以为继，必须把立足点加快转向依靠科技进步和劳动者素质提高上来。可以说，我们比以往任何时候都更加需要科学知识和优秀人才，比以往任何时候都更加需要创新能力和创新水平，而创新人才的培养离不开教育，创新能力的增强离不开教育，创新水平的提高也离不开教育，经济发展的高质量必须有教育发展的高质量作支撑。

第三，这是促进城乡区域协调发展的重点所在。城乡区域协调发展，基础在教育均衡发展，促进城乡区域协调发展，关键在促进教育均衡发展。虽然近年来全省各级各类教育发展水平都有了很大提高，但城乡、区域之间差距仍然比较大。从城乡看，不管是师资力量，还是仪器配备、图书资料等方面，都还有不小的差距，现在城里教师不愿意去农村从教，农村教师也想方设法往城里调动，高师、名师等优质资源更是集中在城市。从区域看，一些贫困地区，特别是大别山、伏牛山等深度贫困地区贫困代际传递问题突出，与教育不均衡、教育水平低有很大关系。贫富的差别反映的是人口素质的差别，贫富的差别折射的是教育公平的差别，贫富的差别透露的是均衡发展的差别。习近平总书记多次强调，教育公平是社会公平的重要基础。我们必须办好公平而有质量的教育，以教育的均衡发展促进城乡区域的协调发展。

第四，这是提升区域经济综合竞争力的关键所在。习近平总书记指出，发展是第一要务，创新是第一动力，人才是第一资源。人是生产力中最活跃、最重要的因素，区域之间的竞争，本质上是人才的竞争。特别是随着新一轮科技革命和产业变革孕育兴起，科技、人才、知识日益成为提高综合实力和竞争力的决定性因素。近年来，我国不少城市掀起了人才争夺大战，都是看到了人才对创新驱动发展的决定性作用。长期以来，河南创新人才不仅总量不足，结构也不优，特别是高层次领军人才比较匮乏，全省每万人从事科技活动人员只有 34 人，仅相当于全国平均水平的 54.6%；全省拥有国家重点实验室、国家工程技术研究中心分别仅占全国总数的 2.7%、2.89%，只有湖北省的一半左右；全省大中型企业建有省级以上研发机构的占比不足 20%；全省拥有"两院院士"、国家杰出青年科学基金获得者、长江学者数量分别仅占全国总数的 1.27%、0.25% 和 0.36%。创新人才和技能人才固然可以引进，但大规模扩大人才队伍和大幅度提高人口素质，还是要靠教育。从目前看，河南优质高等教育资源仍然比较稀缺，国家规划建设的 465 个世界一流学科河南只有 4 个，博士研究生招生数量仅占全国博士招生总数的 0.94%，比不上某些部属院校一个学校的招生数量。只有下更大气力办好教育，培养出更多一流的人才，才能增强河南的创新动力，才能在激烈的区域竞争中立于不败之地。

教育是功在当代、利在千秋的德政工程，对提高人民综合素质、促进人的全面发展、增强中华民族创新创造活力、实现中华民族伟大复兴具有决定性意义。时代越是向前，知识和人才的重要性就愈发突出，教育的基础性、先导性、全局性地位和作用也更加凸显，河南坚持把教育优先发展战略落到实处。

　　我们正处于由教育大省向教育强省跨越的重要阶段。在河南这样一个人口多、底子薄、财力弱的发展中大省，教育事业取得的点滴成绩都实属不易。这些成绩的取得，是以习近平同为核心的党中央坚强领导的结果，是教育部长期以来大力支持的结果，是全省各级党委政府和有关部门真抓实干的结果，凝聚着全省广大教育工作者的心血与汗水。

第七章　当代河南高等教育存在的
问题及发展对策

第一节　问题与差距

我们正处于由教育大省向教育强省跨越的重要阶段。在河南这样一个人口多、底子薄、财力弱的发展中大省，教育事业取得的点滴成绩都实属不易。

要清醒地认识到，河南教育大而不强，发展不平衡不充分的问题尤为突出，主要表现在：科学的教育理念尚未牢固确立，教师队伍建设与发展需要还不适应，教育体制机制障碍依然较多。为解决好这些问题，寻求新时代河南教育改革发展新突破，办好人民满意的高质量教育，河南省制定了《关于全面深化新时代教师队伍建设改革的实施意见》，提出了《河南教育现代化 2035》《加快推进河南教育现代化实施方案（2018~2022 年）》等初步意见。初步设想，到 2022 年，推进教育现代化、建设教育强省取得重要进展，全面实现各级各类教育普及目标，多样化、可选择的优质教育资源更加丰富，社会关注的"入园难""择校热""大班额"和高水平大学少等教育热点难点问题得到有效缓解，现代教育制度体系初步构建，教育总体实力和影响力大幅提升，教育服务经济社会发展的能力显著提高，中原更加出彩，因教育而更有底气；到 2035 年，总体实现教育现代化，迈入教育强省行列，人民群众从教育中收获更多的幸福感。

教育兴则国兴，教育强则国强。一些国家和地区的崛起之路，背后的秘诀就是建立起发达的教育体系。像二战后美国成为世界头号强国，德国、日本在废墟上再度兴起，都是例证。进入新时代，推动经济高质量发展，建设现代化经济体系，必须大力开发人力人才资源，从要素驱动转向创新驱动。作为科技第一生产力和人才第一资源的重要结合点，教育的地位和作用在今天更加凸显，经济发展对高质量教育的渴求从来没有像现在这样强烈。

从全国范围看，以高质量教育塑造区域竞争力的形势逼人。近年来，新一轮教育现代化特别是以高等教育发展为引领的区域竞争日趋激烈，兄弟省份纷纷通过优先发展教育，提高综合竞争力。深圳原本没有一所名牌大学，20年前就提出不遗余力发展高等教育，香港中文大学、中山大学深圳校区和南方科技大学等一批高水平大学落地，为其打造国际科技产业创新中心奠定了基础；合肥之所以创新驱动发展势头好，就在于依托中国科技大学，催生了一批掌握核心科技的"科大系"企业。谁抓教育更主动，谁就更容易集聚创新资源，谁就能在抢占发展制高点上占据优势。

从河南情况看，以高质量教育支撑高质量发展的任务艰巨。迈向高质量发展，河南面临许多"卡脖子"和"瓶颈"问题，靠什么来解决？说到底靠人才。践行新发展理念，深化供给侧结构性改革，持续打好"四张牌"，需要大量创新型人才；加快制造业转型升级，推动制造大省向制造强省转变，需要大量高技能人才；深度参与共建"一带一路"，深化"四路协同"，强化开放带动，需要大量高层次、复合型、国际化人才。人才从哪里来？当然需要引进，但根本是靠教育来培养。要把加快教育高质量发展摆在突出位置，像抓经济项目那样抓教育项目，像抓招商引资那样抓开放办学，把人口优势转化为人力人才资源优势，以教育之功育出人才之花、科技之果，以教育之彩绘就中原出彩。

推进教育现代化，就要深刻把握我国社会主要矛盾变化对教育公平的热切呼唤，牢牢扛稳办好人民满意教育的重大责任。进入新时代，人人心中都有一个教育梦，都有一套度量衡，都期盼加快发展更高质量、更加公平、更具个性的教育。当前，教育发展还有许多令人不满意的操心事、烦心事、揪心事。

第二节　发展对策

一　加强党的全面领导

各级党委政府和教育系统要全面贯彻党的教育方针，牢牢坚持社会主义办学方向，使各级各类学校始终成为坚持党的领导的坚强阵地，始终成为培养社会主义事业建设者和接班人的坚强阵地。

第一，把教育优先发展战略落到实处。省委成立了教育工作领导小组，各地要尽快成立相应机构，建立健全党委统一领导、党政齐抓共管、部门各负其责的教育领导机制。各级党委政府要牢固树立抓教育就是抓发展、谋教育就是谋未来的理念，多想一想是否把教育摆在了优先位置，多想一想教育还存在哪些短板弱项，多想一想教育保障是否到位，切实做到在经济社会发展规划上优先安排教育，在财政资金投入上优先保障教育，在公共资源配置上优先满足教育。党政主要负责同志作为第一责任人，要满腔热忱地关心和支持教育工作，多到学校调研，及时帮助解决学校发展中存在的问题。管教育的部门和领导干部更要尊重教育规律，深入学习钻研，向专家请教，向实践求知，努力成为教育管理的行家里手。各有关部门要树立大局意识，立足工作职责，加强协调配合，全力支持和推动教育改革发展。省里将启动实施"十大教育行动计划"，各地各有关部门要切实抓好落实。

第二，抓实学校党的建设，把党的领导贯穿于办学治校、教书育人全过程，关键是要抓好各级各类学校党建工作。各级党委和教育部门党组织要高度重视党建工作，认真研究加强学校党建的体制机制问题，推动教育系统管党治党真正严起来。始终把政治建设摆在首位，把讲政治的弦绷得紧而又紧。加强学校领导班子建设，树立正确的选人用人导向，把政治过硬、品行优良、业务精通、锐意进取的优秀干部选配到领导岗位上来。河南有各级各类民办学校 2 万多所，在校生 675 万人，教职工总数近 50 万人，这是一块重要阵地。要加快推进民办学校党的组织和党的工作全覆盖，确保党的教育方针在民办学校得到贯彻落实。各级各类学校党组织要把抓好党建工作作为办学治校的基本功，切实履行把方向、管大局、做决策、抓班子、带队伍、保落实的领导职责。加强基层党组织建设，建好教师党支部、学生党支部特别是研究生党支部，探索依托重大项目组、课题组和学生公寓等建立党组织，推动学生党建工作向最活跃、最具创新能力的组织拓展，把基层党组织建设成为师生最贴心、最信赖的组织依靠。从近年来正风反腐的情况看，一些学校在党风廉政建设上还存在不少问题，有的还比较严重。要保持高压反腐态势，扎紧制度笼子，还校园一方净土。

第三，扎实做好校园安全工作。校园安全是民生实事，也是稳定大事，必须警钟长鸣、一刻不松。要牢牢把握学校意识形态工作的主动权，维护校园政治安全，坚决防范和清除错误思想、宗教活动等对学校的侵蚀。加强学校基础设施建设和管理，完善校园人防、物防和技防，强化校园及周边治安综合治理，扎紧扎牢校园的"篱笆"。积极开展安全教育，有针对性地增加反欺凌、反暴力、防范针对未成年人犯罪行为等内容，加强校园网贷风险防范，增强学生安全意识和自我防范能力。做好校园矛盾隐患排查，加强心理疏导和人文关怀，把问题解决在萌芽状态。坚持依法办学治校，加大法治宣传教育力度，依法解决涉及学校和学生的安全事件，坚决杜绝"校闹"。各级党委政府要为学校办学安全托底，不能一出事，要么推给学校，要么花钱买平安，息事宁人。

第四，营造教育改革发展的良好氛围。办好教育事业，是全社会共同的责任。要广泛宣传党的教育方针政策，宣传教育战线先进典型，宣传各地各部门推动教育改革发展的好做法好经验，推动社会各界更加自觉地尊师重教、助学兴教。加强舆论引导，及时回应社会关切，引导大家理性看待教育改革发展中存在的问题，最大限度凝聚共识。教育、共青团、妇联等部门要统筹协调社会资源，支持服务家庭教育，共同促进青少年健康成长。要创新社会教育资源开发配置模式，加大图书馆、科技馆、运动场等公益设施建设力度，形成开放多元、充满活力的教育平台体系。

二　聚焦立德树人

对教育工作，习近平总书记看得最重、讲得最多、抓得最紧的就是立德树人。要把立德树人融入思想道德教育、文化知识教育、社会实践教育各环节，贯穿基础教育、高等教育、职业教育各领域，健全全员育人、全过程育人、全方位育人的体制机制，培养社会主义建设者和接班人。

第一，加快构建德智体美劳全面培养的教育体系。现在教育疏于德、弱于体、少于美、缺于劳的问题较为普遍，一些学生对时代责任和历史使命认识不够，有的"分数满满、信仰空空"；一些学生以自我为中心，感恩意识、宽容心态不足。要严格落实习近平总书记提出的"六个下功夫"要求，抓好德育，培养学生坚定的理想信念、深厚的爱国主义情怀、高尚的道德情操；抓好智育，培养学生的创新精神和创造意识；抓好体育，引导学生养成锻炼习惯；抓好美育，教育学生提高人文素养和审美修养；抓好劳动教育，引导学生崇尚劳动、尊重劳动。注重实践养成，引导学生在知行合一中提升素质。实践是最好的老师。以体验教育为基本途径，通过主题班会、日常志愿服务、寒暑期社会实践等，精心开展吸引力强的实践活动，让学生认识国情、了解社会、经受锻炼。多组织学生到红色革命教育基地接受熏陶，到艰苦地区体验生活，在实践中磨炼他们的意志品质。要突出齐抓共管，形成家庭、学校、社会紧密衔接的完整育人链条。社会风气的好坏直接影响学生价值观的形成，要加强社会主义精神文明建设，加强文化市场监管，弘扬真善美、传递正能量，为学生成长提供良好的社会环境。

第二，切实加强学校思想政治工作。思想政治工作是学校工作的生命线，各级各类学校都要理直气壮地把这项工作做好。一要抓好学习贯彻习近平新时代中国特色社会主义思想这个首要任务。对大学生，要侧重加强理论阐释和国情教育，讲清楚蕴含的立场、观点、方法，增强其政治认同、思想认同、理论认同。高校要发挥优势，建设好马克思主义学院和理论学科，深入回答重大理论和现实问题，培养一批立场坚定、功底扎实、经验丰富的马克思主义学者。二要用好思政课这个主渠道。这些年，河南思政教育有很大改观，一些学校在思政课上进行了有益探索，比如河南师范大学聘请吴金印、刘志华、裴春亮等先进人物为思政课老师，用榜样的力量来感召，效果就很好。但总体看，思政课仍存在形式化、表面化的问题，有些学生反映，讲得有意思、让人能听进去的老师太少了，大多还是照本宣科、放放课件、喊喊口号。要深入落实习近平总书记提出的"八个相统一"要求，坚持"内容为王"，推动思政课创新，让有信仰的人讲信仰，深挖理论"源头"，引入实践"活水"，不断增强思政课的思想性、理论性和亲和力、针对性，真正让学生深刻认识中国共产党为什么能、马克思主义为什么行、中国特色社会主义为什么好。2019 年是五四运动 100 周年，教育系统要认真落实习近平总书记重要讲话精神，深入研究五四运动的历史意义、时代价值，把研究成果运用到思政课中，加强对广大青年的政治引领。需要强调的是，不能把思想政治工作只当作思政课的事，其他课也都要守好一段渠、种好责任田。要加强课程思政建设，把社会主义核心价值观的要求、把伟大复兴的梦想和责任融入各类课程教学之中，使各类课程与思政课同向而行，形成协同效应。讲好思政课也不仅仅是学校老师的事情，各级领导干部都要走进课堂、走进学生。三要占领网络这个主战场。推动思想政治工作联网上线，组织策划一批短小精致的思政节目，在微信、微博、抖音等平台广泛传播，以讲故事的形式、可视化的表达、差异化的传播、互动式的交流，提升思政教育的传播率、时代感和吸引力。选一批学术带头人、学科带头人，发挥专业优势、学界影响和学术特长，用理性思辨引导网上舆论。四要守牢意识形态安全这个底线。学校特别是高校要增强政治敏锐性和政治鉴别力，强化风险意识、底线思维，牢牢掌握意识形态工作领导权，建立风险隐患排查机制，全面梳理存在的突出问题，建立清单，逐一整改。加强对各类讲座、论坛、报告会、学术沙龙等的审核把关，防止错误思想传播。依法管理境外非政府组织在高校的活动，坚决阻断宗教非法传播渗透的渠道。

第三，建设高素质、专业化、创新型教师队伍。教师是立教之本、兴教之源。要把教师队伍建设作为立德树人的重要保障，努力造就一支师德高尚、业务精湛、结构合理、充满活力的教师队伍。一方面，要加强师德师风建设。河南广大教师长期以来辛勤耕耘、默默奉献，赢得了全社会的广泛赞誉和普遍尊重。从用生命上好"最后一课"的李芳老师，到被称为"十八弯山路上的一轮明月"的张玉滚老师；从"践行焦裕禄精神的好校长"张伟，到每年 180 多天工作在田间地头、被农民亲切称为"郭小麦"的郭天财老师；从苦中作乐的特岗教师任明杰老师，到身患残疾、甘于自身清贫却不甘于家乡贫困的王生英老师；等等，都对良好师德师风作了生动诠释。每一位教师都要认真落实习近平总书记关于"四有好老师"和"四个引路人"等要求，坚持以德立身、以德立学、以德施教，自觉做先进思想文化的传播者、党执政的坚定支持者、学生健康成长的指导者。爱是教育的灵魂。教师要有仁爱之心，像爱自己的孩子一样爱学生，真诚拉近同学生的距离，成为学生的好朋友和贴心人，用欣赏和信任让学生增强信心，努力学习。各级教育主管部门要健全师德师风建设长效机制，在教师资格准入、招聘考核、职称评聘、推优评先、表彰奖励等环节，突出师德把关，强化全方位、全过程师德养成。另外，要持续提升教师专业能力。我们从学生阶段过来，都有一个感受，对那些课讲得好的老师，即便很严厉、批评过自己，多年以后也会感到亲切、可敬。育才由育师开始，要加强教师教育体系建设，加大对师范院校和师范专业的支持力度，实施好重大教师人才项目，支持教师参加业务培训研讨。每个老师都要保持终身学习的状态，不仅要熟练掌握专业知识，还要掌握广博的通用知识，更要深入研究教书育人的客观规律和科学方法，不断提升教学本领。

三　抓好重点，把握难点

教育事业总是在解决一个个战略性、紧迫性问题中进步的。要坚持目标牵引、问题导向，精准发力、勇闯难关，务求新的更大突破。

第一，瞄准教育高质量发展这一核心要求。推动教育高质量发展，关键是教育要与经济社会发展需求相适应、与人民群众期待相契合、与青少年学生身心发展规律相协调。重点解决好三个方面问题。一是现代教育理念要真正领起来。教育现代化首先是理念现代化，教育高质量要从创新教育理念开始。《中国教育现代化2035》提出了"八个更加注重"的基本理念，即更加注重以德为先，更加注重全面发展，更加注重面向人人，更加注重终身学习，更加注重因材施教，更加注重知行合一，更加注重融合发展，更加注重共建共享。党委、政府和教育部门要围绕这些理念来"管"，学校要围绕这些理念来"建"，教师要围绕这些理念来"教"，以现代教育理念培养现代化的人。二是科学评价体系要真正树起来。人们常说，"分、分，学生的命根；考、考，教师的法宝"，这从一个侧面反映出教育考评体系存在的问题。习近平总书记在全国教育大会上一口气说了"四个要改"，即考试招生制度要改，对学校、教师、学生、教育工作的评价体系要改，直接以升学率奖优罚劣的做法要改，把升学率与工程项目、经费分配、评优评先等挂钩的潜规则要改。要充分认识到这项工作的急迫性，抓住考试评价等关键环节，进一步明确好学校、好教师、好学生的评价标准，克服唯分数、唯升学、唯文凭、唯论文、唯帽子的顽瘴痼疾。三是教育工作各项标准要真正高起来。对照高质量发展要求，制定各级各类学校建设标准、学科专业和课程体系标准、教师队伍建设标准、学校运行和管理标准等软硬件标准体系，推动教育发展水平持续提升。要顺应信息化快速推进的新形势，全面实施教育信息化 2.0 行动计划，建设"互联网＋教育"大平台，促进信息技术与教育教学深度融合，不断扩大优质教育资源覆盖面。

第二，抓住让教师安心从教、潜心从教这一关键所在。中原大地一向是教育发展的沃土，中原文化一向有尊师重教的基因。20 世纪 80 年代，中师报考很热，很多人都想当老师。现在经济发展了，中小学教师工资虽然也在增加，但相对而言增长幅度不够大，还面临职称晋升难、工作生活条件差、社会地位不高等问题。省里制定了全面深化新时代教师队伍建设改革的实施意见，在教师编制、待遇、职称、住房等方面都有了很大突破，在财力紧张的情况下出台这些政策，省委省政府是下了很大决心的。各地各部门一定要不折不扣落实到位，让尊师重教的风气更加浓厚，让教师的获得感实实在在。一是解决好教师编制职称问题。从各方面反映情况看，教职工编制管理体制还不太顺畅，编制总量不足、结构性缺编、空编不补等问题还比较突出。二是解决好教师待遇问题。关键是把国家规定的教师待遇政策落实到位。三是解决好教师住房保障问题。将其纳入住房保障范围，坚持分级分类推进、统筹解决，对高校教师，要支持高校盘活资源开发青年人才公寓。四是解决好教师负担问题。全面清理和规范，把时间和精力还给教师。我们就是要通过一个个实际问题的解决，形成优秀人才争相从教、广大教师尽展其才、名师名家不断涌现的良好局面。

第三，激活体制机制改革这一动力活力。教育改革，早改早主动，早改早受益。要围绕影响教育现代化的突出障碍，加快重点领域和关键环节的改革，让教育发展的活力充分迸发。一是深化教育综合改革。在办学体制上，目前各级政府之间，以及有关部门、行业企业与教育行政部门之间，办学权责划分已基本清晰，但还有一些问题需要进一步理清。比如，如何合理划分省、市、县三级政府的教育投入责任，既符合国家政策，又综合考虑各级政府财力，需要深入研究。近年来，河南民办教育实现了较快发展，但也存在管理不规范、办学水平不高等问题。要深入贯彻《民办教育促进法》，坚持积极鼓励、大力支持、正确引导、依法管理的方针，落实好各项扶持政策，推动民办教育发展再上新台阶。在管理体制上，现在对学校管得多、管得细的问题依然存在，学校在人才招聘、机构设置、职称评定、薪酬分配、考评管理等方面，自主权、话语权还不够。有的高校好不容易达成了引进人才的意向，却因为相关手续迟迟办不下来，到家门口的"金凤凰"又飞走了。要切实深化教育"放管服"改革，把教育管理更多放到政策、标准、规划、财政的引导上来，更多放到事中事后监管和服务上来。二是深化人才体制机制改革。树立科学的教育理念，单靠教育系统的努力是不够的。要广泛宣传科学的教育观、人才观，特别是在人事、劳动、分配制度和社会评价等方面，分类建立体现不同职业、不同岗位、不同层次人才特点的评价机制，营造有利于人才成长和发挥作用的制度环境。三是扩大教育开放。对河南这样一个优质教育资源短缺的省份来说，加强开放办学尤为重要。青海大学通过与清华大学结对子，由清华大学派出领导和专家交流任职，在学习借鉴先进教育理念中实现了跨越发展。青岛近几年引进32所学校，已经落地16所，这是很大的一笔财富。在发展教育上，我们的眼界要广、胸怀要宽、格局要大，要通过开展高水平合作办学、发展研究生院等，主动与国际、国内一流教育机构进行交流合作，加快吸引集聚优质高端教育资源。

第四，发挥服务经济社会发展这一重要职能。对经济社会发展的贡献度，是教育现代化的重要指标。一是造就大量人才。强化创新型人才培养。"双一流"大学建设的一项重要任务，就是培养创新型人才。加大对郑州大学、河南大学的政策、资源和资金支持力度，优化学科专业结构和人才培养结构，积极争取扩大研究生培养规模，不断满足对高层次人才的需求。现在一些高校办学规模越来越大，办学特色却在不断弱化，要按照分类发展要求，研究制定特色骨干大学建设方案，着力建设一批行业特色鲜明、学科优势明显的大学，在行业拔尖创新型人才培养上取得突破。强化应用型人才培养。这方面河南起步较早，黄淮学院、许昌学院是教育部本科院校转型发展试点。要总结推广经验做法，加快地方普通本科高校向应用型转变，主动面向地方经济社会发展需求、对接产业转型升级需要，提高人才培养和产业需求的契合度，强化技术技能型人才培养。二是提升科技创新能力。近年来，郑州大学的宇航员头盔面窗研制，河南大学的棉花遗传多样性研究，河南农大的小麦、玉米育种等，都为经济社会发展提供了有力支撑。要加强高校科研和社会需求的联动，健全科研评价机制，提升成果转化率。要加快国家、省、校三级协同创新中心建设，力争在关键领域核心技术上实现突破。农业科技特别是育种是河南的一大优势，涉农院校要牢记习近平总书记对河南的重托，积极承担面向"三农"的人才培养任务，在农业科技创新上奋勇争先。三是发挥新型智库作用。目前，河南高校成立各类智库83个，在出思想、出成果、出人才方面取得明显成绩。但也要看到，高校智库建设还存在缺乏统筹规划、成果与实践脱节等问题。高校要发挥学科齐全、人才密集的优势，繁荣发展哲学社会科学，加强前瞻性、针对性、储备性战略研究，当好党委、政府决策的"思想库"。

中部崛起，中原出彩，教育必须先行！

附录：河南部分高等学校简介

一　大学

【郑州大学】

郑州大学（简称郑大，英文简称：ZZU）由河南省人民政府兴办，法定住所地为河南省郑州市科学大道 100 号。学校总占地面积 5700 余亩，现有四个校区：主校区（郑州市科学大道 100 号）、南校区（郑州市大学北路 75 号）、北校区（郑州市文化路 97 号）和东校区（郑州市大学北路 40 号）。学校面向全国招生，现有全日制普通本科生 5.4 万余人、各类在校研究生（含非全日制）1.9 万余人，以及来自 91 个国家和地区的留学生近 2000 人。

郑州大学是国家"211 工程"重点建设高校、一流大学建设高校和"部省合建"高校。站在新的历史起点上，学校确立了综合性研究型的办学定位，提出了一流大学建设"三步走"发展战略，力争到 21 世纪中叶建成世界一流综合性研究型大学。

郑州大学医科教育源于 1928 年的国立第五中山大学，1952 年河南医学院独立建院，开启了河南医学高等教育的先河；原郑州大学创建于 1956 年，是新中国创办的第一所综合性大学，1996 年被列入国家"211 工程"重点建设高校；郑州工业大学成立于 1963 年，是原化工部直属的重点院校。2000 年 7 月，原郑州大学、郑州工业大学和河南医科大学三校合并组建新郑州大学。教育家、历史学家、哲学家嵇文甫教授，物理学家霍秉权教授，化学家侯德榜教授，耐火材料专家钟香崇院士，土木工程专家孙国梁教授，耳鼻咽喉科专家董民声教授，食管细胞学创始人沈琼教授，人体寄生虫学专家苏寿泚教授等一大批知名专家学者，都曾在此弘文励教。

悠久历史铸就郑大特色文化。植根中原文化的博大精深和沉稳厚重，形成郑大人包容宽厚、奋发进取的优良品质；汇聚多元文化的交融共生，学生来自全国 31 个省（区、市）、世界 91 个国家和地区，形成多地域、多民族、多文化交流融合的文化氛围；文、理、工、医等 12 个学科门类均衡发展，形成多学科交叉、相融互补的育人氛围；传承和弘扬源远流长的特色文化，三个老校区的特色文化长期积淀与升华，孕育了"求是担当"的郑大使命与精神，形成"笃信仁厚、慎思勤勉"的郑大校风。在强化自身文化建设的同时，学校注重发挥文化引领的社会职责，努力为华夏文明传承创新作出新的贡献。

融合发展完成综合性大学布局。学校设有哲学、经济学、法学、教育学、文学、历史学、理学、工学、农学、医学、管理学、艺术学 12 大学科门类，各学科门类均衡发展：有临床医学、材料科学与工程、化学 3 个一流建设学科；有凝聚态物理、材料加工工程、中国古代史、有机化学、化学工艺、病理学与病理生理学 6 个国家重点（培育）学科；化学、材料科学、临床医学、工程学、药理学与毒理学、生物学与生物化学 6 个学科（领域）ESI 排名全球前 1%；化学、临床医学 ESI 排名进入全球前 3‰；ESI 学术机构全球排名第 910 位，位列全国高校第 46 位。学校有 30 个一级学科博士学位授权点，2 个博士专业学位授权点，59 个一级学科硕士学位授权点，25 个硕士专业学位授权点，19 个工程硕士领域，24 个博士后科研流动站。现有教职工 5700 余人，其中两院院士、学部委员 11 人，海外院士 4 人；"国家杰出青年科学基金"获得者 7 人，长江学者 7 人，国家"百千万人才工程"人选 24 人，教授 752 人，具有博士学位教师 2174 人，形成了一支以院士和学术大师为引领，以"杰青""长江"等为学术带头人，青年博士为骨干的人才队伍。中国工程院何季麟院士担任河南省资源与材料工业技术研究院院长，英国医学科学院院士、中国工程院外籍院士尼克·莱蒙担任郑州大学医学科学院院长，南振中先生、张海先生、二月河先生等曾执教学校。

立德树人形成完备人才培养体系。学校校本部现有 46 个院系，114 个本科专业。学校现有国家级教学团队 4 个，国家级教学名师 6 人，国家级专业综合改革试点专业 6 个，国家级特色专业 14 个，通过国际工程教育认证专业 11 个，国家级实验教学示范中心 5 个，国家级虚拟仿真实验中心 1 个，国家级工程实践教育中心 7 个，国家级精品课程 14 门，国家级精品视频公开课 4 门，国家级精品资源共享课 14 门，国家级双语教学示范课程 2 门，国家精品在线开放课程 2 门，国家级人才培养模式创新实验区 2 个，国家理科基础科学研究和教学人才培养基地 1 个，国家大学生文化素质教育基地 1 个，国家级大学生校外实践教育基地 2 个，获国家级教学成果奖 9 项。学校先后被列入国家级卓越工程师、卓越法律人才、卓越医生教育培养高校。学校被评选为"2012～2014 年度国家级大学生创新创业训练计划实施工作先进单位"，是国家首批深化创新创业教育改革示范学校。学校滋兰树蕙，桃李芬芳，近 90 万校友成为民族复兴大业的建设者和各行各业的中坚骨干，形成独具特色的"郑大品牌"。

科技创新助推创新驱动发展。学校围绕国家重大战略实施，制定融入郑洛新国家自主创新示范区实施方案，构建创新驱动发展体系。拥有橡塑模具国家工程研究中心、互联网医疗国家工程实验室、国家钙镁磷复合肥技术研究推广中心、重大基础设施检测修复技术国家地方联合工程实验室、国家药物安全性评价研究中心、国家领土主权与海洋权益协同创新中心（协同单位）；拥有 2 个国家药品临床研究基地，1 个国家知识产权培训基地，6 个教育部重点实验室、工程研究中心及人文社科重点研究基地；拥有资源材料等 7 个省级协同创新中心。组建河南省资源与材料工业技术研究院、郑州大学医学科学院、郑州大学药物研究院、郑州大学产业技术研究院、郑州大学现代分析与计算中心等校级直属科研机构。五年来，学校先后承担国家科技重大专项、"973"计划、"863"计划、科技支撑计划和重点研发计划等各类科研项目（课题）79 项，获批国家自然科学基金、国家社会科学基金项目共计 1231 项。学校在神舟系列宇航员出舱面窗关键防护装置研究、磁约束热核聚变基础理论研究、车用燃料乙醇生产的关键技术及开发应用研究、非开挖工程技术和装备、"一步法"固相合成半芳香的高效制备技术、苯选择加氢制环己烯催化剂和催化工艺、难降解有机工业废水治理与毒性减排关键技术及装备、钢纤维混凝土特定结构计算理论和关键技术的研究与应用、植物油菜素内酯研究、魏晋南北朝史研究、隋唐史研究等领域取得突破性成果，获国家科技进步奖 7 项（含科普奖 1 项）、国家技术发明奖 1 项、国家自然科学奖 2 项。

国际交流与产学研合作广泛。与美国、英国等 41 个国家和地区的 205 所知名高校建立了校际合作关系，与美国威斯康星大学、澳大利亚莫纳什大学、波兰华沙大学、白俄罗斯国立音乐学院等国外高校合作开展 9 个中外合作办学项目，在印度设立孔子学院，在美国设立孔子课堂。学校是"中俄语言文化高校联盟"创始成员，"中俄新闻教育高校联盟"发起成员，"中俄医科高校联盟"成员，作为首批地方高校入选"国际化示范学院推进计划试点单位"。拥有微纳成型技术、细胞与基因治疗、低碳环保材料智能设计、癌症化学预防、地下基础设施非开挖技术、电子材料与系统 6 个国家级国际联合研究中心。在 2017 年中国大学国际化水平排行榜中名列第 33 位。学校牵头组建河南省国家大学科技园，郑州大学大学科技园被认定为河南省大学科技园。打造郑大工程与技术服务品牌，郑州大学综合设计研究院成为河南民用建筑设计行业的领先企业。推进附属医院集团化发展，9 家附属医院现有国家级临床重点专科 36 个，省级医学重点（培育）学科 139 个，开放床位数 2.7 万余张，年门诊量突破 1813 万人（次），医疗服务能力持续提升，成为河南省医疗行业的"集团军"。

郑州大学世界一流大学建设，承载着中原大地经济社会现代化发展的呼唤，承载着河南亿万人民享受优质高等教育的期盼，承载着地方大学由大变强的重托，承载着中原崛起、民族复兴的意志，全体郑大人将坚持扎根中原大地办大学，秉持求是，勇敢担当，立足河南，面向全国，放眼世界，强力推动世界一流综合性研究型大学建设，切实发挥文化引领、人才支撑、科技支持作用，为全面建成小康社会、实现中原崛起与中华民族伟大复兴作出新的更大的贡献。

【河南大学】

河南大学坐落在历史文化名城、八朝古都开封。这里曾是河南贡院的所在地，1903 年、1904 年最后两场全国会试在这里举行，上千年的科举制度在这里画上句号。1912 年，以林伯襄为代表的一批河南仁人先贤，在欧风美雨和辛亥革命胜利的曙光中创办了河南留学欧美预备学校，成为当时中国的三大留学培训基地之一。后历经中州大学、国立第五中山大学、省立河南大学等阶段，1942 年改为国立河南大学，成为拥有文、理、工、农、医、法 6 大学院的综合性大学，是当时学术实力雄厚、享誉国内外的国立大学之一。新中国成立后，经院系调整，河南大学农学院、医学院、行政学院分别独立设置为河南农学院、河南医学院、河南行政学院，水利、财经等院系也先后调入武汉大学、中南财经政法大学等高校，校本部更名为河南师范学院。后又经开封师范学院、河南师范大学等阶段，1984 年恢复河南大学校名。2008 年 10 月 17 日，河南省人民政府和教育部签订共建协议，河南大学正式进入省部共建高校行列。2016 年 9 月，学校入选国家"111 计划"。2017 年 9 月入选"双一流"建设高校名单。

建校百余年来，河南大学严守"明德新民，止于至善"的校训，在一代代学人的精心铸造下，逐渐形成了"团结、勤奋、严谨、朴实"的优良校风和"前瞻开放、面向世界，坚持真理、追求进步，百折不挠、自强不息，兼容并包、海纳百川，不事浮华、严谨朴实"的河大精神，在推动社会发展、科技进步、经济建设和教育振兴的过程中实现着自身的价值。在以范文澜、冯友兰、董作宾、冯景兰、罗章龙、郭绍虞、罗廷光、萧一山、樊映川、毛礼锐、姜亮夫、嵇文甫、任访秋、党鸿辛等一大批专家学者、院士为代表的名师执教下，河南大学已培养了近 60 万名各类人才。在河大校友中，有院士、学部委员 57 人，省部级以上领导干部近 150 人。不少校友如侯镜如、袁宝华、王国权、赵毅敏、尹达、邓拓、白寿彝、杨廷宝、高济宇、姚雪垠、周而复、吴强、马可、赵九章、梁光烈等都成为蜚声中外的社会名家。

改革开放以来，河南大学的建设步入了快速发展的时期，通过加强学科建设、培养与引进高层次人才和扩大招生、新校区建设等，在提高办学层次、教育质量、学术水平和扩大发展规模、办学空间、对外开放等方面都实现了跨越式发展，取得了历史性突破，已经成为一所拥有文、史、哲、经、管、法、理、工、医、农、教育、艺术 12 个学科门类的综合性大学，先后与 40 多个国家和地区的 120 余所高校建立了友好合作关系，是世界大学联合会和亚太大学联合会成员。河南大学现设有文学院、历史文化学院、教育科学学院（教师教育学院）、哲学与公共管理学院、马克思主义学院、法学院、经济学院、商学院、新闻与传播学院、文化产业与旅游管理学院、数学与统计学院、物理与电子学院、化学化工学院、材料学院、计算机与信息工程学院、软件学院、环境与规划学院、生命科学学院、土木建筑学院、外语学院、体育学院（体委办公室）、音乐学院、美术学院、公共艺术教研部、医学院、基础医学院、临床医学院（河南省人民医院、淮河医院、第一附属医院）、药学院、护理与健康学院、口腔医学院、国际教育学院、欧亚国际学院、迈阿密学院、国际汉学院、大学外语教研部、民生学院、远程与继续教育学院，98 个本科专业，43 个硕士学位授权一级学科，24 种硕士专业学位授权类别，20 个博士学位授权一级学科，15 个博士后科研流动站。现有教职工 4300 多人，其中专兼职院士 14 人，正副高级职称 1700人。全日制在校生 5 万人，其中研究生近 1 万人，留学生 700 余人。学校拥有棉花生物学国家重点实验室、纳米杂化材料应用技术国家地方联合工程研究中心、高效显示与照明技术国家地方联合工程研究中心和抗体药物开发技术国家地方联合工程实验室，特种功能材料、植物逆境生物学、黄河中下游数字地理技术实验室等教育部重点实验室 3 个，黄河文明省部共建协同创新中心 1 个，教育部工程技术研究中心 1 个，省级协同创新中心 4 个。建有教育部人文社科重点研究基地黄河文明与可持续发展研究中心、教育部体育艺术师资培训培养基地、国家体育总局社会科学研究基地、国家大学生文化素质教育基地、国家中华优秀文化艺术传承基地 5 个国家级教育、科研基地。办有出版社和多种学术刊物，图书馆有纸质图书 520 万册，电子图书 700 多万件。校区总面积 220 万平方米，建筑面积 147 万平方米。其中明伦校区近代建筑群是国家重点文物保护单位。

作为一所具有厚重历史的高校，河南大学的建设一直受到各级政府和领导的重视。近年来，习近平、李克强、江泽民、贾庆林、李岚清、吴官正、李长春等领导同志先后莅校视察，对河南大学的发展寄予厚望。2004年 7 月，江泽民同志视察时亲笔书写了"与时俱进，开拓创新，把河南大学办成全国一流高校"的题词。2012 年 9 月，温家宝同志为河南大学建校100 周年题词"办好河南大学　振兴中原教育"。河南省委省政府历来也十分重视河南大学的建设，一直把河南大学作为河南省重点建设高校给予重点扶持。2011 年，国务院《关于支持河南省加快建设中原经济区的指导意见》中明确提出"支持河南大学创建国内一流大学"，河南省人民政府也专门颁布了《百年名校河南大学振兴计划（2011~2020 年）》，进一步确立河南大学重点建设、优先发展的战略地位，河南大学的发展正面临着重大的机遇。自进入一流学科建设高校行列以来，学校确定了今后一个时期的发展目标：到 2020 年，建立完善适应于一流大学发展的大学治理体系，学校综合实力大幅度提高，在全国高等教育体系中的地位进一步攀升。到 2035 年，以文、理、医、工为主，多学科协调发展的一流学科体系更加完善，若干重要学科跻身或接近国际先进水平；学校综合实力明显提升，初步形成世界一流大学的学科基础。到 21 世纪中叶，跻身综合性、研究型、有较大国际影响力的世界一流大学行列。

【河南理工大学】

1909 年，河南理工大学（简称河南理工，英文：Henan Polytechnic University，英文简称"HPU"）的前身——焦作路矿学堂，在黄河之滨、太行之阳的焦作诞生，成为我国第一所矿业高等学府和河南省建立最早的高等学校。学校历经福中矿务大学、私立焦作工学院、国立西北工学院、国立焦作工学院、焦作矿业学院和焦作工学院等重要历史时期，2004 年更名为河南理工大学，是中央与地方共建、以地方管理为主的河南省特色骨干高校，应急管理部与河南省人民政府共建高校，入选国家"中西部高校基础能力建设工程"高校。

20 世纪上半叶，著名教育家蔡元培、工矿泰斗孙越崎、地质学家翁文灏和张仲鲁、张清涟、张伯声等众多学者先后执校任教，引领学校承载起培养工矿高级专门技术人才的历史责任，为民族工业振兴、国家经济发展和社会文明进步作出了特殊贡献。历经时艰形成的"自强不息、奋发向上"办学精神和"明德任责"校训、"好学力行"校风更是生生不息、薪火相传。新中国成立后，学校始终坚持社会主义办学方向，着力拓宽学科专业领域，扩大办学规模，提升办学层次，现已发展成为具有博士、硕士、学士三级学位授予权的特色高水平大学，致力于培养具有社会责任感、健全人格，扎实基础、宽阔视野，创新精神、实践能力的高素质人才。

学校现有南校区（焦作市世纪路 2001 号）、北校区（焦作市解放中路

142 号)、西校区(焦作市建设西路 55 号)三个校区,占地面积 4100 余亩,建筑面积约 140 万平方米。设有 22 个教学学院和后备军官学院、国际教育学院、继续教育学院、安全技术培训学院;74 个本科专业,涵盖工、理、管、经、法、文、教、艺、医 9 大学科门类,面向全国招生,全日制在校生 40000 余人;与 30 多个国家和地区的 72 所高校和科研机构建立友好合作关系,与国外知名大学合作举办 4 个本科教育项目。建成国家地方联合工程实验室、国家重点实验室培育基地等国家、省部级科研平台、人文社科基地等 52 个;建有电工电子、工程训练中心等 5 个国家级实验教学示范中心和 1 个国家级虚拟仿真实验教学中心,教学科研仪器设备总值 5.8 亿元。建成大学科技园和全国高校实践育人创新创业基地;拥有 3 座图书馆、2 所附属医院;建成万兆校园网主干和信息门户平台,校园无线网全覆盖,获教育部"高等教育信息化先进单位"和"互联网应用创新开放平台示范基地";建有 4 座现代化体育场馆,运动场馆总面积达 14 万平方米,多次承办 CUBA、CUFA 等大型体育赛事,是国家体育总局命名的"全国群众体育先进单位";学生公寓和食堂分别被评为河南省高校"示范性学生公寓"和"示范性学生食堂"。

学校大力实施"人才强校"战略,拥有一支实力雄厚的人才队伍。现有教职工 3108 人,其中高级职称 1010 人,具有博士学位的 1065 人。两院院士 12 人(含双聘),享受国务院政府特殊津贴专家 31 人,国家级教学名师、全国模范教师、全国优秀教师、教育部新世纪优秀人才、省特聘教授、省管优秀专家、省教学名师、省部级学术带头人和省骨干教师等 200 余人。

学校工科优势突出,安全、地矿学科特色鲜明,理学、经管、人文等学科协调发展。学校工程学学科进入 ESI 全球排名前 1%,安全科学与工程学科全国排名第 3 位,为全省普通高校唯一 A 类学科,入选河南省国家级重点学科培育计划;拥有 20 个省一级重点学科、2 个省优势特色学科,建成 5 个博士后科研流动站、6 个一级学科博士点、20 个一级学科硕士点、8 个硕士专业学位授权类别,具有硕士学位推免权和开展本硕、硕博连读资格,入选"全国工程硕士研究生教育特色工程领域",获批全国工程专业研究生联合培养示范基地。学校是教育部"卓越工程师教育培养计划"实施高校,5 个专业通过全国工程教育认证,建成国家级本科教学工程项目 57

个，获得 87 项国家、省级教学成果奖，被教育部本科教学工作审核评估专家誉称"小城办大学的典范"。拥有国家、省部级教学科研团队 41 个，承担国家级课题项目 600 余项，近年来获得国家科技进步二等奖 4 项、中国专利优秀奖 1 项、省部级奖励 324 项，专利授权 2000 余项，已成为国家煤炭工业和河南经济社会发展重要的人才培养基地、科技创新基地和安全培训基地。

【河南工业大学】

河南工业大学（Henan University of Technology）位于河南省省会郑州市，是河南省人民政府和国家粮食局共建高校；始建于 1956 年，先后隶属国家粮食部、商业部和国内贸易部；1959 年开展本科教育，1981 年开始硕士研究生教育，2013 年开始博士研究生教育，2017 年获批硕士研究生推免资格，2018 年获批博士学位授予单位；1998 年划归河南省管理，河南省人民政府和国家粮食局于 2010 年签约共建河南工业大学。

建校至今，学校坚持"扎根中原，立足行业，服务全国，面向世界"的办学定位，严守"育人为本、质量立校、特色发展"的办学理念，秉承"明德、求是、拓新、笃行"的校训，大力弘扬"崇尚科学、勇于探索、报国兴学、自强不息"的工大精神，凝练形成了"团结进取，务实高效"的校风、"博学奉献"的教风和"勤奋诚信"的学风。

经过历代工大人的励精图治和薪火传承，学校已经发展成为一所以工学为主，涵盖理学、经济学、管理学、法学、文学、艺术学和农学等学科协调发展的多科性大学，不仅具备完整的学士、硕士、博士三级人才培养体系，而且作为第二单位成功入选国家首批"2011 协同创新计划"，是教育部"中西部高校基础能力建设工程"和"卓越工程师教育培养计划"建设高校，在推动行业、区域和国家经济社会发展，实现教育振兴的过程中作出了应有贡献，在人才培养、科学研究、社会服务等方面均取得了优异成绩。

1. 师资队伍

河南工业大学现有专任教师 1633 人，副高级以上职称教师 836 人，博士学位教师 729 人；硕士生导师 513 人，博士生导师 53 人；汇聚了双聘院士、长江学者、国家杰出青年科学基金获得者、"百千万人才工程"国家级人选、国务院特贴专家、教育部新世纪优秀人才、中原学者、河南省教学名师等一大批学术带头人；拥有省级及以上高层次教学、研究团队 26 个。

建校以来，学校涌现出了陈启宗、路茜玉、张根旺、周乃如、汪璠、张国贤等一大批在粮食、磨料磨具等行业领域具有重大贡献和社会影响力的知名专家、学者，他们潜心学术，立德树人，奖掖后进，功勋卓著，为我国粮食事业、磨料磨具行业及学校发展、社会进步作出了开拓性贡献，为后继者树立了榜样。

现任教师中，有国际标准化组织食品技术委员会谷物与豆类分会主席卞科教授、国际谷物科技协会主席王凤成教授、三届奥运会田径裁判王晏教授等知名专家，还有一批专家教授担任中国粮油学会、中国粮食工程建设委员会、全国磨料磨具标准化技术委员会、中国热处理学会、中国化学会有机化学磷化学专业委员会等学术组织理事长或副理事长职务，他们在各自的专业领域和教学岗位上教书育人，竭诚奉献，堪称楷模。

2. 学科专业

学校长期致力于粮食产后领域的基础理论及工程技术研究，构建了集储运、加工、装备、信息、管理等于一体的完整学科体系；拥有全国最完整的粮油食品学科群和实力雄厚的超硬材料学科群；现有 20 个学院，67 个本科专业，拥有 3 个博士学位授权一级学科，20 个硕士学位授权一级学科，7 个硕士专业学位授权类别，24 个省一级重点学科，粮食产后安全及加工学科群入选河南省首批优势特色学科建设工程；拥有食品科学与工程等 5 个国家级特色专业，粮食工程等 3 个国家级综合改革试点专业，食品科学与工程、粮食工程和计算机科学与技术 3 个国家级卓越计划专业，16 个省级名牌和特色专业，6 个双学位专业，学校具有同等学力申请硕士学位授予权和高校教师硕士学位授予权。

3. 人才培养

学校面向全国招生，是国家来华留学生自主招生高校，拥有"中国政府奖学金"、"中国政府丝绸之路奖学金"和"河南省政府奖学金"培养资格，是全国硕士研究生推免高校、普通高等学校本科教学工作水平评估优秀单位，拥有"食品科学"国家级实验教学示范中心、国家级"粮油食品类工程应用型人才培养模式创新实验区"、"河南工业大学—河南中鹤纯净粉业有限公司工程实践教育中心"国家级大学生校外实践教育基地。

学校现有全日制在校生 34000 余人，其中研究生 1500 余人，外国留学生 50 余人；另有继续教育学生 18000 余人；先后为国家输送了近 20 万名合格毕业生，粮食行业半数以上的管理精英和技术骨干均出自该校，被誉为粮食行业的"黄埔军校"。

近五年来，学生在各类竞赛中获国家级奖 340 项、省部级奖 772 项；全国硕士学位论文抽检合格率连年 100%；国家"挑战杯"竞赛连续 5 届居全国前 40 名，连年位居河南省高校前列；连续两次被教育部评为"全国普通高等学校毕业生就业工作先进集体"，先后荣获"全国就业 50 强高校"、全国"学校心理健康教育先进集体"等多项荣誉称号，人才培养质量获得社会高度认可和评价。

4. 科学研究

学校拥有一支实力雄厚的科研队伍，长期致力于粮食产后领域的基础理论与工程技术研究，构建了集储运、加工、装备、信息、管理等于一体的科学研究体系和特色；积极服务国家战略需求和行业、地方经济社会发展，在粮食储运、仓厂建设、粮食经济与物流管理、粮食精深加工与综合利用、粮食机械、超硬材料及磨料磨具等方面取得了一批重大研究成果，有力推动了行业科技进步和社会发展，产生了显著的经济社会效益；在 1978 年全国科学技术大会、1986 年国家科技攻关奖励大会上获国家奖励 4 项；近年，先后荣获国家科技进步奖 10 项（其中一等奖 1 项、二等奖 7 项、三等奖 2 项），国家教学成果二等奖 2 项，中国标准创新贡献一等奖 1 项；2017 年进入中国大学科技创新竞争力百强高校。

学校现有小麦和玉米深加工国家工程实验室、粮食储运国家工程实验室、粮食信息处理与控制省部共建教育部重点实验室、粮食储藏与安全教育部工程研究中心、中国粮食物流研究培训中心、国家大豆改良中心精深加工研究所（郑州）等 32 个省部级、国家级科研平台，建有中国粮食博物馆预博馆，是国家粮食行业郑州培训基地，设有河南省高校首家院士工作站、物流研究中心、粮食经济研究中心、超硬材料及制品工程技术研究中心等 14 个地厅级科技平台。校内还有岩土工程研究所、物流研究所等 54 个校级学术研究机构和 100 余个教学、科研、实习、实训平台。

5. 办学条件

学校占地总面积 193.8 万平方米，建筑总面积 106.2 万平方米；拥有莲花街校区、嵩山路校区、中原路校区三个校区；建有高标准的教学大楼和现代化的学生公寓；是河南省高校"数字化校园"示范单位、"智慧校园"和"网络学习空间"建设试点单位。

学校建有食品工程、建筑工程、物理学、化学、力学、电工电子、机械基础等各种、各类基础实验室、专业实验室、工程训练中心、实验教学示范中心、虚拟实验教学中心、本科实验教学中心和工程训练中心；配备有大批先进的实验仪器设备，教学科研仪器设备总值 6.13 亿元，10 万元以上仪器设备 759 台（套）；学校图书馆是原商业部批准的"全国粮油学科文献情报中心"，藏书 307.9 万余册，自建粮油食品、超硬材料与磨料磨具 2个专题特色数据库；《河南工业大学学报》（自然科学版）是全国中文核心期刊和中国科技核心期刊；先进、齐全的教学科研设施，优雅宜人的校园环境，为教学、科研、管理和生活服务提供了坚实的物质基础。

【河南科技大学】

河南科技大学（简称河科大，英文简称：HAUST）坐落于"千年帝都，牡丹花城"、中原城市群副中心城市洛阳，是国家国防科工局与河南省人民政府共建高校、国家中西部高校基础能力建设工程支持高校、教育部本科教学水平评估优秀高校，也是河南省重点建设的三所综合性大学之一、"丝绸之路大学联盟"理事高校、全国深化创新创业教育改革示范高校和国家级专业技术人员继续教育基地。

学校 1952 年创建于首都北京。1956 年，应国家工业基地建设布局的需要迁至洛阳，后更名为洛阳工学院，隶属于原机械工业部。1998 年，划转至河南省管理。2002 年，河南省委省政府为优化全省高等教育结构布局，报经教育部批准，由洛阳工学院、洛阳医学高等专科学校、洛阳农业高等专科学校合并组建河南科技大学。2002 年 8 月 30 日，当时主政河南的李克强亲自为学校颁授校牌，并在讲话中指出"河南科技大学是我省继新郑州大学、新河南大学之后组建的第三所综合性大学，组建河南科技大学是省委省政府实施'科教兴豫'战略的重大举措……要以创建高水平大学为目标，努力办成国内先进、居于省内高校前列、具有自身特色的一所综合性大学"。2015 年 9 月，李克强总理回河南视察工作，在洛阳时专程来到河南科技大学第一附属医院视察指导，他满怀深情地说，希望一附院要像当年他对河南科技大学授牌时提出的要求一样，争创国内一流。

长期以来，学校秉承"明德博学、日新笃行"的校训和"育人为本、学术至上"的办学理念，发扬"自强不息、追求卓越"的河科大精神，突出内涵发展，着力提高人才培养质量和核心竞争力，已初步发展成为一所工科优势突出、理工农医文等多学科协调发展的高水平综合性大学。

学校占地面积 4600 余亩，有开元、西苑、景华和周山 4 个校区，其中开元校区占地面积 3660 余亩。现有全日制普通本科生、研究生、留学生共 41000 余人，非全日制成人教育生 23600 余人。

学校涵盖理、工、农、医、经、管、文、法、史、教和艺术学 11 大学科门类，设有 31 个学院，97 个本科专业，其中 14 个本科专业、5 个硕士专业获批省级以上"卓越工程师、卓越医生、卓越农林人才、卓越法律人才培养计划"；拥有 4 个博士学位授权一级学科，2 个博士后流动站；有 38 个硕士学位授权一级学科，12 个专业学位研究生招生类别；有 28 个河南省一级重点学科，三个国家"十三五"国防特色学科。

学校现有国家级教学团队、特色专业、专业改革综合试点、精品（资源共享）课程、精品视频公开课、双语教学示范课、实验教学示范中心等本科教学工程项目 17 个，教育部"长江学者和创新团队发展计划"项目 1 个，省部级教学团队、特色专业、精品课程等质量工程项目 98 个；有教授、副教授等高级专业技术人员 1012 人，具有博士学位的教师 1195 人；拥有双聘院士 9 人，"中原学者" 3 人，"百千万人才工程"入选者 3 人，省特聘教授 14 人，享受国务院政府特殊津贴专家 46 人，省学术技术带头人 24 人。

学校有 12 个河南省特聘教授设岗学科，46 个国家级、省部级重点实验室、工程技术（研究）中心和人文社科研究基地，2 个河南省协同创新中心。近五年来，学校先后承担国家重大专项、国家重点研发计划、国家"973"计划、"863"计划、科技支撑计划（包括子项）等项目 32 项，国家自然科学基金、国家社会科学基金等项目 333 项；获国家科学技术奖 6 项，省部级科技进步奖、优秀社科成果奖等 140 项；《河南科技大学学报》（自然科学版）是全国中文核心期刊，被评为教育部"全国高校优秀科技期刊一等奖"。

学校建有国内高校单体建筑面积最大的现代化图书馆，馆藏图书文献 364 万册，中外文期刊 18 万册；是教育部首批认定有条件接收外国留学生的高校，与美、英、俄、加、澳等国家高水平大学开展合作与交流，招收学历本科留学生、研究生留学生和语言进修生；有 10 所附属医院，其中直属第一附属医院是首批全国"百佳医院"。

学校大力开展创新创业教育实践活动，以省内高校第一名的成绩获得推荐，并成功获批"全国深化创新创业教育改革示范高校"；学生在全国"挑战杯"大学生课外学术科技作品竞赛、"互联网+"大学生创新创业大赛、"创青春"大学生创业大赛、大学生电子设计竞赛、中国机器人大赛等国家级科技创新竞赛中，均获得优异成绩；先后为国家和社会培养输送近 30 万名高级专门人才，被全国轴承行业确定为我国轴承行业人才培养和技术依托仅有的高校，被誉为轴承行业的"黄埔军校"；在中国大学网《中国高校毕业生薪资排行榜》中，居河南高校首位。

在艾瑞深校友会网 2018 中国大学综合实力排行榜和武书连 2018 中国大学排行榜中均居全国高校第 138 位。在 2018 中国非"985 工程"大学排行榜中列全国高校前 100 强。五年内主持获得国家科技进步二等奖 3 项，在全国高校中居第 50 位，居河南省高校首位。在教育部公布的 2017 年度发明专利授权量前 50 位高校中，居全国高校第 47 位，居河南省高校首位。在河南省首次高校知识产权综合能力提升专项行动"十强"评选中居河南高校首位。在 2017 年中国高被引学者榜单中，有两个学科的 2 位教授连续四年成为"中国高被引学者"，居全国高校第 96 位，居河南高校第 2 位。在 2017 年中国高校创新人才培养暨学科竞赛评估结果中居全国高校第 60 位。

学校在长期的建设与发展历程中，始终面向国家、河南省及洛阳市经济社会发展主战场，以得天独厚的地域优势、行业优势、学科专业优势作为扎实根基，充分发挥在机械装备制造、金属材料、新材料、轴承、齿轮、新能源汽车、信息技术、机器人、农业工程、医疗卫生等方面的科技优势，在产学研合作中发展自己、奉献社会。在教育部本科教学工作水平评估中，产学研合作项目入选全国高校特色办学 100 案例。

【河南农业大学】

筚路蓝缕，栉风沐雨，河南农业大学走过了百余年的办学历程。学校源自 1902 年创办的河南大学堂，先后经历了河南高等学堂、河南高等学校、河南公立农业专门学校、国立第五中山大学农科、河南大学农学院等办学阶段。1952 年全国院系调整时重新独立建制，更名为河南农学院。1984 年12 月更名为河南农业大学。2009 年 9 月成为原农业部与河南省政府共建的第一所省属农业高校。2012 年 11 月成为原国家林业局与河南省政府共建高校。2013 年 5 月学校牵头的河南粮食作物协同创新中心入选国家首批"2011 计划"。

学校下设 20 个学院，设有农、工、理、经、管、法、文、医、教、艺10 大学科门类。拥有 1 个一级学科国家重点学科，4 个河南省优势特色学科，19 个省部级重点学科；6 个博士后科研流动站；9 个博士学位授权一级学科，18 个硕士学位授权一级学科，9 个硕士专业学位类别；76 个本科专业。各类在校生 3 万余人。

学校在职教职员工 2162 人。其中教授、副教授等高级专业技术职务757 人，博士学位 865 人。中国工程院院士 1 人，国家杰出青年科学基金获得者 2 人，教育部长江学者特聘教授 2 人，国家万人计划入选者 8 人，国家有突出贡献中青年专家 3 人，新世纪百千万人才工程国家级人选 9 人，获国家中华农业英才奖专家 3 人，国家骨干教师 2 人，享受国务院政府特殊津贴专家 40 人，农业农村部现代农业产业技术体系岗位科学家 12 人；河南省百人计划人选 4 人，中原学者 8 人，省特聘教授 18 人。

学校建有国家"2011 计划"河南粮食作物协同创新中心、省部共建小麦玉米作物学国家重点实验室、国家小麦工程技术研究中心、新农村发展研究院、国家农村信息化示范省综合信息服务平台、动物免疫学国家国际联合研究中心、CIMMYT-中国（河南）小麦玉米联合研究中心 7 个国际和国家研究平台，国家玉米改良郑州分中心、教育部高校林木种质资源创新和生长发育调控重点实验室、农业部动物生长发育调控重点实验室、农业农村部农村可再生能源重点实验室、国家烟草栽培生理生化研究基地等 70 个省部级研究平台。

学校建有郑州市文化路、龙子湖和许昌新区三个校区，占地面积 281.35 万平方米。建有两地三校区互联、全方位覆盖的信息网络环境，以及数字化校园综合应用信息共享平台。

学校面向国家和地方经济社会发展需求，长期以来为国家粮食安全和地方经济社会发展作出积极贡献。近年来，学校坚持科学发展，坚持规模与内涵并重，以改革为动力，以学科建设为龙头，突出办学特色，正在努力建设一所以生命科学及其相关基础学科为先导、以农业科学为优势、特色明显的教学研究型大学，努力成为河南高级农业人才的培养基地、农业科技创新的依托基地、农业高新技术的孵化基地、农业发展战略的研究基地。

【河南师范大学】

河南师范大学北依巍巍太行，南濒滔滔黄河，位于豫北地区重要的中心城市新乡市，坐落在广袤的牧野大地、美丽的卫水之滨，是一所建校历史较长的省属重点大学。其前身是创建于 1923 年的中州大学（原国立河南大学前身）理科和创建于 1951 年的平原师范学院，先后称河南师范学院二院、河南第二师范学院、新乡师范学院，1985 年始称河南师范大学。2007 年被教育部确定为本科教学工作水平评估优秀学校，2012 年入选国家中西部高等教育振兴计划支持高校，2015 年实现省政府与教育部共建，2017 年入选国家"111 计划"。

建校 95 年来，河南师范大学以"精育良才、教育报国"为初心，以振兴中国教育事业为己任，矢志不渝，自强不息，逐步发展成为一所涵盖哲学、经济学、法学、教育学、文学、历史学、理学、工学、农学、管理学、艺术学 11 大学科门类的综合性师范大学。目前，学校占地面积 106.41 万平方米，建筑面积 94.37 万平方米，教学科研仪器设备总值 6.13 亿元，中、外文及电子藏书 500 余万册，期刊 6000 余种。设有 25 个学院，83 个本科专业，27 个硕士学位授权一级学科、7 个硕士学位授权二级学科、15 个硕士专业学位类别，10 个博士学位授权一级学科、1 个博士专业学位类别，4 个博士后科研流动站，各类学生近 5 万人。建有全球唯一一家帕瓦罗蒂音乐艺术中心和河南省规模最大、种类最多的生物标本馆，办有独立学院（新联学院）、附属中学、附属小学和幼儿园。

河南师范大学充分发挥学科建设的龙头作用，不断提升学校综合实力和核心竞争力。学校现有河南省一级重点学科 28 个，化学和前沿物理与清洁能源材料特色学科群分别入选河南省一期优势学科 A 类学科和特色学科 A 类学科，化学、工程学、材料科学 3 个学科进入 ESI 全球前 1%，入选学科数居全国地方师范大学第 5 位、河南省高校第 2 位（并列）。在 2018 年全球自然指数排行榜上，学校化学学科居中国内地高校第 60 位，物理学学科居中国内地高校第 74 位，学校综合排名居中国内地高校第 70 位、亚太地区高校第 126 位。

河南师范大学坚持人才强校战略，着力建设一流师资队伍。建校以来，曹理卿、郝象吾、孙祥正、赵新吾、赵纪彬、李俊甫、姚从工、魏明初、樊映川、杜孟模、孙作云、黄敦慈、许梦瀛、卢锦梭等一批国内外知名专家、学者先后在校执教。近年来，又涌现王键吉、鲁公儒、徐存拴、郭宗明、常俊标等一大批在国内外有影响的专家、学者。学校现有在岗教职工近 2500 人，有双聘院士 7 人，国家杰青、国家优青、国家万人计划等高层次人才近百人，教育部科技创新团队 2 个，国家级教学团队 2 个，设有省级特聘教授岗 12 个。1 人入选全国优秀博士学位论文名单，实现了河南省该项荣誉的零突破。根据近几年的中国大学评价，学校教师学术水平、教师绩效和办学性价比均位居河南省高校前列，综合排名始终保持在河南省前三名。

河南师范大学高度重视校风、教风和学风建设，人才培养质量稳步提高。经过几代人的努力，逐渐形成了"厚德博学、止于至善"的校训、"明德、正学、倡和、出新"的校风、"修至学、立世范、启智慧、益品行"的教风、"尚诚朴、勤学问、重团结、养正气"的学风，熔铸了"崇文明道、尚诚守德、抱朴求真"的师大精神，以校风淳、教风正、学风浓、教学水平高享誉省内外。学校是国家级卓越教师培养计划实施院校，拥有 4 个国家级、8 个省级实验教学示范中心，获得国家级质量工程建设项目 48 项，国家级教学成果奖 7 项，在河南省教师教育改革中发挥着愈来愈重要的引领和示范作用。近年来，学校不断强化人才培养能力建设，推进教育教学改革，提高教育教学质量，学生在国际、国内竞赛中屡创佳绩，先后获得中国音乐金钟奖、中国校园戏剧奖、中国舞蹈荷花奖、中国青少年科技创新奖、教育部"东芝杯·中国师范大学理科师范生教学技能创新大赛"创新奖等专业类最高奖、跆拳道世界杯团体赛冠军以及省部级奖励 1000 余项，15 项创新创业成果入选全国大学生创新创业年会，是河南省入选年会成果最多的高校。

河南师范大学始终重视科学研究和技术开发，服务经济社会发展的能力不断增强。建有省部级以上科研平台 42 个，其中省部共建国家重点实验室培育基地、国家地方联合工程实验室、教育部重点实验室等省部共建科研平台 5 个。"十二五"以来，学校主持承担国家"863"、"973"、国家科技支撑计划、国家自然科学基金重大重点及优青、国家社科基金重点、国家星火计划、河南省重大科技专项等国家级、省部级科研项目 1800 余项，获得包括国家自然科学奖、教育部自然科学奖在内的省部级以上科研成果奖励 100 余项，授权专利 1000 余件，其中中国专利金奖 1 项。以第一作者单位在 SCI、SSCI、A&HCI、EI、CSSCI 等期刊上发表学术论文 7000 余篇，出版学术著作、教材近 600 部。基础数学、理论物理、绿色化学、生物工程、药物研发、环境科学、当代中国政治文化等领域的研究成果居于国内先进水平。一批以动力锂离子电池隔膜和抗肿瘤、抗病毒系列核苷类药物等为代表的拥有自主知识产权的成果实现了产业化，在国内外同行业中处于主导地位。

河南师范大学积极开展对外合作交流，国际化办学水平不断提升。与美国、俄罗斯、英国、加拿大、法国、德国、意大利、白俄罗斯、日本、韩国等国家的 40 多所院校建立长期合作关系，中外合作办学规模不断扩大，特别是学校作为创始成员单位推动的"中俄文化高校联盟"获得两国政府批准，与法国佩皮尼昂大学共建了"中法联合学院"，标志着学校教育国际化战略迈上新台阶。学校还注重教师与学生的国际化培养，鼓励师生"走出去"，同时大力引进海外人才，常年聘有美国、英国、加拿大、白俄罗斯、意大利、法国、日本、韩国等国的外籍专家来校任教。

【河南财经政法大学】

河南财经政法大学位于河南省郑州市，地处中华腹地，九州通衢，北邻黄河，西依嵩山，是省属公办全日制普通高等学校，河南省重点支持建设的骨干特色高校之一，河南省博士学位授予重点立项建设单位。

学校建校于1948年。现有文北校区、文南校区和郑东校区3个校区，占地面积2000多亩，总建筑面积110万余平方米。学校建有各类教学实验室，图书馆纸质藏书270多万册，电子文献700多万册。教学、科研、体育场等基础设施齐全。校园四季环境幽雅、花木繁茂、碧草如茵、景色宜人，是郑州市花园式单位，是读书治学的理想园地。

学校以经济学、管理学、法学为主干，兼有文学、理学、工学、艺术学、哲学等学科门类。现有65个本科专业，有理论经济学、应用经济学、管理科学与工程、工商管理、农林经济管理、法学、哲学、地理学、马克思主义理论、计算机科学与技术、城乡规划学11个硕士学位授权一级学科，另有金融、应用统计、税务、国际商务、资产评估、法律、农业、工商管理、公共管理、会计、审计、新闻与传播、社会工作、工程、工程管理15个硕士专业学位授权类别。金融学、会计学、工商管理、国际经济与贸易为国家级特色专业，财政学为国家级专业综合改革试点。"经济管理与现代服务业学科群"入选河南省优势特色学科建设工程。有理论经济学、应用经济学、管理科学与工程、工商管理、农林经济管理、哲学、法学、地理学、马克思主义理论9个省级重点一级学科，有计算机应用技术、中国古代文学2个省级重点二级学科。

学校拥有一支阵容整齐、结构合理、学术精湛、锐意创新的师资队伍。现有教职工2000余人。拥有国家万人计划领军人才、国际欧亚科学院院士、国家"新世纪百千万人才工程"第一层次入选者、国家级有突出贡献的中青年专家、享受国务院政府特殊津贴专家、中宣部文化名家暨"四个一批"人才、省管优秀专家、省级学术技术带头人、省级创新人才、全国模范教师和省级教学名师等优秀人才。全校现有全日制在校学生近30000人。

学校注重培养应用型创新人才，教育教学质量上乘，就业形势良好。学校建设有6个省级实验教学示范中心和1个虚拟仿真实验教学中心，是省级卓越法律人才培养基地和省级卓越工程师培养基地。近三年来，学生在全国性学科竞赛、创新技能竞赛中获国家级奖励近 800 项。学校实行本科生导师制，以本科生为主力撰写的《退休行为及退休年龄研究》《生育行为与生育政策》等专著引起社会强烈反响。多年来，毕业生深受用人单位欢迎，连续获得"河南省大中专毕业生就业工作先进单位"等荣誉称号，是国家人才网毕业生求职信息注册全国就业推荐单位及河南省确立的"河南省毕业生就业市场财经政法类分市场"和"河南省高校创业教育示范学校"。

学校立足服务地方经济社会发展，建立健全科研机构，涌现了一批原创性、标志性、前沿性研究成果。学校现有河南省经济与社会发展研究院、城乡协调发展河南省协同创新中心、现代服务业河南省协同创新中心和河南经济研究中心等省级智库、研究基地 16 个。近年来，先后承担国家级研究项目近 200 项，省部级项目近千项，出版学术著作 500 余部，获得省部级以上科研成果奖 80 多项。杨承训、李小建等专家学者向中央及省委省政府建言献策，多次受到领导批示。学校教师主持或参与多项国家和地方法律法规的起草、修订工作，担任地方国家机关法律咨询专家，每年为社会办理百余起法律援助案件。 《经济经纬》为"中文社会科学引文索引（CSSCI）来源期刊""全国中文核心期刊"；《河南财经政法大学学报》为"RCCSE 中国核心学术期刊"。学校积极发挥学科、人才和信息优势，为国家和地方经济社会发展服务，特别是全方位服务中原经济区开发开放，成为地方经济社会发展的"智囊团"和"人才库"。

学校坚持国际化办学，培育了良好的社会形象。学校与美国、英国、俄罗斯、澳大利亚、新西兰、爱尔兰、印度等国家的大学及文化教育机构建立了合作交流关系，开展多模式、宽领域的国际合作交流。积极引入优质境外教育资源，以中外合作办学项目为平台，逐步建立与国际接轨的专业教学课程体系，共同培养具有国际视野的高层次人才。学校实施骨干教师海外培训计划，加大访问学者的派出力度，提升教师国际化水平。近年来，学校荣获"全国群众体育先进单位""河南十大领军高校""河南公众满意的十佳本科院校""河南高等教育就业质量最佳示范院校"等称号；先后获得"全国五四红旗团委""河南省思想政治工作先进单位""河南省普通高校先进党委""河南省文明单位"等荣誉称号。

【华北水利水电大学】

华北水利水电大学（North China University of Water Resources and Electric Power）占地面积 2335 亩，学校建有花园校区（河南省郑州市北环路 36 号）和龙子湖校区（河南省郑州市金水东路 136 号），是水利部与河南省共建、以河南省管理为主的高校，是河南省重点支持建设的骨干高校，是"金砖国家网络大学"中方高校牵头单位。

学校起源自 1951 年创建于北京的中央人民政府水利部水利学校，1954 年更名为水利部北京水利学校。1958 年北京水力发电学校、北京水力发电函授学院并入，成立北京水利水电学院。1969 年迁至河北省磁县岳城水库办学，1971 年更名为河北水利水电学院。1977 年迁至河北省邯郸市办学，1978 年更名为华北水利水电学院。1990 年迁至河南省郑州市办学，2000 年整建制由水利部划转河南省管理。2009 年水利部与河南省政府签署共建华北水利水电学院战略协议。2013 年更名为华北水利水电大学。

华北水利水电大学缘水而生、因水而存、籍水而兴，伴随着新中国水利水电建设事业而发展壮大。学校曾经三次搬迁，经历了多年边建校、边搬迁、边办学的艰苦卓绝历程，从北京到河北，最后到河南，筚路蓝缕、矢志不移，主动服务区域经济社会发展和国家水利电力事业，形成了"育人为本、学以致用"的办学理念和"情系水利、自强不息"的办学精神。学校设有水利学院、电力学院等 23 个教学单位，黄河科学研究院、水文化研究中心等 98 个研究机构。水利部水务培训中心、水利部电大开放教育办公室设在学校。学校是国家首批硕士学位授予权单位，是博士学位授予权单位，是教育部第二批"卓越工程师教育培养计划"高校。2012 年，学校入选中西部高校基础能力建设工程高校。2016 年获批水利部"国家水情教育基地"。学校以国家"双一流"建设和河南省高校分类发展为契机，立足河南，面向全国，持续巩固提升本科教育基础地位，积极发展研究生教育，大力拓展国际合作办学，为区域经济社会发展和国家水利电力事业提供有力的人才资源和智力支撑。

学科专业布局合理。经过 68 年的建设与发展，学校已成为以水利电力为特色，工科为主干，理、工、管、农、经、文、法、艺等多学科协调发展的大学。现有 66 个全日制本科专业，包括 9 个国家级、省级卓越计划建设专业，15 个国家级、省级综合改革试点专业，17 个国家级、省级特色专业建设点。拥有 14 个省级一级重点学科，3 个博士学位授权一级学科，19 个硕士学位授权一级学科，10 个专业硕士学位类别，其中有 8 个工程硕士领域。

人才培养成绩斐然。学校面向全国 31 个省、自治区、直辖市及港澳台地区招生。现有全日制在校本科生和硕士研究生、博士研究生、外国留学生 32000 余人。建校以来，学校为国家培养了近 30 万名高级专业技术人才和管理人才，包括国家部委领导、武警水电部队将军和省部级领导近 20 名，全国道德模范获得者吴新芬，第五届全国道德模范提名奖、全国优秀大学生、全国优秀共青团员等十余项荣誉称号的孟瑞鹏，"雨果奖"获得者刘慈欣，组建"中国蓝天救援队"的安少华等各领域杰出校友，彰显了学校"下得去，吃得苦，留得住，用得上，干得好"的人才培养特色。

师资队伍不断壮大。学校着力实施人才强校战略，加大师资队伍建设力度，特聘中国工程院院士王复明、王浩、周丰峻、王光谦、夏军、姚建铨等为学校双聘院士。学校现有教职工 2300 人，其中专职教师 1600 人，具有正高级职称教师 230 人，具有博士学位教师 680 人。国家百千万人才工程入选者 3 人，全国模范教师 3 人，省优秀专家、省学术技术带头人、省级教学名师、模范教师和优秀教师 42 人。

科学研究成果丰硕。近五年来，学校主持、参与各类研究项目 2300 余项，其中主持国家自然科学基金和国家社会科学基金 123 项。主持参与国家项目 23 项，省级项目 538 项，合同经费 100 万元以上横向项目 12 项，累计到款科研经费 2.7 亿多元，发表核心期刊学术论文 3100 余篇，其中被 SCI、SSCI、CSSCI、EI 等索引收录近 2000 余篇；出版学术著作 700 余部。获各级各类科研奖励 580 余项，其中，国家科技进步奖 1 项，省部级科研奖励 94 项，获奖层次和数量稳居河南省高校前列。

社会服务成效显著。学校在社会服务方面取得了卓越成就，在国内同行业中享有较高的知名度和影响力。为水利电力行业和地方经济建设培训专业技术人才 30 余万人，培训监理人员 6 万余人。校属企业河南华北水利水电监理有限公司承担的东江—深圳供水工程获得广东省科技进步特等奖和国家优质工程奖；勘察设计研究公司负责设计的膜结构海南三亚会展中心，得到国内外同行的高度评价；承担 100 余项科研开发项目，其中"地坑院"项目成功入选国家非物质文化遗产名录。2008 年汶川地震后，学校选派 10 名专家，高质量地指导完成了救灾一线中小型病险水库除险加固工作，成为江油市重建样板工程之一。

国际合作前景广阔。学校国际合作历史悠久，1958 年起开始接收留学生，对口援建越南水利水电大学。近年来，学校更加注重国际合作交流，实施开放活校战略，不断提升办学实力和国际化水平，相继与澳大利亚斯威本科技大学、法国尼斯大学、英国提赛德大学、韩国启明大学、俄罗斯乌拉尔联邦大学等世界高水平大学签署合作协议，开展中外合作办学。积极融入金砖国家高等教育交流合作体系，成为"金砖国家网络大学"水资源与污染治理、能源两个领域的牵头高校。与俄罗斯乌拉尔联邦大学设立了"金砖国家网络大学·金砖国家大学联盟水工程与能源研究中心"，与俄罗斯圣彼得堡国立交通大学联合设立了中俄高铁研究中心，与韩国仁荷大学共同设立了物流工程研究中心。金砖国家网络大学体系下第一个合作办学机构——华北水利水电大学乌拉尔学院获教育部批准，并实现正式招生，成为河南省教育对外开放的重大突破性成果。

校园文化丰富多彩。学校十分重视大学生艺术教育，连续四届被评为"河南省艺术教育一类院校"，连续 11 届获"河南省大学生科技文化艺术节优秀组织单位"，2015 年被授予"全国五四红旗团委"。2016 年学校两个团支部荣获全国高校"活力团支部"，校团委荣获了团中央暑期社会实践"镜头中的三下乡"活动优秀组织单位等荣誉称号。2017 年校团委荣获 2017 年全国大中专学生志愿者暑期"三下乡"社会实践活动优秀单位、"丝路新世界—青春中国梦"全国大学生暑期社会实践专项活动优秀组织单位、河南省"出彩中原·教育脱贫攻坚革命老区行"博士生社会实践活动先进集体、2017 年十三届"挑战杯"河南省大学生课外学术科技作品竞赛优胜杯、2017 年河南省"一带一路新道路，同筑青春中国梦"主题演讲比赛优秀组织单位、2017 年度河南省铁路春运志愿服务先进集体等荣誉称号。组织申报的"凝聚榜样力量 汇集青春能量——颂学瑞鹏主题教育活动"荣获河南省首届校园文化建设优秀成果一等奖。2018 年校团委荣获全国大学生社会实践活动优秀单位。

社会声望持续提升。学校先后被授予"全国水利科技先进集体""全国高等院校本科教学工作水平评估优秀单位""全国教育系统先进集体""全国高校毕业生就业工作先进集体""全国教育系统纪检监察先进单位"等荣誉称号。连续三届被评为"省级文明单位",并被评为"省级文明单位标兵"。近年来,先后荣获"最具就业竞争力的10张河南教育名片"、"全国大学生就业最佳企业评选优秀组织高校奖"和"全国毕业生就业50所典型经验高校"等荣誉。在第三方权威性数据机构(麦可思)发布的2013年度《河南省高校毕业生就业、预警和重点产业人才供应》报告中,学校居河南省高校就业竞争力第一位。2014年,国家统计局调查显示,用人单位对参与调查的71所本科院校毕业生满意度测评,学校排名第一位。2015年,学校被确定为"河南省首批大学生创业示范基地",获得"河南省创新创业示范基地"荣誉称号。2016年被评为河南省"最具就业竞争力的十佳典范高校"和"最具品牌影响力的典范高校"。入围"2017年全国高校毕业生就业竞争力100强"。新媒体中心荣获河南省十佳豫青新媒体工作室称号。

【河南中医药大学】

河南是中华民族的主要发祥地之一,是华夏民族始祖、人文初祖黄帝的故里,是医圣张仲景的故乡。自古以来,中原医林兴盛,名医大家辈出,中药资源丰富,群众基础深厚,是中医药文化的重要发源地。

河南中医药大学创建于1958年,是全国建校较早的高等中医药院校之一,前身是1955年在开封创办的河南省中医进修学校。学校位于省会郑州,现有4个校区,分别为龙子湖校区、东明路校区、人民路校区、东风路校区,占地面积1594.94亩,建筑面积61.88万平方米,教学科研仪器设备总值3.79亿元。是河南省人民政府和国家中医药管理局共建高校、国家中西部高等教育振兴计划高校、教育部中国政府奖学金生培养高校、教育部中医学专业"5+3"一体化招生院校、国家中医药国际合作基地、博士学位授权单位、省级文明单位。是河南省中医药人才培养、科学研究、社会服务、文化传承与创新、国际交流与合作的龙头和中心。

60年来,学校已由单一的中医药学科发展为医、理、管、工、文等多学科协调发展，涵盖本科、研究生（博士、硕士）、留学生、继续教育等多个培养类别的综合性中医药大学。现设有基础医学院、药学院、第一临床医学院、第二临床医学院、骨伤学院、第三临床医学院、针灸推拿学院、护理学院、康复医学院、管理学院、外语学院、信息技术学院、国际教育学院、继续教育学院、马克思主义学院、体育教研部16个院（部）。学校面向全国30个省、市、自治区及港澳台地区、海外招生，现有普通全日制在校生2万余人，其中博士、硕士研究生1700余人，留学生97人。

学校大力实施"人才兴校"战略，打造了一支实力雄厚的人才队伍。现有教职工1446人，专任教师1019人。硕士生导师584人，其中博士生导师80人。有国医大师3人，国家万人计划百千万工程领军人才1人，百千万人才工程国家级人选3人，全国名中医3人，中医药高等学校教学名师2人，中原学者2人。享受国务院政府特殊津贴专家37人；河南省政府特殊津贴专家7人；享受全国名老中医药专家学术经验继承工作指导教师72人；全国优秀中医临床人才21人；河南省特聘教授6人，河南省教学名师7人，河南省优秀专家33人；河南中医事业终身成就奖获得者20人；省名中医31人，省学术技术带头人和省跨世纪学术技术带头人28人；厅级学术技术带头人84人；全国中药特色技术传承人才培养对象15人；省高校青年骨干教师培养计划人选92人、教育部新世纪优秀人才支持计划等各级别人才项目获得者119人。先后有20多人次获全国"模范教师""优秀教师""师德建设先进个人"等殊荣，140余人次被评为省"优秀教师""师德建设先进个人""劳动模范""教育教学先进工作者"。

不断加强学科、专业建设，全面提升教学水平。现设有中医学、中药学、针灸推拿学、中西医临床医学、护理学、药学、药物制剂、预防医学、制药工程、中药制药、生物工程、市场营销、公共事业管理、英语、计算机科学与技术、信息管理与信息系统、文化产业管理、应用心理学、康复治疗学、中药资源与开发、汉语国际教育、医学检验技术、医学影像技术、软件工程、中医儿科学、中医养生学、临床医学、中医康复学、健康服务与管理学29个本科专业和1个应用心理学第二学位专业。现有国家中医药管理局中医药重点学科24个，河南省优势特色学科1个，河南省重点学科一级学科9个。有4个国家级高等学校特色专业建设点、2个国家级"专业综合改革试点"项目、7 个省高等学校特色专业建设点、1 个国家级高等学校实验教学示范中心、1 个国家级大学生校外实践教育基地、2 个国家级卓越医生（中医）教育培养计划改革试点、1 门国家级精品视频公开课，10 个省级"专业综合改革试点"项目、8 个省级高等学校优秀教学团队、8 个省级高等学校实验教学示范中心、3 个省级虚拟仿真实验教学中心，18 门省级精品课程、9 门省级精品资源共享课、7 门省级精品视频公开课、4 门省级双语教学示范课程等。学校积极推进教学改革，依托仲景故里资源，开办"仲景学术传承班""平乐正骨传承班""中药传承班"。积极开展仲景学术研究和学术活动，进一步挖掘仲景学术，并使之发扬光大。学校先后完成了《伤寒论》教学片及电影《张仲景》的拍摄，成立了中华中医药学会仲景学术传承与创新共同体、世界中医药学会联合会仲景传承与创新分会、仲景传承与创新中心、河南省仲景方药现代研究重点实验室、张仲景传承创新中心，编撰完成了 600 万字 5 卷 12 册的《张仲景学术研究大成》，出版了系列研究专著，建立了目前国内一流的仲景学术研究论文目录数据库；举办了仲景科技文化节、百家论坛、国际和全国学术会议等系列学术活动等，彰显了学校立足河南、突出仲景的办学特色。

高度重视学位与研究生教育。学校现有中医学、中药学 2 个博士学位授权一级学科，有中医博士专业学位授权点；有中医学、中药学、中西医结合、药学、基础医学、临床医学、马克思主义理论、护理学、医学技术 9 个硕士学位授权一级学科，有中医、中药学、护理、翻译、公共管理 5 个硕士专业学位授权点。2003 年被教育部批准为联合培养博士研究生工作单位，2013 年被国务院学位委员会批准为博士学位授予单位。

学校下设 3 所集教学、医疗、科研为一体的直属附属医院，开放床位5300 余张。年门诊量达 510 万余人次，年收住院病人 13 万余人次，医疗综合服务水平稳居全国前列。附属医院注重发挥中医药特色，大力加强专科专病建设，有国家级重点专科（专病）35 个、省级重点专科 23 个。学校有9 所非直属附属医院，分别为河南中医药大学附属洛阳正骨医院、郑州市中医院、安阳市中医院、开封市中医院、濮阳市中医院、郑州市大肠肛门病医院、洛阳市第一中医院、郑州人民医院、驻马店市中医院，其他教学实习医院 55 所。医疗联合体建设卓有成效，与 143 家兄弟医院、医疗机构建立了合作关系，拉大了合作框架。中医儿科等 8 个专科入选国家中医药管理局国家区域中医（专科）诊疗中心项目，二附院成功入选第二批国家中医临床研究基地建设项目，健康服务保障能力显著提升。

学校坚持教学与科研并重。现有省部级以上科研平台 30 个，包括科技部国际科技合作基地 1 个，国家中医药管理局中医药国际合作基地 1 个，国家中医临床研究基地 1 个，国家中医药管理局三级实验室 6 个，河南省重点实验室 5 个，河南省国际联合实验室 1 个，河南省工程研究中心 2 个，河南省工程技术研究中心 3 个，河南省工程实验室 3 个，河南省科普教育基地 1 个，河南省协同创新中心 1 个，河南省众创空间 1 个，河南省大数据双创基地 1 个；厅局级以上科研平台 6 个，河南省高校重点学科开放实验室 3 个，郑州市重点实验室 3 个；校级研究所（中心）和研究室 60 个。学校有实验动物中心、电镜中心公共科研平台 2 个及医学类、药学类共享平台 2 个。以科技部国家科技合作基地、国家中医临床研究基地、河南省重点实验室等平台为依托，在仲景方药研究与开发、中医药治疗免疫和过敏性疾病、艾滋病的研究等方面与世界先进科研团队开展了深入的科技合作。加强了对重大疑难疾病、传染病、中医方药的理论和应用研究以及河南地道药材标准化、现代化研究，通过大量的科学研究工作已取得了可喜的成绩。

建校以来学校在教学、科研等方面呈现良好的发展态势，荣获省部级以上教学成果 66 项，其中国家级 2 项，省部级 64 项；荣获全国教育教学"十三五"规划项目 1 项，国家首批虚拟教学实验项目 1 项。荣获省部级以上科研奖励 274 项，其中国家科学技术进步一等奖 1 项、二等奖 3 项；省部级科研奖励 82 项；获得国家授权专利 515 项，其中授权发明专利 203 项；出版学术专著（译著）、教材（主编）共 1237 部。发表学术论文 41951 篇，被 SCIE、EI、ISTP 等收录 1829 篇；近 5 年来，学校共承担科研项目 1815 项，其中"十二五"国家科技支撑计划、国家科技重大专项、国家重大新药创制科技专项、国家 973 项目、国家自然科学基金项目、国家社会科学基金项目、国家软科学等国家级项目 135 项，省部级项目 425 项，厅局级项目 1255 项，累计承担科研项目计划经费 22806.13 万元。

学校主办有《中医学报》和《河南中医》两种学术期刊，国内外公开发行，均为教育部中国高校优秀期刊、中国高校特色期刊、国家中医药管理局全国中医药优秀期刊、教育部中国高校科技期刊优秀团队，美国《乌利希期刊指南》收录期刊。《中医学报》还跻身科技部中国科技核心期刊、中国科技论文统计源期刊、中国核心学术期刊行列，被中华中医药学会评为优秀编辑部，连续四届被评为河南省自然科学类一级期刊、河南省高等学校优秀学报，并且成为美国《化学文摘》收录期刊、波兰《哥白尼索引》来源期刊。图书馆各类图书 162 万册，中外文期刊 3383 种，中外文数据库113 种，馆藏的中医线装古籍文献尤为丰富，收藏量居全国中医药院校前列。

学校开展国际合作与交流近 40 年，目前紧紧围绕"国际知名、国内一流"的工作目标，与世界 50 多个国家和地区的大学、科研与医疗机构、企业等广泛开展了人才培养、科学研究、医疗服务、产品研发等多方面的合作与交流。深入推进中医药国际交流与合作和中医药国际教育"一带一路"倡议的实施。马来西亚仲景学院的招生，意大利锡耶那大学的护理本科中外合作办学项目相继获批，服务国家外交的援外工作取得显著效果，在国际合作行业的地位逐步提升。中医药医疗外派 20 余名骨干医生、教师远赴埃塞俄比亚、厄立特里亚等国家进行援非医疗工作，涌现出多名"和谐医疗先进个人"，为河南省赢得了良好声誉。着力推进了中医药沿"一带一路"走出去，同时学校也积极探索将国外优质教育资源引进来，高效整合校内外办学资源，合理配置、有力推进国际化发展，形成了显著的特色与优势。来华留学生来源渠道和人数逐年递增，层次不断提高。

学校大力开展校地、校企合作，全方位服务经济社会发展，与驻马店市人民政府、卢氏县人民政府、许昌市人民政府、仲景宛西制药股份有限公司、红日集团康仁堂药业有限公司、嵩山少林寺等签署合作协议，成立了"河南中医药大学教育发展基金会"，开拓了校、政、企多方共同合作的新模式。在卢氏、济源、西峡等地建有 14 个中药材规范化种植示范基地，承担全省 30 多个 70 余万亩中药材规范化种植基地的技术指导任务，带动近30 万药农致富。

历经 60 载栉风沐雨、砥砺奋进，学校秉承"厚德博学，承古拓新"校训和"不畏险阻、攻坚克难的精神气概，百折不挠、坚韧图成的精神品格，抢抓机遇、勇于担当的精神追求，和衷共济、众志成城的精神特质"为核心表现的大学精神，孕育并形成了"立德铸魂，德术兼备"育人理念，"以文化人"的校园文化特色更加凸显。为社会培养各类人才 10 万余名。毕业生中涌现出了一批在全国有重要影响的科学家、名医大家、企业家、管理专家等。教师中涌现出了以"2016 河南最美教师"朱现民、2017"感动中原"十大年度人物张磊、首届"河南最美医生"李发枝、"中国好医生"徐立然，以及首届"全国道德模范"、"中国大学生十大年度人物"、"全国三好学生标兵"和"中国大学生自强之星标兵"等为代表的感动中原、唱响全国的优秀大学生先进群体，展示了良好的育人成果。

学校积极发挥文化传承创新职能，以传承中医药知识、弘扬中医药文化为己任，以打造中原中医药文化品牌为目标，加大特色校园文化景观建设，拥有河南中医药博物馆、河南中药植物园、人体科学馆、中医源文化展厅、医德馆以及中原文化、中医药文化、药企文化展厅，在满足学校教学科研的同时，面向社会开放，积极向各界宣传、展示中医药文化。近年来接待省内外政府部门、企事业单位、高等院校和中小学生等中医药爱好者 5 万余人。2015 年 6 月，学校被命名为第一批"河南省中医药文化宣传教育基地"，同年 9 月获批为"全国中医药文化宣传教育基地"，成为全国第一家以高校名义获此殊荣的单位。

全面提升综合办学实力，教育质量不断提高。近年来，中央、省、市等新闻媒体对学校整体发展、教学改革、思想道德教育、社会实践活动成效和师生先进事迹等进行了广泛报道。学校先后获全国师德建设先进单位、全国医学教育系统思想政治工作先进集体、河南省行风建设先进单位、中原最具魅力大学等诸多殊荣，在本科教学工作水平评估、高校德育评估中均获优秀，顺利通过国家本科教学工作审核评估。

【郑州轻工业大学】

郑州轻工业大学位于河南省会郑州市，是河南省重点建设高校。建校以来，学校秉承"为之则易、不为则难"的校训，抓住国家促进高等教育发展的历史机遇，不断开拓创新、砥砺奋进，经过 40 多年的发展，已经成为一所以工为主，工、理、文、艺、经、管、法、教、农等多学科协调发展的普通本科院校。

1. 历史沿革

学校创建于 1977 年，原隶属轻工业部，是当时轻工业部在中南地区布局的唯一一所轻工类本科高校；1998 年转属河南省人民政府；2009 年被列为河南省博士学位授予单位立项建设高校；2011 年河南省人民政府和国家烟草专卖局签约共建高校；2018 年被确定为河南省博士学位授予重点立项建设单位；2018 年 12 月经教育部批准，由郑州轻工业学院更名为郑州轻工业大学。

2. 学科专业

学校办学特色鲜明，学科优势突出，近年来，大力推进教育教学改革，不断调整优化学科专业结构，教育质量稳步提高。学校拥有 14 个一级学科硕士授权点，11 个二级学科硕士授权点。学校现有 67 个本科专业，其中国家级特色专业、专业综合改革试点专业 5 个，教育部"卓越工程师教育培养计划"试点专业 6 个，省级特色专业、专业综合改革试点专业 27 个，有国家级精品课程 1 门和省级精品课程、精品资源共享课程、精品视频公开课、精品在线开放课程、双语教学示范课程共 44 门，有省级教学团队 8 个，省级实验教学示范中心和虚拟仿真试验教学中心 11 个。学校高度重视学科建设，主动适应经济社会和行业发展需要，不断凝练学科方向，突出学科特色。目前拥有河南省优势特色学科群"食品科学与工程"，省级重点学科 17 个，食品科学与工程、化学工程与技术、电气工程、机械工程等传统优势学科实力雄厚。

3. 师资队伍

学校始终坚持办学以人才为本、以教师为主体，大力推进人才强校战略，汇聚和造就了一批高水平学科带头人和学术骨干。学校现有教职工 1900 余人，其中专任教师 1200 余人，具有博士学位教师 700 余人。拥有双聘院士、国家"万人计划"教学名师、河南省"百人计划"人选、省级特聘教授、享受政府津贴专家、省管优秀专家、省级中青年骨干教师、省厅级以上学术技术带头人等 200 余人，形成了以院士及河南省特聘教授为核心，以学术造诣深厚的教授、博士为中坚，以中青年教师为支撑的专业技术职务、学历层次和年龄结构比较合理、专兼结合，具有较高教学科研水平的师资队伍。

4. 人才培养

学校持续推进"招生—培养—就业"联动改革，人才培养质量稳步提升。学校现有在校生 22000 余人，全日制研究生 1200 余人。学校一直面向全国招生，已为国家输送 10 余万名毕业生，毕业生整体就业率始终保持在 95% 以上，学校被评为全国毕业生就业典型经验高校、河南省普通高校毕业生就业工作优秀单位和河南最具就业竞争力示范院校。全国烟草行业、家电行业、电池行业、食品行业、工业设计行业的大批中高层管理人员和技术骨干都是学校的毕业生。学校获得全国贯彻《学校体育工作条例》优秀高等学校、全国高校军训先进单位、河南公众最满意的十佳本科院校、河南最具影响力的十大教育品牌、河南考生心目中最理想的高校、改革开放四十周年具有国内影响力河南高校等荣誉称号。

5. 科学研究

学校设有环境污染治理与生态修复、食品生产与安全 2 个河南省协同创新中心。河南省信息化电器重点实验室、河南省表界面科学重点实验室、河南省机械装备智能制造重点实验室、国家烟草专卖局烟草工业生物技术重点实验室、应急平台信息技术河南省工程实验室等一批轻工特色鲜明的省部级学科平台，为高水平科学研究和人才培养提供了重要支撑。学校拥有 1 个教育部科技创新团队、15 个河南省科技创新团队。近五年来，承担包括国家科技支撑计划项目、国家自然科学基金项目和国家社会科学基金项目在内的各类纵横向科研项目 2000 多项，其中承担国家级科研课题 200余项，获国家级科技奖励 4 项，省部级奖励 100 余项。自然科学研究论文被 SCI、EI、ISTP 收录 1000 余篇，出版专著和教材 400 余部。《轻工学报》是中国科技核心期刊、中国高校优秀科技期刊，《郑州轻工业学院学报》（社会科学版）是全国优秀社科学报、河南省一级期刊、河南省二十佳期刊。

6. 社会服务

学校与郑州市、许昌市、济源市等地市签订了合作协议，与国内一批烟草企业建立了战略联盟，与轻工及相关领域的大型企业如三全、双汇等知名食品企业，新飞、海尔等知名家电企业保持着长期而深入的合作关系，为其提供重要的技术支持；香精香料、动力锂离子电池、新型功能材料、食品加工、轻工机械、智能控制的研究等项目，在实现产业化方面进行了积极的探索，并长年为红塔集团、海尔集团、美的集团、神马集团等著名企业提供技术和人才支持。

7. 办学条件

学校现有东风校区、科学校区和禹州实习实训基地，占地面积 2100 余亩，校舍建筑面积 75 万平方米。学校设施先进，环境优美，教学科研仪器设备总值 7 亿多元，拥有 600MHz 超导核磁共振波谱仪、X 射线光电子能谱仪、X 射线衍射仪、气相色谱四级杆飞行时间质谱仪、稳态瞬态荧光光谱仪、透射电子显微镜、热场发射扫描电子显微镜、高分辨液相色谱质谱联用仪等一大批先进的仪器设备；拥有电子图书系统和计算机网络服务体系，Elsevier、Wiley、IEEE、SCI 和中国知网全库等数据库 176 个，自建数据库、试用数据库、免费数据库共 165 个。拥有功能齐全、应用丰富、有线无线网络覆盖全校的万兆校园网，是河南省智慧校园建设示范学校。

8. 对外交流

学校在利用国际和社会教育资源开展合作办学方面走在河南高校的前列。学校先后与美国、英国、日本、澳大利亚、韩国、加拿大等国教育集团和院校建立了合作办学关系，经常选派专家、学者赴国外讲学、深造、考察，并聘请外籍专家来校任教、进行学术交流。与美国奥克兰大学、意大利卡梅利诺大学、陕西科技大学等国内外高校开展联合培养博士研究生工作。学校设有河南省最早的雅思考试中心，并被英国驻华使馆誉为"中国最好的考点之一"。

9. 校园文化

在长期办学实践中，学校始终秉承"为之则易，不为则难"的校训和"崇德、尚学、和谐、创新"的校风，逐渐凝练形成了以朴实无华的思想作风、扎实严谨的科学态度和务实拼搏的担当精神为核心的大学文化，成为推动学校不断向前发展的强大精神动力。学校坚持文化育人，积极开展大学生社会实践、科技文化艺术节、社团潮等第二课堂活动，为大学生素质教育搭建了广阔平台，促进了校园文化建设与学生全面发展。

10. 党建思政

学校始终坚持社会主义办学方向，高度重视党建思想政治工作，有力保证了学校教学、科研、学科等各项事业的健康发展，党组织的凝聚力和战斗力不断加强，广大党员先锋模范作用得到充分发挥，营造了团结进取、干事创业的良好氛围。近年来，学校党委被省委授予先进基层党组织称号，学校被授予省级文明单位、河南省学校行风建设先进单位、河南省文明学校、河南省思想政治工作先进单位、河南省依法治校示范校、河南省高校"五好"党组织等荣誉称号，成功获批河南省"三全育人"综合改革试点首批高校。

二 学院

【中原工学院】

中原工学院是一所以工为主，纺织服装及相关学科特色鲜明，工、管、文、理、经、法、哲、史、艺等多学科协调发展的高水平教学型大学。学校始建于1955年，原名郑州纺织工学院，隶属于原纺织工业部，1998年划转为河南省管理，2000年更名为中原工学院。

学校分龙湖校区、中原校区和西校区三个教学区，占地1610亩。现有全日制普通专科生、本科生、研究生、留学生共24000余人，非全日制成人教育生2200余人。校舍建筑面积84.74万平方米，教学科研仪器设备总值5.75亿元，共有藏书446.42万册，其中纸质图书154万册，电子图书资料292.42万册。学校现有教职工1886人，其中专任教师1296人，具有高级职称的594人，具有博士学位的489人；有国家级优秀教师6人，全国模范教师1人，国家中青年有突出贡献专家、享受国务院政府特殊津贴专家20人；有河南省学术技术带头人7人，河南省教学名师9人，省级优秀教师8人，河南省政府特殊津贴专家3人，河南省特聘讲座教授6人，省级及以上教学和科研团队17个。

学校设有纺织学院、服装学院、能源与环境学院、机电学院、电子信息学院、艺术设计学院等20个教学部门，现有64个本科专业，11个一级学科硕士学位授权点，53个二级学科硕士学位授权点，11个硕士专业学位授权类别。拥有"纺织服装新材料及高端装备"河南省特色学科群A类项目，涵盖5个一级学科。有8个河南省重点学科一级学科，2个河南省重点学科二级学科。2018年获批河南省博士学位授予立项建设单位。拥有河南省首批工业训练中心和大学科技园。

学校秉承"质量立校"理念，重视教育教学改革，着力培养德智体美全面发展、知识丰富、能力突出、素质优良的高级应用型人才。2016 年 5 月，顺利通过教育部本科教学工作审核评估。目前，学校有 4 个国家级特色专业，1 个国家级专业综合改革试点专业，1 个国家级实践教学基地，1 个全国高校思想政治理论课教学科研团队，还有一批省级特色专业、实验教学示范中心（实验室）、教学团队、精品资源共享课、双语教学示范课等。在近三届河南省高等教育教学成果奖评审中，获得特等奖、一等奖共 9 项。在全国大学生"挑战杯"竞赛、数学建模竞赛、大学生电子设计竞赛、大学生机械创新设计大赛等国家级赛事中，中原工学院学生成绩优异，在"挑战杯"系列竞赛中共获得国家级一等奖 1 项、二等奖 1 项、三等奖 13 项，共荣获 5 次河南省"优胜杯"，国赛进步显著奖 1 项。在"全国大学生工程训练综合能力竞赛"中，学校是全国连续五届夺得一等奖的 3 所高校之一；在"2017 年全国大学生电子设计竞赛"中，学校获得国家一等奖 2 项、二等奖 6 项，获奖项目数量居河南省高校获奖第 1 位；在"第十四届全国研究生数学建模大赛"中，获全国一等奖 1 项、二等奖 3 项、三等奖 7 项，一、二、三等奖获奖数量居河南省参赛普通高校第 1 位。同时，学校承担全国大学生电子设计竞赛河南赛区组委会工作，2017 年获全国优秀赛区组织奖。工业设计专业学生两次获得素有"国际设计界奥斯卡"之称的德国"红点设计奖"；服装与服饰设计专业学生获得全国高校服装设计最高奖"新人奖"，学校获得服装设计"育人奖"。毕业生实践能力和创新意识强，就业质量高，近三年就业率保持在 90% 以上。

学校大力实施"科研强校"工程，建成一批科研平台，取得了标志性研究成果。现有金刚石高效精密锯切工具技术国家地方联合工程实验室、河南省纺织服装产业协同创新中心、河南省功能性纺织材料重点实验室、河南省功能盐材料重点实验室、河南省网络舆情监测与智能分析重点实验室、河南省新型纺织材料与纺织品国际联合实验室、河南省多模式图像处理与智能分析国际联合实验室、图像分析与机器视觉河南省工程实验室、能源互联网优化运行与调度河南省工程实验室、河南省热泵空调工程技术研究中心、金刚石碳素复合材料工程技术研究中心等 44 个国家级和省级科研平台。2011 年以来，学校承担各类科研项目 1800 余项，其中国家自然基金项目 160 项，国家社科基金项目 31 项，国家重大科技专项、国家重点研发计划课题、国防重大专项子课题等 11 项，省部级科研项目 730 余项，教育部人文社科项目等省部级社科项目 181 项，承担横向科研项目 600 项。获省部级以上科研奖励 136 项，其中国家科技进步二等奖 3 项，省科技进步一等奖 2 项，河南省社会科学优秀成果奖一等奖 2 项；被三大检索收录论文 1638 篇，出版著作 682 部，获授权发明专利 703 件。2017 年，学校成功入选首批河南省双创基地、中原工学院众创空间备案为河南省众创空间。2018 年，学校获批郑洛新国家自主创新示范区首批辐射点。

学校坚持开放办学，围绕"以国际化推进高水平大学建设"目标，主动服务国家"一带一路"倡议，实施开放活校战略，先后与俄罗斯、意大利、泰国、英国、德国、美国以及我国台湾等 24 个国家和地区的 55 所教育机构开展国际合作与交流。学校是河南最早开展中外合作办学项目的高校之一，自 2002 年开始，学校先后与世界百强高校英国曼彻斯特大学、曼彻斯特城市大学、新西兰国立理工学校等高校合作举办纺织工程、服装设计、建筑工程等 9 个本、专科层次中外合作办学项目。2017 年，学校与俄罗斯联邦圣彼得堡国立宇航仪器制造大学合作申办的非独立法人中外合作办学机构——"中原工学院中原彼得堡航空学院"获教育部批准，电气工程及其自动化、测控技术与仪器、软件工程 3 个专业开始招生。2018 年 7 月，河南省委书记王国生访问学校合作高校——圣彼得堡国立宇航仪器制造大学，中俄两校在省委书记见证下，签署了"航空技术协同创新中心"协议，该中心被列入河南省建设"一带一路"重大工程。学校与英国布鲁内尔大学签署联合培养博士研究生项目，38 名教师成为布鲁内尔大学的博士生导师。学校开展"留学中工计划"，设立外国留学生专项奖学金，俄罗斯、韩国、塔吉克斯坦、土库曼斯坦、巴基斯坦、孟加拉国、埃及等"一带一路"沿线国家的留学生来校学习汉语，攻读硕士研究生，校园国际化氛围浓厚。学校还成功承办了第七届全国中外合作办学年会，主办了"第三届物流管理与工程国际旅行会议（中国站）"和"国际产业用纤维及纺织品学术会议"，与德国不来梅大学共同设立了"物流管理与工程国际联合研究中心"。学校在国际化联盟组织中发挥积极作用，是中国高等教育学会中外合作办学研究分会常务理事单位，是河南教育交流协会的挂靠单位，是首届河南省高校交通教育联盟理事长单位。学校积极开展国际高端引智工作，先后荣获"河南省引进国外智力工作先进集体"和"河南省引进外国人才和智力工作先进单位"。2018年，在创业时代网联合京领教育发布的中国大学国际化竞争力排行榜中，学校国际化竞争力居河南省第3位。

近年来，学校先后被省委省政府评为河南省文明单位、河南省思想政治工作先进单位，被教育厅遴选为河南省首批"三全育人"综合改革试点高校，学校党委被授予河南省高等学校"五好"党组织、河南省创先争优先进基层党组织等称号；被教育部评为学籍管理先进单位、全国第二批深化创新创业教育改革示范高校，被共青团中央、全国学联评为全国暑期社会实践活动"优秀单位"，被河南省教育厅评为河南省文明标兵学校、就业工作先进单位。

学校确立了"三步走"的战略目标。第一步，到2020年，我国全面实现小康社会时，学校要初步完成转型发展的目标，迈上转型发展的轨道，实现由教学为主型大学向教学研究型大学的转变，各项办学指标和数据基本达到更名大学的要求。第二步，到2035年，我国基本实现现代化时，学校成为博士授权单位，3~5个学科获博士学位授权并进入国内学科评估排行榜。学校办学特色更加鲜明，在河南高校中的综合实力和核心竞争力更加凸显。第三步，到2050年，我国全面实现现代化强国时，学校建成国内一流特色骨干大学。

【河南科技学院】

河南科技学院是一所省属普通本科院校。学校始建于1939年，前身为中国共产党早期创建的延安自然科学院大学部生物系，历经北方大学农学院、华北大学农学院、华北大学农学院长治分院、北京农业大学长治分校、平原农学院、百泉农业专科学校、河南职业技术师范学院等时期。2004年5月，经教育部批准，更名为河南科技学院。

学校地处全国文明城市、国家卫生城市——河南新乡市，占地面积2176亩，校舍面积62万平方米。建校80年来，学科专业已涵盖农学、工学、理学、管理学、教育学、文学、经济学、法学、艺术学9大学科门类，拥有 21 个教学学院，66 个本科专业，合作办有独立学院——新科学院，全日制普通在校生 27782 人。图书馆各类文献资源总量达 298 万册（种），中外文期刊 1500 余种。学校建有国家级特色专业、综合改革试点专业、卓越职教师资培养计划改革试点专业和卓越农林人才培养计划改革试点专业等 13 个，河南省特色专业、综合改革试点专业、本科工程教育人才培养模式改革试点专业等 23 个。学校是河南省博士学位授权立项建设单位。建有省重点一级学科 10 个，其中，作物学被评为省 A 类特色学科。建有学术型硕士学位授权一级学科 12 个，硕士专业学位授权类别 7 个。学校是国家"2011 计划"协同创新单位，建有河南省协同创新中心，设有院士工作站 2 个。学校有国家级虚拟仿真实验教学平台，省部级重点实验室、国际合作实验室、工程技术研究中心和实验教学示范中心等 38 个，有河南省科技创新团队、省高校科技创新团队、省高校教学团队等 24 个。建有国家级现代蜜蜂产业技术综合试验站、河南省现代棉花产业技术体系共性技术研究中心，是教育部确定的首批"全国重点建设职教师资培训基地""国家高职高专师资培训基地"。

学校全面落实"质量立校"战略，着力培育富有创新精神和实践能力的应用型高级专门人才。以社会需求为导向，不断创新人才培养模式，加快专业、课程和教学团队建设，积极推进以学生为中心、以产出为导向的教育教学改革，人才培养质量稳步提升。2001 年以来获国家级教学成果奖 3 项、省级教学成果奖 50 余项。近三年来，学生在全国"蓝桥杯"软件和信息技术专业人才大赛、全国大学生数学建模竞赛、全国机器人大赛、全国"互联网+"大学生创新创业大赛、全国"挑战杯"大学生课外学术科技作品竞赛等比赛中获得国家级以上奖励 200 余项。建校以来，为国家培养了 12 万余名高级专门人才，其中有以中国工程院院士张新友为代表的科技英才，有以国家有突出贡献中青年专家买兴普为代表的基层优秀管理人才，有以河南广安集团董事长高天增为代表的企业精英，还有众多中高等职业院校优秀教师和管理骨干，以及大批省级、厅级、县级政府高级管理人才，他们为河南省乃至我国经济建设和社会发展作出了突出贡献。

学校大力实施"人才强校"战略，拥有一支数量充足、结构合理、素质优良的师资队伍。现有教职工 1638 人，其中专任教师 1211 人，教授等正高级专业技术人员 132 人，副教授等副高级专业技术人员 424 人，博士、硕士生导师 420 余人，双聘院士、中原学者 7 人，河南省特聘教授、校级特聘教授 24 人。现有国家有突出贡献中青年科技管理专家、享受国务院政府特殊津贴专家 11 人，河南省优秀专家、享受河南省政府特殊津贴专家 13 人，全国模范教师、优秀教师 12 人，新世纪优秀人才支持计划、河南省教学名师、河南省学术技术带头人 20 人，河南省优秀教师 21 人，河南省优秀中青年骨干教师 98 人。聘请 70 余名国内外知名专家、学者为兼职教授、客座教授。

学校积极贯彻"科技兴校"战略，持续提升科技创新能力。改革开放以来，学校完成国际合作项目，国家"863"计划、"973"计划、自然科学基金、重大科技攻关、转基因生物重大科技专项支撑计划等科研课题 3629 项，获科技成果奖 1546 项，其中国家技术发明二等奖 3 项，国家科技进步奖 7 项。1985 年学校主持培育的小麦品种"百农 3217"获国家技术发明二等奖，实现了黄淮地区小麦生产水平的跨越式提升；2013 年学校主持培育的小麦新品种"百农矮抗 58"获国家科技进步一等奖，为国家粮食生产和中原经济区建设作出了重大贡献，受到河南省人民政府嘉奖，成为全省高校的骄傲。

学校不断强化服务意识，积极对接地方经济和社会发展。坚持"产学研"协同发展，突出科技引领，注重产教融合，主动推动学校与行业企业共建人才培养基地、技术创新基地、科技服务基地；主动融入"一带一路"、粮食生产核心区、中原经济区、郑洛新国家自主创新示范区、中原城市群等国家战略；主动与地方政府对接，独创共建新模式，较好实现了独立学院的转型发展。学校积极开展社会服务，不断加大科技成果转化力度，2018 年高等学校科技统计资料显示，学校技术转让收入在全国高校排名第 47 位。

学校着力推进开放办学，积极开展国际学术交流与合作。学校先后与美国、加拿大、澳大利亚、英国、荷兰、日本、马来西亚、印度尼西亚、乌克兰等十多个国家的 20 余所高校建立了友好合作关系。与澳大利亚南澳大学开展合作办学，与乌克兰苏梅国立农业大学建有国际联合研究生院，与美国东卡罗来纳州立大学共建作物基因组学与遗传改良实验室，与美国罗克韦尔自动化公司共建自动化实验室，在吉尔吉斯斯坦建立农牧业科技示范中心。常年聘有美、英、加等国的外籍专家任教。

学校的办学成就，得到了社会各界的广泛好评。近年来，学校先后荣获新中国成立 70 周年河南高等教育十大杰出贡献单位、改革开放 40 周年具有国内影响力河南高校，河南省文明单位、河南省教学改革先进单位、河南省科技创新十佳单位、全国大学生社会实践先进单位、全国最佳暑期实践大学、河南省大中专毕业生就业工作先进集体、河南省教师培训先进单位、河南省高等学校数字化校园示范单位、河南省依法治校示范校等多项荣誉称号。

【新乡医学院】

新乡医学院位于河南省新乡市，是河南省独立建制的西医本科院校。学校渊源可追溯到 1896 年英属加拿大人、医学博士罗维灵在古城卫辉开办的西医诊所，医学教育肇始于 1922 年惠民医院护士学校，招收四年制护理专业学生并由中华护理学会（1923 年更名为"中华护士会"）颁发文凭。1949 年冀鲁豫卫生学校及哈励逊医院迁入，于 1950 年成立平原省医科学校。学校经历华北第二医士学校、河南省汲县医士学校、新乡专区医学院等发展阶段，1962 年更名为豫北医学专科学校；1982 年升格本科，定名新乡医学院；1998 年获得硕士学位授予权；2006 年顺利通过教育部本科教学水平评估并获得优秀；2016 年在教育部本科教学工作审核评估中获专家组好评。

学校目前占地面积 1744.58 亩（含 5 所临床学院），建筑面积 125.83 万平方米（含 5 所临床学院），教学科研仪器设备总值近 3.97 亿元，图书馆馆藏各类图书 212.45 万册。现有教职工 12791 人（含 5 所临床学院），其中高级专业技术职务人员 1769 人（含 5 所临床学院）。

学校设有 21 个教学院（部），举办 1 所独立学院——三全学院。开办有全日制教育、中外合作教育及继续教育等多种教育类型，包含研究生、本科生、留学生等较为完备的人才培养体系，现有全日制在校生 18500 多人。

学校学科涵盖医学、理学、工学、文学、法学、管理学、教育学 7 个门类；临床医学学科进入 ESI 全球排名前 1%；拥有河南省特色学科（A 类）

1个；基础医学、临床医学、医学技术等8个一级学科获批省级重点学科；拥有基础医学、临床医学、药学等10个一级学科硕士学位授权点和临床医学、公共卫生、护理等6个专业硕士学位授权点；本科专业29个；有临床医学、医学检验技术、护理学和药学等4个国家级特色专业、省级特色专业10个，9个省级专业综合改革试点，2个省级卓越医生教育培养计划试点，1个省级工程教育人才培养模式改革试点。获批为国家临床医学专业综合改革试点和国家卓越医生培养计划试点单位，建有3个国家住院医师规范化培训基地，2个国家全科医师临床培养基地，1个国家临床药师培训基地。

学校创办有《新乡医学院学报》《眼科新进展》《中华实用儿科临床杂志》《临床心身疾病杂志》4种国内外公开发行的刊物，其中《眼科新进展》《中华实用儿科临床杂志》为全国中文核心期刊。建有5所直属附属医院，编制床位共10286张，其中4所为国家三级甲等医院。学校还拥有20所非直属附属医院和百余个教学实践基地，多所医院获评全国百姓放心示范医院，连续入选全国地市级医院100强。

学校坚持质量立校。普通本科专业整体列入一本招生，高考第一志愿报考率和录取分数连年位居河南省理科类院校前列。学生在全国大学生临床技能竞赛、全国大学生英语竞赛、"挑战杯"等活动中屡获佳绩。获得多项国家级、省级教学成果奖。本科毕业生年底就业率保持在96%以上，硕士研究生年底就业率多年保持100%，国家执业医师资格（临床类别）通过率达80%以上。

学校坚持人才强校。近年来，启动"265人才工程"，实施了"太行学者"和"太行青年学者"支持计划。聘任法国科学院院士、"长江学者"特聘教授、"国家杰出青年基金"获得者等7人来校工作。现有3个省级特聘教授岗位，1个省级优秀创新型科技团队。拥有全国优秀教师、全国模范教师、政府特殊津贴享受者、中原学者、省管优秀专家、省教学名师、省特聘教授、海外留学归国专家、知名学者等300余人。

学校坚持科技兴校。建有博士后科研工作站、院士工作站、河南省分子诊断与医学检验技术协同创新中心、河南省生物精神病学重点实验室等近30个省部级以上科研基地。近5年来，承担国家自然科学基金资助项目177项、国家社会科学基金资助项目4项，发表SCI收录论文2040篇。

学校坚持开放办学。注重国际合作与交流，与英国伍斯特大学、澳大利亚科文大学开展中外合作办学项目，与马来西亚理工大学开展联合培养博士项目；建立河南省医用组织再生国际联合实验室、河南省免疫与模式动物国际联合实验室等 8 个国际合作实验室。坚持"请进来""走出去"，邀请樊代明院士、戚发轫院士、徐建国院士等专家学者来校交流，选派优秀教师赴国外进修、讲学或开展学术研究，营造良好的学术氛围。

学校社会声誉和影响力不断提升。在长期的办学实践中，历代新医人秉承"明德博学，至爱致用"的校训，薪火相传，矢志不渝，不懈奋斗，形成了"艰苦创业，自强不息"的办学精神和"团结、勤奋、求实、创新"的良好校风，逐渐积淀出自己的办学特色。学校被授予全国高校毕业生就业工作 50 强、河南省文明单位、河南综合实力 20 强领军高校、河南省依法治校示范校、河南省文明标兵示范校等多项荣誉称号。

【郑州航空工业管理学院】

郑州航空工业管理学院是河南省与中国民用航空局共建高校，始建于 1949 年，1984 年升格为本科，是原航空工业部所属的 6 所本科院校之一，1999 年办学体制转变为中央与地方共建，日常管理以河南省为主，2013 年获批硕士学位授予权单位。

学校秉承"严谨、求实、开拓、进取"之校训，坚持"德育首位，教学中心，质量至上，育人为本"的办学理念，树立"协同办学、协同育人、协同创新"的发展理念，坚持"立足航空产业，服务区域经济"的服务面向，形成了"航空为本，管工结合"的办学特色，确立了在航空工业管理和技术应用研究领域中的较强优势。

学校占地 1900 余亩，建筑面积 99 万平方米，实验场所面积 7.5 万平方米。固定资产总值 11 亿多元，教学科研仪器设备总值 2.38 亿元。图书馆藏书 233 万册，中外文期刊 1166 种，各类专业数据库 48 个。体育活动场地面积 8 万余平方米。

学校有管、工、经、法、文、理、艺 7 大学科门类，下设 18 个专业学院，3 个公共教学部，1 个书院，1 个国际教育学院，1 个继续教育学院。现有 6 个一级硕士学位授权点，4 个专业硕士学位授权点，3 个省重点一级学科，4 个省重点二级学科，1 个省优势特色学科群。现有 61 个本科专业，其中包括国家特色专业 3 个，省特色专业 9 个，省专业综合改革试点 9 个。拥有校外实践（实习）基地 282 个。学校面向全国 28 个省（区、市）招生，会计学、金融学、工业工程、工程管理等 22 个专业在河南省纳入一本批次招生，现有全日制本科生、研究生、留学生 28000 余人。

学生积极参加各类学科、科技竞赛。近三年获省级以上竞赛奖励 1100 余项，荣获全国大学生机械创新设计大赛全国一等奖、第三届全国"互联网+"大学生创新创业大赛铜奖、第十三届"挑战杯"全国大学生课外学术科技作品竞赛三等奖，学校连年被国家或河南省评为大学生社会实践活动先进集体。建校以来，已培养 14 万余名各级各类人才。

学校现有科研实验平台 31 个，其中省级以上科研平台 18 个，国家地方联合工程研究中心 1 个，省协同创新中心 1 个，省重点实验室 1 个，省国际联合实验室 1 个，省工程研究中心 3 个，省工程实验室 5 个，省工程技术研究中心 4 个，省研究中心 1 个，省软科学研究基地 1 个。

学校拥有教育部新世纪优秀人才 3 人，省创新型科技团队 7 个，省科技创新人才 8 人，省高校科技创新团队 6 个，郑州市科技创新团队 3 个，省高校科技创新人才 14 人，河南省哲学社会科学优秀学者 3 人。承担国家杰出青年科学基金项目 1 项，国家社会科学基金重点项目 2 项，国家软科学研究计划项目 2 项，国家自然科学基金项目 71 项，基于 NSFC 国际合作项目 12 项，国家社会科学基金项目 45 项。连续主办了三届中德"先进陶瓷材料设计、制备与应用"双边学术研讨会，承办了中国硅酸盐学会第十届无机非金属材料专题高性能陶瓷研讨会、中国建筑学会建筑经济分会学术年会、管理工程与信息技术国际学术会议、第三届信息管理与工程国际学术会议、中国会计学会管理会计与应用专业委员会 2011 年学术年会、中国商业会计学会 2018 年理事会暨学术年会、第十五届全国消费经济理论与实践研讨会等高水平学术会议、2017 年教育部高等学校档案学专业教学指导委员会年会暨第二十六届档案学专业系主任联席会议，以及 2018 先端机电融合系统国际学术会议等。

学校现有专任教师 1075 人，其中教授 107 人，副教授 323 人，具有博士学位的教师 392 人，具有硕士及以上学位的教师 1010 人。拥有教育部教学指导委员会委员 2 人，教育部新世纪优秀人才 3 人，享受国务院政府特殊津贴专家 7 人，博士生导师 1 人，省管优秀专家 1 人，享受省政府特殊津贴 1 人，省学术技术带头人 7 人，省教育厅学术技术带头人 53 人，省高校青年骨干教师 71 人，全国优秀教师 5 人，全国模范教师 1 人，全国师德先进个人 1 人，省教学名师 4 人，省优秀教师 12 人，省先进教育工作者 2 人，省师德先进个人 7 人。同时聘有外籍教师 9 人，兼职教授或客座教授 185 人。

学校注重国内外交流合作，与美国南加州大学、美国佛罗里达理工学院、美国西北大学、加拿大渥太华大学等 20 余所国外高校开展合作办学、学生交换、师资互派、科研合作等多形式、深层次、宽领域的国际交流与合作；与坦桑尼亚多多马大学合作建立孔子学院，荣获 2014 全球"先进孔子学院""公共外交工作先进单位""中坦友好使者奖"等称号；与英国高地与群岛大学、波兰华沙人文社科大学合作本科层次项目；与中国航空工业集团公司签署战略合作协议；与北京航空航天大学合作培养"大改驾"飞行学员；与美国佛罗里达理工学院、河南元捷飞行学校有限公司合作，积极筹建飞行学院；建成省内首家法语联盟基地、中国政法大学疑难案件研究中心河南基地。

学校培养具有社会责任感、较高人文素养、较强创新创业意识和实践能力的高素质复合型应用人才，是航空产业和区域经济社会发展重要的人才培养基地。一些校友在各自专业领域作出了突出贡献，如中国社会科学院学部委员杨圣明、中国航空工业集团公司原副总经理顾惠忠、中国石油天然气集团公司总会计师刘跃珍、工业和信息化部总经济师王新哲、中国通用飞机有限责任公司董事长吴光权、中国航空工业集团公司总会计师李耀、中航贵州飞机有限责任公司董事长周辉等。近年来毕业生就业率稳居省内前列，培养出中国大学生自强之星李九丽、天猫营销平台事业部总经理刘博、电影《战狼 2》航拍主飞手刘帅博等优秀毕业生。学校获得河南最具公信力的十大教育品牌、河南本科院校综合实力 20 强、河南最具就业竞争力示范院校、河南高等教育质量社会满意院校等荣誉。

【黄淮学院】

黄淮学院是 2004 年经教育部批准升格的一所公办全日制普通本科高校，具有 45 年的办学历史，是教育部应用技术大学改革战略研究试点院校、中国应用技术大学联盟副理事长单位、河南省首批示范性应用技术类型本科院校，河南省文明单位、河南省园林绿化先进单位、河南省党风廉政建设先进单位。

学校位于历史悠久、文化底蕴厚重，素有"豫州之腹地、天下之最中"美称的驻马店市。校园环境清新优雅，办学条件优良，公共服务设施齐全。学校占地 2460 多亩，建筑面积 58 万平方米，教职工 1200 余人，设有 17 个二级学院，全日制普通在校生 2 万余人，馆藏图书 268 万册，基于云计算的数字化校园建设达到国内先进水平。

学校牢固确立人才培养工作的中心地位，着力培养高素质应用型技术技能人才。围绕"建设特色鲜明的应用型本科高校"的办学定位和"就业能称职、创业有能力、深造有基础、发展有后劲"的高素质应用型技术技能人才培养定位，坚持"育人为本、质量立校、学科交融、特色取胜"的办学理念，实施"质量立校、人才强校、专业集群、项目带动、开放合作"五大发展战略，构建"产教融合、校企合作"的办学模式和"产学研相结合，教学做一体化"的人才培养模式，并与国内 191 家大中型企业、高校科研院所等合作组建"黄淮学院合作发展联盟"，推动校企"双主体"合作育人，实现专业人才培养与岗位需求紧密衔接。

学校围绕区域经济社会发展需要，优化调整专业结构和布局。坚持"突出应用、集群发展、培育特色、提高质量"专业建设指导思想，与企业共同实施"学科专业改造提升计划"，目前，共有 46 个本科专业，其中国家级特色专业、省级重点学科、省级特色专业、省级综合改革试点专业、省级本科工程教育人才培养模式改革试点专业 16 个，并重点建设了信息技术类、化学与生物工程类、机械电子类、土木建筑类、文化艺术类、管理服务类 6 大专业集群，形成了结构优化、特色鲜明、紧密对接地方产业链的应用型专业体系。

学校主动顺应时代需求，全面开展创新创业教育。以培养学生创新创业精神，提升创新实践能力和创业就业能力为目标，将创新创业融入人才培养顶层设计、课程体系、专业建设、课外实践活动、学生发展评价体系，并成立创新创业学院，设立大学生创新创业孵化基金，建设校内大学生创新创业园、科技产业园、"梦工场"、"网商园"等校内综合实训和创新创业平台，形成了以"黄淮众创空间"为引领，以院系"微创空间"为主体的"1+N"创客空间集群。2015 年，"黄淮众创空间"入选首批国家级众创空间，"中国大学生创新创业产学研合作创新示范基地"和"国家级科技企业孵化器"等国家级平台相继花落黄淮，营造了良好的创新创业文化生态。近几年，学生在"挑战杯"、大学生创业设计大赛、数学建模竞赛、电子设计大赛等国家级、省级各类创新创业比赛中获奖 1300 多项，毕业生就业率保持在 95% 左右，就业品质持续提高。学校先后荣获河南省大中专毕业生就业工作先进集体、河南高等教育质量社会满意院校、河南省大学生创业教育示范校、河南应用技术类型十佳示范高校、全国创新创业典型经验院校、全国首批"深化创新创业教育改革示范高校"等荣誉称号。

学校坚持引进与培养相结合、专职与兼职相结合，着力打造"双师双能型"教师队伍。通过实施"双聘人才引入计划"、"教师实践能力提升计划"、"创新创意教育种子师资培训计划"和"双师双聘双百工程"、"院企人才合作工程"，建设了一支结构合理、素质优良的专业化教师队伍。现有教职工 1200 多人，其中教授、副教授 346 人，博士、硕士教师 739 人，并聘请 300 余名行业企业优秀人才担任兼职教师，拥有省管优秀专家、省级学术技术带头人、省级教学名师等 60 余人，省、校级教学团队 20 多个，为应用型人才培养提供了有力的师资保障。

学校主动对接国家"一带一路"倡议，积极推进对外合作办学。通过"开放式办学引进优质教育资源国际化合作牵手世界知名高校"，与英国、印度、美国、澳大利亚等国家以及我国台湾地区的 20 所知名高校建立了校际合作关系。目前，学校国际合作办学本专科项目达到 12 个，在校生 3000 余人，1000 多名毕业生实现了出国留学的梦想，国际化办学水平走在了河南省高校前列。

学校主动融入区域创新体系，为地方经济社会发展提供人才和科技支撑。依托学科专业优势，与德国菲尼克斯集团、中兴通讯股份有限公司、北京达内集团、天方药业集团、中集华骏车辆有限公司、河南置地房地产集团有限公司等国内大中型企业集团合作共建了工业 4.0 智能工厂实验室、教育部—中兴通讯 ICT 产教融合创新基地、智能感知与大数据中心、达内数字艺术工作室、化学与制药工程综合训练中心、机械工程实训中心、黄淮置地建筑技术研发中心等 28 个省厅级工程技术研究中心和协同创新平台，积极推进教学、科研、服务一体化协同创新。近 3 年校企合作完成项目 152 项，实现成果转化 121 项，与企业共同申报并授权国家专利 198 项。

经过多年的砥砺前行，黄淮学院成功探索了一条地方本科高校转型发展道路，2014～2018 年，学校连续承办了五届教育部"产教融合发展战略国际论坛"，整体综合实力、办学水平和社会影响力持续提升。站在新的起点上，黄淮学院将秉承"厚德、博学、笃行、自强"的校训，发扬"除了奋斗，别无选择"的学校精神，抢抓高等教育改革发展机遇，加快提升转型发展水平，努力建设"地方性、国际化、开放式、应用型"特色鲜明的一流应用型本科大学。

【黄河科技学院】

1. 历史沿革

1984 年，因公烧伤的胡大白在病床上了解到，河南作为人口大省，高等教育资源极为紧缺，老百姓的孩子希望上大学的愿望强烈，社会发展急需大批专门应用型人才，胸怀"为国分忧，为民解愁，为社会主义现代化建设服务"的崇高理想，她拿出家中仅有的 30 元钱创办了郑州高等教育自学考试辅导班。1985 年，经郑州市教委批准，郑州高等教育自学考试辅导班更名为黄河科技专科学校。1989 年，经河南省教委批准，黄河科技专科学校更名为郑州黄河科技大学。1994 年，经国家教委批准建立民办黄河科技学院，学校成为全国第一所实施专科学历教育的民办高校。2000 年，经教育部批准成为全国第一所实施本科学历教育的民办高校。2004 年，学校取得学士学位授予权；时任河南省委书记的李克强视察学校时，称赞学校"用较短的时间，走完了可能是很多学校多年走不完的历史"。

2008 年，学校以"良好"等级通过教育部普通高等学校本科教学工作水平评估。2013 年，被教育部批准为全国首批"应用科技大学改革试点战略研究单位"，并成为中国应用技术大学联盟的首批成员。学校发展史被联合国教科文组织官员称为"世界教育史上的奇迹"，两次被美国弗吉尼亚大学商学院写进案例。办学业绩被中央电视台、《人民日报》、《华盛顿邮报》等中外著名媒体多次报道。学校董事长胡大白教授荣膺首届"中国当代教育名家"，第十届全国人大代表，兼任中国民办教育协会监事会主席、河南省民办教育协会会长。校长杨雪梅教授荣获"全国五一劳动奖章""全国五一巾帼奖章"等荣誉称号，先后当选第十二届、十三届全国人大代表，兼任中国民办教育协会副会长、河南省高校创新创业协会会长等。

2. 办学条件

学校现有 4 个校区，占地 2600 多亩，校舍建筑面积 100 多万平方米，被评为河南省绿化先进单位、河南省高等学校标准化学生食堂、河南省高等学校智慧校园建设试点单位等。现有全日制本科在校生 24674 人。教职工 1805 人，其中专任教师 1377 人，具有高级职称的教师占 46.48%，青年教师中 79.67% 的具有研究生及以上学历，双师双能型教师 373 人，中国工程院院士、享受国务院政府特殊津贴专家、教育部新世纪优秀人才、国家级教学成果奖获得者、国家和省级教学名师、教育部全国首批万名优秀创新创业导师、省级学术技术带头人、"中原百人计划"专家、河南省优秀教师等荣誉教师 150 余人，担任河南省电子学会、省工程图学学会等学会会长教师 5 人。学校建有河南省院士工作站、博士后研发基地、重点实验室、国际联合实验室、工程技术研究中心、实验教学示范中心等高层次教学科研平台 50 余个。各科类实验室 127 个，实验分室 410 个，校外实训基地 224 个；教学科研仪器总值 3.29 亿元；馆藏图书 355.6 万册。

3. 党建思政

学校始终把坚持党的领导、加强党的建设作为改革与发展、学科与专业建设和人才培养的政治保证和力量源泉，形成了鲜明的特色和品牌。作为全国第一所建立党委的民办高校，建校初期积极寻求建立党的组织，创办人胡大白"十年找党"的故事被传为佳话。在探索实践中，形成了"党委发挥政治核心作用，参与学校重大决策"的工作机制，提出了"以党建为核心，全面加强思想政治工作"的思政模式，创立了"以党校和校卫队为抓手，积极培养发展学生党员"的组织格局。近年来，学校深入贯彻落实党的十八大和十九大精神，坚持以习近平新时代中国特色社会主义思想为指导，紧扣"培养什么人、如何培养人、为谁培养人"的根本问题，认真落实"立德树人"根本任务，打造职业化、专业化的思政工作队伍，坚守思政课堂主阵地，挖掘各类课程的育人功能，形成了思政工作合力。学校荣获全国五四红旗团委、河南省先进基层党组织、河南省文明单位、河南省高校思想政治工作先进单位等称号。

4. 学科专业

学校紧贴经济社会发展需求，形成了工科优势突出、学科链与产业链关联度高、学科布局对地方主导产业支撑度强的办学优势。学校设有工、理、文、医、管理、经济、法、教育、艺术9大学科门类，开设67个本科专业和35个专科专业。人工智能、材料、机械、自动化、文化创意等一批优势学科专业，凸显了对区域及河南省经济转型、产业升级的支撑作用。学校重点建设了电子信息与计算机类、机械与材料类、生物医药类、文化创意类、经济管理类等特色专业集群。现有省级重点学科5个，河南省特色专业6个，河南省民办教育品牌专业9个，河南省专业综合改革试点专业8个，河南省本科工程教育人才培养模式改革试点专业1个。学校拥有的省级重点学科、特色品牌专业数量居全省民办高校首位。

5. 人才培养

学校持续创新"本科学历教育与职业技能培养相结合"的人才培养模式，为国家和社会输送了16万余名高素质应用型人才，近三年毕业生就业率均保持在97%以上，深受用人单位欢迎。涌现出"中国大学生自强之星标兵""全国优秀共青团员""河南最美大学生"等一批优秀学子，"全国优秀乡村医生""全国优秀大学生村官"等一批优秀毕业生。2014年，学校人才培养模式改革成果获国家教学成果二等奖、河南省高等教育教学成果特等奖，学校被评为"全国毕业生就业典型经验高校"（全国高校毕业生就业工作50强）；2015年，获首批"河南省示范性应用技术类型本科院校"；2016年，获首批"全国社会组织教育培训基地"；2017年，荣登"2012～2016年全国普通高校竞赛评估（本科）TOP300"榜单；2017年、2018年、2019年连续三年蝉联《广州日报》全国应用型大学排行榜民办高校第一名，在全国872所本科高校（非博士培养单位）综合排名中居第87位。

6. 科学研究

学校紧密围绕区域经济社会发展和产业结构转型升级的需要，以应用型科研为主导，开展与中科院软件所、中关村软件园、华为、惠普等单位的紧密合作，推动政产学研用深度融合。建有省市级应用型科研创新团队7个，省级科技创新平台8个，地厅级科技创新平台15个，校级科研平台26个；在河南省民办高校中首个获批省级重点实验室和省级国际联合实验室，与企业共建联合研究中心、工程教育中心7个。截至目前，共承担国家自然科学基金等国家级项目13项，省部级项目268项；获河南省科技进步奖、河南省政府发展研究奖等省部级奖励113项；发表学术论文8294篇，其中SCI收录162篇，最高影响因子为19.79；出版专著95部；获专利2089项，连续三年在全省高校专利授权量上列第二位，入选"河南省高校知识产权综合能力提升专项行动'十强十快高校'"。学校成立了中国（河南）创新发展研究院新型智库和人工智能研究所、现代农业工程研究院、民办教育研究院等20余个研究机构，出版全国首部省级民办教育蓝皮书《河南民办教育发展报告（2017）》，首部《河南创新创业发展报告（2017）》等，为政府制定创新创业政策提供咨询。学校居武书连2018中国民办大学综合实力排行榜第一位和武书连2017中国民办大学自然科学排行榜第一位。

7. 国际合作

学校积极开展对外人才培养、学术、科技和文化交流，先后与美国、加拿大、英国等众多知名高校或科研机构建立了长期友好的合作关系，实现了资源共享和合作共赢。学校与美国佐治亚州立大学、美国肖特学院合作开办金融学、软件工程、社会工作、工商管理、计算机科学与技术5个专业的中外本科课程合作项目；与美国纽约州立大学石溪分校、日本东京福祉大学、丹麦葛莱运动学院等开展暑期游学、交换留学生等项目，共有104名学生参与；招收来自美国、韩国、日本等14个国家的外国留学生190余人；先后聘请外国专家188人到校任教、开展学术交流。

8. 社会服务

学校充分利用教育优势和人才资源，全力履行社会服务职能。发起成立河南省高校创新创业协会，目前已有近百所高校参加，推动高校、企业和全社会共同关注、支持和参与创新创业；与二七区人民政府共建"U创港"创新创业综合体，打造"创客工作室—众创空间—孵化器—加速器—产业园"全链条创新创业生态体系，满足大学生创业团队和初创企业需求；自筹资金 1.5 亿元，设计建造智慧逐梦体验馆纯公益性科普示范基地；发挥学校中国民办教育博物馆的功能，免费接待参观达 11 万多人次；免费举办下岗工人、大学生村官、创新创业等培训 1 万多人；先后组织承办第四届（GAUC）世界私立高等教育发展国际论坛、两届中国（河南）新药研发交流与技术转移对接会、2016 中国创客大会暨第三届中国创客大赛等重要活动百余项。近三年，上级政府部门、知名企业、兄弟院校共计 300 多家单位 23000 余人次来校参观考察，形成了良好的示范带动作用。

【郑州科技学院】

郑州科技学院创建于 1988 年，2001 年实施专科学历教育，2008 年升格为普通本科高校，2015 年接受并顺利通过教育部本科教学工作合格评估。建校 30 年来，为社会培养和输送了 12 万名高素质的应用型、创新型、复合型人才。

学校全面贯彻党的教育方针，坚持社会主义办学方向和公益性原则，围绕"实基础、重实践、强能力、会创新"人才培养目标，构建了"学历证+职业资格证+综合素质证"三证合一的人才培养模式，促进学生全面发展。

学校坚持把自身发展放到地方经济社会发展中去思考，按照"强化优势、突出特色、示范带动、整体推进"的原则，合理布局专业结构，形成了以工学为主，经济、管理、艺术、文学、教育等多学科协调发展的办学格局。目前，学校有机械工程、电气工程、信息工程、土木建筑工程、车辆与交通工程、食品科学与工程、工商管理、财经、外国语、艺术、音乐舞蹈、体育、马克思主义、基础部等 15 个二级学院（部）。

学校现占地 1500 亩，在校生 2.6 万人，总建筑面积 60 万平方米，纸质图书 212 万册，电子图书 70 多万种。学校科研成果丰硕，科技创新卓有成效，围绕培养应用型、创新型、复合型人才的实际，不断加大实践平台建设的投入力度，搭建了由实验中心、工程训练中心、科教中心、众创中心组成的四大实践平台。目前，学校拥有各类实验室 170 余个，实训车间

12个。

学校与郑州航空港区、郑州经开区等地方政府及郑州市人力资源和社会保障局等部门在人才培训、科研服务等领域建立合作关系。先后在宇通客车、三全食品、中联重科等160余家知名企业建立了实习基地，开办了"中联重科班""赛腾工程师班""JAVA/PHP工程师"等57个订单培养班，构建了"企业课程进校园""企业讲师进课堂"的协同育人模式。学校被评为"郑州市职业教育校企合作办学示范单位"。

《人民日报》、《光明日报》、《中国青年报》、《中国教育报》、《河南日报》、教育部门户网站、人民网、中国网等网站及河南电视台等多家媒体对学校的教育教学进行了全面报道。学校先后获得全国学生就业示范民办高校、中国就业质量十强民办大学、河南省大中专毕业生就业工作先进集体、河南省毕业生就业评估优秀单位、中国民办高等教育优秀院校、全国美育工作先进单位、河南省优秀民办学校、河南省依法治校示范校等荣誉称号。2018年学校在高校智库发布的中国民办大学排行榜中列第三位。

【郑州商学院】

郑州商学院是由巩义籍我国台湾著名教育家王广亚博士为回馈桑梓、贡献家乡教育事业，于2004年捐资创建的一所全日制普通本科高校。学校前身是与河南财经政法大学合作建设的独立学院——河南财经政法大学成功学院；2012年3月，转设为独立设置的普通本科高校——郑州成功财经学院；2018年11月，更名为郑州商学院。学校位于物华天宝、人文荟萃的河南省巩义市。近年来，学校坚持走内涵发展之路，力争早日将学校建成省内一流、国内知名、商科特色鲜明的应用型本科高校。

建校以来，学校坚持社会主义办学方向，全面贯彻党的教育方针，牢固树立立德树人根本任务，遵循高等教育规律，以"勤俭、朴实、自力、更生"为校训，秉承"伦理、创新、品质、绩效"的办学理念，弘扬"爱国爱校、宁静好学、礼让整洁"的办学精神，坚持"要有好的师资、要有好的设备、要有好的管理、要有好的制度、要有好的福利"的"五好"办学原则。经过多年的发展积淀，明确了建设商科特色鲜明的应用型民办本科高校的办学定位。董事长王育华女士完全继承了创办人的办学理念、教育思想和优秀品质，提出了"目标与行动""团队与责任""态度与细节"的办学要求，为学校发展树立了目标、指明了方向。学校在深入学习党的教育方针政策、认真分析国家和河南省经济发展战略的基础上，回顾总结办学经验，提出了"以学生为中心，以教师为主体，以服务为导向，以制度为保障"的发展思路，开启了学校发展新征程。

学校抢抓郑州加快建设国家中心城市和国际商都的发展机遇，根据经济社会发展对高素质商科类人才的迫切需求，有计划、有步骤地优化学科专业结构，逐渐形成了以经济学、管理学为主，文学、工学、艺术学、教育学、法学等多学科协调发展的专业布局。现有工商管理学院、会计学院、国际经济与贸易学院、外国语学院、信息与机电工程学院、艺术学院、文学与新闻传播学院、建筑工程学院、通识教育中心、马克思主义学院、体育部 11 个教学单位 58 个本专科专业。其中，工商管理学科为省级重点学科，工商管理（ERP 方向）专业为省级特色专业建设点，计算机科学与技术、财务管理、会计学 3 个专业为省级综合改革试点专业，工商管理、会计学、财务管理、计算机科学与技术、动画、国际经济与贸易、汉语言文学、商务英语、环境审计、审计学、英语 11 个专业为省级民办高校品牌专业建设点，国际经济与贸易、会计学、计算机科学与技术 3 个专业为双学士学位专业。学校"ERP 综合实验教学示范中心"为河南省高等学校实验教学示范中心。

注重加强党的领导。坚持以习近平新时代中国特色社会主义思想为指导，不断加强党的政治建设、思想建设、组织建设、作风建设和纪律建设；校党委把抓好学校党建工作作为办学治校的基本功，强化党建责任，完善各级党组织设置，实现了党的基层组织全覆盖；选优配强党总支书记、党支部书记、组织员等各级党务干部；紧密结合学校实际，充分发挥党组织的政治核心作用、基层组织的战斗堡垒作用和党员的先锋模范作用。

注重落实立德树人根本任务。把立德树人融入思想道德教育、文化知识教育、社会实践教育各环节，不断深化爱国教育、劳动教育、礼仪教育"三大教育"，持续实施晨读晨练、文明宿舍、卫生整洁"三大竞赛"，着力强化教书育人、服务育人、环境育人"三维育人"，致力于培养德智体美劳全面发展的社会主义建设者和接班人。有追求、勤读书、知礼仪、爱劳动已成为学生的明显特征，形成了人才培养的鲜明特色。

注重教师队伍建设。教师队伍由众多教授、博士等高级人才组成，实力雄厚。此外，学校充分利用社会资源，建设了"校外师资库"和"双师双能型"教师队伍，聘请了多位国家有突出贡献专家、享受国务院政府特殊津贴专家、省管优秀专家、省级学术技术带头人、国内外知名学者和大型企业负责人担任学校客座教授、特聘教授和专业建设顾问等。学校现有专任教师中，高级职称教师占 37.47%，具有硕士、博士学位的教师占 79.92%，双师型教师占 30.69%。其中，省级优秀教师 1 人，省级文明教师 5 人，河南省教育厅学术技术带头人 8 人，省级青年骨干教师 7 人。

注重优化办学条件。校园占地面积 2300 余亩，建有中西合璧、高标准的会计大楼、外语大楼、资讯大楼、艺术大楼、建工大楼、实验大楼、行政大楼、图书馆、体育馆、学生宿舍、学生餐厅、学生事务中心、综合服务中心、大会堂、咖啡厅、健身房等。建有多功能电子阅览室、E 化区和校园网络系统。学校建有与教学相适应的三维动态捕捉实验室、同声传译实验室、3D 旅游仿真实验室等校内实验实训室和实习场所 159 个。近年来，学校先后建立了经济管理实验中心、商务外语实验中心、商业艺术实验中心、教育与新媒体实验中心、信息与机电工程实验中心、建筑工程实验中心 6 个实验中心，拥有省级实验教学示范中心 1 个，与企事业单位和行业共建校外实习实训基地 188 个。

注重教学建设与改革。学校构建了"4+1+X"的课程体系，即"四模块、一特色、一应用"，强化了"分层次、重体系"的实践教学，注重产教融合、协同育人，积极探索"三融合一连贯"的人才培养模式。近三年主持承担各级教改课题 409 项，主编、参编教材 66 部，自建省级精品在线开放课程 1 门。

注重应用科学研究。围绕地方服务经济发展和文化传承，成立了区域经济发展研究中心、豫商文化研究中心和杜甫研究所等机构。近三年，学校教师获批厅级以上项目立项 920 项，厅级以上获奖成果 468 项，发表核心论文 354 篇，横向科研项目 106 项，学校科研工作综合实力居全省民办高校前列。

注重学生双创能力培养。成立创新创业中心，设立三位一体的双创组织机构，建设"三师合一"的双创师资队伍，构建"三课合一"的双创课程体系，打造"三赛合一"的双创赛培体系，完善"三体合一"的双创实践平台。培养大学生创新创业意识，提高大学生创新创业能力。2017年，学校众创空间被评为河南省众创空间、河南省高校众创空间。

注重境外交流与合作。与英国、韩国、马来西亚、西班牙等国家的8所高校建立了合作关系；积极开展赴境外交流学习、实习就业项目，承办了8次海峡两岸学术交流会议，多次组织"台湾青年中原文化之旅"，定期选派优秀学生赴台学习，近年来共有244名学生和56名教师赴境外交流。

近年来，学校办学质量、办学水平和良好的校风学风得到上级教育行政部门和社会各界的普遍认可与好评，先后荣获中国最具办学特色本科高校、全国教育改革创新示范学校、河南省高等教育教学工作先进集体、河南省大学生创业教育示范学校、河南省普通高等学校毕业生就业工作优秀单位等多项省级及以上荣誉，并于2012年、2014年、2016年、2017年、2018年五次被省教育厅评为"河南省优秀民办学校"。《人民日报》、新华社、《光明日报》、《中国青年报》、《中国教育报》、《河南日报》、人民网、新华网等媒体多次报道学校的办学特色与办学经验。

【河南科技职业大学】

河南科技职业大学是经教育部批准设置的全日制普通本科高校。学校始建于1981年，地处有"华夏先驱、九州圣迹"美誉之称的河南省周口市。这里历史悠久，文化底蕴丰厚，传承着人类6000多年的文明。学校坐落于风景秀丽的沙颍河畔，校园环境优美，教学设施先进完善，是理想的修身治学之地。

学校占地1200亩，建筑面积30万平方米，常年在校生10000余人。有教职工560人，专任教师456人，其中具有副高级及以上职称的156人，具有博士、硕士学位的151人，河南省教育专家2人。

学校设有建筑工程系、汽车工程系、信息与电子工程系、机械工程系、教育系、经济与管理工程系、医学系、艺术与设计系、公共学科部9个教学单位。开设机电一体化、电子信息工程技术、计算机应用技术、汽车运用与维修技术、服装与服饰设计、建筑工程技术、物流管理、护理、学前教育、临床医学、医学检验技术、医学影像技术、康复治疗技术、药学、助产、工程造价、财务管理等 38 个社会急需的本、专科专业。学校坚持"全面发展、个性发展、终身发展"的成功素质教育理念，把实践教学放在培养实用型人才的主导地位，投巨资为每个专业都配置了高标准的实习实训室。现有机械加工、电工电子、物流管理、汽车检修等校内实验实训室 156个，校外实习实训基地 118 个，实验实训课开出率 100%，实习实训设备价值达 1 亿多元。学院还有数字网络语言室、大型可视化教室、网络工程实验室、多媒体综合教室、IP 卫星接收设备以及电子阅览中心等先进的教学设施。学校推行"双证书制度"，学生双证率达到 98%。积极探索校企合作、工学结合、订单培养的人才培养模式。先后与 118 家企业建立了校企合作关系。推行"产教融合、协同育人"的人才培养模式，实现专业链与产业链、课程内容与职业标准、教学过程与生产过程对接。学院注重培养学生的综合素质。通过开展文体、学术及社会实践活动，促进学生的道德修养、职业素养、人文素养、创新实践能力的协调发展。

学校曾被教育部认定为国家级重点学校、全国职业技术学校职业指导工作先进单位，被教育部、人事部等国家七部委联合评为"全国职业教育先进单位"。2013 年被教育部、人社部、财政部联合评为"国家级高技能人才培训基地"。2014 年被人社部评为"国家技能人才培育突出贡献单位"。

参考文献

1. 胡大白：《中国民办教育通史（当代卷）》，社会科学文献出版社，2019。

2. 王日新、蒋笃运：《河南教育通史（下）》，大象出版社，2004。

3. 张健、李燕杰：《中国社会力量办学大辞典（下）》，红旗出版社，1997。

4. 历年《河南教育年鉴》，大象出版社。

5. 历年《中国教育年鉴》，人民教育出版社。

6. 胡大白：《河南民办教育发展报告（2018）》，社会科学文献出版社，2019。

7. 《国家中长期教育改革和发展规划纲要（2010~2020年）》。

8. 王佐书：《中国民办教育发展报告（2013~2014）》，科学出版社，2014。

9. 《国务院关于鼓励社会力量兴办教育促进民办教育健康发展的若干意见》（国发〔2016〕81号），2016年12月29日。

10. 周海涛、钟秉林：《中国民办教育发展报告》，北京师范大学出版社，2016。

11. 李维民：《民办高校发展战略与转型研究》，陕西人民出版社，2014。

12. 姜华：《中国民办高等教育组织变迁研究——组织社会学的视角》，科学出版社，2011。

13. 别敦荣：《论高等教育的内涵发展》，《中国高等教育研究》2018年第6期。

14. 黎军：《我国民办高校发展现状及对策研究——高等教育普及化阶段到来前的思考》，《教育与教学研究》2017年第2期。

15. 朱云翠、黄洪兰：《美、日、韩对私立（民办）高等教育的扶持策略及其启示》，《现代教育科学》2010年第9期。

16. 董圣足：《民办高校急需实现"三个转变"》，《中国教育报》2008年1月25日。

17. 乔万敏、邢亮：《论大学内涵式发展》，《教育研究》2009年第11期。

18. 杨树兵：《民办高校发展战略和政策需求研究》，江苏大学出版社，2009。

19. 王道勋等：《现代教育学研究》，吉林出版集团股份有限公司，2017。

20. 卢晓中：《现代高等教育发展论纲》，广东教育出版社，2005。

21. 刘向兵、李立国：《大学战略管理导论》，中国人民大学出版社，2006。

22. 〔美〕乔治·凯勒：《大学战略与规划》，别敦荣译，中国海洋大学出版社，2005。

23. 刘莉莉：《中国民办高等教育的发展》，吉林人民出版社，2002。

24. 董圣足：《民办院校良治之道——我国民办高校法人治理问题研究》，教育科学出版社，2010。

25. 温雪梅：《教育国家化与中国高等教育国际化服务发展研究》，博士学位论文，湖南师范大学，2010。

26. 中国教育与人力资源问题报告课题组：《从人口大国迈向人力资源强国》，高等教育出版社，2003。

27. 曾向东：《民办教育论》，南京出版社，2001。

28. 曹勇安：《我国民办教育的历史、现状与未来》，《浙江树人大学学报》（人文社会科学版）2013年第2期。

29. 胡卫、丁笑炳：《聚焦民办教育立法》，教育科学出版社，2001。

30. 陈学飞：《高等教育国际化：跨世纪的大趋势》，福建教育出版社，2002。

31. 薛卫洋:《民办高校中外合作办学发展的现状、困境及突破》,《复旦教育论坛》2016 年第 3 期。

32. 杨德广:《从经济全球化到教育国际化的思考》,《河北大学学报》(哲学社会科学版) 2000 年第 4 期。

33. 刘建银、王经涛:《名校办民校:制度越轨还是制度创新》,《江西教育科研》2004 年第 12 期。

34. 朱新法:《名校办民校,一把双刃剑?》,《新华日报》2003 年 4 月 14 日。

35. 温红彦、丁伟:《促进民办教育发展论坛在京举行》,《人民日报》2003 年 4 月 8 日。

36. Peter Scott, *The Meanings of Mass Higher Education*, Buckinggham, Open University Press, 1995. 11.

37. National Committee of Inquiry into Higher Education (1997): Higher Education in The Learning Society (The Dearing Report) Summary Report.

后　记

一切的历史都是当代史。70 年风风雨雨，一代代河南教育工作者不忘初心，艰苦奋斗，不辱使命，不断开拓创新，为培养社会主义的建设者和接班人付出了无数心血……

档案是鲜活的历史，历史是对现实的观照。一个地处中原的人口大省、教育大省，河南的教育成绩斐然，只有以档案为据，如实报告，才是对历史负责，对未来负责。

需要特别指出的是，作者实地到河南省档案馆查阅历史资料、文献和档案，断断续续历时半年之久，也参阅了大量文献资料和相关著作，对于各种文献的引述和观点的引用，难免挂一漏万，在此向所有的编者和作者表示衷心的感谢和崇高的敬意。

最后需要说明的是，历史文献资料庞杂，哪些必须写入，哪些应该舍弃，哪些是囿于当时的客观条件使然，这些都是写作过程中时常感到困惑的地方。也发现有一些数据和事实有前后不一的情况，或许是时间问题，或许是统计口径问题，我们却不能一一还原真相。从某种程度上说，我们整理的档案材料只是研究的基础，给大家进一步分析、研究提供了便利。因此，行文过程中如有疏漏、过失，希望各位读者不吝赐教，共同研讨提高，以便再版完善。

杨保成

2019 年 10 月

图书在版编目（CIP）数据

当代河南高等教育发展报告 / 杨保成著. -- 北京：
社会科学文献出版社，2020.12
（当代河南教育发展报告 / 胡大白主编；4）
ISBN 978-7-5201-7733-7

Ⅰ.①当… Ⅱ.①杨… Ⅲ.①高等教育-发展-研究
报告-河南-1949-2019 Ⅳ.①G649.21

中国版本图书馆 CIP 数据核字（2020）第 255678 号

当代河南教育发展报告

当代河南高等教育发展报告

著　　者 / 杨保成

出 版 人 / 王利民
组稿编辑 / 任文武
责任编辑 / 王玉霞　李艳芳

出　　版 / 社会科学文献出版社 · 城市和绿色发展分社（010）59367143
　　　　　　地址：北京市北三环中路甲 29 号院华龙大厦　邮编：100029
　　　　　　网址：www.ssap.com.cn
发　　行 / 市场营销中心（010）59367081　59367083
印　　装 / 三河市龙林印务有限公司

规　　格 / 开　本：787mm×1092mm　1/16
　　　　　　本册印张：26　本册字数：411 千字
版　　次 / 2020 年 12 月第 1 版　2020 年 12 月第 1 次印刷
书　　号 / ISBN 978-7-5201-7733-7
定　　价 / 498.00 元（全 6 册）

本书如有印装质量问题，请与读者服务中心（010-59367028）联系

▲ 版权所有 翻印必究